中国第一部字典，中国文字学的首创之书，开启中国上古文化之谜的钥匙，包罗万象的中国古代文化百科全书。

◎彩图全解◎

说文解字

思履　主编

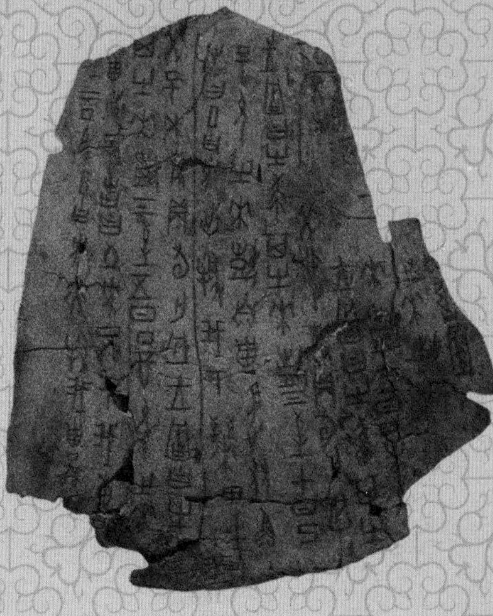

红旗出版社

红旗出版社
HONGQI PRESS
推动进步的力量

图书在版编目（CIP）数据

彩图全解说文解字 / 思履主编．
— 北京：红旗出版社，2017.1
ISBN 978-7-5051-4034-9
Ⅰ．①彩… Ⅱ．①思… Ⅲ．①《说文》—
通俗读物 Ⅳ．①H161-49
中国版本图书馆 CIP 数据核字（2017）第 025519 号

书　　名　彩图全解说文解字
主　　编　思　履
出 品 人　李仁国　　　　责任编辑　于鹏飞
总 监 制　高海浩　　　　封面设计　子　时
出版发行　红旗出版社　　地　　址　北京市朝阳区化工路 18 号
邮政编码　100727　　　　编 辑 部　010-51274617
E - mail　hongqi1608@126.com
发 行 部　010-57270296
印　　刷　北京中创彩色印刷有限公司
成品尺寸　720毫米 ×1020 毫米　1/16
字　　数　400 千字　　　印　　张　20
版　　次　2017年5月第1版　　2017年5月第1次印刷
书　　号　ISBN 978-7-5051-4034-9　　定　　价　56.00 元

欢迎品牌畅销图书项目合作　　联系电话：010-57274627
凡购本书，如有缺页、倒页、脱页，本社发行部负责调换

前言

《说文解字》，简称《说文》。作者是东汉的经学家、文字学家许慎（献给汉安帝）。《说文解字》成书于汉和帝永元十二年（100 年）到安帝建光元年（121 年）。《说文解字》是我国第一部按部首编排的字典。

许慎根据文字的形体，创立 540 个部首，将 9353 字分别归入 540 部。540 部又据形系联归并为 14 大类，字典正文就按这 14 大类分为 14 篇，卷末叙目别为一篇，全书共有 15 篇。《说文解字》共 15 卷，其中包括序目 1 卷。许慎在《说文解字》中系统地阐述了汉字的造字规律——六书。

《说文解字》的体例是先列出小篆，如果古文和籀文不同，则在后面列出。然后解释这个字的本义，再解释字形与字义或字音之间的关系。《说文解字》中的部首排列是按照形体相似或者意义相近的原则排列的。《说文解字》开创了部首检字的先河，后世的字典大多采用这个方式，段玉裁称这部书“此前古未有之书，许君之所独创”。

我们想认识任何一件事物都要从本源上去了解，学习语言也要如此。以前的大学问家总说“读书要先识字”，这个“识字”不是只知道一个字读什么音，而是要知道它的本义是什么。我们现代汉语的常用字常用义，有很多都是引申义，不是本义，这就影响了我们更好地理解前人的经典作品，甚至影响了我们很好地使用现代汉语。

看过《说文解字》的人都知道：汉字中所有带“王”字旁的字都和美玉相关；汉字中所有带“灬”的字都和“火”相关，因为“灬”原来的篆书写法是“𤆍”，就是“火”。汉字中的“羊”字可是个好字，相对于狼古代中国人更喜欢羊，“美”字是以羊为代表造型的字。“日”字原来画的就是一个太阳，“月”字画的就是一个月牙，因为月亮更多的时候就是这样子。把黄昏时刚出现的半个月牙画下来，就是“夕”——朝夕的“夕”。我们看到的每一个汉字都有它的来龙去脉，都是可以讲清来源或是分析出本来的意义、构成的道理的。很多汉字本来就是一幅美丽的图画，藏有一个动人的故事。

我们中国人，历来对文字十分重视。从孩子生下来以后长辈们给起名就可以看出来，绝大多数父母都因为要给孩子起好名、选好字而翻遍了字典。可是您也许不知道，我们现在使用的《新华字典》《现代汉语词典》，所释义的字和词很多都不是它们的本义，而且，这些新字典没有告诉我们文字里面的奥秘和众多汉字里面的规律。比如：我们看到一个人的名字中有“王”字旁，就知道他的名字中含有美玉的品质，三国的周瑜，字公瑾，“瑜”和“瑾”都是美玉。

古人的“名”和“字”是互相关联的，互作解释。比如：孔子的名为“丘”，字仲尼，尼山与丘互训。孔子的儿子名“鲤”，字伯鱼，鲤是鱼啊！屈原的名为“平”，字原，广平就是原。王维名维，字摩诘，维摩诘是佛家菩萨名。杜甫的名为甫，字子美，甫是男子的美称。

现在，世界上越来越多的人需要学习汉语汉字。我们可以认定的汉字有五万六千多个，现代汉语通用字有7000个，常用的汉字也有3500个。死记住3500个汉字不是一件容易的事，要学会使用它们引申出来的多种多样的字义就更难了。那么，有没有办法让我们认识汉字、使用汉字变得容易起来，变得十分有趣呢？有！有一本书，只要我们能够真正阅读它，弄懂它，我们就会发现汉字的产生和演变密切伴随着中华文明发展的历程。这本书就是中国的第一部字典，一千多年以来被奉为经典的《说文解字》。此书名气很大，但是很难懂，所以很多人只仰其名，不能得其门而入。由于篇幅有限，不可能把整部《说文解字》全部囊括，我们只选取了其中有代表性的文字进行解说，这本书就是要为您做一个向导，让您轻松愉快地在《说文解字》的神圣的文字殿堂里游览一番，您会发现：每一个汉字里面都有一个故事，许多汉字都像一幅生动的图画，汉字里面蕴含着丰富的情感与智慧。

目录

嗇部

來部

麥部

夊部

舛部

舜部

韋部

弟部

夂部

久部

桀部

木部

東部

林部

壺部

壹部

心部

惢部

水部

雨部

雲部

魚部

門部

手部

女部

系部

一部

一 yī

一，惟初太始①，道立于一②，造分天地③，化成万物。凡一之属皆从一④。于悉切⑤。

【译文】一，最初，万物形成之始，道建立了一。后来，才分解为天和地，演化为万事万物。大凡一的部属都从一。

【注释】①惟：句首语气词。太始：万物形成之始。②道：指无形的宇宙本体。一：指天地未分时的有形的混沌状态。于：犹乎。见《读书杂志》卷九补。道立于一，语出《老子·四十二章》："道生一，一生二，二生三，三生万物。"无形的宇宙本体产生了宇宙有形的混沌状态，有形的混沌状态产生了天和地，（天和地又生出阴气和阳气），阴气和阳气交合产生和气，阴气阳气和气的运动产生了万事万物。许氏以道家思想解释"一"，认为"一"像天地混沌未分之形，故用了这样一段玄虚的话。③造：始。见《广雅·释诂》。④"凡一"句：凡是以"一"为部首，由"一"统属的字，都随从"一"字聚集在一块组成一部。"凡×之属皆从×"，是《说文》建立部首制，区分部首和部属的专用术语。×是部首，其他则是部属。⑤本书反切是徐铉采用孙愐《唐韵》的音。

元 yuán

元①，始也。从一，从兀。愚袁切。

【译文】元，开始。由一、由兀会意。

【注释】①元：人头是元的本义，如：《左传·襄公九年》："元，体之长（首领）也。"《左传·僖公三十三年》："狄人归（送还）其（指先轸）元。"《孟子·滕文公下》："勇士不忘（通"亡"，避）丧其元。"始是元的引申义，如：《左传·隐公元年》："元年者何？君之始年也。"为首的也是元的引申义，如：《左传·僖公二十七年》："作三军，谋元帅。"

天 tiān

天，颠也。至高无上，从一大①。他前切。

【译文】天，颠顶。最高而无以上加的部位。由一、大会意。

【注释】①从一大：会合"一""大"的意义，成为"天"的意义。从××，是《说文》分析会意字的专门术语之一。王筠《说文系传校录》"祏下"注："按会意字相连成文者，则一言'从'，如天'从一大'是也。两字对峙为义者则两言'从'，如吏'从一，从史'，不可言'从一史'也。"

丕 pī

丕，大也。从一，不声①。敷悲切。

【译文】丕，大。从一，不声。

【注释】①从一，不声：丕字以一为形旁，以不为声旁。从×、×声，是《说文》分析形声字的专门术语之一。

吏 lì

吏，治人者也。从一，从史，史亦声①。力置切。

【译文】吏，治理人的人。由一、由史会意，史也表声。

【注释】①从一，从史，史亦声：从×，从×，×亦声，是《说文》分析会意兼形声之字的专门术语。从一：言其执法如一；从史：史借作人字用，表示执法的官员。见王筠《句读》。

丄部

丄 shàng

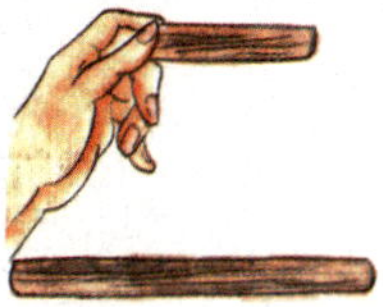

丄①，高也。此古文上。指事也②。凡丄之属皆从丄。时掌切。

【译文】丄，高。这是古文上字。是一个指事字。大凡丄的部属都从丄。

【注释】①丄：上面，高处。《诗经·周颂·敬之》："命不易哉，无曰高高在上。"②指事：《段注》："象形者，实有其物，日月是也。指事者，不泥其物而言其事，丄丅是也。天地为形，天在上，地在下；地在上，天在下：则皆为事。"

帝 dì

帝，谛也①。王天下之号也。从丄②，朿声。都计切。

【译文】帝，审谛，又是统治天下的称号。从丄，朿声。

【注释】①谛：审谛，详谨周密。朱骏声《通训定声》引《风俗通》："帝者任德设刑以则象之，言其能行天道，举措审谛。"②从丄：依段说，应作"从二"。辛、示、辰、龙、童、音、章，小篆都从二，不从丄。

旁 páng

旁，溥也。从二，阙①，方声。步光切。

【译文】旁，广大。从二，不知为什么从⺆，方声。

【注释】①阙：不知道小篆的旁字为什么从⺆，不能强作解人，只好让他阙着。

丅 xià

丅①，底也②。指事。胡雅切。

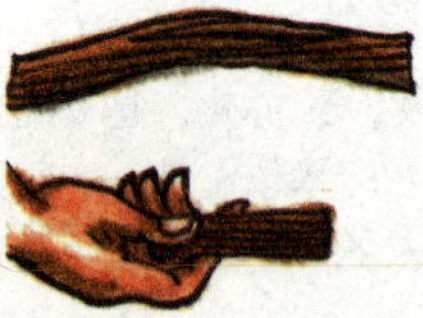

【译文】丅，低下。指事。

【注释】①丅：下面。《诗经·小雅·北山》："普天之下，莫非王土。"②底：许书无低字，底即低字。

示部

示 shì

示，天垂象①，见吉凶②，所以示人也③。从二；三垂，日月星也。观乎天文，以察时变。示，神事也。凡示之属皆从示。神至切。

【译文】示，上天垂下天文图像，体现（人事的）吉凶，（这些图像）是用来显示给人们看的东西。从二（代表天上）；三竖笔，分别代表日月星。（人们）观看天文图像，用来考察时世的变化。示是神祇（qí）的事。大凡示的部属都从示。

【注释】①象：指天象，即下文的"天文"。②见：现。上古无现字，凡出现义都写作"见"。③示：显示给人看。

祜 hù

祜，上讳①。侯古切。

【译文】祜，已故孝安皇帝之名。

【注释】①上：指皇上。讳：封建社会称死去了的帝王或尊长的名。徐铉注："此汉安帝名也。福也。当从示，古声。"

禮 lǐ

禮①，履也②。所以事神致富也③。从示，从豊，豊亦声。灵启切。

【译文】禮，履行，是用来祭神求福的事。由示、由豊会意，豊也表声。

【注释】①禮：举行礼仪，祭神致福。《后汉书·荀爽传》："礼者，所以兴福祥之本，而止祸乱之源也。"②履：履而行之，即施行，实行。③事：奉事。致：得到。

禧 xī

禧，礼吉也。从示，喜声。许其切。

【译文】禧，行礼获得吉祥。从示，喜声。

禛 zhēn

禛，以真受福也。从示，真声。侧邻切。

【译文】禛，用真诚的情意（感化神明）而得福。从示，真声。

禄 lù

禄，福也。从示，录声。卢谷切。

【译文】禄，幸福。从示，录声。

褫 sī

褫，福也。从示，虒声。息移切。

【译文】褫，幸福。从示，虒声。

禎 zhēn

禎，祥也。从示，貞声。陟盈切。

【译文】禎，吉祥。从示，貞声。

祥 xiáng

祥，福也。从示，羊声。一云善[1]。似羊切。

【译文】祥，幸福。从示，羊声。另一义是善好。

【注释】① 一云善：善是福的引申义。

祉 zhǐ

祉，福也。从示，止声。敕里切。

【译文】祉，幸福。从示，止声。

福 fú

福[1]，祐也。从示，畐声。方六切。

【译文】福，（神明）降福保佑。从示，畐声。

【注释】① 福：福的本义是祭过神的肉。《国语·晋语》："今夕君梦齐姜，必速祠而归福。"韦昭注："福，胙肉也。"

祐 yòu

祐，助也。从示，右声。于救切。

【译文】祐，（神明给予的）帮助。从示，右声。

祺 qí

祺，吉也。从示，其声。渠之切。

【译文】祺，吉祥。从示，其声。

祗 zhī

祗，敬也。从示，氐声。旨移切。

【译文】祗，恭敬。从示，氐声。

禔 zhī

禔，安福也[1]。从示，是声。《易》曰："禔既平。"市支切。

【译文】禔，安定，幸福。从示，是声。《易经》说："既安又平。"

【注释】① 安福也：安也，福也。是"一句数读"的现象，是《说文》解释一字多义现象的一种方式。这种一字多义现象往往有明显的意义联系。

神 shén

神，天神，引出万物者也。从示申[1]。食邻切。

【译文】神，天神，引发出万事万物的神。从示，申声。

【注释】① 从示申：段、桂、朱、王，全作"从示，申声"。

祇 qí

祇，地祇，提出万物者也。从示，氏声。巨支切。

【译文】祇，地神，提引发生万事万物的神。从示，氏声。

祭 jì

祭，祭祀也。从示，以手持肉[1]。子例切。

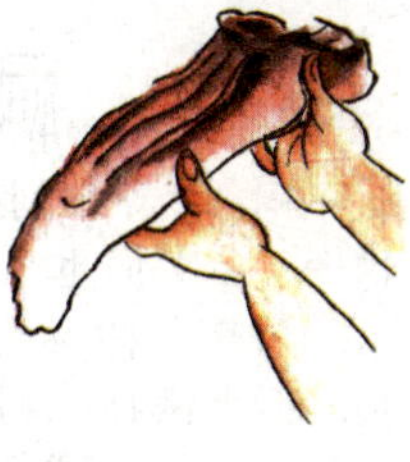

【译文】祭，祭祀鬼神。从示，用手拿着肉（供奉神前）。

【注释】① 从示，以手持肉：是许氏说解会意字的方式之一。

祀 sì

祀，祭无已也[1]。从示，巳声。详里切。

【译文】祀，祭祀不停止。从示，巳声。

【注释】① 祭无已：徐锴《系传》："《老子》

曰‘子孙祭祀不辍’是也。”已：停止。

祪 guǐ

祪，祔、祪，祖也①。从示，危声，过委切。

【译文】祪，祔和祪，都是迁移神主的事。从示，危声。

【注释】① 祖：《周礼·小宗伯》注：“迁主曰祖。”祔是新死者的神主迁于祖庙，祪是毁庙的神主迁于太庙，都是迁主的事。旧说文意未明。

祔 fù

祔，后死者合食于先祖①。从示，付声。符遇切。

【译文】祔，后死者的神主移在祖庙中与先祖一道供祭。从示，付声。

【注释】① 食（sì）：供养，这里指供祭。

祖 zǔ

祖①，始庙也②。从示，且声。则古切。

【译文】祖，初始，宗庙。从示，且声。

【注释】① 祖：祖先，祖父。《诗经·大雅·生民》，尊祖也。孔颖达疏：“祖之定名，父之父耳。但祖者，始也，己所从始也，自父之父以上皆得称焉。”② 始庙也：始也，庙也。一句数读。

祠 cí

祠，春祭曰祠。品物少，多文词也①。从示，司声。仲春之月，祠，不用牺牲②，用圭璧及皮币③。似兹切。

【译文】祠，（周代）春天的祭祀叫作祠。这是由于用来祭祀的物品少，而仪式文词多的缘故。从示，司声。（《礼记·月令》），农历二月，祭祀不用牺牲，而用玉器、毛皮和缯帛。

【注释】① 多文词：这是许君用词字申说祠字受义之原因。词、祠古音同。② 牺牲：供祭祀用的纯色全体牲畜。③ 圭璧：祭祀时用作符信的玉器。

祝 zhù

祝，祭主赞词者。从示，从人口。一曰：从兑省。《易》曰：兑为口为巫。之六切。

【译文】祝，祭祀时主管向神灵祷告的人。由示字、由人字、口字会意，（表示用人之口与神灵交接）。另一说是，“祝”字的“兄”旁是“兑”字省去上面的“八”。《易》说：“兑”卦可以代表“口”，代表“巫”。

祈 qí

祈①，求福也。从示，斤声。渠希切。

【译文】祈，向神明求福。从示，斤声。

【注释】① 祈：祭神求福。《尔雅·释言》：“祈，叫也。”郭璞注：“祈祭者叫呼而请事。”

禱 dǎo

禱①，告事求福也。从示，壽声。都浩切。

【译文】禱，向神祷告而祈求幸福。从示，壽声。

【注释】① 禱：向神祝告求福。《周礼·春官·小宗伯》：“祷祠于上下神示。”郑玄注：“求福曰祷。”

禪 shàn

禪，祭天也①。从示，單声。时战切。

【译文】禪，祭天。从示，單声。

【注释】① 祭天：徐灏《段注笺》：“封禅对文，云祭天者，浑举之词耳。”对举，禅是祭地，封是祭天。

社 shè

社，地主也。从示土。《春秋传》曰：“共工之子句龙为社神。”周礼：“二十五家为社，各树其土所宜之木。”常者切。

【译文】社，土地的神主。从示，土声。《春秋左传》说："共工的儿子句龙作土地神。"周朝的礼制规定：二十五家立一个社，各种植那里的土地所适宜生长的树木。

禁 jìn

禁，吉凶之忌也。从示①，林声。居荫切。

【译文】禁，有关吉凶之事的避忌。从示，林声。

【注释】① 从示：从字源上说，禁是对鬼神为祸的避忌，所以从示。后来泛指为不论吉凶，凡是法令习俗予以制止、避忌的事。

三部

三 sān

三，天地人之道也①。从三数②。凡三之属皆从三③。稣甘切。

【译文】三，天、地、人的道数。由三画构成。大凡三的部属都从三。

【注释】① 天地人：本书"王"字说解引董仲舒说："三者，天、地、人也。"② 三数：三画的意思。③ 三有首无群，此处不应单立部首。

王部

王 wáng

王，天下所归往也。董仲舒曰："古之造文者，三画而连其中谓之王。三者，天、地、人也，而参通之者王也①。"孔子曰："一贯三为王②。"雨方切。

【译文】王，天下归趋向往的对象。董仲舒说："古代创造文字，三画而又用竖线连接其中，叫王字。三横画，代表天道、地道、人道，而又能同时通达它的，就是王。"孔子说："用一贯三就是王。"

【注释】① 董说引自《春秋繁露·王道通三篇》。② 孔说未详所出。

閏 rùn

闰，余分之月，五岁再闰①，告朔之礼②，天子居宗庙③，闰月居门中④。从王在門中。《周礼》曰⑤："闰月，王居门中，终月也。"如顺切。

【译文】閏，闰月，由余剩的未分的时日组成的月份，五年闰两次。每月初一，行告祭之礼，天子居处在庙堂之中，闰月居处在正室门中。由"王"字在"門"字之中会意。《周礼》说："闰月，周王居处在正室门中，整一个月。"

【注释】① 再：两次。② 告朔：朔，阴历每月第一天。每年冬末，天子把来年的历书颁发给诸侯，确定是否置闰，及每月初一的日子，叫"颁告朔"。诸侯接受历书，藏入祖庙。每逢初一，便杀一只活羊祭庙，叫"告朔"。③ 宗庙：《段注》："古路寝、明堂、大庙、异名而实一也。"明堂之制见《王国维遗书·观堂集林·明堂庙寝通考》。明堂分东南西北四室八个（每堂的左右厢房），共十二个场所。天子每月可居处一个场所。④ 闰月句：《段注》引郑司农说：天子"惟闰月无所居，居于门"。门：指路寝（天子、诸侯的正室）门。⑤ 引文见《周礼·春官·大史》。

皇 huáng

皇，大也。从自［王］①。自，始也。始（皇）［王］者②，三皇，大君也。自读若鼻，今俗以始生子为鼻子③。胡光切。

【译文】皇，即大。由自王会意。自是初始的意思。最初统治天下的人是（燧人、伏羲、神农）三皇，是伟大的君王。"自"的音读像"鼻"字。当今俗话把最初生下的子女说成是"鼻子"。

【注释】① 自：《段注》本作"自王"，当补。② 始皇：《段注》作"始王"。三皇：《段注》引《尚书大传》："燧人为燧皇，伏羲为羲皇，神农为农皇。"③ 许君用来证明自有始义。

玉部

玉 yù

玉，石之美。有五德：润泽以温，仁之方也；䚡理自外，可以知中，义之方也；其声舒扬，尃以远闻[①]，智之方也；不桡而折，勇之方也；锐廉而不(技)[忮][②]，絜之方也。象三玉之连。丨，其贯也。凡玉之属皆从玉。鱼欲切。

【译文】玉，美好的石头，它有五种美德：润泽而又温和，是仁人的比方；䚡理，从外可知内，是义士的比方；它的声音舒展飞扬，传播而远闻，是智士的比方；它决不弯曲，宁肯折断，是勇士的比方；它锋利而不伤害别人，是廉洁之士的比方。像三块玉的连接。中间的竖，是那穿玉的绳索。大凡玉的部属都从玉。

【注释】①尃：分布。这里指传布四方。②技：段桂朱王均做“忮”。忮：害。

璬 lì

璬，玉也。从玉，毄声。读若鬲。郎击切。

【译文】璬，玉名。从玉，毄声。音读像“鬲”字。

璠 fán

璠，玙璠[①]。鲁之宝玉。从玉，番声。孔子曰[②]：“美哉，玙璠。远而望之，奂若也[③]；近而视之，瑟若也[④]。一则理胜[⑤]，二则孚胜[⑥]。”附袁切。

【译文】璠，玙璠，鲁地出产的宝玉。孔子说：“多美好啊，玙璠！远远地望着它，焕焕的(光彩夺目)；走近观察它，瑟瑟的(纹理缜密)。一是纹理胜，二是光彩胜。”

【注释】①玙璠：又称璠玙，玙又作与(yú)。《左传·定公五年》：“阳虎将以玙璠敛(liàn，装殓)。”杜预注：“玙璠，美玉，君所佩。”②孔语引自《齐论语·问玉篇》。③奂若：焕然。鲜明光亮貌。《说文》无“焕”字。④瑟若：瑟然。瑟同璱，纹理细密貌。⑤一则：王筠《句读》：“此承瑟若。”理：徐锴《系传》：“谓文理也。”胜：超过。⑥二则：王筠《句读》：“此承奂若。”徐锴《系传》：“孚音符，谓玉之光采也，今亦言符采也。”

瑾 jǐn

瑾[①]，瑾瑜，美玉也。从玉，堇声。居隐切。

【译文】瑾，瑾瑜，美玉。从玉，堇声。

【注释】①瑾：美玉。《楚辞·九章》：“怀瑾握瑜兮，穷不知所示。”王逸注：“瑾、瑜，美玉也。”

瑜 yú

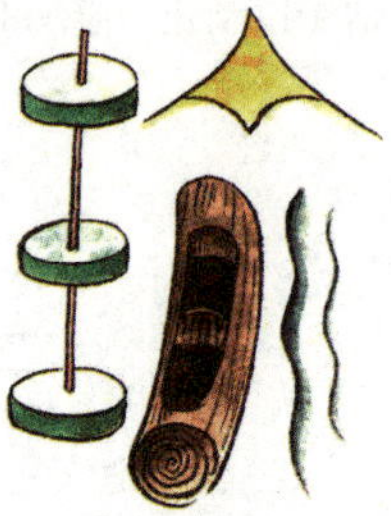

瑜，瑾瑜，美玉也[①]。从玉，俞声。羊朱切。

【译文】瑜，瑾瑜，美玉。从玉，俞声。

【注释】①“美玉”二字当删。《段注》：“凡合二字成文，如‘瑾瑜’、‘玫瑰’之类，其义既举于上字，则下字例不复举。”

球 qiú

球，玉声也[①]。从玉，求声。巨鸠切。

【译文】球，玉石撞击之声。从玉，求声。

【注释】①玉声：徐锴《系传》：“孔子见南子，佩玉声璆然。”故事见《史记·孔子世家》。

琳 lín

琳[①]，美玉也。从玉，林声。力寻切。

【译文】琳，美玉。从玉，林声。

【注释】①琳：桂馥《义证》：“琳，色青碧者也。”

璧 bì

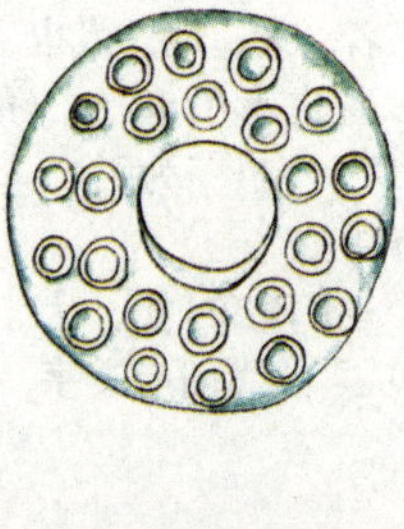

璧，瑞玉圜也[①]。从玉，辟声。比激切。

【译文】璧，用作印信凭证的玉，是平圆而正中有孔的玉。从玉，辟声。

【注释】①瑞玉圜也：是“一句数读”现象，即“瑞玉也，圜也。”

 瑗 yuàn

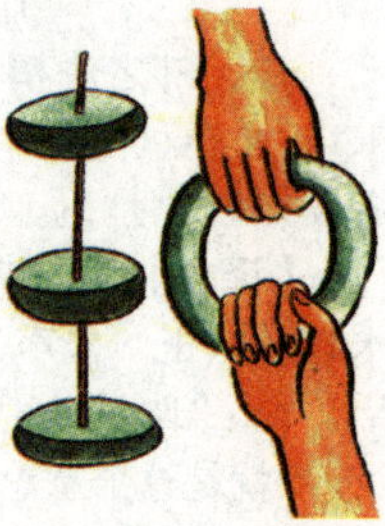

瑗，大孔璧。人君上除陛以相引[①]。从玉，爰声。《尔雅》曰[②]：“好倍肉谓之瑗，肉倍好谓之璧。”王眷切。

【译文】瑗，（可以容手的）大孔的玉璧。人君上台阶，侍者用玉璧来牵引人君。从玉，爰声。《尔雅》说：“内孔直径为边宽的两倍，叫它作瑗；边宽为内孔直径的两倍，叫它作璧。”

【注释】①除：台阶。陛：台阶。除陛：同义连用。以相引：桂馥《义证》：“本书：‘爰引也。’故从爰。谓引者奉（捧）璧于君，而前引其璧，则君易升（容易登上台阶）。”②《尔雅》：指《释器》。郭璞注：“肉，边也。好，孔也。”倍：用作动词，超过一倍。

 玦 jué

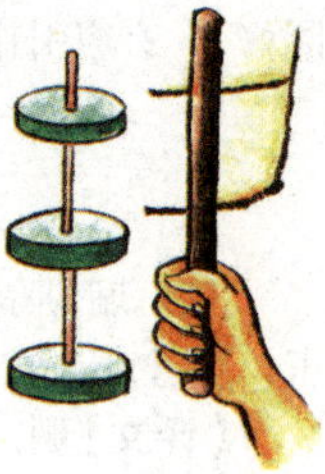

玦[①]，玉佩也。从玉，夬声。古穴切。

【译文】玦，（环形而又有缺口的）佩玉。从玉，夬声。

【注释】①玦：徐锴《系传》：“玦，之不周者。”引申为决断、与人断绝关系的象征。

 瑞 ruì

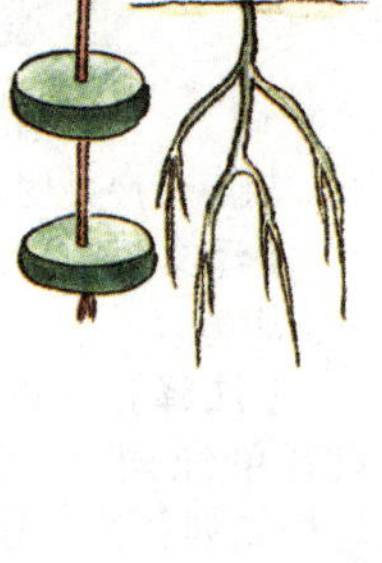

瑞，以玉为信也。从玉、耑[声][①]。是伪切。

【译文】瑞，用玉制成的信物。从玉，耑声。

【注释】①耑：当作耑声。慧琳《一切经音义》三次引用《说文》都作“从玉，耑声。”瑞、耑，歌元对转。瑞，王筠《句读》：“犹今言印信。”

 珥 ěr

珥，瑱也。从玉耳，耳亦声。仍吏切。

【译文】珥，玉瑱。由玉、耳会意，耳也表声。

 瑱 tiàn

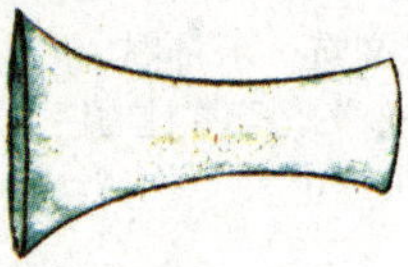

瑱[①]，以玉充耳也。从玉，真声。《诗》曰：“玉之瑱兮。”他甸切。

【译文】瑱，用（冠冕两侧丝绳垂系着的）珠玉来充塞耳朵。从玉，真声。《诗经》说：“玉作的充耳瑱啊。”

【注释】①瑱：王筠《句读》引《左传·昭公二十六年》正义：“礼，以一绦五采横冕上，两头下垂，系黄绵，绵下又县玉为瑱以塞耳。”

 琢 zhuó

琢，治玉也。从玉，豖声。竹角切。

【译文】琢，治理玉石。从玉，豖声。

 理 lǐ

理，治玉也。从玉，里声。良止切。

【译文】理，治理玉石。从玉，里声。

 珍 zhēn

珍，宝也。从玉，㐱声。陟邻切。

【译文】珍，（玉石之类的）宝物。从玉，㐱声。

 玩 wán

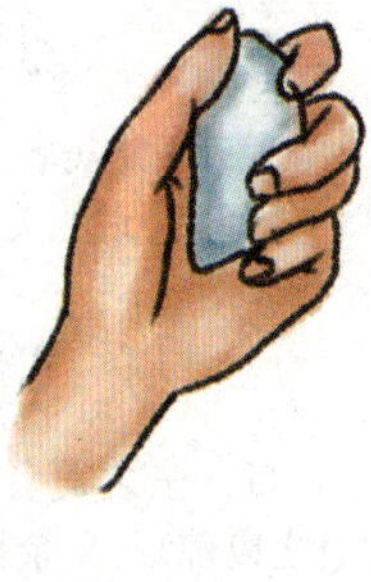

玩[①]，弄也。从玉，元声。五换切。

【译文】玩，捧玉玩弄。从玉，元声。

【注释】①玩：从弄玉到弄贝，所以又可写作“玩”。后泛指一切玩弄、戏耍。《书·旅獒》：“玩人丧德，玩物丧志。”

玲 líng

玲①，玉声。从玉，令声。郎丁切。

【译文】玲，玉（相撞击）声。从玉，令声。

【注释】①玲：玲珑，亦即珑玲，双音单纯词。《文选·东都赋》："和銮玲珑。"李善注引："玲珑，玉声也。"

碧 bì

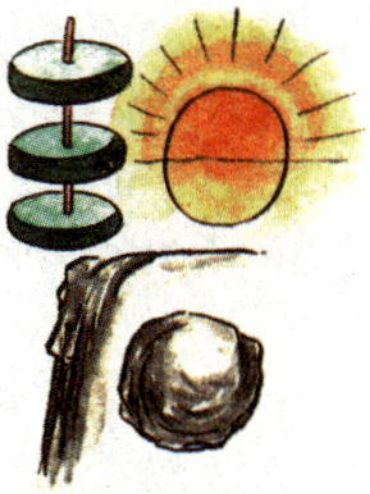

碧，石之青美者。从玉石，白声①。兵尺切。

【译文】碧，青色又美丽的石头。由玉、石会意，白声。

【注释】①《段注》："从玉石者，似玉之石也。""碧色青白，故从白。云白声者，以形声苞会意。"

琨 kūn

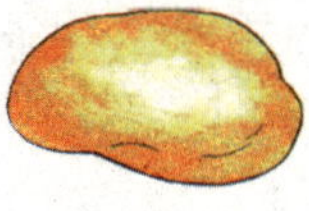

琨，石之美者。从玉，昆声。《虞书》曰①："杨州贡瑶琨②。"古浑切。

【译文】琨，美丽的石头。从玉，昆声。《虞书》说："扬州地方进贡瑶玉和琨石。"

【注释】①《虞书》：指《尚书·禹贡》。《说文》引《禹贡》，多称《夏书》。这里称《虞书》，桂馥《义证》说："本称《虞夏书》，后人乱之也。"②杨州：今作扬州。

珉 mín

珉，石之美者。从玉，民声。武巾切。

【译文】珉，美丽的石头。从玉，民声。

瑶 yáo

瑶，玉之美者①。从玉，䍃声。《诗》曰②："报之以琼瑶。"余招切。

【译文】瑶，美玉。从玉，䍃声。《诗》说："用琼瑶美玉回报他。"

【注释】①玉之美者：段桂朱王都以为当作"石之美者"。②《诗》：指《诗经·卫风·木瓜》。

珠 zhū

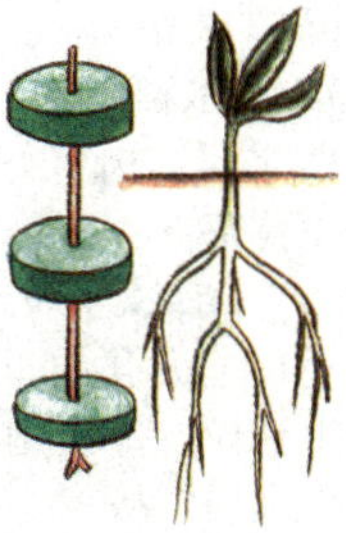

珠，蚌之阴精①。从玉，朱声。《春秋国语》曰"珠以御火灾"②，是也。章俱切。

【译文】珠，蚌壳里头的水精。从玉，朱声。《春秋国语》说："珠足以用来抵御火灾。"就是这个意思。

【注释】①之：《段注》作"中"，说："今依《初学记》。"阴精：《国语》韦昭注："珠，水精。"水属阴。②珠以句：见《国语·楚语》。

瑰 guī

瑰，玫瑰。从玉，鬼声。一曰：圜好①。公回切。

【译文】瑰，玫瑰。从玉，鬼声。一说：珠子圆好叫作瑰。

【注释】①圜（yuán）好：《玉篇》引作"珠圜好"，玄应引作"圜好曰瑰"。

珊 shān

珊，珊瑚①，色赤，生于海，或生于山。从玉，删省声。稣干切。

【译文】珊，珊瑚，红色，有的生在海中，有的生在山中。从玉，删省刂为声。

【注释】①珊瑚：科学的解释是：由许多珊瑚虫分泌的石灰质骨骼聚集而成的东西。形状像树枝，多红色，也有白色或黑色。可供玩赏，也可作装饰品。

瑚 hú

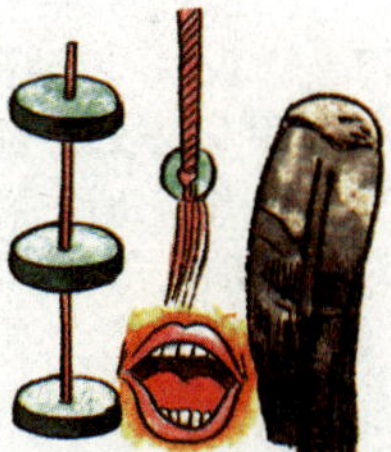

瑚①，珊瑚也。从玉，胡声。户吴切。

【译文】瑚，珊瑚。从玉，胡声。

【注释】①瑚：珊瑚，双音单纯词。《史记·司马相如列传》："玫瑰、碧琳、珊瑚丛生。”《盐铁论·力耕》：“而璧玉、珊瑚、琉璃，咸为国之宝。”

琅 láng

琅，琅玕，似珠者[①]。从玉，良声。鲁当切。

【译文】琅，琅玕，像圆珠的玉石。从玉，良声。

【注释】①似珠：《段注》：“出于蚌者为珠，则出于地中者为似珠。”

靈 líng

靈，灵巫[①]。以玉事神。从玉，霝声。郎丁切。

【译文】靈，灵巫。（他们的职责是）用玉奉事神明。从玉，霝声。

【注释】①灵巫：《楚辞·九歌》王注：“灵，巫也，楚人名巫为灵。”连言之则为灵巫。

玨部

琎 fú

琎，车笭间皮箧。古者使奉玉以藏之。从車玨。读与服同。房六切。

【译文】琎，车栏间的皮箱夹。古时候，使者捧玉出使，把玉藏在这皮箱夹里头。由車、由玨会意。音读与“服”字相同。

班 bān

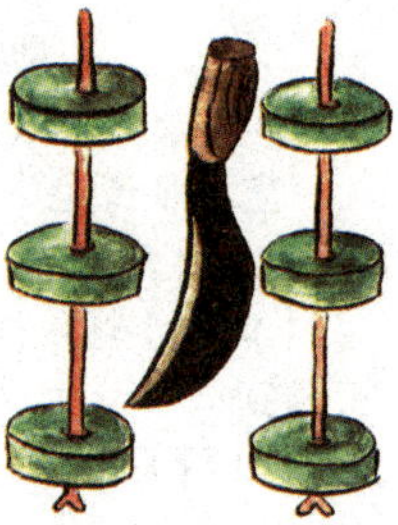

班，分瑞玉也[①]。从玨，从刀。布还切。

【译文】班，将瑞玉中分为二。由玨、由刀会意。

【注释】①瑞玉：古代用作凭证的东西，中分为二，各执其一。瑞，为古代凭信之玉，不必更加“玉”字。

气部

气 qì

气[①]，云气也。象形。凡气之属皆从气。去既切。

【译文】气，云气。象形。大凡气的部属都从气。

【注释】①气：云气，泛指一切气体。

氛 fēn

氛，祥气也。从气，分声。符分切。

【译文】氛，体现吉凶的云气。从气，分声。

士部

士 shì

士，事也。数始于一，终于十。从一，从十。孔子曰：“推十合一为士。”凡士之属皆从士。鉏里切。

【译文】士，会办事（的人）。数目从一开始，到十结束。由一、由十会意。孔子说：“能够从众多的事物中推演归纳出一个简要的道理来的人就是士。”大凡士的部属都从士。

壮 zhuàng

壮，大也。从士，爿声。侧亮切。

【译文】壮，大。从士。爿声。

丨部

丨 gǔn

丨，上下通也。引而上行读若囟，引而下行读若退。凡丨之属皆从丨。古本切。

【译文】丨，上下通彻。引长笔画向上行，音读如“囟”字；引长笔画向下行，音读像“退”字。大凡丨的部属都从丨。

屮部

屮 chè

屮，艸木初生也。象丨出形[①]，有枝茎也。古文或以为艸字。读若彻[②]。凡屮之属皆从屮。尹彤说[③]。丑列切。

【译文】屮，草木初生。像草木长出地面的形状，而且有了枝茎。古文有时把它当作艸字。音读像“彻”字。大凡屮的部属都从屮。这是尹彤的说法。

【注释】①丨：《段注》：“丨，读若囟，引而上行也。”丨出，即开出、长出。②读若彻：《段注》：“彻，通也。义存乎音。”③尹彤说：徐锴《系传》：“尹彤，当时说文字者。所谓‘博采通人’也。”《段注》：“三字当在‘凡屮’上。转写者倒之。”

屯 zhūn

屯，难也。象艸木之初生。屯然而难[①]。从屮贯一，一，地也；尾曲[②]。《易》曰：“屯，刚柔始交而难生[③]。”陟伦切。

【译文】屯，艰难。像草木初生，曲折而又艰难的形状。其形由屮贯穿一构成。一，代表地面。屯字的尾部弯曲。《周易》说：“屯卦，是阴柔阳刚二气开始交合而出现艰难的形像。”

【注释】①屯然：曲折之貌。然：助词。②尾曲：徐灏《段注笺》：“此篆从屮曲之，以象难生之意。”③《易》曰：引语见《周易》屯卦。刚，指阳；柔，指阴。

每 měi

每[①]，艸盛上出也。从屮，母声。武罪切。

【译文】每，艸木茂盛上长的样子。从屮，母声。

【注释】①每：草丰盛。《春秋左传》：“原田每每，舍其旧而新是谋。”

毒 dú

毒，厚也。害人之艸，往往而生[①]。从屮，从毒[②]。徒沃切。

【译文】毒，厚。害人的草，历历而生。从屮，毐(ǎi)声。

【注释】①往往：《段注》：“犹历历也。”②从毒：徐锴《系传》作“毐声”。《系传·祛妄》：“毐，乌代反。”《汉书·地理志》：“多犀象毒冒珠玑。”颜师古注：“毒音代。”可见，毒有代音，与毐声相近。

熏 xūn

熏，火烟上出也。从屮，从黑。屮黑，熏黑也。许云切。

【译文】熏，火烟向上冒出（熏黑物体）的意思。由屮，由黑会意。屮黑，火烟上升把物体熏黑。

艸部

艸 cǎo

艸，百芔也。从二屮。凡艸之属皆从艸。仓老切。

【译文】艸，百艸。由两个屮字构成。大凡艸中的部属都从艸。

莊 zhuāng

莊，上讳[①]。侧羊切。

【译文】莊，已故的汉明帝的名字。

【注释】①上讳：徐铉：“此汉明帝名也。”《段注》：“其说解当曰：‘艸大也。从艸，壮声。’……此形声兼会意字，莊训大，故莊训艸大。”

芝 zhī

芝，神艸也[①]。从艸，从之[②]。止而切。

【译文】芝，神草。从艸，之声。

【注释】①神艸：徐灏《段注笺》：“古人以芝为祥瑞，《本草》云：服之轻身延年，故谓之神艸，亦曰灵芝，其实蕈菌之属耳。”② 从之：徐锴《系传》作“之声”。

莆 fǔ

莆，蓮莆也。从艸，甫声。方矩切。

【译文】莆，蓮莆。从艸，甫声。

荅 dá

荅，小尗也。从艸，合声。都合切。

【译文】荅，小豆。从艸，合声。

莠 yǒu

莠，禾粟下［阳］生［者曰］莠[①]。从艸，秀声。读若酉。与久切。

【译文】莠，禾粟之间长的似禾非禾的东西叫莠。从艸，秀声。音读像“酉”字。

【注释】① 禾粟下生莠：语义不明。慧琳《音义》三十二卷十一页、五十一卷六页莠注皆引《说文》：“禾粟下阳生者曰莠。”当据补。禾粟下：《段注》：“犹言禾粟间。”阳：伪。《段注》：“莠，今之狗尾草。茎叶采（穗）皆似禾。”

蘇 sū

蘇，桂荏也[①]。从艸，穌声。素孤切。

【译文】蘇，味辛如桂的荏类植物。从艸，穌声。

【注释】① 桂荏：《段注》：“今之紫苏。”桂馥《义证》：“《本草纲目》：蘇从穌，舒畅也。苏性舒畅，行气和血，故谓之苏。苏乃荏类，而味辛如桂，故《尔雅》谓之桂荏。”

荏 rén

荏，桂荏，苏[①]。从艸，任声。如甚切。

【译文】荏，味辛如桂的荏类植物，即白苏。从艸，任声。

【注释】① 苏：徐锴《系传》：“荏，白苏也。桂荏，紫苏也。”可见，苏这里指白苏。

芺 shǐ

芺，菜也。从艸，矢声。失匕切。

【译文】芺，芺菜。从艸，矢声。

葵 kuí

葵，菜也[①]。从艸，癸声。疆惟切。

【译文】葵，葵菜。从艸，癸声。

【注释】① 菜：又名“冬葵”“冬寒菜”。详见王桢《农书》。《诗经·豳风·七月》：“七月亨葵及菽。”

薇 wēi

薇，菜也。似藿[①]。从艸，微声。无非切。

【译文】薇，薇菜，（茎叶和味）像豆。从艸，微声。

【注释】① 似藿：《本草纲目·菜部·薇》：“时珍曰：薇生麦田中，原泽亦有。即今野豌豆，蜀人谓之巢菜。蔓生，茎叶气味皆似豌豆。”藿，指豆的整体。

芋 yù

芋[①]，大叶实根，骇人，故谓之芌也。从艸，亏声[②]。王遇切。

【译文】芋，大大的叶子，饱满充实的根，令人惊骇，所以叫它芋。从艸，亏声。

【注释】① 芋：徐锴《系传》：“芋犹言吁也。吁，惊词，故曰骇人谓之芋。”② 亏声：《段注》：“凡于声字多训大。”

蘧 qú

蘧，蘧麦也[①]。从艸，遽声。彊鱼切。

【译文】蘧，蘧麦。从艸，遽声。

【注释】① 蘧麦：即瞿麦。徐锴《声传》：“今谓之瞿麦。其小而华（花）色深者，俗谓石竹。”《本草纲目》：“瞿麦，一名巨句麦，一名大菊，一名大兰。”

菊 jú

菊，大菊，蘧麦。从艸，匊声。居六切。

【译文】菊，大菊，又名蘧麦。从艸，匊声。

菁 jīng

菁，韭华也。从艸，青声。子盈切。

【译文】菁，韭菜的花。从艸，青声。

苹 píng

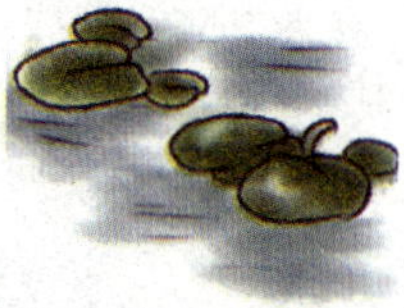

苹，蓱也[①]。无根，浮水而生者。从艸，平声。符兵切。

【译文】苹，浮蓱（萍），没有根，浮在水面而生。从艸，平声。

【注释】①蓱：浮萍。《尔雅·释艸》：“苹，蓱；其大者苹。”郭注：“水中浮蓱，江东谓之薸（piáo）。”

蘭 lán

蘭，香艹也[①]。从艸，闌声。落干切。

【译文】蘭，香草。从艸，闌声。

【注释】①香艹：指泽兰。徐灏《段注笺》曰：“经传所谓兰，大抵皆泽兰之类，世人以今兰蕙当之，殊误。”

葌 jiān

葌，艹，出吴林山[①]。从艸，姦声。古颜切。

【译文】葌，葌草，出自吴林山。从艸，姦声。

【注释】①吴林山：《山海经·中山经》：“吴林之山，其中多葌草。”郭璞注：“亦菅字。”

葰 suī

葰，薑属[①]。可以香口。从艸，俊声。息遗切。

【译文】葰，薑类植物，可以使口香馥。从艸，俊声。

【注释】①薑属：王筠《句读》：“葰一名廉姜，生沙石中，姜类也。其味大辛而香。”

芄 wán

芄，芄兰[①]，莞也。从艸，丸声。《诗》曰：“芄兰之枝[②]。”胡官切。

【译文】芄，芄兰，又叫莞。从艸，丸声。《诗经》说：“芄兰之枝。”

【注释】①芄兰：草名，也叫萝藦，蔓生，叶有长柄，结荚实，两两对出成叉形。王筠《句读》：“芄兰莞三字叠韵，长言则芄兰，短言则莞（guān）。而莞本作蓆之艹之专名，此则以为芄兰之异名。今《尔雅》作雚。”②《诗》：指《诗经·卫风·芄兰》。“枝”今本作“支”。

虈 xiāo

虈[①]，楚谓之蓠，晋谓之虈，齐谓之茝。从艸，嚻声。许娇切。

【译文】虈，楚地叫它蓠，晋地叫它虈，齐地叫它茝。从艸，嚻声。

【注释】①虈：白芷，一种香草。蓠、虈、茝，一物而方俗异名。茝，《本草经》谓之白芷。茝、芷同字。

蘺 lí

蘺，江蓠[①]，蘼芜。从艸，離声。吕之切。

【译文】蘺，江蓠，蘼芜的别名。从艸，離声。

【注释】①江蓠：一种香草。

薰 xūn

薰[①]，香艹也。从艸，熏声。许云切。

【译文】熏，香草。从艸，熏声。

【注释】①熏：香草名，又叫蕙草，又叫零陵香。《广雅·释草》：“熏草，惠草也。”

蘪 méi

蘪，蘪芜也[①]。从艸，麋声。靡为切。

【译文】蘪，蘪芜。从艸，麋声。

【注释】① 蘪芜：也作“蘼芜”。

薄 dǔ

薄，水萹茿。从艸，从水，毒声。读若督。徒沃切。

【译文】薄，生长在水中的萹竹。由艸、由水会意，毒声。音读像“督”字。

萹 biǎn

萹，萹茿也[①]。从艸，扁声。方沔切。

【译文】萹，萹茿。从艸，扁声。

【注释】① 萹茿：一名萹竹、萹蓄。蓼科。生在水中的叫薄。薄、茿、竹、蓄，上古全属觉部、舌头音，音读极相近。

茿 zhú

茿，萹茿也。从艸，筑省声[①]。陟玉切。

【译文】茿，萹茿。从艸，筑省竹声。

【注释】① 筑省声：《段注》：“不云巩声，而云筑省声者，以巩字工声，筑字竹亦声也。”

藒 qiè

藒，芞舆也[①]。从艸，楬声[②]。去谒切。

【译文】藒，芞舆。从艸，楬声。

【注释】① 芞舆：香草。《尔雅·释艸》：“藒车，芞舆。”郭璞注：“藒车，香艸，见《离骚》。”《太平御览》引《广志》：“藒车，香草，味辛，生彭城，高数尺，黄叶白华。”② 楬声：徐灏《段注笺》：“此篆大小徐各本偏旁或从木，或从禾，错出不一。”

芞 qì

芞，芞舆也。从艸，气声。去讫切。

【译文】芞，芞舆。从艸，气声。

莓 mèi

莓，马莓也[①]。从艸，母声。武罪切。

【译文】莓，大莓。从艸，母声。

【注释】① 马莓：王筠《句读》：“凡以马名者皆谓大也。盖谓大于莿、山莓也。”字亦作“莓”。

茖 gé

茖[①]，艹也。从艸，各声。古额切。

【译文】茖，茖草。从艸，各声。

【注释】① 茖：《尔雅·释艸》：“茖，山葱。”郭璞注：“茖葱，细茎大叶。”

苷 gān

苷，甘艹也[①]。从艸，从甘。古三切。

【译文】苷，甘草。从艸，甘声。

【注释】[①] 甘艹：《正字通·艸部》：“甘艸枝叶如槐，高五六尺，叶端微尖，有白毛，实作角。”“味甘，故名甘草，俗加艸。”

芧 zhù

芧[①]，艹也。从艸，予声。可以为绳。直吕切。

【译文】芧，芧草。从艸，予声。可以用来搓成绳索。

【注释】① 芧：叫三棱草。《图经》：“荆湘江淮水泽之间皆有，叶似莎草，极长，茎三棱如削，大如人指，高五六尺，茎端开花。……好生水际及浅水中。”

藎 jìn

藎[①]，艹也。从艸，盡声。徐刃切。

【译文】藎，荩草。从艸，盡声。

【注释】① 藎：《本草》曰：“荩草可以染流黄，作金色，生蜀中。”《急就篇》曰：“雷矢雚菌荩兔卢。”颜师古注：“盖荩草治久咳，杀皮肤小虫。又可以染黄而作金色。”

荵 rěn

荵①，荵冬艸。从艸，忍声。而轸切。

【译文】荵，荵冬草。从艸，忍声。

【注释】①荵：《段注》："今之金银藤也，其花曰金银花。"

莡 shù

莡①，艸也。从艸，述声。食聿切。

【译文】莡，莡草。从艸，述声。

【注释】①莡：徐锴《系传》："药有蓬莪莡。"味苦色青。就是莡草。

萇 cháng

萇，苌楚①，跳弋②。一名羊桃③。从艸，長声。直良切。

【译文】萇，苌楚，或叫铫芅。又叫羊桃。从艸，長声。

【注释】①苌楚：《尔雅·释艸》作"长楚"。②跳弋：《尔雅》作"铫芅"。③羊桃：《尔雅》郭注"长楚、铫(yáo)芅(yì)"："今羊桃也。或曰鬼桃。叶似桃，华白，子如小麦，亦似桃。"

薊 jì

薊，芺也①。从艸，魝声。古诣切。

【译文】薊，与芺同类的草。从艸，魝声。

【注释】①芺(ǎo)：即钩草。《尔雅·释》："钩，芺。"郭璞注："大如拇指，中空，茎头有台(草或菜长花时抽出的嫩茎)。似薊，初生可食。"芺和薊相似，是同类植物。薊有大薊、小薊，山薊(白木)、枹薊(赤朮，又叫苍术)多种。

堇 lí

堇①，艸也。从艸，里声。读若厘。里之切。

【译文】堇，堇草。从艸，里声。音读像"厘"字。

【注释】①堇：羊蹄菜。《段注》："《本草经》曰：'羊蹄。'"徐灏《段注笺》："堇者，羊蹄之合声。"

芨 jī

芨①，堇艸也。从艸，及声。读若急。居立切。

【译文】芨，堇草。从艸，及声。音读像"急"字。

【注释】①芨：《尔雅·释艸》："芨，堇草。"又叫陆英，俗称接骨草。全草治跌打损伤。

藋 diào

藋，厘艸也①。一曰拜商藋。从艸，翟声。徒吊切。

【译文】藋，厘草。一名拜商藋。从艸，翟声。

【注释】①厘艸：藜类植物。朱骏声《通训定声》："《尔雅》：'厘，蔓华。'即莱也。厘莱同声之借。亦即藜也。藜莱双声之转。所谓灰藋也。"

葽 mòu

葽，毒艸也。从艸，婺声。莫候切。

【译文】葽，毒草。从艸，婺声。

蓡 shēn

蓡，人蓡①，药艸，出上党②。从艸，浸声。山林切。

【译文】蓡，人参，一种药草，出自上党。从艸，浸声。

【注释】①蓡：字亦作参。王筠《句读》："人参出上党，状类人者善。"②上党：汉有上党郡，在今山西的东南部。

蓩 mǎo

蓩，卷耳也①。从艸，務声。亡考切。

【译文】蓩，卷耳草。从艸，務声。

【注释】①卷耳：桂馥《义证》："此与《诗》

之卷耳，名同物异。”古书未有训𦬊为卷耳的，待考。

蘻 luán

蘻，凫葵也①。从艸，䜌声。洛官切。

【译文】蘻，凫葵菜。从艸，䜌声。

【注释】①凫葵：又叫蘻菜，茆(mǎo)菜，䔲(tuán)菜，莼(chún)菜。多年生水草，嫩叶可以为羹。

莀 lì

莀，艹也①。可以染留黄②。从艸，戾声。郎计切。

【译文】莀，莀草。可以用它来染成黄绿色。从艸，戾声。

【注释】①这是一种可染黄绿色和紫色的草。染黄绿的叫绿莀，即荩草；染紫色的叫紫莀，即茈莀，又叫紫草，叫藐。②留黄：《广雅》：“留黄，绿也。亦作流黄。”

荍 qiáo

荍①，蚍虾也②。从艸，收声。渠遥切。

【译文】荍，蚍虾草。从艸，收声。

【注释】①荍：精葵（又名锦葵，花可食）。《诗经·陈风·东门之枌》：“视尔如荍，贻我握椒。”②蚍虾：植物名。又作“芘芣”，又叫荆葵或锦葵。陆玑《诗义疏》：“似芜菁，华紫绿色，可食，微苦。”

蚍 pí

蚍①，蒿也。从艸，毗声。房脂切。

【译文】蚍，蒿类。从艸，毗声。

【注释】①蚍：《玉篇》：“蚍，蒿。似蓍。”

荑 tí

荑①，艹也。从艸，夷声。杜兮切。

【译文】荑，荑草。从艸，夷声。

【注释】①荑：《毛诗传》：“荑，茅之始生也。”

薛 xuē

薛①，艹也。从艸，辥声。私列切。

【译文】薛，藾萧草。从艸，辥声。

【注释】①薛：即藾蒿，又叫藾萧。见《段注》。

苦 kǔ

苦，大苦①，苓也。从艸，古声。康杜切。

【译文】苦，大苦，又叫蘦草。从艸，古声。

【注释】①大苦：甘草。一说，黄药。桂馥《义证》：“苓当为蘦。本书：‘蘦，大苦也。’《释草》同。馥案：即黄药也。”徐灏《段注笺》：“此作苓，为假借字。令声古音在真部，周秦以后转入庚部，故與蘦相通耳。”

菩 bèi

菩①，艹也。从艸，音声。步乃切。

【译文】菩，黄菩草。从艸，音声。

【注释】①菩：黄菩草，可以作席。钱坫《斠诠》：“《易》‘丰其蔀’，郑本作‘菩’，云：‘小席’。是以艹作席。”

茅 máo

茅①，菅也②。从艸，矛声。莫交切。

【译文】茅，菅草一类。从艸，矛声。

【注释】①茅：白茅，青茅（古代祭祀时用以渗酒）。②菅：《段注》：“统言则茅菅是一，析言则菅与茅殊。许菅茅互训。此从统言也。”

菅 jiān

菅，茅也。从艸，官声。古颜切。

【译文】菅，茅草一类。从艸，官声。

蕲 qí

蕲①，艹也。从艸，靳声②。江夏有蕲春

亭[3]。渠支切。

【译文】蕲，香草。从艸，靳声。江夏郡有蕲春县。

【注释】① 蕲：谓香草。朱骏声《通训定声》："《尔雅》：'薜，山蕲。'《广雅》：'山蕲，当归也。'又：'茭，牛蕲。'注：'今马蕲，叶细锐，似芹。'《本草注》：'一名野茴香。'又：'薜，白蕲。'按：即蚕头当归，细叶者。山蕲为马尾当归，叶粗大。又：'蕲茝，蘪芜。'按即今川芎。此字本训当为香草。山、白、马皆冒蕲名也。"② 靳：《说文》未收此字，待考。③ 蕲春亭：《段注》亭作县。《汉书·地理志》：江夏郡有蕲春县。故城在今湖北蕲春县西北。

莞 huán

莞[1]，艹也。可以作席。从艸，完声。胡官切。

【译文】莞，莞草，可用来编织席子。从艸，完声。

【注释】① 莞：《段注》："莞，盖即今席子艹。"

蔺 lìn

蔺，莞属。从艸，閵声。良刃切。

【译文】蔺，莞草一类。从艸，閵声。

蒻 ruò

蒻，蒲子。可以为平席[1]。从艸，弱声。而灼切。

【译文】蒻，嫩蒲草，可用来编织苹席。从艸，弱声。

【注释】① 平席：即苹席。《段注》："苹者，席安稳之称。此用蒲之少者为之，较蒲席为细。"

蒢 chú

蒢，黄蒢，职也[1]。从艸，除声。直鱼切。

【译文】蒢，黄蒢草，又叫职草。从艸，除声。

【注释】① 职：一作蘵。《尔雅·释艸》："蘵，黄蒢。"郭璞注："蘵草，叶似酸浆，华小而白，中心黄，江东以作葅食。"

蒲 pú

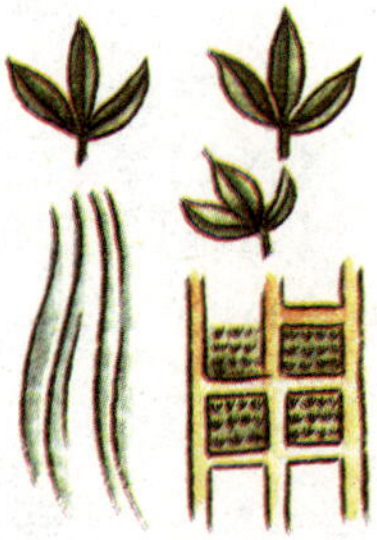

蒲[1]，水艹也。可以作席。从艸，浦声。薄胡切。

【译文】蒲，水草，可用来编织席子。从艸，浦声。

【注释】① 蒲：又叫香蒲。水生植物。茎和叶可编蒲席、蒲包和扇子。嫩苗叫蒲菜，可吃。花粉称蒲黄，可作止血药。

蓡 shēn

蓡，蒲，蒻之类也。从艸，深声。式箴切。

【译文】蓡，蓡蒲，是蒻蒲一类的嫩蒲草。从艸，深声。

萑 zhuī

萑，艹多皃[1]。从艸，隹声。职追切。

【译文】萑，草多的样子。从艸，隹声。

【注释】① 艹多皃：徐灏《段注笺》："依全书通例，当云：'蓷也。一曰：艹多皃。"

蓷 tuī

蓷，萑也[1]。从艸，推声。《诗》曰："中谷有蓷[2]。"他回切。

【译文】蓷，萑草。从艸，推声。《诗经》说："山谷中有蓷草。"

【注释】① 萑：益母草。《尔雅·释艸》："萑，蓷。"郭璞注："今茺蔚也。叶似荏，方茎，白华，华生节间。又名益母。"朱骏声《通训定声》："茺蔚者，蓷之合音。"②《诗》：指《诗经·王风·中谷有蓷》。中谷：谷中。

茥 kuī

茥，缺盆也[1]。从艸，圭声。苦圭切。

【译文】茥，缺盆草。从艸，圭声。

【注释】① 缺盆：覆盆子。《尔雅·释艸》："茥，葐盆。"郭注："覆盆也。实似莓而小，亦可食。"《太平御览》卷998引孙炎《尔雅注》：

"青州曰莓。"桂馥《义证》:"覆盆子长条，四五月红熟。""其味酸，其外如荔枝，樱桃许大，软红可爱。"

莙 jùn

莙，井藻也①。从艸，君声。读若威。渠殒切。

【译文】莙，牛藻草。从艸，君声。音读像"威"字。

【注释】①井藻：是牛藻之误。井牛二字形近。《尔雅·释艸》："莙，牛薻。"薻是藻的异体字。郭注："似藻，叶大，江东呼为马藻。"《段注》："按藻之大者曰牛藻。凡艹类之大者多曰牛曰马。"

莞 huán

莞，夫蓠也①。从艸，睆声。胡官切。

【译文】莞，夫蓠。从艸，睆声。

【注释】①夫蓠：也写作苻蓠，蒲类植物。《本草》云："白蒲一名苻蓠，楚谓之莞蒲。"见《诗经·小雅·斯干》正义。《集韵·桓韵》："莞，蒲类。"

蒚 lì

蒚，夫蓠上也①。从艸，鬲声。力的切。

【译文】蒚，夫蓠草的茎薹。从艸，鬲声。

【注释】①夫蓠上：上指茎薹，是蔬菜和草开花的茎部。徐锴《系传》："草木将生华，先抽茎台，今谓菜台是也。"

苢 yǐ

苢，芣苢①。一名马舄。其实如李，令人宜子。从艸，㠯声。《周书》所说②。羊止切。

【译文】苢，芣苢草，又叫马舄。(一说，)它的果实像李子，(食用它)叫人宜于生育子女。从艸，㠯声。这是《周书》上说的。

【注释】①芣苢：车前草。《尔雅·释艸》："芣苢，马舄；马舄，车前。"郭注："今车前草，大叶，长穗，好生道边。""苢"也写作"苡"。②《周书》所说：《汲冢周书·王会解》："康人以桴苡，其实如李，食之宜子。"孔晁注："康，西戎别名也。"《山海经》："芣苡，木也。"《周书》所说的桴苡为木，此别一义，许君兼载之，以广异闻。

蕁 tán

蕁，芜藩也①。从艸，尋声。徒含切。

【译文】蕁，芜藩草。从艸，尋声。

【注释】①芜(chén)藩：即知母。徐锴《系传》："《本草》即知母药也。形似昌蒲而柔润。叶至难死，掘出随生，须枯燥乃止，味苦寒。一名蝭母。"

蘻 jī

蘻，艹也。从艸，毄声。古历切。

【译文】蘻，蘻草。从艸，毄声。

蓲 qiū

蓲①，艹也。从艸，區声。去鸠切。

【译文】蓲，乌蓲草。从艸，區声。

【注释】①蓲：《玉篇》："蓲，乌蓲也。"《广韵》："乌蓲，草名。"或以为是初生的芦苇，似非许君之意。

蓾 gù

蓾，艹也。从艸，固声。古慕切。

【译文】蓾，蓾草。从艸，固声。

芉 gàn

芉，艹也。从艸，干声。古案切。

【译文】芉，芉草。从艸，干声。

藷 zhū

藷，藷蔗也①。从艸，諸声。章鱼切。

【译文】藷，藷蔗。从艸，諸声。

【注释】①藷蔗：叠韵联绵词，即甘蔗。《段注》："或作諸蔗，或都蔗。藷蔗二字叠韵也。或作竿蔗，或干蔗，象其形也。或作甘蔗，谓其味也。"藷、蔗上古属鱼部。

蔗 zhè

蔗，藷蔗也。从艸，庶声。之夜切。

【译文】蔗，藷蔗。从艸，庶声。

薿 níng

薿，柈薿，可以作縻绠①。从艸，嫛声。女庚切。

【译文】薿，柈薿草，可用来作牛缰绳和汲水桶的绳索。从艸，嫛声。

【注释】①縻：牛辔。绠：汲井绠。

蕮 sì

蕮，艹也。从艸，赐声。斯义切。

【译文】蕮，蕮草。从艸，赐声。

茽 zhōng

茽，艹也。从艸，中声。陟宫切。

【译文】茽，茽草。从艸，中声。

芺 ǎo

芺①，艹也。味苦，江南食以下气。从艸，夭声。乌皓切。

【译文】芺，苦芺草。味道苦，江南一带食用它，用以使气畅通。从艸，夭声。

【注释】①芺：徐锴《系传》："今苦芺也。"《尔雅·释艸》："钩，芺。"郭注："大如拇指，中空，茎头有台似蓟，初生可食。"《名医别录》："苦芺主桼疮。"

蘛 yòu

蘛①，艹也。从艸，䌛声。于救切。

【译文】蘛，蘛草。从艸，䌛声。

【注释】①蘛：《玉篇》作莤，说是草名。

莩 fū

莩①，艹也。从艸，孚声。芳无切。

【译文】莩，莩草。从艸，孚声。

【注释】①莩：朱骏声《通训定声》："字亦作苻，《尔雅·释艸》：'苻，鬼目。'"

萰 yín

萰，兔苽也①。从艸，寅声。翼真切。

【译文】萰，兔苽。从艸，寅声。

【注释】①兔苽：《尔雅·释艸》："萰，菟瓜。"郭璞注："菟瓜似土瓜。"邢昺疏："土瓜者，即王瓜也。"

荓 píng

荓，马帚也①。从艸，并声。薄经切。

【译文】荓，马扫帚草。从艸，并声。

【注释】①马帚：《尔雅·释艸》："荓，马帚。"郭注："似蓍，可以为埽彗。"《本草纲目·草部·蠡实》："蠡实……马蔺子、马帚、铁扫帚。时珍曰：……此即荔草，谓其可为马刷，故名。今河南北人呼为铁扫帚是矣。"

蕕 yóu

蕕①，水边艹也。从艸，猶声。以周切。

【译文】蕕，水边的草。从艸，猶声。

荌 àn

荌，艹也。从艸，安声。乌旰切。

【译文】荌，荌草。从艸，安声。

綦 qí

綦，（綦）月尔也①。从艸，綦声。渠之切。

【译文】綦，月尔草。从艸，綦声。

【注释】①綦：徐灏《段注笺》："篆下綦字亦当删。"月尔：《尔雅·释艸》："綦，月尔。"郭注："即紫綦也，似蕨，可食。"

莃 xī

莃，兔葵也①。从艸，稀省声②。香衣切。

【译文】莃，兔葵草。从艸，稀省禾声。

【注释】①兔葵：即野葵。吴其濬《植物名实图考·蔬类·菟葵》："菟葵即野葵，此家葵瘦小耳，武昌谓之棋盘菜。”② 稀省声：当依徐锴《系传》作希声。

蕄 méng

蕄，灌渝。从艸，梦声。读若萌。莫中切。

【译文】蕄，艹萌芽。从艸，梦声。音读像“萌”字。

蕧 fú

蕧，盗庚也[①]。从艸，復声。房六切。

【译文】蕧，盗庚草。从艸，復声。

【注释】① 盗庚：即旋复花。《尔雅·释艸》：“蕧，盗庚。”郭注：“旋蕧，似菊。”

苓 líng

苓[①]，卷耳也。从艸，令声。郎丁切。

【译文】苓，卷耳草。从艸，令声。

【注释】① 苓：卷耳（又名苍耳子）。《汉书·杨雄传》：“扬烨烨之芳苓。”

蘔 gòng

蘔，艹也。从艸，赣声。一曰，薏苢[①]。古送切。又，古禫切。

【译文】蘔，蘔草。从艸，赣声。又叫薏苢。

【注释】① 一曰，薏苢：桂馥《义证》：“《本草》：‘薏苡仁一名蘔。’”《广雅·释草》：“蘔，薏苡也。”

藑 qióng

藑，茅，葍也。一名蕣[①]。从艸，夐声。渠营切。

【译文】藑，藑茅，是葍草。又叫蕣。从艸，夐声。

【注释】① 一名蕣：桂馥《义证》：“蕣当为舜。本书：‘舜，艹也。楚谓之葍，秦谓之藑。’”

葍 fú

葍，䔰也[①]。从艸，畐声。方六切。

【译文】葍，䔰草。从艸，畐声。

【注释】① 葍：《尔雅·释艸》：“葍，䔰。”郭注：“大叶白华，根如指，正白，可啖。”陆玑《诗义疏》：葍有两种，“一种茎叶细而香，一种茎赤有臭气。”

苖 chù

苖，蓨也[①]。从艸，由声。徒历切。又，他六切。

【译文】苖，蓨菜。从艸，由声。

【注释】① 蓨：羊蹄草，根可入药。苖与从艸、田声的苗声义迥别。

蓨 tiāo

蓨，苖也[①]。从艸，倐声。徒聊切。又，汤雕切。

【译文】蓨，苖菜。从艸，倐声。

【注释】① 苖：又名蓨草、羊蹄草。《尔雅·释艸》：“苖，蓨。”

薁 yù

薁，婴薁也[①]。从艸，奥声。于六切。

【译文】薁，婴薁。从艸，奥声。

【注释】① 婴薁：野葡萄。《本草纲目·果部·蘡薁》：“时珍曰：蘡薁野生林墅间，亦可插植。蔓、叶、花、实，与葡萄无异。其实小而圆，色不甚紫也。《诗》云：‘六月食薁。’即此。”

葴 zhēn

葴，马蓝也[①]。从艸，咸声。职深切。

【译文】葴，马蓝。从艸，咸声。

【注释】① 马蓝：多年生草本。叶对生，花淡紫色。叶可制蓝靛，叶和根供药用。

蓾 lǔ

蓾，艹也。可以束。从艸，鲁声。郎古切。

【译文】蓾，蓾草，可用来缠束。从艸，鲁声。

蒯 kuǎi

蒯，艹也。从艸，㕟声。苦怪切。

【译文】蒯，蒯草。从艸，㕟声。

蔞 lǘ

蔞[①]，艹也。可以亨鱼[②]。从艸，婁声。力朱切。

【译文】蔞，蒌蒿香草。可用来烹煮鲜鱼，（以除腥气。）从艸，婁声。

【注释】① 蔞：即蒌蒿。《尔雅·释艸》："購，商蒌。"郭注："蔏（shāng）蒌，蒌蒿也。生下田，初出可啖。江东用羹鱼（烹鱼作羹）。"② 亨：古烹字。

蒬 yuān

蒬，棘蒬也[①]。从艸，冤声。于元切。

【译文】蒬，棘蒬草。从艸，冤声。

【注释】① 棘蒬：《尔雅·释艸》："葽绕，棘蒬。"郭璞注："今远志也。似麻黄，赤华。叶锐而黄，其上谓之小草。"按："其上"指叶。

藟 lěi

藟[①]，艹也。从艸，畾声。《诗》曰："莫莫葛藟[②]。"一曰：秬鬯也[③]。力轨切。

【译文】藟，藟草。从艸，畾声。《诗经》说："十分茂密啊葛草和藟草。"另一义说：藟是秬鬯酒。

【注释】① 藟：葛类植物。②《诗》：指《诗经·大雅·旱麓》。莫莫：茂盛的样子。③ 秬（jù）鬯（chàng）：秬是黑黍，鬯是郁金草。秬鬯，是古代祭祀、宴饮用的香酒。按：藟无秬鬯的意思。秬鬯是巨荒之误。桂氏曰："刘向《九叹》王逸注：葛藟，巨荒也。《齐民要术》引《诗义疏》：藟，巨荒也。《周易·困卦》释文引《诗疏》：藟，一名巨荒。《诗经·周南·樛木》正义引《诗疏》讹为巨苽。"王筠、朱士瑞皆主此说。

茈 zǐ

茈，茈艹也[①]。从艸，此声。将此切。

【译文】茈，茈莀草。从艸，此声。

【注释】① 茈艹：《尔雅·释艸》："藐，茈草。"郭注："可以染紫。一名茈莀。"

藐 mò

藐[①]，茈艹也。从艸，額声。莫觉切。

【译文】藐，茈草。从艸，額声。

【注释】① 藐：《尔雅·释艸》作藐。钮树玉《说文校录》："貌即額之古文。"

茜 qiàn

茜，茅搜也[①]。从艸，西声。仓见切。

【译文】茜，茅搜草。从艸，西声。

【注释】①《尔雅·释艸》："茹芦，茅搜。"郭璞注："今之蒨（qiàn）也，可以染绛。"《释文》："蒨，本或作茜。"

苞 bāo

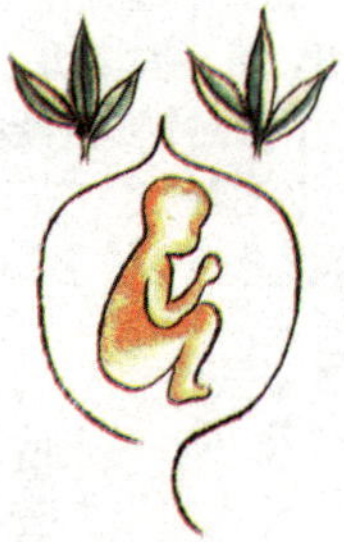

苞[①]，艹也。南阳以为麤履[②]。从艸，包声。布交切。

【译文】苞，藨草。南阳一带用来编织草鞋。从艸，包声。

【注释】① 苞：即藨草。见《子虚赋》张揖注。藨草多丛生水边，全株可造纸和编席。② 麤（cū）履：草鞋。

艾 ài

艾[①]，冰台也。从艸，乂声。五盖切。

【译文】艾，冰台草。从艸，乂声。

【注释】① 艾：《尔雅·释艸》郭璞注："今艾蒿。"《本草图经》："艾，初春布地，生苗，茎类蒿而叶背白。以苗短者为佳。采叶暴干，经陈久方可用。"

芸 yún

芸[1]，艹也。似目宿[2]。从艸，云声。《淮南子》说：芸艹可以死复生[3]。王分切。

【译文】芸，芸香草。像目宿草。从艸，云声。《淮南子》说：芸草可以死而再生。

【注释】①芸：又名芸香，花叶茎有强烈刺激气味，古人用来驱除虫蠹（蛀虫）。沈括《梦溪笔谈》卷三：“芸，香草也，今人谓之七里香者是也。叶类豌豆，作小丛生。其叶极芬香，秋后叶间微白如粉汙，辟蠹殊验。南人采置席下，能去蚤虱。”②目宿：又作苜蓿、牧宿。豆科植物，可作牧草和绿肥。③可以死复生：王绍兰《段注订补》：“《通艺录·释芸》：余乃莳一本于盆盎中，霜降后枝叶枯烂。越两月，日短至矣，宿根果茁其芽，丛生三五枝。”可见芸草可以“死而复生”。

芡 qiàn

芡，鸡头也[1]。从艸，欠声。巨险切。

【译文】芡，鸡头。从艸，欠声。

【注释】①鸡头：芡的别名。《方言》卷三：“葰、芡，鸡头也。北燕谓之葰，青、徐、淮、泗之间谓之芡，南楚、江、湘之间谓之鸡头，或谓之雁头，或谓之乌头。”

茄 jiā

茄，芙蕖茎也。从艸，加声。古牙切。

【译文】茄，芙蕖的茎。从艸，加声。

荷 hé

荷，芙蕖叶[1]。从艸，何声。胡哥切。

【译文】荷，芙蕖的叶。从艸，何声。

【注释】①芙蕖叶：是荷的本义。引申指茎叶花实根全体。《尔雅·释艸》：“荷，芙蕖。”郭注：“别名芙蓉，江东呼荷。”

蔚 wèi

蔚[1]，牡蒿也。从艸，尉声。于胃切。

【译文】蔚，雄蒿。从艸，尉声。

【注释】①蔚：《尔雅·释艸》：“蔚，牡菣。”郭注：“无子者。”菣是香蒿，牡菣即是牡蒿。

芍 xiào

芍，凫茈也[1]。从艸，勺声。胡了切。

【译文】芍，凫茈草。从艸，勺声。

【注释】①凫茈：荸荠。《段注》：“今人谓之葧脐，即凫茈之转语。”《尔雅·释艸》：“芍，凫茈。”郭注：“生下田，苗似龙须而细，根如指头，黑色，可食。”

葛 gé

葛，絺绤艹也[1]。从艸，曷声。古达切。

【译文】葛，编织细葛布和粗葛布的草。从艸，曷声。

【注释】①絺绤艹：桂馥《义证》：“本书：‘絺，细葛也。’‘绤，粗葛也。’《诗》：‘披采葛兮。’传云：‘葛，所以为絺绤也。’”

蔓 màn

蔓，葛属[1]。从艸，曼声。无贩切。

【译文】蔓，像葛草一类的藤生植物。从艸，曼声。

【注释】①葛属：朱骏声《通训定声》：“许云葛属者，谓如葛之类引藤曼长者，凡皆谓之蔓也。”

蒋 jiāng/jiǎng

蒋，苽蒋也[1]。从艸，将声。子良切。又，即两切。

【译文】蒋，茭笋。从艸，将声。

【注释】①苽蒋：苽，茭笋。也作菰。一名蒋。《广雅·释草》：“菰，蒋；其米谓之雕胡。”苽蒋，复合词。《庄子·则阳》司马注：“谓逆旅舍以菰蒋草覆之也。”徐锴《系传》：“青谓之苽蒋。”皆其例。

菌 jùn

菌，地蕈也[①]。从艸，囷声。渠殒切。

【译文】菌，地蕈。从艸，囷声。

【注释】① 地蕈(xùn)：伞状植物。《尔雅·释艸》郭注："地蕈也，似盖。今江东名为土菌。"王筠《句读》："言地者，对蕈生于木而言。"

萸 yú

萸，茱萸也[①]。从艸，臾声。羊朱切。

【译文】萸，茱萸。从艸，臾声。

【注释】① 茱萸：椒类植物。有吴茱萸、食茱萸、山茱萸。《本草图经》："吴茱萸，木高丈余，皮青绿色，叶似椿而阔厚，紫色。三月开花，红紫色。七月八月结实。"食茱萸、山茱萸，功用与吴茱萸同。《风土记》："俗尚九月九日谓为上九，茱萸到此日气烈熟，色赤，可折其房以插头，云辟恶气，御初寒。"朱骏声《通训定声》："茱萸亦叠韵连语，后人加艹耳。"

茱 zhū

茱，茱萸，茮属[①]。从艸，朱声。市朱切。

【译文】茱，茱萸，花椒一类植物。从艸，朱声。

【注释】① 茮(jiāo)属：桂馥《义证》引《嘉祐图经》云："茱萸结实似椒子，嫩时微黄，至成熟则深紫。"

荆 jīng

荆，楚[①]。木也[②]。从艸，刑声。举卿切。

【译文】荆，又叫楚。是一种灌木。从艸，刑声。

【注释】① 楚：王筠《句读》："谓荆一名楚也。"② 木：王筠《句读》："以字从艸，故云木。盖此物不大，故从艸。好丛生，故楚从木。"

芽 yá

芽[①]，萌芽也[②]。从艸，牙声。五加切。

【译文】芽，草木的芽儿。从艸，牙声。

【注释】① 芽：草木新生的芽。《广雅·释草》："芽，孽也。"《段注》："古多以牙为芽。"芽，是后起增偏旁体。② 萌芽：同义复合。萌，即芽。

萌 méng

萌，艹芽也[①]。从艸，明声。武庚切。

【译文】萌，草木的芽。从艸，明声。

【注释】① 芽：《段注》作"草木芽。"《礼记·月令》："句者毕出，萌芽尽达。"郑玄注："句，屈生者。芒而直曰萌。"可见，萌是指直出的芽。

茁 zhuó

茁，艹初生出地皃。从艸，出声[①]。《诗》曰[②]："彼茁者葭。"邹滑切。

【译文】茁，草木初生长出地面的样子。从艸，出声。《诗经》说："那刚刚长出地面的东西是芦苇。"

【注释】① 从艸，出声：王筠《句读》："茁从出声，声意互相备也。"②《诗》：指《诗经·召南·驺虞》。

茎 jīng

茎，枝柱也[①]。从艸，巠声。户耕切[②]。

【译文】茎，(草木)众枝之主。从艸，巠声。

【注释】① 枝柱：即枝主，众枝之主干。② 户耕切。当读 xíng，今读 jīng。

葩 pā

葩，华也[①]。从艸，皅声。普巴切。

【译文】葩，草木的花。从艸，皅声。

【注释】① 华：《段注》："葩之训华者，艹木花也。"

英 yīng

英，艹荣而不实者[①]。一曰：黄英[②]。从艸，央声。于京切。

【译文】英，草只开花却不结实叫作英。另一义说，英是指黄英木。从艸，央声。

【注释】①荣而不实：《尔雅·释艸》："木谓之华，草谓之荣。不荣而实者谓之秀，荣而不实者谓之英。"②黄英：《尔雅·释木》："权，黄英。"权，黄华木也。

薾 ěr

薾，华盛。从艸，爾声。《诗》曰[①]："彼薾惟何？"儿氏切。

【译文】薾，花儿茂盛。从艸，爾声。《诗经》说："那开得十分旺盛的是什么花啊？"

【注释】①《诗》：指《诗经·小雅·采薇》。今本作"爾"。《段注》："薾与爾音义同。"

萋 qī

萋，艹盛。从艸，妻声。《诗》曰[①]："菶菶萋萋。"七稽切。

【译文】萋，草茂盛。从艸，妻声。《诗经》说："（梧桐树生出来了，在那东边向阳的地方，）菶菶萋萋，（十分茂盛）。"

【注释】①《诗》：指《诗经·大雅·卷阿》。今本原文是："梧桐生矣，于彼朝阳，菶菶萋萋。"按：许谓"萋，艹盛"是其本义，引申之，泛指茂盛。

菶 běng

菶，艹盛。从艸，奉声。补蠓切。

【译文】菶，草茂盛。从艸，奉声。

薿 nǐ

薿，茂也。从艸，疑声。《诗》曰[①]："黍稷薿薿。"鱼己切。

【译文】薿，茂盛。从艸，疑声。《诗经》说："那黍米和稷米，多么茂盛。"

【注释】①《诗》：指《诗经·小雅·甫田》。

蕤 ruí

蕤，艹木华垂皃。从艸，甤声。儒佳切。

【译文】蕤，草木的花下垂的样子。从艸，甤声。

芒 máng

芒，艹端[①]。从艸，亡声。武方切。

【译文】芒，草末端（的芒刺）。从艸，亡声。

【注释】①艹端（duān）：即草端，指草端之刺。麦子和稻谷种子壳上都有细刺，所以叫芒种。

芃 péng

芃，艹盛也[①]。从艸，凡声。《诗》曰[②]："芃芃黍苗。"房戎切。

【译文】芃，草繁盛。从艸，凡声。《诗经》说："黍苗多么茂盛啊。"

【注释】①艹盛：《诗经·鄘风·载驰》："芃芃其麦。"毛传："芃芃然方盛长。"②《诗》：指《诗经·曹风·下泉》。

茂 mào

茂[①]，艹丰盛。从艸，戊声。莫候切。

【译文】茂，草丰盛。从艸，戊声。

【注释】①茂：草木茂盛。《诗经·小雅·斯干》："如竹苞矣，如松茂矣。"

芮 ruì

芮，芮芮[①]，艹生皃。从艸，内声。读若汭。而锐切。

【译文】芮，芮芮，草初生时的样子。从艸，内声。音读像"汭"字。

【注释】①芮芮：《段注》："（芮芮）柔细之状。"桂馥《义证》："谓艹初生芮芮然小也。"

茬 chí

茬，艹皃[①]。从艸，在声。济北有茬平县[②]。仕甾切。

【译文】茬，草（茂盛）的样子。从艸，在

声。济北有茬平县。

【注释】① 艹皃：《字林》："茬，草亦盛也。" ② 茬平县：即今山东省茬平县。

萃 cuì

萃，艹［聚］皃①。从艸，卒声。读若瘁。秦醉切。

【译文】萃，草（聚集）的样子。从艸，卒声。音读像"瘁"字。

【注释】① 艹皃：当依朱骏声《通训定声》："训为艹聚皃。"

苛 kē

苛，小艹也①。从艸，可声。乎哥切。

【译文】苛，小草。从艸，可声。

【注释】① 小艹：徐灏《段注笺》："苛者，小艹丛杂之义，引申为细碎之称。弊政谓之苛，言其琐屑烦扰也。"

苗 miáo

苗，艹生于田者①。从艸，从田。武镳切。

【译文】苗，生长在田里的禾。由艸、由田会意。

【注释】① 艹生于田者：谓嘉谷。与杂草生于山野者有别。《诗经·魏风·硕鼠》："无食我苗。"毛传云："苗，嘉谷也。"程瑶田《九谷考》："始生曰苗，成熟曰禾，禾实曰粟。"《段注》："苗本禾未秀（开花吐穗）之名，因以为凡艹木初生之名。"

荒 huāng

荒，芜也。从艸，巟声。一曰：艹淹地也①。呼光切。

【译文】荒，荒芜。从艸，巟声。一说：杂草掩覆田地叫荒。

【注释】① 艹淹地：《段注》本淹作"掩"。掩覆的意思。艹掩地与荒芜，一义之引申。

落 luò

落，凡艹曰零①，木曰落。从艸，洛声。卢各切。

【译文】大凡草叶凋衰叫零，树叶脱落叫落。从艸，洛声。

【注释】① 艹曰零：零、落双声，对文有分，散文无别。

蔽 bì

蔽，蔽蔽，小艹也①。从艸，敝声。必袂切。

【译文】蔽，蔽蔽，小草的样子。从艸，敝声。

【注释】① 也：《段注》："也当作皃。《召南》'蔽芾（fèi）甘棠'，毛云：'蔽芾，小皃。'此小艹皃之引申也。"

蔡 cài

蔡，艹也①。从艸，祭声。苍大切。

【译文】蔡，蔡草。从艸，祭声。

【注释】① 艹：丰，蔡艹也。蔡艹连文；《玉篇》云："蔡，艹芥也。"以草芥训蔡。均可证。

茷 fá

茷，艹叶多。从艸，伐声。《春秋传》曰："晋籴茷。"符发切。

【译文】茷，草叶繁多。从艸，伐声。《春秋左传》说："晋（侯派遣）籴茷（到楚国去）。"

菜 cài

菜①，艹之可食者。从艸，采声。苍代切。

【译文】菜，可供食用的草。从艸，采声。

【注释】① 菜：《荀子·富国》："古禹十年水，汤七年旱，而天下无菜色者。"

薄 bó

薄，林薄也①。一曰：蚕薄②。从艸，溥声。旁各切。

【译文】薄，草木密集丛生。另一义说，薄是蚕帘。从艸，溥声。

【注释】① 林薄：《段注》："林木相迫不可入曰薄。引申凡相迫皆曰薄。" ② 蚕薄：蚕帘，养蚕用具，用苇、竹编成。后作"箔"。《方言》卷五："薄，宋魏陈楚江淮之间谓之苗（qū），或谓之麯，自关而西谓之薄。"

苑 yuàn

苑，所以养禽兽也①。从艸，夗声。于阮切。

【译文】苑，用来养禽兽的地方。从艸，夗声。

【注释】① 所以养禽兽：《段注》："《周礼·地官·囿人》注：'囿，今之苑。'是古谓之囿，汉谓之苑。"

芳 fāng

芳，香艹也①。从艸，方声。敷方切。

【译文】芳，草的香气。从艸，方声。

【注释】① 香艹：《段注》："当作艹香。"

藥 yào

藥①，治病艹。从艸，樂声。以勺切。

【译文】藥，治病的草。从艸，樂声。

【注释】① 藥：《吕氏春秋·孟夏》："是月也，聚蓄百药。"高诱注："是月阳气极，药草成，故聚积之也。"

藉 jiè

藉，祭藉也①。一曰，艹不编，狼藉。从艸，耤声。慈夜切。又，秦昔切。

【译文】藉，祭祀时垫在地上的东西。另一义说，草没有编结好，（又杂乱又繁多，）叫狼藉。从艸，耤声。

【注释】① 祭藉：朱骏声《通训定声》："藉之为言席也。"

芟 shān

芟，刈艹也①。从艸，从殳②。所衔切。

【译文】芟，割草。由艸、由殳会意。

【注释】① 刈艹：《诗经·周颂·载芟》之《毛传》："除草曰芟。" ② 从艸，从殳：《段注》："此会意。殳取杀意也。"

荐 jiàn

荐，薦席也①。从艸，存声。在甸切。

【译文】荐，草席。从艸，存声。

【注释】① 薦席：《段注》："薦见廌部，艹也。不云艹席，云薦席者，取音近也。"

茨 cí

茨，以茅苇盖屋。从艸，次声①。疾兹切。

【译文】茨，用茅苇盖屋。从艸，次声。

【注释】① 从艸，次声：《释名·释宫室》："屋以草盖曰茨。茨，次也；次比（依次排比）草为之也。"声中兼义。

葺 qì

葺，茨也。从艸，咠声。七入切。

【译文】葺，用茅苇盖屋。从艸，咠声。

若 ruò

若，择菜也。从艸右；右，手也。一曰：杜若，香艹①。而灼切。

【译文】若，择菜。由艸、右会意；右表示手。另一义说：若是杜若，一种香草。

【注释】① 杜若，香草：《段注》："此别一义。"徐锴《系传》引《本草》："杜若，苗似薑，根似旋覆也。"

莜 yóu

莜，艹田器①。从艸，條省声②。《论语》曰③："以杖荷莜。"今作蓧。徒吊切。

【译文】莜，草编田间用器。从艸，條省木声。《论语》说："用手杖挑着莜这种草编的田间用器。"

【注释】① 艹田器：王筠《句读》："田间之器，率以苘（麻类）稭为之，故曰艹。" ② 條省声：桂馥《义证》："当为攸声。"《段注》同。③《论语》：指《微子篇》。

茵 yīn

茵，车重席①。从艸，因声。于真切。

【译文】茵，车中加垫的褥席。从艸，因声。

【注释】① 重（zhòng）：加上，增益。

茹 rú

茹①，飤马也。从艸，如声。人庶切。

【译文】茹，喂马。从艸，如声。

【注释】① 茹：《孟子·尽心下》："舜之饭糗茹草也，若将终身焉。"《玉篇》："茹，饭牛也。"

萎 wěi

萎①，食牛也。从艸，委声。于伪切。

【译文】萎，喂牛。从艸，委声。

【注释】① 萎：徐灏《段注笺》："餧牛马以干刍，因之艹木枯谓之萎。"

蒸 zhēng

蒸①，折［析］麻中干也②。从艸，烝声。煮仍切。

【译文】蒸，析去麻皮的中干。从艸，烝声。

【注释】① 蒸：麻秆儿（麻骨，麻秸）。② 折：当依《广韵》十六蒸引作"析"。析麻中干：剥取麻皮后的中干，古代叫作蒸，后来叫作麻秆。

蕉 jiāo

蕉，生枲也①。从艸，焦声。即消切。

【译文】蕉，未经沤治的生麻。从艸，焦声。

【注释】① 生枲：《段注》："枲，麻也。生枲谓未沤治者。今俗以此为芭蕉字。"

卉 huì

卉，艹之总名也。从艸屮①。许伟切②。

【译文】卉，草的总称。从艸屮会意。

【注释】① 从艸屮：章太炎《文始》说："此字但从三屮。" ② 拼音依《广韵》许贵切。

蒜 suàn

蒜，荤菜。从艸，祘声。苏贯切。

【译文】蒜，辛荤的菜，从艸，祘声。

芥 jiè

芥①，菜也。从艸，介声。古拜切。

【译文】芥，芥菜。从艸，介声。

【注释】① 芥：芥本菜名，又借为草芥、纤芥字。

莎 suō

莎，镐侯也①。从艸，沙声。苏禾切。

【译文】莎，镐侯草。从艸，沙声。

【注释】① 镐侯：双声连语，莎的别名。即香附子。《尔雅·释艸》："薃侯，莎。其实媞。"薃镐同字。

菲 fěi

菲①，芴也。从艸，非声。芳尾切。

【译文】菲，又名芴。从艸，非声。

【注释】① 菲：菜名。徐灏《段注笺》："陆玑云：'菲似苗，茎麤，叶厚而长，有毛。幽州人谓之芴，《尔雅》谓之蒠菜，今河内人谓之宿菜。'"

芴 wù

芴，菲也。从艸，勿声。文弗切。

【译文】芴，又名菲。从艸，勿声。

⿱艹鶾 hàn

⿱艹鶾，艹也。从艸，鶾声。呼旰切。

【译文】⿱艹鶾，⿱艹鶾草。从艸，鶾声。

萑 huán

萑，薍也[①]。从艸，雈声。胡官切。

【译文】萑，初生的荻。从艸，雈声。

【注释】①薍（wàn）：即荻。朱骏声《通训定声》：“薍即菼也，鵻也，薍也。今所谓荻。其未秀曰蒹。此细小而实中者，与葭苇之中空高大今谓之芦者别。经传皆以雈（huán，从隹从𠂉）鸱字为之，又误作从艸之萑（zhuī）。”

葦 wěi

葦，大葭也[①]。从艸，韋声。于鬼切。

【译文】葦，长大了的葭。从艸，韋声。

【注释】①大葭：长大了的葭。《段注》：“犹言葭之已秀者。”沈括《梦溪笔谈》：“予今详诸家所释，葭、芦、苇，皆芦也；则菼、薍、萑，自当是荻耳。”《诗经·豳风·七月》：“八月萑苇。”孔颖达疏：“初生为葭，长大为芦，成则名为苇。”

葭 jiā

葭，苇之未秀者。从艸，叚声。古牙切。

【译文】葭，没有抽穗的（初生的）芦苇。从艸，叚声。

莱 lái

莱，蔓华也[①]。从艸，來声。洛哀切。

【译文】莱，又名蔓华。从艸，來声。

【注释】①蔓华：莱的别名。《尔雅·释艸》：“厘，蔓华。”厘是莱的假借字。郭璞注：“一名蒙华。”蒙蔓一声之转。《诗经·小雅·南山有台》疏引陆玑云：“莱，草名。其叶可食。今兖州人烝以为茹，谓之莱烝。”

荔 lì

荔[①]，艹也。似蒲而小，根可作㕞。从艸，劦声。郎计切。

【译文】荔，荔草。像蒲草却比蒲草小，根可以作刷子。从艸，劦声。

【注释】①荔：即马兰。桂馥《义证》：“程瑶田曰：‘余居丰润，二三月间，见草似幽兰，丛生，长者二尺许，开花，藕褐色，亦略似兰，土人呼为马莲，亦呼为马兰，其为《月令》之荔也。形与䪥（xiè）相类，又有马䪥之名。’”又曰：“荔根可作㕞，今北方束其根以㕞锅。”

蒙 méng

蒙[①]，王女也[②]。从艸，冡声。莫红切。

【译文】蒙，大的女萝草。从艸，冡声。

【注释】①蒙：蒙菜。《尔雅·释艸》：“蒙，即唐也。女萝别名。”②王女：大女萝。朱骏声《通训定声》：“钱辛楣师曰：‘女萝之大者名王女，犹王彗、王刍也。’按凡物之大者或称王，或称马牛。”

藻 zǎo

藻，水艹也[①]。从艸，从水，巢声。《诗》曰[②]：“于以采藻？”子皓切。

【译文】藻，水藻草。由艸，由水会意，巢声。《诗经》说：“到什么地方去采水藻草？”

【注释】①水艹：陆玑《诗义疏》：“藻，水草也。有二种：其一种叶如鸡苏（草名，水苏），茎大如箸，长四五尺；其一种茎大如钗股，叶如蓬蒿，谓之聚藻。”②《诗》：指《诗经·召南·采苹》。

范 fàn

范，艹也。从艸，氾声。房芟切。

【译文】范，范草。从艸，氾声。

蔷 sè

蔷，蔷虞[①]，蓼。从艸，啬声。所力切。

【译文】蔷，蔷虞，即辣蓼。从艸，啬声。

【注释】①蔷虞：即蓼。《段注》："蓼下云，蔷虞也。故此云蔷虞，蓼也。"后世用为蔷（qiáng）薇字。

苕 tiáo

苕①，艹也。从艸，召声。徒聊切。

【译文】苕，陵苕草。从艸，召声。

【注释】①苕：即凌霄。《尔雅·释艸》："苕，陵苕。"徐灏《段注笺》："《本草》：'紫葳，一名陵苕。'唐本注：'即凌霄也。'"

荼 tú

荼，苦荼也①。从艸，余声。同都切。

【译文】荼，苦荼。从艸，余声。

【注释】①苦荼：即茶。徐灏《段注笺》："《尔雅》荼有三物。其一，《释艸》：'荼，苦菜。'即《诗》之'谁谓荼苦'，'堇荼如饴'也。其一，'藨（biāo，白茅的花穗）、荂（fū），荼。'茅秀也。《诗》'有女如荼'，《吴语》'吴王白常白旗白羽之矰，望之如荼'是也。其一，《释木》：'槚，苦荼。'即今之茗荈（chuǎn，粗茶，泛指茶）也。俗作茶。"徐铉注："此即今之茶字。"顾炎武《唐韵正》卷四："荼，宅加切（chá），古音涂。"按："荼荈之荼与荼苦之荼，本是一字。古时未分麻韵，荼荈字亦只读为徒。汉魏以下乃音宅加反，而加字音居何反，犹在歌弋韵，梁以下始有今音。又妄减一画为茶字……则此字变于中唐以下也。"

蒿 hāo

蒿①，鼓也②。从艸，高声。呼毛切。

【译文】蒿，青蒿。从艸，高声。

【注释】①蒿：蒿子。《诗经·小雅·鹿鸣》："呦呦鹿鸣，食野之蒿。"②鼓（qìn）：青蒿。又叫香蒿。《尔雅·释艸》郭注："今人呼青蒿香中炙啖者为鼓。"王筠《句读》："汝南呼青蒿为鼓。见陆玑《诗义疏》。此亦许君之乡语也。"

蓬 péng

蓬，蒿也。从艸，逢声。薄红切。

【译文】蓬，蓬蒿草。从艸，逢声。

藜 lí

藜①，艹也。从艸，黎声。郎奚切。

【译文】藜，藜蒿。从艸，黎声。

【注释】①藜：藜蒿。王筠《句读》："藜即莱也。"

茸 róng

茸，艹茸茸皃①。从艸，聪省声②。而容切。

【译文】茸，草初生的样子。从艸，聪省悤声。

【注释】①艹茸茸皃：王筠《句读》："《玉篇》：'艹生也。'《广韵》：'艹生儿。'盖艹初生之状谓之茸。"②聪省声：《段注》改为耳声。

葆 bǎo

葆，艹盛皃。从艸，保声。博褒切。

【译文】葆，草茂盛的样子。从艸，保声。

蕃 fān

蕃，艹茂也。从艸，番声。甫烦切。

【译文】蕃，草繁茂。从艸，番声。

草 zào

草，草斗，栎实也。一曰：象斗子。从艸，早声。自保切。

【译文】草，黑色的壳斗包裹着的籽实，柞栎的籽实。又叫样斗子。从艸，早声。

蓄 xù

蓄，积也。从艸①，畜声。丑六切。

【译文】蓄，积聚。从艸，畜声。

【注释】①从艸：徐锴《系传》："蓄谷、米、刍、茭、蔬菜以为备也。"所以其字从艸。

萅 chūn

萅，推也①。从艸，从日，艸春时生也；屯声。昌纯切。

【译文】春，推出（万物）。由艸、由日会意，表示春日和暖，草木发生；屯声。

【注释】①推：推出。《尚书大传》："春。出也，万物之出也。"《释名·释言语》："出，推也。"

菿 dào

菿①，艸木倒。从艸，到声。都盗切。

【译文】菿，草木倒生。从艸，到声。

【注释】①菿：姚文田、严可均《校议》："菿前有'菿，艸大也。'当作此菿字。"

芙 fú

芙，芙蓉也①。从艸，夫声。方无切。

【译文】芙，芙蓉，即莲花。从艸，夫声。

【注释】①芙蓉：即莲花。已经开的叫芙蓉，未开的叫菡萏。《楚辞·招魂》："芙蓉始发，杂芰荷些。"《文选·公宴诗》："芙蓉散其花，菡萏溢金堂。"

蓐部

蓐 rù

蓐，陈艸复生也。从艸，辱声。一曰：蔟也。凡蓐之属皆从蓐。而蜀切。

【译文】蓐，（隔年的）陈根草再发生。从艸，辱声。另一义说，蓐是让蚕虫爬行作茧的蓐席。大凡蓐的部属都从蓐。

薅 hāo

薅，拔去田艸也。从蓐，好省声。《诗》曰："既茠荼蓼。"呼毛切。

【译文】薅，拔去田间的草。从蓐，好省子为声。《诗经》说："用来拔去陆地的秽草和水中的秽草。"

茻部

茻 mǎng

茻，众艸也。从四屮。凡茻之属皆从茻。读与冈同。模朗切。

【译文】茻，众多的草。从四屮。大凡茻的部属都从茻。读音与"冈"字相同。

莫 mò

莫，日且冥也①。从日在茻中。莫故切。又，慕各切。

【译文】莫，太阳将要没落。由"日"在"茻"中会意。

【注释】①且冥：且，将。冥，指落下。

莽 mǎng

莽，南昌谓犬善逐菟艸中为莽。从犬，从茻，茻亦声。谋朗切。

【译文】莽，南昌说狗善于在草茻之中追逐兔兽叫莽。由犬、由茻含意，茻也表声。

葬 zàng

葬，藏也。从死在茻中①；一其中，所以荐之。《易》曰②："古之葬者，厚衣之以薪。"则浪切。

【译文】葬，（将尸体掩埋）收藏。由"死"（即"尸"）字在"茻"字中构成，那个中间还有一横，表示用来垫着尸体的草席。《易经》说："古代掩埋尸体，用草木厚厚地包裹着死者。"

【注释】①死：指死字。②《易》：指《系辞》。

小部

小 xiǎo

小，物之微也。从八，丨见而分之。凡小之属皆从小。私兆切。

【译文】小，细微的物体。从八（表示分别），小物出现了，就分解它。大凡小的部属都从小。

少 shǎo

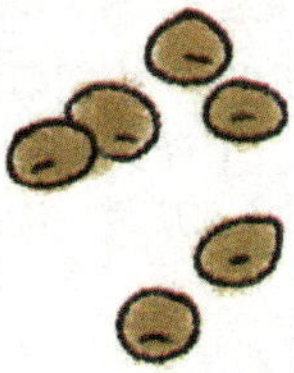

少，不多也①。从小，丿声②。书沼切。

【译文】少，不多。从小，丿声。

【注释】①不多：《段注》："不多则小，故古少、小互训通用。"②从小，丿声：徐锴《系传》："丿音夭。"

八部

八 bā

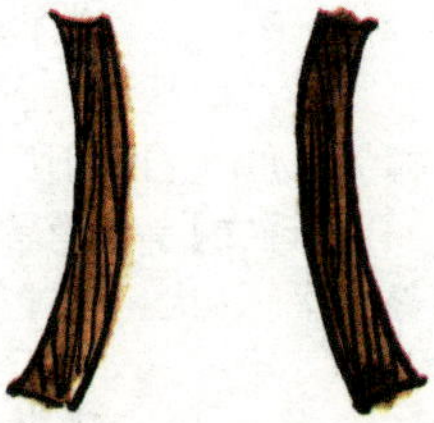

八，别也。象分别相背之形①。凡八之属皆从八。博拔切。

【译文】八，分别。像分别相背离的形状。大凡八的部属都从八。

【注释】①象分别句：王筠《释例》："此象人意中之形，非象人目中之形也。凡非物而说解云象形者皆然。"

分 fēn

分，别也。从八；从刀，刀以分别物也。甫文切。

【译文】分，分别。从八（表示分别）；从刀，刀是用来分别物体的。

曾 céng

曾，词之舒也。从八①，从曰，㐭声②。昨棱切。

【译文】曾，虚词中表示舒缓语气的助词。由八、由曰会意，㐭声。

【注释】①从八：《段注》："亦象气之分散。"②㐭声：㐭，古文囱字。朱骏声《通训定声》："按窗曾一声之转。此以双声得声。"

尚 shàng

尚，曾也①；庶几也②。从八，向声。时亮切。

【译文】尚，增加，希冀。从八，向声。

【注释】①曾：徐灏《段注笺》："尚之言上也，加也。曾犹重也，亦加也。故训为曾。"②庶几：徐灏《段注笺》："冀及之词。"

詹 zhān

詹，多言也。从言，从八①，从产②。职廉切。

【译文】詹，话多。由言、由八、由产会意。

【注释】①从八：徐铉："八，分也。多故可分也。"②从产：《段注》："此当作产声。……产与檐同字同音。"存参。

介 jiè

介，画也。从八①，从人；人各有介②。古拜切。

【译文】介，界线。由八、由人会意，表示人各自守自己的界限。

【注释】①从八：八表示分别相间。②介：即界。古今字。

公 gōng

公，平分也。从八，从厶①。八犹背也。韩非曰②："背厶为公。"古红切。

【译文】公，平均分配。由八、由厶会意，八犹如背离的意思。韩非子说："背离私就是公。"

【注释】① 厶(sī)：徐锴《系传》："厶音私，不公也。" ② 韩非曰：见《韩非子·五蠹》。

必 bì

必，分极也[①]。从八弋，弋亦声。卑吉切。

【译文】必，分别的标准。由八、弋会意，弋也表读音。

【注释】① 分极：《段注》："极犹准也。……立表（标志）为分判之准，故云分极。" 徐灏笺："疑此乃弓柲本字，借为语词之必然耳。……弓柲以两竹夹持之，从八指事兼声耳。"

余 yú

余，语之舒也[①]。从八[②]，舍省声[③]。以诸切。

【译文】余，虚词中表示舒缓语气的助词。从八，舍省声。

【注释】① 语之舒：《段注》："语，《匡谬正俗》引作词。《左氏传》：'小白余敢贪天子之命，无下拜。' 此正词之舒。亏部曰：'亏，于也。象气之舒亏。' 然则余亏异字而同音义。" ② 从八：《段注》："象气之分散。" ③ 舍省声：余，上古喻纽，鱼部；舍，书纽，鱼部。二字同是舌音，又同部。

釆部

釆 biàn

釆，辨别也[①]。象兽指爪分别也。凡釆之属皆从釆。读若辨。蒲苋切。

【译文】釆，辨别的意思。像兽指爪分别的形状。大凡釆的部属都从釆。音读像辨字。

【注释】① 辨：王筠《句读》："句绝。谓其通用也。"

番 fán

番，兽足谓之番。从釆；田，象其掌。附袁切。

【译文】番，兽足叫作番。从釆，田，像兽的足掌。

悉 xī

悉，详、尽也。从心，从釆。息七切。

【译文】悉，详细、穷尽。由心、由釆会意。

释 shì

释，解也。从釆；釆，取其分别物也。从睪声。赏职切。

【译文】释，解下。从釆；釆是取其分辨区别事物这个意思。从睪（表示通过用眼睛观察来辨别事物），睪也表示读音。

半部

半 bàn

半，物中分也。从八；从牛。牛为物大，可以分也。凡半之属皆从半。博幔切。

【译文】半，物体从中间对分（各为一半）。从八（表示分别）；从牛，牛是大的物体，可以分割。大凡半的部属都从半。

胖 pàn

胖，半体肉也。一曰：广肉。从半，从肉，半亦声。普半切。

【译文】胖，（祭祀时用的）半体牲。一说：胖是大肉。由半、由月（肉）会意，半也声。

叛 pàn

叛，半也。从半，反声。薄半切。

【译文】叛，分离。从半，反声。

牛部

牛 niú

牛，大牲也。牛，件也；件，事理也①。象角头三、封、尾之形②。凡牛之属皆从牛。语求切。

【译文】牛，大的牲畜。像两角加一个头三样东西、像肩胛隆起来的地方和尾巴的形状。大凡牛的部属都从牛。

【注释】① 牛，件也；件，事理也：王筠《句读》："二句支离，盖后增也。"故不译。② 象角头三、封、尾之形：《段注》："角头三者谓上三岐者，象两角与头为三也。……封者谓中画象封也，封者肩甲坟起之处……尾者谓直画下垂象尾也。"

牡 mǔ

牡，畜父也。从牛，土声①。莫厚切。

【译文】牡，雄性的兽类。从牛，土声。

【注释】① 土声：《段注》："或曰，土当作士，士者，夫也。之韵、尤韵合音最近。"

特 tè

特，朴特，牛父也。从牛，寺声。徒得切。

【译文】特，没有被阉割的牛，即牛父。从牛，寺声。

牝 pìn

牝，畜母也。从牛，匕声。《易》曰①："畜牝牛，吉。"毗忍切。

【译文】牝，雌性的兽类。从牛，匕声。《易经》说："畜养母牛，吉利。"

【注释】①《易》：指《周易·离卦》文。

牟 móu

牟，牛鸣也。从牛，象其声气从口出①。莫浮切。

【译文】牟，牛叫的声音。从牛，（厶）像那声气息从口中发出来的样子。

【注释】① 从牛句：徐灏《段注笺》："牛鸣声无可象，故作象其气，而从牛建类，使人知其为牛鸣耳。"

牲 shēng

牲，牛完全①。从牛，生声。所庚切。

【译文】牲，指（供祭祀用的）完整的牛。从牛，生声。

【注释】① 牛完全：《段注》："（牲）引申为凡畜之偁。"朱骏声《通训定声》："《周礼·庖人》注：'始养之曰畜，将用之曰牲。'是牲者祭祀之牛也。而羊豕亦以类称之。"

牵 qiān

牵，引前也①。从牛，象引牛之縻也②。玄声。苦坚切。

【译文】牵，牵引着向前。从牛，（冂）像牵牛的绳索。玄声。

【注释】① 引前：徐灏《段注笺》："牵从牛，当以挽牛为本义，引申为凡联贯之称。"② 縻（mǐ）：牛鼻绳。

牢 láo

牢，闲①，养牛马圈也。从牛，冬省。取其四周匝也。鲁刀切。

【译文】牢，牢阑。关养牛马（等牲畜）的栏圈。由牛、由冬字省去下面的仌（即冰字）会意。取那四周包围的意思。

【注释】① 闲：门部："阑也。"《段注》："防禽兽触啮。"

犀 xī

犀，南徼外牛①。一角在鼻②，一角在顶，似豕。从牛，尾声。先稽切。

【译文】犀，南方边境之外出产的一种牛。一只角长在鼻子上，一只角长在额顶上，（头）像猪。从牛，尾声。

【注释】① 徼：边境，边界。

王筠《句读》："徼犹塞也。东北谓之塞，西南谓之徼。"② 一角句：《汉书·平帝纪》"黄友国献犀牛"颜师古注："犀状如水牛，头似猪而四足类象。黑色，一角当额前，鼻上又有小角。"

物 wù

物，万物也。牛为大物，天地之数，起于牵牛：故从牛①。勿声。文弗切。

【译文】物，万物。牛是万物之中的大物；天地间的事数，兴起于牵牛而耕：所以物从牛。勿表示读音。

【注释】① 天地句：张舜徽《约注》："数犹事也，民以食为重，牛资农耕，事之大者，故引牛而耕，乃天地间万事万物根本。"

犛部

犛 máo

犛，西南夷长髦牛也①。从牛，𠩺声。凡犛之属皆从犛。莫交切。

【译文】犛，西南少数民族地区的长毛牛。从牛，𠩺声。大凡犛的部属都从犛。

【注释】① 夷：泛指少数民族。长髦：《段注》："谓背𦏁胡（颈下的垂肉）尾皆有长毛。"

氂 lí

氂，牦牛尾也。从犛省，从毛①。里之切。

【译文】氂，牦牛尾。由犛字省牛、由毛会意。

【注释】① 从犛省，从毛：朱骏声《通训定声》："从犛省，从毛，会意，毛亦声。"

斄 lái

斄，强曲毛，可以箸起衣。从犛省，來声。洛哀切。

【译文】斄，倔强的毛，可以用来充装衣。由犛省去牛，來声。

告部

告 gào

告，牛触人，角箸横木，所以告人也。从口，从牛。《易》曰①："僮牛之告。"凡告之属皆从告。古奥切。

【译文】告，牛喜欢用角抵人，角上施加横木，是用以告诉人们的标志。由口、由牛会意。大凡告的部属都从告。

【注释】①《易》：指《大畜爻辞》。今作"童牛之牿"。高亨《周易古经今注》："童（童仆）、僮（僮幼），告、牿，古并通用。"

嚳 kù

嚳，急、告之甚也①。从告，學省声。苦沃切。

【译文】嚳，急迫，告得很急。从告，學省子为声。

【注释】① 急告之甚也：一句数读。当作：急也，告之甚也。"沈涛《古本考》："今本急下夺一也字。"告之甚：动补结构。之：助词。甚：形容词，很急。

口部

口 kǒu

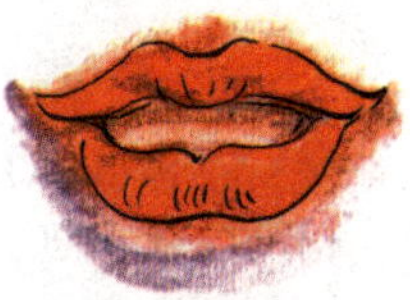

口①，人所以言食也。象形。凡口之属皆从口。苦后切。

【译文】口，人用来说话饮食的器官。象形。大凡口的部属都从口。

【注释】① 口：嘴。《礼记·曲礼上》："负剑辟咡诏之则掩口而对。"

噭 jiào

噭，吼也①。从口，敫声。一曰：噭，呼也②。古吊切。

【译文】噭，口，孔。从口，敫声。另一义说，噭是呼号的意思

【注释】① 吼：顾广圻《辨疑》：“吼者，口孔二字并成一字之误也。”朱骏声《通训定声》：“当作口也，孔也。许书无吼。”② 呼：《礼记·曲礼》“毋噭应”郑注：“噭，号呼之声也。”按：噭同“叫”。

噣 zhòu

噣，喙也①。从口，蜀声。陟救切。

【译文】噣，鸟嘴。从口，蜀声。

【注释】① 喙：《段注》：“《曹风》：‘不濡（浸湿）其咮。’毛曰：‘咮，喙也。’《玉篇》引‘不濡其噣’。咮噣二同，朱声蜀声同部也。”

喙 huì

喙，口也①。从口，彖声。许秽切。

【译文】喙，兽嘴。从口，彖声。

【注释】① 口：王筠《句读》：“《通俗文》：兽口曰喙。”

吻 wěn

吻，口边也①。从口，勿声②。武粉切。

【译文】吻，嘴唇。从口，勿声。

【注释】① 口边：王筠《句读》：“《苍颉篇》：‘吻，唇两边也。’”② 勿声：勿上古属物部明纽，吻属文部明纽。吻勿，文物对转。

嚨 lóng

嚨，喉也①。从口，龍声。卢红切。

【译文】嚨，喉咙。从口，龍声。

【注释】① 喉：《尔雅·释鸟》：“亢，鸟咙。”郭注：“咙，谓喉咙。”

喉 hóu

喉，咽也①。从口，侯声。乎钩切。

【译文】喉，咽喉。从口，侯声。

【注释】① 咽：喉与咽连称咽喉，口语作喉咙。

噲 kuài

噲，咽也。从口，會声。读若快。一曰：嚵，哙也。苦夬切。

【译文】噲。从口，會声。音读像“快”字。另一义说，哙是兽嘴。

吞 tūn

吞，咽也①。从口，天声。土根切。

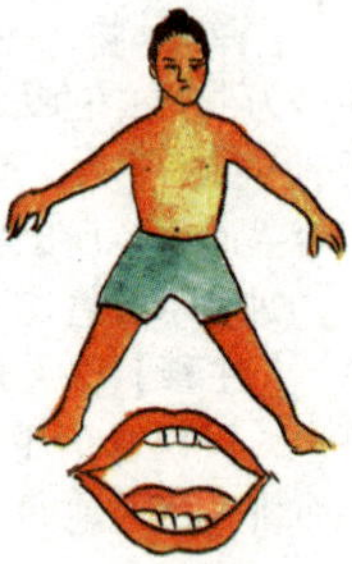

【译文】吞，咽下。从口，天声。

【注释】① 咽（yàn）：徐灏《段注笺》：“喉谓之咽（今音 yān。因之食下曰咽（yàn），故吞训为咽。亦作嚥，读去声。食下气塞曰咽（yè），读入声。皆一字而分虚实义耳。”

咽 yān

咽，嗌也。从口，因声。乌前切。

【译文】咽，咽喉。从口，因声。

咳 hái

咳，小儿笑也①。从口，亥声。户来切。

【译文】咳，小儿笑的样子。从口，亥声。

【注释】① 小儿笑：张舜徽《约注》：“小儿笑曰咳，因之小儿亦称孩，用引申义也。后世谓儿为孩。借咳为欬（咳嗽），分为二字矣。”

咀 jǔ

咀，含味也①。从口，且声。慈吕切。

【译文】咀，口里含着东西，而品玩其味。从口，且声。

【注释】① 含味：《段注》：“含而味之。”

啜 chuò

啜，尝也。从口，叕声。一曰：喙也。昌说切。

【译文】啜，品尝。从口，叕声。另一义说，

啜是鸟兽的嘴。

吮 shǔn

吮[1]，欶也。从口，允声。徂沇切[2]。

【译文】吮，用口含吸。从口，允声。

【注释】① 吮：用嘴含吸。《韩非子 · 备内》："医善吮人之伤，含人之血。" ② 今读依《广韵》食尹切。

噬 shì

噬，啗也[1]；喙也[2]。从口，筮声。时制切。

【译文】噬，咬吃，喘息。从口，筮声。

【注释】① 啗：啖，噬也。可见噬啖义同。而啗本义是食，这里用啗训噬，统言无别。② 喙：《广雅 · 释诂》"喙，息也。" 王念孙疏证："喙为喘息之息。"

含 hán

含，嗛也[1]。从口，今声。胡男切。

【译文】含，衔。从口，今声。

【注释】① 嗛：口里衔着。

哺 bǔ

哺，哺咀也[1]。从口，甫声。薄故切。

【译文】哺，口中咀嚼食物。从口，甫声。

【注释】① 哺咀：《尔雅 · 释文》引作"口中嚼食也"。

味 wèi

味，滋味也[1]。从口，未声。无沸切。

【译文】味，滋味。从口，未声。

【注释】① 滋：王筠《句读》："《檀弓》：'必有艹木之滋焉。' 注：'增以香味。' 是滋即味也。" 滋味：同义复合。

唾 tuò

唾，口液也。从口，垂声。汤卧切。

【译文】唾，口中的唾液。从口，垂声。

咦 yí

咦，南阳谓大呼曰咦[1]。从口，夷声。以之切。

【译文】咦，南阳地区把喘大气叫作咦。从口，夷声。

【注释】① 大呼：《段注》："呼，外息也；大呼，大息也。"

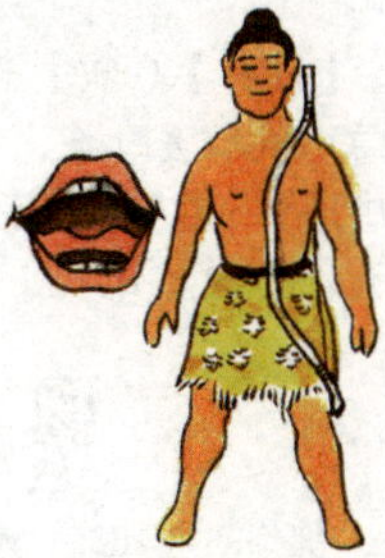

呬 xì

呬，东夷谓息为呬[1]。从口，四声。《诗》曰[2]："犬夷呬矣。" 虚器切。

【译文】呬，东齐地区把呼吸叫作呬。从口，四声。《诗经》说："犬夷族只能（疲惫地）喘气了。"

【注释】① 东夷：《段注》："当作东齐。" ②《诗》：指《诗经 · 大雅 · 绵》。今本原文："混夷駾（马行疾皃，这里指逃窜）矣，维其（推原之词）喙（困极而息）矣。" 许引《诗》合此两句为一句。混夷作犬夷，喙作呬。这是引的三家诗，所以与毛诗不同。

喘 chuǎn

喘，疾息也[1]。从口，耑声。昌沇切。

【译文】喘，急促地呼吸。从口，耑声。

【注释】① 疾息：《段注》："此分别之。息下曰：'喘也。' 浑言之也。"

呼 hū

呼，外息也[1]。从口，乎声。荒乌切。

【译文】呼，向外吐气。从口，乎声。

【注释】① 外息：《段注》："出其息也。"

吸 xī

吸，内息也[1]。从口，及声。许及切。

【译文】吸，向内吸气。从口，及声。
【注释】① 内息：《段注》："纳其息也。"

嘘 xū

嘘，吹也[①]。从口，虚声。朽居切。

【译文】嘘，有意识的慢慢地呼气。从口，虚声。

【注释】① 吹：王筠《句读》："《声类》：'出气急曰吹，缓曰虚。'按：吹嘘亦外息，与呼同。呼出自然，吹嘘出于有意，则异。"按：吹、嘘析言有别，浑言不分。

吹 chuī

吹[①]，嘘也。从口，从欠[②]。昌垂切。

【译文】吹，撮起嘴唇急促地吐气。由口、由欠会意。

【注释】① 吹：吹气。《庄子·逍遥游》："生物之以息相吹也"。② 从口，从欠：《段注》："口欠（呵欠）则气出会意。"

名 míng

名，自命也[①]。从口，从夕。夕者，冥也。冥不相见，故以口自名。武并切。

【译文】名，自己说出自己的名字。由口、由夕会意。夕是夜晚的意思。夜晚因为看不见彼此，所以要自己说出自己的名字。

【注释】① 自命：自己称呼自己的名字。命：命名。这里指称呼。

噤 jìn

噤，口闭也。从口，禁声。巨禁切。

【译文】噤，闭上嘴巴不说话。从口，禁声。

吾 wú

吾，我，自称也。从口，五声。五乎切。

【译文】吾，我，是自己对自己的称呼。从口，五声。

哲 zhé

哲，知也。从口，折声。陟列切。

【译文】哲，明智。从口，折声。

君 jūn

君，尊也。从尹。发号，故从口。举云切。

【译文】君，尊贵。从尹（表示治理的意思）。发号施令，故而从口。

命 mìng

命[①]，使也。从口，从令。眉病切。

【译文】命，使命。由口、由令会意。

【注释】① 命：差使。《左传·桓公二年》："宋殇公立，十年十一战，民不堪命。"

召 zhào

召，评也[①]。口，刀声。直少切。

【译文】召，呼唤。从口，刀声。

【注释】① 评：朱骏声《通训定声》："以言曰召，以手曰招。"

咨 zī

咨，谋事曰咨。从口，次声。即夷切。

【译文】咨，谋划事情叫咨。从口，次声。

問 wèn

問，讯也。从口，門声。亡运切。

【译文】問，询问。从口，門声。

唯 wéi

唯，诺也[①]。从口，隹声。以水切。

【译文】唯，应答声。从口，隹声。

【注释】① 诺：《段注》："此浑言之。《玉藻》曰：'父命呼，唯而不诺。'析言之也。"

唱 chàng

唱①，导也。从口，昌声。尺亮切。

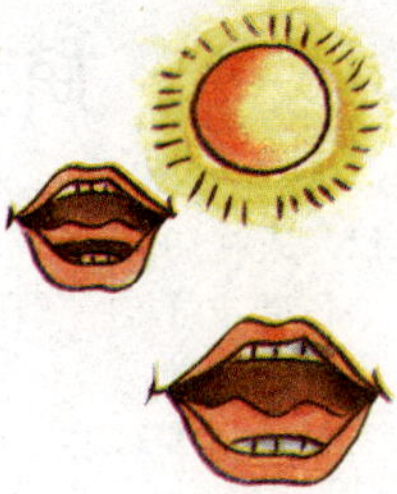

【译文】唱，唱导。从口，昌声。

【注释】① 唱：《段注》：“古多以倡（倡优）为之。”徐灏《段注笺》：“歌唱者，唱和之引申也。”

和 hè

和，相譍也①。从口，禾声。户戈切。

【译文】和，相譍和。从口，禾声。

【注释】① 相譍：徐锴《系传》作应，许书无譍字。

咥 dié

咥，大笑也①。从口，至声。《诗》曰②：“咥其笑矣。”许既切，又，直结切。

【译文】咥，大笑。从口，至声。《诗经》说：“大声地讥笑我呢。”

【注释】① 大笑：朱骏声《通训定声》：“当为笑声，与唏略同。”②《诗》：指《诗经·卫风·氓》。今本原文：“兄弟不知，咥其笑矣。”

噱 jué

噱，大笑也。从口，豦声。其虐切。

【译文】噱，大笑。从口，豦声。

啞 è

啞，笑也。从口，亞声。《易》曰①：“笑言啞啞。”于革切。

【译文】啞，笑声。从口，亞声。《周易》说：“笑声啞啞。”

【注释】①《易》：指《震卦》文。啞啞：朱骏声《通训定声》：“笑声也。”

唏 xī

唏，笑也。从口，稀省声。一曰：哀痛不泣曰唏①。虚岂切。

【译文】唏，笑。从口，稀省禾为声。另一义说，哀痛而不哭泣就叫作唏。

【注释】① 哀痛句：《方言》卷一：“唏，痛也，哀而不泣曰唏。于方则楚言哀曰唏。”

听 tīng

听①，笑皃。从口，斤声。宜引切。

【译文】听，笑的样子。从口，斤声。

【注释】① 听：张大嘴笑。《史记·司马相如列传》：“无是公听然而笑。”裴骃《集解》引郭璞曰：“听，笑貌也。”

哉 zāi

哉，言之闲也①。从口，𢦏声。祖才切。

【译文】哉，表词语间歇的虚词。从口，𢦏声。

【注释】① 言之闲：《段注》：“凡两者之际曰闲，一者之竟（末尾）亦曰闲。一之竟即两之际也。言之间歇多用哉字。”

噂 zǔn

噂，聚语也。从口，尊声。《诗》曰①：“噂沓背憎。”子损切。

【译文】噂，聚在一起谈论。从口，尊声。《诗经》说：聚在一起当面说话的时候谈笑风生，背地里却互相憎恨。

【注释】①《诗》：指《诗经·小雅·十月之交》。毛传：“噂犹噂噂，沓犹沓沓。”郑笺：“噂噂沓沓。相对谈语。”朱熹《集传》：“噂噂沓沓，多言以相说，而背则相憎。”这是斥责爱说谗言的人。

咠 qì

咠，聂语也①。从口，从耳。《诗》曰②：“咠咠幡幡。”七入切。

【译文】咠，贴近耳朵说悄悄话。由口、由耳会意。《诗经》说：“时而窃窃私语，时而来回翻动。”

【注释】① 聂语：《段注》：“《耳部》曰：‘聂，

附耳私小语也。’按：聂取两耳附一耳，咠取口附耳也。”②《诗》：指《诗经·小雅·巷伯》。“缉缉翩翩”，在三章；“捷捷幡幡”，在四章。

呷 xiā

呷，吸呷也①。从口，甲声。呼甲切。

【译文】呷，吸呷之呷。从口，甲声。

【注释】①吸呷：形容众声杂沓。桂馥曰：“吸呷也者，谓声也。”沈涛《古本考》：“《子虚赋》：‘翕呷萃蔡。’”张揖以为衣裳张起之声。翕、吸古通字。吸呷、呷吸皆拟其声。

嗔 tián

嗔，盛气也。从口，真声。《诗》曰①：“振旅嗔嗔。”待年切。

【译文】嗔，盛气。从口，真声。《诗经》说：“军队凯旋，士气旺盛。”

【注释】①《诗》：指《诗经·小雅·采芑》。《毛传》：“入曰振旅。”《尚书·大禹谟》“班师振旅”《正义》：“兵入曰振旅，言整众。”今作“阗阗”。嗔与阗字异而音义俱通。

嘌 piāo

嘌，疾也。从口，票声。《诗》曰①：“匪车嘌兮。”抚招切。

【译文】嘌，疾速。从口，票声。《诗经》说：“那辆车跑得非常迅疾啊。”

【注释】①《诗》：指《诗经·桧风·匪风》。匪：借为彼，那个。

台 yí

台，说也①。从口，㠯声。与之切。

【译文】台，喜悦。从口，㠯声。

【注释】①说：通悦。徐锴《系传》：“《史记序传》曰‘诸吕不台’，作此字。言不为人所怡悦也。”《段注》：“台说者，今之怡悦字。《说文》怡训和，无悦字。”

启 qǐ

启，开也①。从户，从口，康礼切。

【译文】启，开。由户、由口会意。

【注释】①开：徐锴《系传》：“《尔雅》明星为启明，言晨见东方为开明之始也。”

嗂 yáo

嗂，喜也。从口，䍃声。余招切。

【译文】嗂，喜悦。从口，䍃声。

嗿 tǎn

嗿，声也。从口，貪声。《诗》曰①：“有嗿其馌。”他感切。

【译文】嗿，（众人饮食的）声音。从口，貪声。《诗经》说：“那些送来的饭食，大家吃得嗒嗒地响。”

【注释】①《诗》：指《诗经·周颂·戴芟》。有：助词。馌：送给田间劳动者吃的饭食。《毛传》：“嗿，众貌。”朱熹《集注》：“众饮食声也。”

咸 xián

咸，皆也；悉也。从口，从戌。戌，悉也①。胡监切。

【译文】咸，全、都，详尽。由口、由戌会意。戌，详尽。

【注释】①戌，悉：《段注》：“此从戌之故。戌为悉者，同音假借之理。”戌和悉都属心纽。

呈 chéng

呈，平也①。从口，壬声。直贞切。

【译文】呈，平。从口，壬声。

【注释】①平：徐灏《段注》笺：“呈即

古程字。冀川从事郭君碑：'先民有呈。'是其证。《荀子·致仕篇》曰：'程者，物之准也。'准即平也。"

右 yòu

右，助也[1]。从口，从又。于救切。

【译文】右，帮助。由口、由又会意。

【注释】① 助：《段注》："又者，手也。手不足，以口助之。故曰助也。今人以左右为ナ又字，则又制佐佑为左右字。"

啻 chì

啻，语（时）[词][1]，不啻也。从口，帝声。一曰：啻，諟也。读若鞮。施智切。

【译文】啻，（表示"仅、只"义的）词语，是"不啻"的啻字。从口，帝声。另一义说，啻即諟理的意思。音读像"鞮"字。

【注释】① 语时：徐灏《段注笺》"时当作词，字之误也。"

吉 jí

吉，善也。从士口[1]。居质切。

【译文】吉，吉祥美好。由士、由口会意。

【注释】① 从士口：徐灏《段注笺》："从士口，所以异于野人之言也。"

周 zhōu

周，密也。从用口[1]。职留切。

【译文】周，周密，由用、由口会意。

【注释】① 从用口：《段注》："善用其口则密。"

唐 táng

唐，大言也[1]。从口，庚声[2]。徒郎切。

【译文】唐，大话。从口，庚声。

【注释】① 大言：《庄子·天下》："荒唐之言。"即是大言。② 庚声：庚古音读如冈，属阳部。与易声同部相近。

吐 tǔ

吐，写也。从口，土声。他鲁切。

【译文】吐，东西从口腔中涌出来。从口，吐声。

吃 chī

吃，言蹇难也[1]。从口，气声。居乙切。

【译文】吃，说话困难。从口，乞声。

【注释】① 蹇：难。

啖 dàn

啖，噍啖也。从口，炎声。一曰噉[1]。徒敢切。

【译文】啖，咀嚼。从口，炎声。一说是"噉"字。

【注释】① 噉：《说文》无此字，《玉篇》以啖为噉之重文。

嗜 shì

嗜，嗜欲，喜之也。从口，耆声[1]。常利切。

【译文】嗜，嗜欲，喜爱它。从口，耆声。

【注释】① 耆声：《段注》："经传多假耆为嗜。"

哽 gěng

哽，语为舌所介也。从口，更声。读若井级绠[1]。古杏切。

【译文】哽，话语被舌头所阻塞。从口，更声。音读像井里的汲绠之哽。

【注释】① 级绠：当依《系传》作汲绠。

哇 wā

哇，谄声也[1]。从口，圭声。读若医。于佳切。

【译文】哇，放荡的乐音。从口，圭声。音读像“医”字。

【注释】① 诣声：徐锴曰：“古人言淫哇之声也。”淫哇：同义连用。

呰 zǐ

呰，苛也①。从口，此声。将此切。

【译文】呰，诋毁。从口，此声。

【注释】① 苛：苛通诃。桂馥《义证》：“苛也者，谓诋毁也。经典或借訾字。”

嗑 gé

嗑，多言也。从口，盍声。读若甲。候榼切①。

【译文】嗑，多话。从口，盍声。音读像“甲”字。

【注释】① 拼音依《广韵》古盍切。

嗙 bēng

嗙，（謌）［诃］声①。从口，旁声。补盲切。

【译文】嗙，呵斥之声。从口，旁声。

【注释】① 謌声：当依《玉篇》作诃声。王筠《句读》：“謌当作诃。”

呶 náo

呶，讙声也。从口，奴声。《诗》曰：“载号载呶①。”女交切。

【译文】呶，喧哗之声。从口，奴声。《诗经》说：“有的呼喊，有的喧闹。”

【注释】①《诗》：指《诗经·小雅·宾之初筵》。载：助词。

叱 chì

叱，诃也①。从口，七声。昌栗切。

【译文】叱，大声呵斥。从口，七声。

【注释】① 诃：《仓颉篇》：“大诃曰叱。”

噴 pēn

噴，吒①。从口，賁声。一曰：鼓鼻。普魂切。

【译文】喷，呵斥。从口，贲声。另一义说，喷就是喷嚏。

【注释】① 吒：徐灏《段注笺》：“今俗语犹谓吒人曰喷。又，鼓鼻谓之喷嚏。”按：喷嚏时鼻翼鼓动出气，所以叫鼓鼻。

吒 zhà

吒，喷也；叱怒也。从口，乇声。陟驾切。

【译文】吒，呵斥，斥责发怒。从口，乇声。

唇 zhēn

唇，惊也①。从口，辰声。侧邻切。

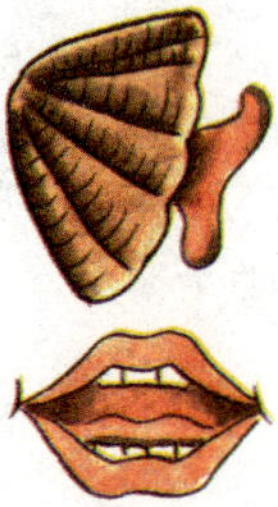

【译文】唇，震惊。从口，辰声

【注释】① 惊：《段注》：“后人以震字为之。”徐灏笺：“俗用为唇舌字。”

吁 xū

吁，惊也①。从口，于声。况于切。

【译文】吁，（表示）惊叹（的虚词）。从口，于声。

【注释】① 惊：徐灏《段注笺》：“吁，惊叹之词。”

嗷 áo

嗷，众口愁也。从口，敖声。《诗》曰①：“哀鸣嗷嗷。”五牢切。

【译文】嗷，众口愁叹的声音。从口，敖声。《诗经》说：“（鸿雁飞来飞去啊，）发出嗷嗷的哀鸣之声。”

【注释】①《诗》：指《诗经·小雅·鸿雁》。

唸 diàn

唸，㕧也。从口，念声。《诗》曰①：“民之方念㕧。”都见切。

【译文】唸，呻吟。从口，念声。《诗经》说：老百姓正在呻吟。

【注释】①《诗》：指《诗经·大雅·板》。今作“殿屎”。毛传：“呻吟也。”

呻 shēn

呻，吟也[①]。从口，申声。失人切。

【译文】呻，吟诵。从口，申声。

【注释】①吟：《礼记·学记》“呻其占毕”注：“呻，吟也。”《段注》：“呻者，吟之舒；吟者，呻之急。浑言则不别也。”

吟 yín

吟[①]，呻也[②]。从口，今声。鱼音切。

【译文】吟，咏叹。从口，今声。

【注释】①吟：声调抑扬的吟咏。《史记·屈原贾生列传》：“屈原至于江滨，被发行吟泽畔。”②呻也：《艺文类聚》《御览》引作“叹也”。

嘆 tàn

嘆，吞歎也[①]。从口，歎省声。一曰：太息也。他案切。

【译文】嘆，饮恨吞声而叹息。从口，歎省欠为声。另一义说，叹泛指深深的叹息。

【注释】①吞歎：徐锴《系传》：“欲言不能，吞恨而太息也。”《段注》：“叹歎二字，今人通用。毛诗中两体错出。依《说文》则义异。叹近于喜，叹近于哀。故叹训吞歎，吞其歎而不能发。”

㗒 ài

㗒，潵也[①]。从口，曷声。于介切。

【译文】㗒，气竭声嘶。从口，曷声。

【注释】①潵：当依《系传》作“渴”。

哨 jiào

哨，不容也[①]。从口，肖声。才肖切。

【译文】哨，指（口小而）不能容纳。从口，肖声。

【注释】①不容：《韵会》引徐锴《系传》作“口不容也”。

吪 é

吪，动也。从口，化声。《诗》曰[①]：“尚寐无吪。”五禾切。

【译文】吪，行动。从口，化声。《诗经》说：“希望睡着了就不要动。”

【注释】①《诗》：指《诗经·王风·兔爰》。

噆 zā

噆，嗛也[①]。从口，朁声。子荅切。

【译文】噆，衔。从口，朁声。

【注释】①嗛也：《段注》：“玄应引作‘衔也’。嗛衔音义同。”

吝 lìn

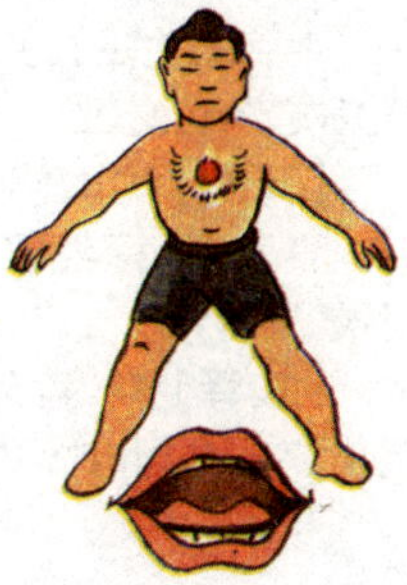

吝[①]，恨、惜也[②]。从口，文声。《易》曰[③]：“以往吝。”良刃切。

【译文】吝，悔恨，吝惜。从口，文声。《易经》说：如果径直走过去（而不舍弃），就会导致悔恨。

【注释】①吝：吝啬、悭吝。《论语·泰伯》：“如有周公之才之美，使骄且吝，其余不足观也已。”②恨、惜也：丁福保《诂林》：“据《音义》则知古本有二义，即‘恨也惜也’。”③《易》曰以往吝：见《蒙卦》。《周易本义》说：“若遂往而不舍，则致羞吝矣。”

各 gè

各，异辞[①]。从口夊，夊者[②]，有行而止之[③]，不相听也。古洛切。

【译文】各，表示不同个体的词。由口字、夊字会意。夊的意思是表示有人使之行走而又有人使之停下来，彼此间不相听从。

【注释】①异辞：《广韵》到作“词”。②夊：从后至也。象人两胫后有致之者。③行而止之：王筠《句读》：“各则此行而彼止之，是不相听从之意也。”

否 fǒu

否，不也[①]。从口，从不[②]。方九切。

【译文】否，不。由口、由不会意。

【注释】①不：《段注》："不者，事之不然也。否者，说事之不然也。故音义皆同。"②从口，从不：徐锴《系传》："心有不可，口必言之，故于文口、不为否。"王念孙《读说文记》："《系传》作'从口不声'。否与不古皆读鄙。《说文》不部亦有否字，注云：'从口不，不亦声。'是其证。今削去声字，非是。"按：否应是会意兼形声之字。

唁 yàn

唁，吊生也。从口，言声。《诗》曰[①]："归唁卫侯。"鱼变切。

【译文】唁，慰问（遭遇丧事的）生者。从口，言声。《诗经》说："回去慰问（亡国的）卫侯。"

【注释】①《诗》：指《诗经·鄘风·载驰》。毛传："吊失国曰唁。"

哀 āi

哀，闵也。从口，衣声。乌开切。

【译文】哀，怜悯。从口，衣声。

𠯑 kuò

𠯑，塞口也[①]。从口，𠬝省声[②]。古活切。

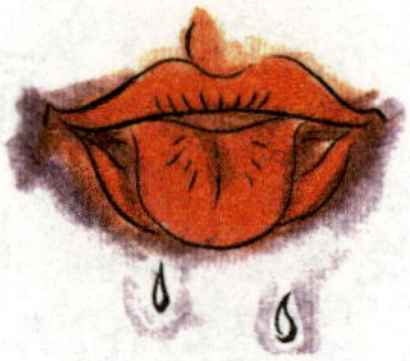

【译文】𠯑，把口塞住。从口，𠬝省声。

【注释】①塞口：《周易·坤卦》："括（填塞，结束）囊（指袋口）无咎。"②𠬝：王筠《句读》："𠬝当是古文厥字。"

嗾 sǒu

嗾，使犬声。从口，族声。《春秋传》曰[①]："公嗾夫獒。"稣奏切。

【译文】嗾，使唤狗的声音。从口，族声。《春秋左传》说："晋侯嗾使那大狗（去咬提弥明）。"

【注释】①《春秋传》：指《左传·宣公二年》。

吠 fèi

吠[①]，犬鸣也。从犬口。符废切。

【译文】吠，狗叫。由犬、口会意。

【注释】①吠：狗叫。《诗经·召南·野有死麕》："无使尨也吠。"

嗥 háo

嗥，咆也。从口，皋声。乎刀切。

【译文】嗥，吼叫。从口，皋声。

喈 jiē

喈，鸟鸣声[①]。从口，皆声。一曰：凤皇鸣声喈喈。古谐切。

【译文】喈，鸟鸣声。从口，皆声。一说，喈是凤凰鸟叫声喈喈的声音。

【注释】①鸟鸣声：徐锴《系传》："声众且和也。"

咆 páo

咆，嗥也[①]。从口，包声。薄交切。

【译文】咆，嗥叫。从口，包声。

【注释】①嗥：沈涛《古本考》："咆嗥为熊虎之声。而人之大怒亦谓之咆。今人犹言大怒曰咆嗥。"

哮 xiào

哮，豕惊声也。从口，孝声。许交切。

【译文】哮，猪惊叫的声音。从口，孝声。

啄 zhuó

啄，鸟食也。从口，豖声。竹角切。

【译文】啄，鸟（用嘴）取食。从口，豖声。

唬 xià

唬，嗁也[1]。一曰：虎声[2]。从口，从虎。读若暠。呼讶。

【译文】唬，（禽兽）啼号声。另一义说，唬像老虎（发怒）之声。由口、由虎会意。音读像“暠”字。

【注释】①嗁声：即啼声。②虎声：王筠《句读》：“《玉篇》《广韵》皆曰：‘虎声也。’元应引作：‘虎怒声也。’”

呦 yōu

呦[1]，鹿鸣声也。从口，幼声。伊虬切。

【译文】呦，鹿鸣叫之声。从口，幼声。

【注释】①鹿叫声。《诗经·小雅·鹿鸣》：“呦呦鹿鸣，食野之苹。”

噳 yǔ

噳，麇鹿群口相聚皃。从口，虞声。《诗》曰[1]：“麇鹿噳噳。”鱼矩切。

【译文】噳，麇鹿成群地聚集在一起的样子。从口，虞声。《诗经》说：“母鹿成群地聚集在一起。”

【注释】①《诗》：指《诗经·大雅·韩奕》。

局 jú

局，促也。从口，在（尺）［尸］下，复（局）［勹］之[1]。一曰：博[2]，所以行棋。象形。渠绿切。

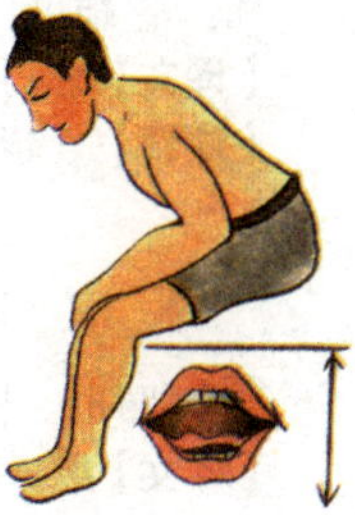

【译文】局，局促。由“口”在“尸”下、又“勹”着口来表示。另一义是，局是棋盘，是用来走棋的器具。象形。

【注释】①从口句：丁福保《诂林》：“‘尸’误作‘尺’，复勹之‘勹’误作局。”“口”“尸”均表示人。从“口”在“尸”下，复“勹”之。说明一个人被另一个控制着，又被包裹着。是十分局促的情势。②博：赌输赢的与棋相仿的游戏。

凵部

凵 kǎn

凵，张口也。象形。凡凵之属皆从凵。口犯切。

【译文】凵，张开着口。象形。大凡凵的部属都从凵。

吅部

吅 xuān

吅，惊呼也。从二口。凡吅之属皆从吅。读若讙。况袁切。

【译文】吅，惊呼喧哗。由两“口”字会意。大凡吅的部属都从吅。音读像“讙”字。

哭部

哭 kū

哭，哀声也[1]。从吅[2]，獄省声。凡哭之属皆从哭。苦屋切。

【译文】哭，悲哀的声音。从吅，獄省犾为声。大凡哭的部属都从哭。

【注释】①哀声：泣，无声出涕曰泣。哭、泣，析言有别。②从吅句：徐锴《系传》：“哭声繁乱，故从二口。”徐承庆《段注匡谬》：“取獄省声者，系于圜土，情主于哀。”此本许说，獄字声中兼义。

丧 sāng

喪，亡也[1]。从哭、从亾会意。亾亦声。息郎切。

【译文】喪，失去、丧失。由哭、亡字会意，亡也表声。

【注释】① 亡：《段注》："亡部曰：'亡，逃也。' 亡非死之谓。""凡丧失字本皆平声，俗读去声以别于死丧平声，非古也。"朱骏声《通训定声》："《白虎通》：'人死谓之丧何，言其丧亡不可复得见也。不直言死、称丧者何，为孝子之心不忍言也。'"

走部

走 zǒu

走，趋也[①]。从夭止。夭止者屈也[②]。凡走之属皆从走。子苟切。

【译文】走，跑。由夭、止二字会意。夭止的意思是（因为跑得快，）腿脚弯曲。大凡走的部属都从走。

【注释】① 趋：《段注》："《释名》曰：'徐行曰步，疾行曰趋，疾趋曰走。' 此析言之，浑言不别也。" ② 从夭止：饶炯《部首订》："古文以止为足。夭下说'屈也'。凡人举步则足屈。走者行之疾，其足愈屈，故从夭止会意。"

趨 qū

趨，走也。从走，芻声。七逾切。

【译文】趨，跑。从走，芻声。

赴 fù

赴，趋也[①]。从走，仆省声[②]。芳遇切

【译文】赴，奔跑。从走，仆省人为声。

【注释】① 趋：徐锴《系传》："一心趋向之也。" ② 仆省声：孔广居《疑疑》："仆谐卜声，赴亦卜声可也。"

趣 qù

趣，疾也[①]。从走，取声。七句切。

【译文】趣，疾（跑）。从走，取声。

【注释】① 疾：承培元《广答问疏证》："趣，疾走也。""凡言走之疾速者皆以趣为正字。"

超 chāo

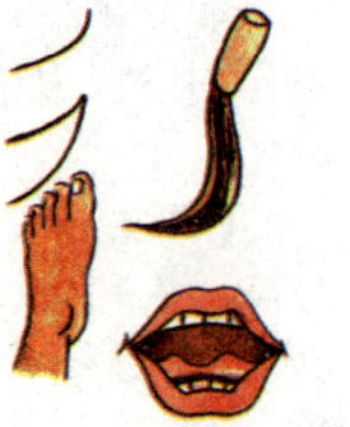

超[①]，跳也。从走，召声。敕宵切。

【译文】超，跳、跳跃。从走，召声。

【注释】① 超：跳，跃上。《左传·僖公三十三年》："超乘者三百乘。"

趫 qiāo

趫，善缘木走之才[①]。从走，喬声。读若王子蹻。去囂切。

【译文】趫，有善于沿着木头（向高处）走动的本领。从走，喬声。音读像王子蹻的"蹻"字。

【注释】① 善缘木句：疑衍走字。王筠《句读》："（才）当依《玉篇》作'工'。古谓善一技者为工。"叶德辉《读若考》："趫为高足之戏，以足束于木竿上，蹻之而行。"俗名踩高脚。

赳 jiū

赳，轻劲有才力也。从走，丩声。读若鐈。居黝切。

【译文】赳，轻捷刚劲有才能有力量。从走，丩声。音读像"鐈"字。

趮 zào

趮，疾也。从走，喿声。则到切。

【译文】趮，疾速（而旁出）。从走，喿声。

趯 yuè

趯[①]，踊也。从走，翟声。以灼切。

【译文】趯，踊跃。从走，翟声

【注释】① 趯：钱坫《斠诠》："此即踊跃字。"

趣 jué

趣，踞也。从走，厥声。居月切。

【译文】趣，跳跃。从走，厥声。

越 yuè

越[①]，度也。从走，戉声。王伐切。

【译文】越，度过。从走，戉声。

【注释】①越：度过，越过。《楚辞·天问》："阻穷西征，岩何越焉？"王逸注："越，度也。"

趁 chèn

趁，𧼜也[①]。从走，㐱声。读若尘。丑刃切。

【译文】趁，趁𧼜。从走，㐱声。音读像"尘"字。

【注释】①𧼜：王筠《释例》："趁𧼜双声，乃形容之词，不当割裂。"桂馥《义证》引《集韵》："趁𧼜，行不进貌。"

𧺹 cǐ

𧺹，浅渡也。从走，此声。雌氏切。

【译文】𧺹，从浅水中渡过。从走，此声。

赹 qióng

赹，独行也[①]。从走，匀声。读若茕。渠营切。

【译文】赹，孤独行走的样子。从走，匀声。音读像"茕"字。

【注释】①也：《玉篇》作皃。徐锴《系传》："《诗》云'独行茕茕'，本作此赹字。"

趋 yǔ

趋，安行也。从走，与声。余吕切[①]。

【译文】趋，安稳地行走。从走，与声。

【注释】①今读依《广韵》以诸切。

起 qǐ

起，能立也[①]。从走，巳声[②]。墟里切。

【译文】起，指能（举足）站立。从走，已声。

【注释】①能立：《段注》："起本发步之称，引申之，训为立，又引申之凡始事、凡兴作之称。"张舜徽《约注》："古人席地跪坐，举足而立。"按：举足起立乃是《段注》所说的"发步"之始。②巳声：《玉篇》："巳，起也。"声中有义。

趙 zhào

趙，（趋）[趍]赵也[①]。从走，肖声。治小切。

【译文】趙，趍赵。从走，肖声。

【注释】①趋赵，趋当是趍字之误。"趍赵"即"踟蹰"。

趑 zī

趑，趑趄，行不进也。从走，次声。取私切。

【译文】趑，趑趄，行走不得前进。从走，次声。

趄 qū

趄，趑趄也[①]。从走，且声。七余切。

【译文】趄，趑趄。从走，且声。

【注释】①趑趄：朱骏声《通训定声》："此二字后出。趑趄者双声连语。《易·夬》：'其行次且。'只作次且字。"

赶 qián

赶，举尾走也[①]。从走，干声。巨言切。

【译文】赶，（兽畜）翘着尾巴奔跑。从走，干声。

【注释】①举尾走：朱骏声《通训定声》："谓兽畜急走。字亦作赶。"

止部

止 zhǐ

止，下基也。象艸木出有址[①]，故以止为足[②]。凡止之属皆从止。诸市切。

【译文】止，地下的基础。像草木长出根干基址，因此用止字来表示足。大凡止的部属都从止。

【注释】①象艹木句：徐锴《系传》："艹木初生根干也。"②故以止句：王筠《句读》："又言此者，部中字皆人之足，故以此统之。"

歱 zhǒng

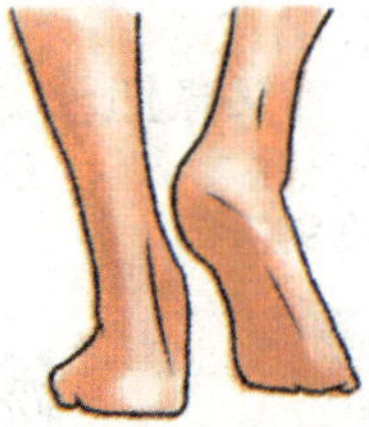

歱，跟也[①]。从止，重声。之陇切。

【译文】歱，脚后跟。从止，重声。

【注释】①跟：《释名·释形体》："足后曰跟。……又谓之踵。"

歫 jù

歫，止也[①]。从止，巨声。一曰：(抢)[枪]也[②]。一曰：超歫[③]。其吕切。

【译文】歫，（相抵拒而）停止。从止，巨声。另一义说，歫是支撑。另一义说，歫是跳跃。

【注释】①止：《段注》："许无拒字。歫即拒也。此与彼相抵为拒，相抵则止矣。"②枪："抢"校改为"枪"。枪，歫也。③超歫：歫通作距。桂馥《义证》："《史记·王翦传》曰：'投石超距。'《索隐》：'超距犹跳跃也。'"

前 qián

前，不行而进谓之歬。从止在舟上[①]。昨先切。

【译文】歬，不行而进叫作歬。由"止"字在"舟"字之上会意。

【注释】①从止句：徐灏《段注笺》："人不行而能进者，唯居于舟为然。故从舟。止者，人所止也。"

歷 lì

歷，过也。从止，厤声。郎击切。

【译文】歷，经过。从止，厤声。

歸 guī

歸，女嫁也[①]。从止[②]，从婦省，𠂤声。举韦切。

【译文】歸，女子出嫁。由止、由婦字省去女会意，𠂤声。

【注释】①女嫁：桂馥《义证》："《公羊传·隐公二年》：'妇人谓嫁曰归。'何云：'妇人生以父母为家，嫁以夫为家，故谓嫁曰归。'"②从止：徐锴《系传》："止者，止于此也。"

疌 jié

疌，疾也[①]。从止，从又。又，手也。屮声。疾叶切。

【译文】疌，迅速。由止、由又会意。又，表示手。屮声。

【注释】①疾：徐锴《系传》："止，足也。又，手也。手足共为之，故疾也。"

少 tà

少[①]，蹈也。从反止。读若挞。他达切。

【译文】少，踏行。由止字反过来表示。音读像"挞"字。

【注释】①少：徐灏《段注笺》："止之引申为不行，反而为少，则为蹈而行也。"

癶部

癶 bō

癶，足剌癶也[①]。从止少。凡癶之属皆从癶。读若拨。北末切。

【译文】癶，两足剌癶不顺。由止字、少字相背而会意。大凡癶的部属都从癶。音读像"拨"字。

【注释】①剌癶：叠韵联绵词。徐锴《系传》："两足相背不顺，故剌癶也。"

癹 bá

癹，以足蹋夷艹[①]。从癶，从殳。《春秋传》曰[②]："癹夷蕴崇之。"普活切。

【译文】癹，用脚踏除草。由癶、由殳会意。

《春秋左传》说：用脚踏除草后，再把它们堆积起来。

【注释】①夷：《周礼·稻人》杜注："夷，杀也。"②《春秋传》：指《左传·隐公六年》。"癹"今作"芟"。"蕴"今作"薀"。癹夷，同义连用。薀崇：积聚。

登 dēng

登，上车也。从癶豆[1]。象登车形。都滕切。

【译文】登，登上车。由"癶"字在"豆"字之上会意，（表示两只脚站立在登车时用来垫脚的石头上，）像登车之形。

【注释】①豆：登车的乘石。

步部

步 bù

步[1]，行也。从止少相背[2]。凡步之属皆从步。薄故切。

【译文】步，（缓慢）行走。由止字和少字相背而会意。大凡步的部属都从步。

【注释】①步：《释名》："徐行曰步。"②从止少相背：一足止，一足少，相背而动，是步行的形态。

歲 suì

歲，木星也。越历二十八宿[1]，宣遍阴阳[2]，十二月一次[3]。从步，戌声。律历书名五星为五步[4]。相锐切。

【译文】歲，木星。经过了二十八星宿，行遍了阴阳十二辰，每十二个月太阳就行走了一个躔次。从步，戌声。《汉书·律历志》把（金木水火土）五星叫作五步。

【注释】①越历：同义复合，经过。二十八宿：古代把日月经过的天区（黄道）的恒星分为二十八个星座，叫二十八宿。《淮南子·天文》注："东方：角、亢、氐、房、心、尾、箕；北方：斗、牛、女、虚、危、室、壁；西方：奎、娄、胃、昴、毕、觜、参；南方：井、鬼、柳、星、张、翼、轸。"②宣遍：同义复合。阴阳：徐锴《系传》："自子至巳为阳，午至亥为阴。"郭沫若《甲骨文字研究》："岁星之运行约十有二岁而周天，古人即于黄道附近设十二标准点以观察之，由子至亥之十二辰是也。岁徙一辰而成岁，故岁星之岁孳乳为年岁之岁。"③一次：王筠《句读》："次者，日之躔次也。"躔次：日月五星运行时经过天空的某一区域。王筠《释例》："起建子月，毕建亥月，岁星乃移一宫，十二年一周天矣。"④律历书：指《汉书·律历志》。五星：《段注》："水曰辰星，金曰太白，火曰荧惑，木曰岁星，土曰填星。"

此部

此 cǐ

此，止也。从止，从匕。匕，相比次也[1]。凡此之属皆从此。雌氏切。

【译文】此，止。由止、由匕会意。匕是相并列。大凡此的部属都从此。

【注释】①相比次：次，列。相比次，相并列。足相并列，故有停止的意思。

呰 zǐ

呰[1]，窳也。阙[2]。将此切。

【译文】呰，劣弱。（从吅的意思不详，）只好让它阙着。

【注释】①呰：《方言》卷十："呰，短也。"《广韵·荠韵》："呰，弱也。"②阙：《段注》："其形则从此从吅，此亦声。"桂馥《义证》："阙者，不详从吅之意。"

策 zuǐ

策，识也[1]。从此，朿声。一曰：藏也[2]。遵诔切。

【译文】策，记住。从此，朿声。另一义说：策是收藏。

【注释】①识：记。通作"刺"，相当于今之名片。《释名》："刺，书以识爵里名姓也。"②藏：《段注》："《广雅》'策，鲞也。'与'藏'训相近，拳同舒卷之卷。"

正部

 **正** zhèng

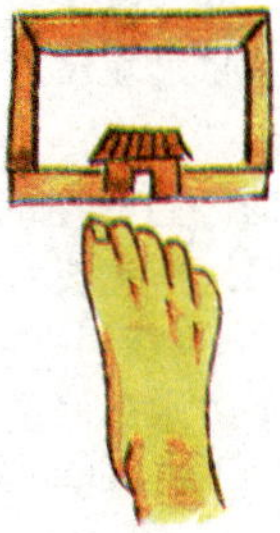

正①，是也。从止，一以止。凡正之属皆从正。之盛切。

【译文】正，正直无偏斜。从止，（“一”是古文的上字，表示在上位的人，）用“一”放在“止”上，（会合上位者止于正道之意。）大凡正的部属都从正。

【注释】①正：孔广居《疑疑》：“古文正注云：从上止。盖言为人者宜止于正也。”

 **乏** fá

乏，《春秋传》曰①：“反正为乏。”房法切。

【译文】乏，《春秋左传》说：把正字反过来就成了乏字。

【注释】①《春秋传》：指《左传·宣公十五年》。《段注》：“此说字形而义在其中矣。不正则为匮乏，二字相乡背也。”徐灏笺：“乏盖本谓凡不正之偁，后乃专以贫乏为义。”

是部

 **是** shì

是，直也。从日正①。凡是之属皆从是。承旨切。

【译文】是，正直。由“日”字“正”字会意。大凡是的部属都从是。

【注释】①从日正：《段注》：“以日为正（标准）则曰是。从日正会意。天下之物莫正于日也。”

 **韙** wěi

韙，是也。从是，韋声。《春秋传》曰①：“犯五不韙。”于鬼切。

【译文】韙，是。从是，韋声。《春秋左传》说：“犯了五种不是。”

【注释】①《春秋传》：指《左传·隐公十一年》。不韙：不是，不对。

 **尟** xiǎn

尟，是少也①。尟俱存也②。从是少。贾侍中说。酥典切。

【译文】尟，正直者很少。“是少”的义训并存于“尟”的字形之中。是少二字会意。这是贾侍中的说法。

【注释】①是少：徐锴《系传》：“是亦正也。正者少则尟也。”尟，今借鱼名之鲜，又作尠。②尟俱存：《段注》作：“是少，俱存也。”张舜徽《约注》：“意谓是少之训，俱存于尟篆字形之中。”

辵部

 **辵** chuò

辵，乍行乍止也①。从彳，从止。凡辵之属皆从辵。读若《春秋公羊传》曰“辵阶而走”②。丑略切。

【译文】辵，忽行忽止。由彳、由止会意。大凡辵的部属都从辵。音读像《春秋公羊传》所说的“辵阶而走”的“辵”字。

【注释】①乍行乍止：忽行忽止。彳与行同意，所以解为乍行乍止。此依形为训。②读若句：《春秋公羊传》指《公羊传·宣公二年》。“是”今作“躇”。何休注：“犹超遽不暇以次。”“辵阶而走”是说超越阶级而奔走。

 **迹** jì

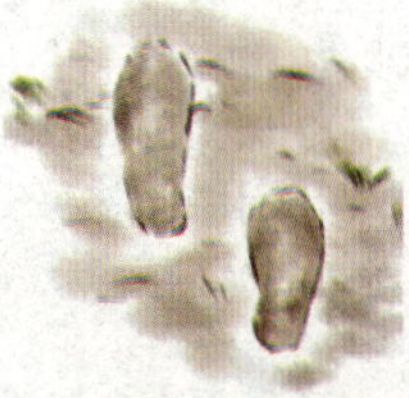

迹①，步处也。从辵，亦声。资昔切。

【译文】迹，指行步之处。从辵，亦声。

【注释】①迹：脚印。《庄子·天运》：“夫迹，履之所出，而迹岂履哉？”

 **巡** xún

巡，延行皃①。从辵，川声。详遵切。

【译文】巡，长行的样子。从辵，川声。

【注释】①延行皃：延行，长行。段注本依据《玉篇》《广韵》订作“视行也”。视行谓省视而行。存参。

逝 shì

逝，往也[①]。从辵，折声。读若誓。时制切。

【译文】逝，过往。从辵，折声。音读像“誓”字。

【注释】①往：《方言》：“逝、徂、适，往也。逝，秦晋语也。徂，齐语也。适，宋鲁语也。”

遵 zūn

遵，循也。从辵，尊声。将伦切。

【译文】遵，遵循。从辵，尊声。

述 shù

述，循也[①]。从辵，术声。食聿切。

【译文】述，遵循、遵守。从辵，术声。

【注释】①循：朱骏声《通训定声》：“由故道为述，故凡循其旧而申明之亦曰述，经传多以遹为之。”

過 guò

過，度也[①]。从辵，咼声。古禾切。

【译文】過，经过。从辵，咼声。

【注释】①度：吴善述《广义校订》：“过，本经过之过，故从辵，许训度也。度者过去之谓，故过水曰渡，字亦作度。经典言‘过我门’、‘过其门’者，乃过之本义。”

進 jìn

進[①]，登也。从辵，閵省声。即刃切。

【译文】進，前进登升。从辵，閵省门为声。

【注释】①進：向前或向上移动。《诗经·大雅·桑柔》：“人亦有言，进退维谷。”

造 zào

造，就也。从辵，告声。谭长说，造，上士也。七到切。

【译文】造，成就。从辵，告声。谭长说，造是上士。

逾 yú

逾，逃近也。从辵，俞声。《周书》曰：“无敢昏逾。”羊朱切。

【译文】逾，超越前进。从辵，俞声。《周书》说：“不敢昏乱地越过。”

逆 nì

逆[①]，迎也[②]。从辵，屰声。关东曰逆，关西曰迎。宜戟切。

【译文】逆，迎接。从辵，屰声。关东方言叫逆，关西方言叫迎。

【注释】①逆：迎接。《左传·隐公二年》：“纪裂繻来逆女。”②迎：《段注》：“逆迎双声，二字通用。”“今人假以为顺屰之屰，逆行而屰废矣。”

遄 chuán

遄，往来数也。从辵，耑声。《易》曰：“目事遄往。”市缘切。

【译文】遄，往来疾速。从辵，耑声。《易经》说：“祭祀的事应疾速前去。”

速 sù

速，疾也。从辵，束声。桑谷切。

【译文】速，迅速。从辵，束声。

迅 xùn

迅，疾也。从辵，卂声。息进切。

【译文】迅，疾速。从辵，卂声。

适 kuò

适，疾也。从辵，昏声。读与括同。古

活切。

【译文】适，疾速。从辵，昏声。音读与“括”字同。

迎 yíng

迎，逢也。从辵，卬声。语京切。

【译文】迎，逢迎。从辵，卬声。

遇 yù

遇，逢也。从辵，禺声。牛具切。

【译文】遇，不期而逢。从辵，禺声。

遭 zāo

遭，遇也。从辵，曹声。一曰：逦行[①]。作曹切。

【译文】遭，逢遇。从辵，曹声。另一义说：遭是迤逦绕周而行。

【注释】① 逦行：《系传》“遭犹匝也。若物匝相值也。”

遘 gòu

遘，遇也。从辵，冓声。古候切。

【译文】遘，遭遇。从辵，冓声。

逢 féng

逢，遇也。从辵，夆省声。符容切。

【译文】逢，遭遇。从辵，夆省山为声。

迪 dí

迪，道也[①]。从辵，由声。徒历切。

【译文】迪，引导。从辵，由声。

【注释】① 道：《段注》：“道兼道路、引导二训。”按此谓引导。

遌 è

遌，相遇惊也。从辵，从咢，咢亦声。五各切。

【译文】遌，相遇而惊愕。由辵、由咢会意，咢也表声。

遞 dì

遞，更易也。从辵，虒声。特计切。

【译文】遞，更易迭代。从辵，虒声。

通 tōng

通，达也。从辵，甬声。他红切。

【译文】通，到达，通达。从辵，甬声。

辿 xǐ

辿，迻也。从辵，止声。斯氏切。

【译文】辿，迁移。从辵，止声。

遷 qiān

遷[①]，登也。从辵，䙴声。七然切。

【译文】遷，向上登移。从辵，䙴声。

【注释】① 遷：向上移动。《诗经·小雅·伐木》：“出自幽谷，迁于乔木。”

迻 yí

迻，迁徙也。从辵，多声。弋支切。

【译文】迻，迁徙。从辵，多声。

運 yùn

運，迻徙也。从辵，軍声。王问切。

【译文】運，移动、转徙。从辵，軍声。

遁 dùn

遁，迁也。一曰：逃也。从辵，盾声。徒困切。

【译文】遁，迁移。另一义说：遁是逃遁的意思。从辵，盾声。

遜 xùn

遜，遁也。从辵，孫声。苏困切。

【译文】遜，逃遁。从辵，孫声。

返 fǎn

返，还也。从辵、从反，反亦声。《商书》曰：“祖甲返。”扶版切。

【译文】返，还。由辵、由反会意，反也表声。《商书》说：“祖甲返。”

還 huán

還，复也。从辵，睘声。户关切。

【译文】還，返。从辵，睘声。

選 xuǎn

選，遣也。从辵、巽。巽遣之；巽亦声。一曰：选，择也。思沇切。

【译文】選，遣送。由辵、巽二字会意，表示恭顺地遣送的意思；巽也表声。另一义说，选是选择的意思。

送 sòng

送，遣也。从辵，倂省。苏弄切。

【译文】送，遣送。由辵字、倂字省人会意。

遣 qiǎn

遣，纵也。从辵，䝨声。去衍切。

【译文】遣，释放。从辵，䝨声。

邐 lǐ

邐，行邐邐也。从辵，麗声。力纸切。

【译文】邐，行走萦纡曲折的样子。从辵，麗声。

遲 chí

遲，徐行也。从辵，犀声。《诗》曰[1]：“行道迟迟”直尼切。

【译文】遲，徐徐而行。从辵，犀声。《诗经》说：“行路缓慢。”

【注释】①《诗》：指《诗经·邶风·谷风》。

逮 dài

逮，唐逮，及也。从辵，隶声。徒耐切。

【译文】逮，唐逮，是及的意思。从辵，隶声。

逗 dòu

逗[1]，止也。从辵，豆声。田候切。

【译文】逗，留止。从辵，豆声。

【注释】① 逗：钱坫《斠诠》：“《史记》：‘逗桡当斩。’如淳曰：‘军法：行逗留畏者要斩。’苏林音豆。”

迟 qì

迟，曲行也。从辵，只声。绮戟切。

【译文】迟，曲折行走。从辵，只声。

逶 wēi

逶，逶迆，衺去之皃。从辵，委声。于为切。

【译文】逶，逶迆，是斜行的样子。从辵，委声。

迆 yǐ

迆，衺行也。从辵，也声。《夏书》曰：“（江）东迆北，会于汇。”移尔切。

【译文】迆，斜行。从辵，也声。《夏书》说：“（长江）向东斜曲延伸到北，与淮河会合。”

遹 yù

遹，回避也。从辵，矞声。余律切。

【译文】遹，邪行回避。从辵，矞声。

避 bì

避，回也。从辵，辟声。毗义切。

【译文】避，回避。从辵，辟声。

違 wéi

違，离也。从辵，韋声。羽非切。

【译文】違，离别。从辵，韋声。

遴 lìn

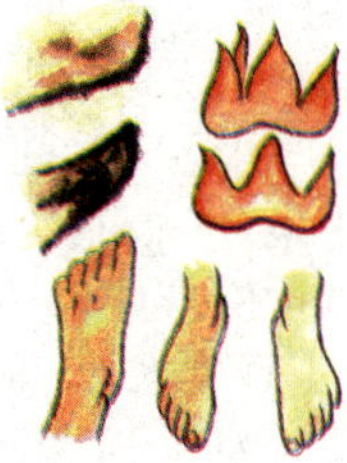

遴，行难也。从辵，粦声。《易》曰：“以往遴。”良刃切。

【译文】遴，行步艰难。从辵，粦声。《易经》说：“若往而不舍，将遇到艰难。”

逡 qūn

逡，复也。从辵，夋声。七伦切。

【译文】逡，往来。从辵，夋声。

遞 dǐ

遞，怒不进也。从辵，氐声。都礼切。

【译文】遞，怒而不前进。从辵，氐声。

達 dá

達，行不相遇也。从辵，羍声。《诗》曰：“挑兮达兮。”徒葛切。

【译文】達，行路不相遇。从辵，羍声。《诗经》说：“往来相见啊，（在那城楼上面。）”

逯 lù

逯，行谨逯逯也。从辵，录声。卢谷切。

【译文】逯，行步谨慎。从辵，录声。

迵 dòng

迵，迵迭也。从辵，同声。徒弄切。

【译文】迵，洞彻通达。从辵，同声。

迭 dié

迭，更迭也。从辵，失声。一曰达。徒结切。

【译文】迭，更易替代。从辵，失声。另一义说：迭是通达的“达”字。

迷 mí

迷，或也[①]。从辵，米声。莫兮切。

【译文】迷，迷惑。从辵，米声。

【注释】①或：通“惑”。

連 lián

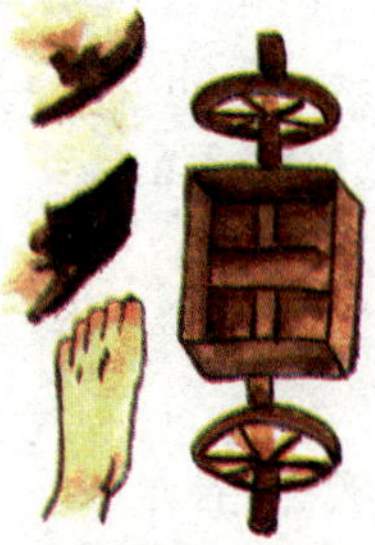

連，员连也[①]。从辵，从車。力延切。

【译文】連，员连。由辵、由車会意。

【注释】①员连：朱骏声曰“员连，叠韵连语。”“陈编散落，古义无征，宜从盖阙。”《段注》作“负车”。“连即古文辇也。”“负车者人挽车而行，车在后如负也。字从辵車会意也。人与車相属不绝，故引申为連属字耳。”。

逑 qiú

逑，敛聚也。从辵，求声。《虞书》曰[①]：“旁逑孱功[②]。”又曰[③]：“怨匹曰逑。”巨鸠切。

【译文】逑，收敛聚合。从辵，求声。《虞书》说：“（共工）广泛地聚集，已具有成效。”又说：“怨恋配偶叫作逑。”

【注释】①《虞书》：当作《唐书》。②旁逑孱功：今本作“方鸠僝（zhuàn，具备）功。”《史记》作“旁聚布功”。可证逑有聚义。③又曰：《段注》：“与‘一曰’同。别一义也。”

退 bài

退，數也[①]。从辵，貝声。《周书》曰[②]：“我兴受其退。”薄迈切。

【译文】退，败坏。从辵，貝声。《周书》说：“（殷商如果现在有灾难，）我们起而受其祸败。”

【注释】①數：通作坏。②《周书》：当是《商书》，引自《微子》篇，今本“退”作“败”。

逭 huàn

逭，逃也。从辵。官声。胡玩切。

【译文】逭，逃避。从辵，官声。

遯 dùn

遯，逃也。从辵，从豚。徒困切。

【译文】遯，逃遁。由辵、由豚会意。

逋 bū

逋[1]，亡也。从辵，甫声。博孤切。

【译文】逋，逃亡。从辵，甫声。

【注释】① 逋：逃亡。《尚书·大诰》："予惟以尔庶邦，于伐殷逋播臣。"

遺 yí

遺，亡也。从辵，賷声。以追切。

【译文】遺，遗亡走失。从辵，賷声。

遂 suì

遂[1]，亡也。从辵，㒸声。徐醉切。

【译文】遂，逃亡。从辵，㒸声。

【注释】① 遂：逃亡。引申为丧失。《墨子·法仪》："其贼人多，故天祸之，使遂失国家。"

逃 táo

逃，亡也。从辵，兆声。徒刀切。

【译文】逃，逃亡。从辵，兆声。

追 zhuī

追，逐也。从辵，自声。陟佳切。

【译文】追，追赶。从辵，自（duī）声。

逐 zhú

逐，追也。从辵，从豚省。直六切。

【译文】逐，追逐。由辵、由豚省肉会意。

遒 qiú

遒，迫也。从辵，酉声。字秋切。

【译文】遒，急迫。从辵，酉声。

近 jìn

近，附也。从辵，斤声。渠遴切。

【译文】近，附近。从辵，斤声。

邋 liè

邋，搚也。从辵，巤声。良涉切。

【译文】邋，折断。从辵，巤声。

迫 pò

迫，近也。从辵，白声。博陌切。

【译文】迫，靠近。从辵，白声。

遏 è

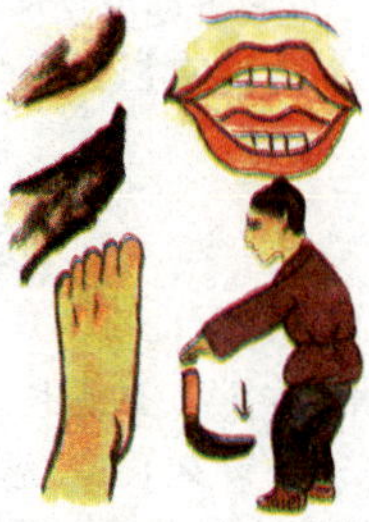

遏，微止也[1]。从辵，曷声。读若桑虫之蝎。乌割切。

【译文】遏，障蔽遮止。从辵，曷声。音读像桑中之虫的"蝎"字。

【注释】① 微止：《国语·晋语》韦昭注：微，蔽也。微止，谓遮而止之。

迀 gān

迀，进也。从辵，干声。读若干。古寒切。

【译文】迀，进取。从辵，干声。音读像"干"字。

逞 chěng

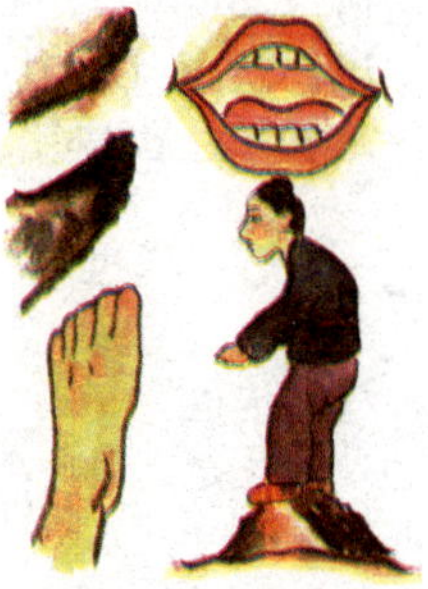

逞，通也。从辵，呈声。楚谓疾行为逞。《春秋传》曰[1]："何所不逞欲[2]。"丑郢切。

【译文】逞，通达。从辵，呈声。楚地叫快走作逞。《春秋左传》说："什么地方不能使（您的）欲望得到快慰呢？"

【注释】①《春秋传》：指《左传·昭公十四年》。② 逞欲：杜预注："逞，快也。"

遼 liáo

遼，远也。从辵，尞声。洛萧切。

【译文】遼，遥远。从辵，尞声。

遠 yuǎn

遠，遼也。从辵，袁声。云阮切。

【译文】遠，遥远。从辵，袁声。

逖 tì

逖，远也。从辵，狄声。他历切。

【译文】逖，远。从辵，狄声。

迥 jiǒng

迥，远也。从辵，同声。户颖切。

【译文】迥，远。从辵，同声。

逴 chuò

逴，远也。从辵，卓声。一曰：蹇也。读若棹苕之棹。敕角切。

【译文】逴，远。从辵，卓声。另一义说：逴是跛的意思。音读像棹苕的“棹”字。

迂 yū

迂，避也。从辵，于声。忆俱切。

【译文】迂，迂曲回避。从辵，于声。

道 dào

道，所行道也。从辵，从𩠐。一达谓之道。徒皓切。

【译文】道，人们行走的道路。由辵、由𩠐会意。完全通达无歧叫作道。

遽 jù

遽，传也。一曰：窘也①。从辵，豦声。其倨切。

【译文】遽，驿车驿马。另一义说：遽是窘迫急疾的意思。从辵，豦声。

【注释】① 窘：驿车驿马是传递消息或传送公文的工具。消息或公文的递送，当然十分紧急。所以窘急是遽传的引申义。

彳部

彳 chì

彳，小步也。象人胫三属相连也。凡彳之属皆从彳。丑亦切。

【译文】彳，微小的步伐。像人的下肢大腿、小腿、脚三者相连之形。大凡彳的部属都从彳。

德 dé

德，升也。从彳，悳声。多则切。

【译文】德，登升。从彳，悳声。

徑 jìng

徑，步道也①。从彳，巠声。居正切。

【译文】徑，步行的小路。从彳，巠声。

【注释】① 步道：《段注》：“步道谓人及牛马可步行而不容车也。”

復 fù

復，往来也①。从彳，复声。房六切。

【译文】復，往而复来。从彳，复声。

【注释】① 往来：往而复来。是返回的意思。

猱 róu

猱，复也。从彳，从柔，柔亦声。人九切。

【译文】猱，往来返复。由彳、由柔会意，柔也表读音。

徎 chěng

徎，径行也。从彳，呈声。丑郢切。

【译文】徎，从小路疾行。从彳，呈声。

往 wǎng

往，之也。从彳，㞷声。于两切。

【译文】往，出发。从彳，㞷声。

躣 qú

躣，行皃。从彳，瞿声。其俱切。

【译文】躣，行走的样子。从彳，瞿声。

彼 bǐ

彼，往、有所加也。从彳，皮声。补委切。

【译文】彼，往，有所增益。从彳，皮声。

徼 jiāo

徼，循也[①]。从彳，敫声。古尧切。

【译文】徼，巡察。从彳、敫声。

【注释】①循：通作巡。《后汉书·董卓传》注引循作巡。作循者，假借字。

循 xún

循，行顺也。从彳，盾声。详遵切。

【译文】循，顺着次序行走。从彳，盾声。

微 wēi

微，隐行也。从彳，敚声。《春秋传》曰："白公其徒微之。"无非切。

【译文】微，隐蔽出行。从彳，敚声。《春秋左传》说："白公的徒众把他的尸体隐匿在山上。"

徐 xú

徐，安行也。从彳，余声。似鱼切。

【译文】徐，安舒地行走。从彳，余声。

徬 bàng

徬，附行也。从彳，旁声。蒲浪切。

【译文】徬，附在车旁行走。从彳，旁声。

待 dài

待[①]，竢也[②]。从彳，寺声。徒在切。

【译文】待，等候。从彳，寺声。

【注释】①待：等候，等待。《周易·系辞下》："君子藏器于身，待时而动。"②竢(sì)：本书立部："竢，待也。"《段注》："今人易其语曰'等'。"

徧 biàn

徧，匝也。从彳，扁声。比荐切。

【译文】徧，周匝普遍而行。从彳，扁声。

假 jiǎ

假，至也。从彳，叚声。古雅切。

【译文】假，至。从彳，叚声。

很 hěn

很，不听从也。一曰：行难也。一曰：盭也[①]。从彳，艮声。胡恳切。

【译文】很，不听从。另一义说：是行走艰难的意思。又另一义说：是违逆乖戾的意思。从彳，艮声。

【注释】①盭：徐锴《系传》："戾也。"

種 zhǒng

種，相迹也。从彳，重声。之陇切。

【译文】種，前后足迹相继。从彳，重声。

得 dé

得[①]，行有所得也。从彳，㝵声。多则切。

【译文】得，行走而有所得。从彳，㝵声。

【注释】①得：获得。《孟子·公孙丑下》："得道者多助，失道者寡助。"

徛 qī

徛，举胫有渡也。从彳，奇声。去奇切。

【译文】徛，举脚渡河。从彳，奇声。

徇 xùn

徇，行示也。从彳，匀声。《司马法》："斩以徇。"词闰切。

【译文】徇，巡行示众。从彳，匀声。《司马法》说："斩首而巡行示众。"

律 lǜ

律，均布也。从彳，聿声。吕戌切。

【译文】律，普遍施行的规律。从彳，聿声。

御 yù

御，使马也。从彳，从卸[①]。牛据切。

【译文】御，驱使（车）马。由彳、由卸会意。

【注释】①从彳，从卸：徐锴《段注》："卸，解车马也。彳，行也。或行或卸，皆御马者之职也。"

亍 chù

亍，步止也。从反彳，读若畜。丑玉切。

【译文】亍，行步停止。由彳字反过来表意。音读像"畜"字。

廴部

廴 yǐn

廴，长行也。从彳引之。凡廴之属皆从廴。余忍切。

【译文】廴，长远地行走。由彳字引长末笔构成。大凡廴的部属都从廴。

廷 tíng

廷，朝中也。从廴，壬声。特丁切。

【译文】廷，朝廷。从廴，壬声。

延 zhēng

延，行也。从廴，正声。诸盈切。

【译文】延，行走。从廴，正声。

建 jiàn

建，立朝律也。从聿，从廴。居万切。

【译文】建，建立朝廷法律。由聿、由廴会意。

㢟部

㢟 chān

㢟，安步㢟㢟也。从廴，从止。凡㢟之属皆从㢟。丑连切。

【译文】㢟，缓步㢟㢟之貌。由廴、由止会意。大凡㢟的部属都从㢟。

延 yán

延，长行也。从㢟，丿声。以然切。

【译文】延，长远地出行。从㢟，丿声。

行部

行 xíng

行，人之步趋也[①]。从彳，从亍。凡行之属皆从行。户庚切。

【译文】行，人的各式行走。由彳、由亍会意。大凡行的部属都从行。

【注释】①步趋：《段注》："步，行也。趋，走也。二者一徐一疾，皆谓之行，统言之也。"

街 jiē

街[①]，四通道也。从行，圭声。古膎切。

【译文】街，四通八达的路。从行，圭声。

【注释】①街：引申为通道。《素问·水热穴论》："此肾之街也。"

衢 qú

衢，四达谓之衢。从行，瞿声。其俱切。

【译文】衢，四出通达的路叫作衢。从行，瞿声。

衙 yú

衙，[衙衙] 行皃[1]。从行，吾声。鱼举切。又音牙。

【译文】衙，衙衙，(列队) 行进的样子。从行，吾声。

【注释】① 行皃：当依《广韵》九鱼引作"衙衙行皃。"

衎 kǎn

衎，行喜皃。从行，干声。空旱切。

【译文】衎，行走喜悦的样子。从行，干声。

齒部

齒 chǐ

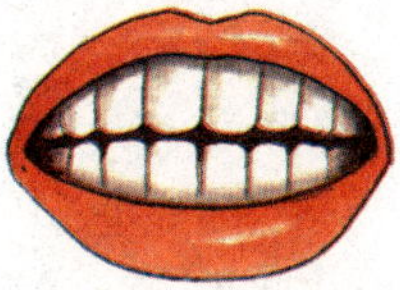

齒，口龂骨也[1]。象口齿之形，止声。凡齿之属皆从齿。昌里切。

【译文】齒，口中的牙齿。像口中牙齿的形状，止声。大凡齿的部属都从齿。

【注释】① 口龂骨：桂馥《义证》："言龂所生崩也。"指牙"齿"。

龂 yín

龂，齿本也。从齒，斤声。语斤切。

【译文】龂，牙齿的根本。从齒，斤声。

齔 chèn

齔，毁齿也[1]。男八月生齿，八岁而齔。女七月生齿，七岁而齔。从齒，从七 [匕]。初堇切。

【译文】齔，缺齿。男孩八月生乳齿，八岁就缺落乳齿。女孩七月生乳齿，七岁就缺落乳齿。从齒，从匕。

【注释】① 毁齿：毁，缺也。是指缺落乳齿，换长恒齿。

龇 chái

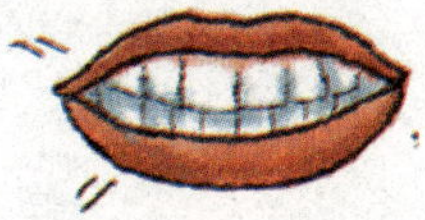

龇，齿相断也。一曰：开口见齿之皃[1]。从齒，柴省声。读若柴。仕街切。

【译文】龇，牙齿互相摩切。另一义说：开口现齿的样子。从齒。柴省木为声。音读像"柴"字。

【注释】① 开口见齿之皃：此义今读 zī。

齵 óu

齵，齿不正也。从齒，禺声。五娄切。

【译文】齵，牙齿参差不齐的样子。从齒，禺声。

齦 kěn

齦[1]，啮也。从齒，皀声。康很切。

【译文】齦，啃啮。从齒，皀声。

【注释】① 齦：《六书故·人四》："齦，啮食骨间肉也。"今作"啃"。

齨 xiá

齨，(齿)[齒] 坚声[1]。从齒，吉声。赫辖切。

【译文】齨，用牙齿咬啃坚硬食物的声音。从齒，吉声。

【注释】① 齒：当依《玉篇》作"啮"。

齨 jiù

齨，老人齿如臼也。一曰：马八岁齿臼也。从齒，从臼，臼亦声，其久切。

【译文】齨，老人齿形如臼。另一义说：八岁马齿形如臼。由齒，由臼会意，臼也表声。

齬 yǔ

齬[1]，齿不相值也。从齒，吾声。鱼举切。

【译文】齬，牙齿不整齐相对。从齒，吾声。

【注释】① 齬：《集韵 · 鱼韵》："齬，齿一前一却。"

齸 yì

齸，鹿麋粻。从齒，益声。伊昔切。

【译文】齸，麋鹿反刍嚼食。从齒，益声。

齷 zhì

齷，齿坚也。从齒，至声。陟栗切。

【译文】齷，咬嚼坚硬的东西。从齒，至声。

齛 xiè

齛，羊粻也①。从齒，世声。私列切。

【译文】齛，羊反刍嚼食。从齒，世声。

【注释】① 粻：《尔雅 · 释言》："粻，粮也。"此粻字用作动词，嚼食之意。

齰 huá

齰，啮骨声。从齒，从骨，骨亦声。户八切。

【译文】齰，咬骨头的声音。由齒、由骨会意，骨也表声。

䶗 kuò

䶗，噍声。从齒，昏声。古活切。

【译文】䶗，咀嚼声。从齒，昏声。

齼 bó

齼，噍坚也。从齒，博省声。补莫切。

【译文】齼，咀嚼坚硬的食物。从齒，博省十为声。

牙部

牙 yá

牙，（牡）[壮]齿也①。象上下相错之形。凡牙之属皆从牙。五加切。

【译文】牙，大齿。像上下齿相互交错的样子。大凡牙的部属都从牙。

【注释】① 牡：《段注》："壮各本讹作牡。"

𤘐 qǔ

𤘐，齿蠹也。从牙，禹声①。区禹切。

【译文】𤘐，牙齿被蛀虫蛀坏。从牙，禹声。

【注释】① 禹声：桂馥《义证》："禹，虫也。故文从禹。"声中有义。

足部

足 zú

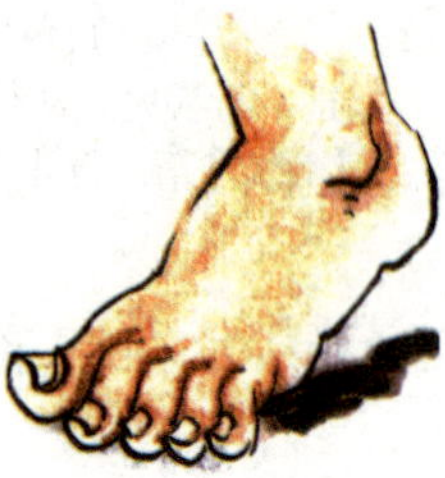

足，人之足也。在下①。从止口。凡足之属皆从足。即玉切。

【译文】足，人体下肢的总称。在人体的下部。由止口会意。大凡足的部属都从足。

【注释】① 在下：段注作"在体下"。

蹏 tí

蹏①，足也。从足，虒声。杜兮切。

【译文】蹏，兽畜的脚蹄。从足，虒声。

【注释】① 蹏，俗作蹄。

跟 gēn

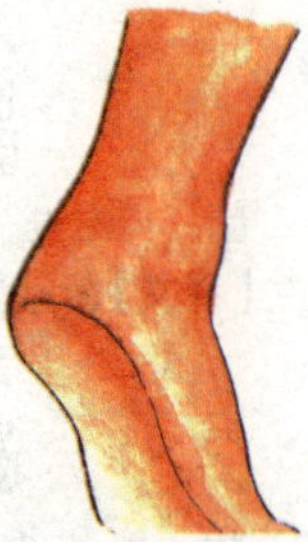

跟，足踵也①。从足，艮声。古痕切。

【译文】跟，脚后跟。从足，艮声。

【注释】① 踵：《释名 · 释形体》："足后曰跟，在下方着地，一体任之，象木头也。又谓之踵。"

踝 huái

踝，足踝也。从足，果声。胡瓦切。

【译文】踝，脚的踝骨。从足，果声。

跖 zhí

跖，足下也。从足，石声。之石切。

【译文】跖，脚掌。从足，石声。

踦 qī

踦，一足也。从足，奇声。去奇切。

【译文】踦，一只脚。从足，奇声。

跪 guì

跪，拜也[①]。从足，危声。去委切。

【译文】跪，（两膝着地、准备）拜倒的一种姿势。从足，危声。

【注释】①拜：朱骏声《通训定声》："两膝拄地，所以拜也，不拜曰跽。"《正字通·足部》："朱子……箸《跪坐拜说》：两膝着地，以尻着踵而稍安者为坐；伸腰及股而势危者为跪；因跪而益致其恭以头着地为拜。"

跽 jì

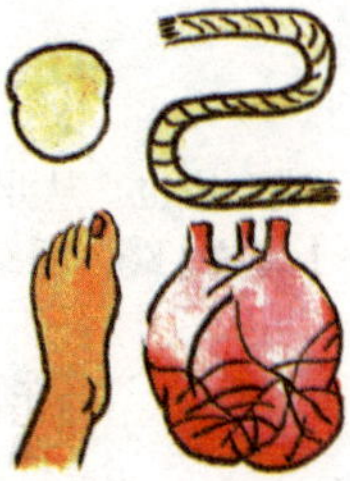

跽[①]，长跪也。从足，忌声。渠几切。

【译文】跽，上身伸直，双膝着地。从足，忌声。

【注释】①跽：《段注》："系（继）于拜曰跪，不系于拜曰跽。"朱骏声《通训定声》："长跽则两膝搘地而耸体。"

踧 cù

踧，行平易也。从足，叔声。《诗》曰："踧踧周道。"子六切。

【译文】踧，行走平易。从足，叔声。《诗经》说："平坦的大道。"

躣 qú

躣，行皃。从足，瞿声。其俱切。

【译文】躣，行走的样子。从足，瞿声。

踖 jí

踖，长胫行也。从足，昔声。一曰：踧踖。资昔切。

【译文】踖，长胫行走。从足，昔声。另一义说：是踧踖的意思。

踽 qǔ

踽，疏行皃。从足，禹声。《诗》曰："独行踽踽。"区主切。

【译文】踽，独行无亲的样子。从足，禹声。《诗经》说："独自行走，踽踽无亲。"

踰 yú

踰，越也。从足，俞声。羊朱切。

【译文】踰，越过。从足，俞声。

跋 yuè

跋，轻也。从足，戉声。王伐切。

【译文】跋，脚步轻轻。从足，戉声。

蹻 jué

蹻，举足行高也。从足，喬声。《诗》曰："小子蹻蹻。"居勺切。

【译文】蹻，举足行走在高空之中。从足，喬声。《诗经》说："小伙子们多么骄傲。"

踊 yǒng

踊[①]，跳也。从足，甬声。余陇切。

【译文】踊，跳跃。从足，甬声。

【注释】①踊：跳。《左传·哀公八年》："微虎欲宵攻王舍，私属徒七百人三踊于幕庭，卒三百人，有若与焉。"

蹌 qiāng

蹌，动也。从足，倉声。七羊切。

【译文】蹌，动。从足，倉声。

蹐 jī

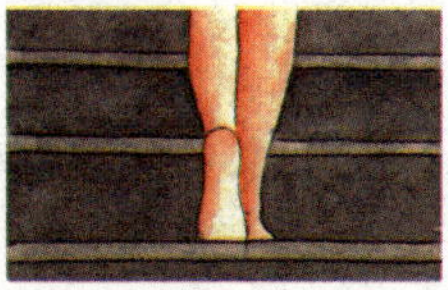

蹐，登也。从足，齊声。《商书》曰[①]："予颠跻。"祖鸡切。

【译文】蹐，登升。从足，齊声。《商书》说："我们商朝将会颠覆、坠落。"

【注释】①《商书》：指《微子》。承培元《引经证例》："此引《书》证登、降同词也。今作跻，俗字。许书所无，今多用之。颠跻：颠，陨；跻，队（坠）也。……古人美恶不嫌同词。"

躍 yuè

躍[①]，迅也。从足，翟声。以灼切。

【译文】躍，迅疾。从足，翟声。

【注释】①躍：跳跃。《诗经·大雅·旱麓》："鸢飞戾天，鱼跃于渊。"郑玄笺："鱼跳跃于渊中，喻民喜得所。"《荀子·劝学》："骐骥一跃，不能十步；驽马十驾，功在不舍。"

蹴 cù

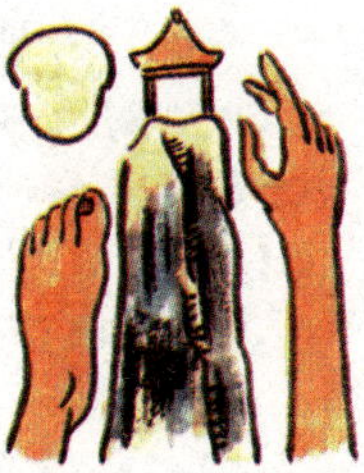

蹴[①]，蹑也。从足，就声。七宿切。

【译文】蹴，践踏。从足，就声。

【注释】①蹴：踩，踏。《汉书·贾谊传》："蹴其刍者有罚。"引申为踢。《汉书·枚乘传》："蹴鞠刻镂。"

躡 niè

躡，蹈也。从足，聶声。尼辄切。

【译文】躡，踩踏。从足，聶声。

跧 quán

跧，蹴也。一曰：卑也，絭也[①]。从足，全声。庄缘切。

【译文】跧，踹踏。另一义说，低伏，蜷曲。从足，全声。

【注释】①絭：《段注》："絭当为拳曲之拳。"

跨 kuà

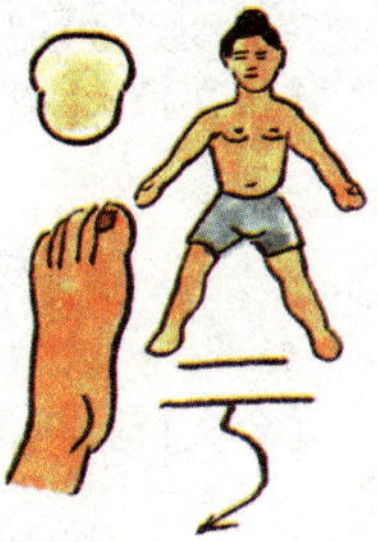

跨[①]，渡也。从足，夸声。苦化切。

【译文】跨，越过。从足，夸声。

【注释】①跨：《段注》："谓大（拉大）其两股间（两腿的距离），以有所越也。"

蹋 tà

蹋[①]，践也。从足，弱声。徒盍切。

【译文】蹋，践踏。从足，弱声。

【注释】①蹋：《段注》："俗作踏。"

蹈 dǎo

蹈，践也。从足，舀声。徒到切。

【译文】蹈，践踏。从足，舀声。

躔 chán

躔，践也。从足，廛声。直连切。

【译文】躔，践履。从足，廛声。

践 jiàn

践，履也。从足，戔声。慈衍切。

【译文】践，踩踏。从足，戔声。

踵 zhǒng

踵，追也。从足，重声。一曰：往来皃。之陇切。

【译文】踵，追逐。从足，重声。另一义说：踵是来往的样子。

躅 zhú

躅，蹢躅也。从足，蜀声。直録切。

【译文】躅，蹢躅。从足，蜀声。

踤 zú

踤，触也。从足，卒声。一曰：骇也。一曰：苍踤。昨没切。

【译文】踤，触撞。从足，卒声。另一义说：惊骇。又另一义说：苍踤。

蹶 jué

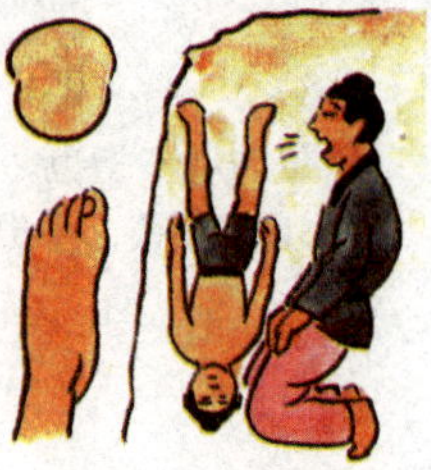

蹶，僵也。从足，厥声。一曰：跳也。亦读若橜①。居月切。

【译文】蹶，僵仆跌倒。从足，厥声。另一义说：蹶是跳的意思。音读又像“橜”字。

【注释】①亦读若橜：《段注》作“读亦若橜”：“‘亦若’谓读若厥矣，又读若橜也。”

跳 tiào

跳①，蹶也。从足，兆声。一曰：跃也。徒辽切。

【译文】跳，跳起。从足，兆声。另一义说：跃过。

【注释】①跳：跳跃。引申为蹩脚、弃。

蹎 diān

蹎，跋也①。从足，真声。都年切。

【译文】蹎，蹎跋。从足，真声。

【注释】①跋：应连篆为读。王筠《句读》：“《玉篇》作‘蹎跋也’。蹎跋即颠沛，双声连语。”跌倒的意思。

跋 bá

跋，蹎跋也①。从足，犮声。北末切。

【译文】跋，蹎跋。从足，犮声。

【注释】①蹎跋：《段注》：“跋，经传多叚借沛字为之。《大雅》《论语》‘颠沛’皆即‘蹎跋’也。”

蹐 jí

蹐，小步也。从足，脊声。《诗》曰：“不敢不蹐。”资昔切。

【译文】蹐，小步行走。从足，脊声。《诗经》说：“不敢不小步行走。”

跌 diē

跌，踢也。从足，失声。一曰：越也。徒结切。

【译文】跌，跌踢。从足，失声。另一义说：跌是过度。

踞 jù

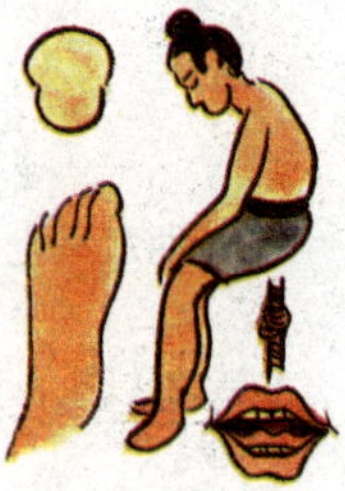

踞，蹲也①。从足，居声。居御切。

【译文】踞，坐。从足，居声。

【注释】①蹲：徐灏《段注笺》：“居字借为居处之意，因增足旁为蹲踞字。此盖汉时已然。许于‘居’下著其本意，而此仍用当时通行之字。全书此类甚多。”

蹲 dūn

蹲，踞也。从足，尊声。徂尊切。

【译文】蹲，坐。从足，尊声。

踼 táng

踼，跌踼也。从足，昜声。一曰：抢也。徒郎切。

【译文】踼，跌。从足，昜声。另一义说：踼是抵拒。

跛 bǒ

跛，行不正也。从足，皮声。一曰：足排之。读若彼。布火切。

【译文】跛，行步偏跛不正。从足，皮声。另一义说，跛是“足排之”。音读像“彼”字。

蹇 jiǎn

蹇，跛也。从足，寒省声。九辇切。

【译文】蹇，跛。从足，寒省夊为声。

距 jù

距，鸡距也[1]。从足，巨声。其吕切。

【译文】距，鸡腿后面突出像脚趾的部分。从足，巨声。

【注释】①鸡距：《汉书·五行志》："不鸣不将无距。"

趽 péng

趽，曲胫马也。从足，方声。读与彭同。薄庚切。

【译文】趽，曲胫马。从足。方声。音读与"彭"字同。

趹 jué

趹，马行皃。从足，决省声。古穴切。

【译文】趹，马疾奔的样子。从足，决省水为声。

趼 yàn

趼，兽足企也[1]。从足，开声。五甸切。

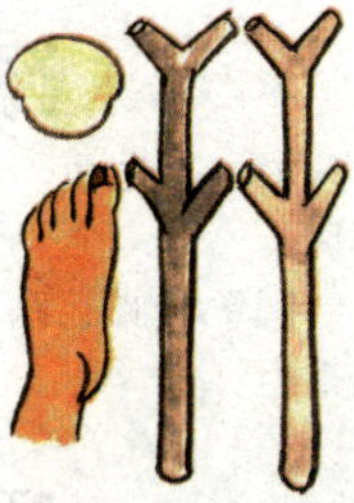

【译文】趼，兽脚前面着地。从足，开声。

【注释】①兽足企：王筠《句读》："兽足率前后皆着地。企则前面着地而已。"

路 lù

路，道也。从足，从各[1]。洛故切。

【译文】路，道路。从足，从各声。

【注释】①从各：徐锴《系传》作"各声"。

蹸 lìn

蹸，轹也。从足，粦声。良忍切。

【译文】蹸，用足践踏。从足，粦声。

跂 qí

跂，足多指也。从足，支声。巨支切。

【译文】跂，多出的脚趾。从足，支声。

疋部

疋 shū

疋，足也。上象腓肠，下从止。《弟子职》曰[1]："问疋何止[2]。"古文以为《诗·大疋》字。亦以为足字。或曰：胥字。一曰：疋，记也。凡疋之属皆从疋。所菹切。

【译文】疋，足。上部像小腿肚，下面从止。《弟子职》说："问足放在何处。"古文把它用作《诗经·大雅》的"疋"字。也用它作"足"字。另一义说：疋是胥吏的胥字。又另一义说：疋是疏记。大凡疋的部属都从疋。

【注释】①《弟子职》：《段注》："《管子》书篇名。"②问疋何止：《段注》，"谓问尊长之卧，足当在何方也。"疋何止：疋止何。止：止息。王筠《句读》："今本作'问所何趾，疋有所音，以音读易本文也。"

𤴡 shū

𤴡，门户疏窻也。从疋。疋亦声。囱象𤴡形。读若疏。所菹切。

【译文】𤴡，门户上刻缕的窗牖。从疋，疋也表声。囱像门上窗牖之形。音读像"疏"字。

𤕟 shū

𤕟，通也。从爻[1]，从疋[2]，疋亦声。所菹切。

【译文】𤕟，通达。由爻、由疋会意，疋也表声。

【注释】①爻：像窗格交横。②疋：稀疏。窗格稀疏，故会通达之意。

品部

品 pǐn

品，众庶也[①]。从三口[②]。凡品之属皆从品。丕饮切。

【译文】品，众多。由三个口字会意。大凡品的部属都从品。

【注释】①众庶：同义复合。②从三口：《段注》：“人三为众，故从三口会意。”

嵒 niè

嵒，多言也。从品相连。《春秋传》曰[①]：“次于嵒北。”读与聂同。尼辄切。

【译文】嵒，多言。从三口相连。《春秋左传》说：“驻军在嵒北。”音读与“聂”字同。

【注释】①《春秋传》：指《左传·僖公元年》。今本作“聂北”。

龠部

龠 yuè

龠，乐之竹管，三孔，以和众声也。从品侖；侖，理也。凡龠之属皆从龠。以灼切。

【译文】龠，乐器中编竹而成的管乐，多孔，是用来调谐众乐之声的主乐器。由品字、侖字会意。侖是（乐曲）有条理的意思。大凡龠的部属都从龠。

龢 hé

龢，调也[①]。从龠，禾声。读与和同。户戈切。

【译文】龢，（音乐）和谐。从龠。禾声。音读与“和”字同。

【注释】①调：沈涛《古本考》：“《一切经音义》卷六引作‘音乐和调也’。”

龤 xié

龤，乐和龤也。从龠，皆声。《虞书》曰[①]：“八音克龤。”户皆切。

【译文】龤，乐声和谐。从龠，皆声。《唐书》说：“八种乐器的声音能够和谐。”

【注释】①《虞书》：指《唐书·尧典》。八音：指金、石、丝、竹、匏、土、革、木八种乐器。今本作“谐”。

册部

册 cè

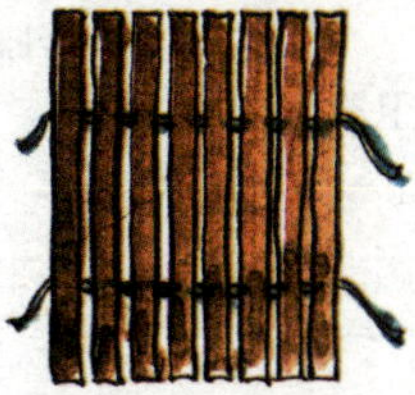

册，符命也[①]。诸侯进受于王也。象其札一长一短；中有二编之形。凡册之属皆从册。楚革切。

【译文】册，符信教命。诸侯进朝接受于王者的简策。像那简札一长一短的样子，中间表示有两道穿连竹简的绳子。大凡册的部属都从册。

【注释】①符命：符信教命，写在简册之上。徐灏《段注笺》：“凡简书皆谓之册，不独诸侯进受于王也。此举其大者而言。符、册亦二事也。”

嗣 sì

嗣，诸侯嗣国也。从册[①]，从口，司声。祥吏切。

【译文】嗣，诸侯继承国君之位。由册、由口会意，司表声。

【注释】①从册从口，徐锴《系传》：“《尚书》祝册，谓册必于庙，史读其册也，故从口，此会意。”

扁 biǎn

扁，署也。从户册。户册者，署门户之文也。方沔切。

【译文】扁，题署。由户、册会意。户册会意的意思是：表示题署门户的文字。

㗊部

嚻 xiāo

嚻，声也。气出头上。从㗊，从頁。頁，首也。许娇切。

【译文】嚻，（众口喧哗）之声。语气从头上冒出。由㗊、由頁会意。頁，表示头。

器 qì

器，皿也[①]。象器之口，犬所以守之。去冀切。

【译文】器，器皿。像器皿的口，犬是用来守卫器皿的。

【注释】① 皿：本谓食器，此谓器具。

舌部

舌 shé

舌，在口，所以言也、别味也。从干，从口，干亦声。凡舌之属皆从舌。食列切。

【译文】舌，在口中，是用来说话的器官，是用来辨别滋味的器官。由干、由口会意，干也表声。大凡舌的部属都从舌。

舓 shì

舓，以舌取食也。从舌，易声。神旨切。

【译文】舓，用舌头舔取食物。从舌，易声。

干部

干 gān

干，犯也。从反入，从一。凡干之属皆从干。古寒切。

【译文】干，侵犯。由倒入字、由一字会意。大凡干的部属都从干。

只部

只 zhǐ

只，语已词也。从口，象气下引之形状。凡只之属皆从只。诸氏切。

【译文】只，表示语气停顿的虚词。从口，（八）像气下行的形状。大凡只的部属都从只。

㕯部

矞 yù

矞，以锥有所穿也。从矛，从㕯。一曰：满有所出也。余律切。

【译文】矞，用锥子凿穿物体。由矛、由㕯会意。另一义说：矞，盈满而有溢出的东西。

商 shāng

商，从外知内也[①]。从㕯，章省声[②]。式阳切。

【译文】商，从外面估测里面的情况。从㕯，章省声。

【注释】① 从外知内：王筠《句读》："谓由外以测其内也。" ② 章省声：是说小篆商的上部是小篆章的省略。

句部

句 jù

句，曲也。从口，丩声。凡句之属皆从句。古侯切。又，九遇切。

【译文】句，弯曲。从口，丩声。大凡句的部属都从句。

拘 jū

拘，止也。从句，从手，句亦声。举朱切。

【译文】拘，用手制止。由句、由手会意，句也表声。

笱 gǒu

笱，曲竹捕鱼笱也。从竹，从句，句亦声。古厚切。

【译文】笱，使竹篾弯曲而编成的捕鱼笼子。由竹、由句会意，句也表声。

鉤 gōu

鉤，曲也。从金，从句，句亦声。古侯切。

【译文】鉤，金属曲钩。由金、由句会意，句也表声。

丩部

丩 jiū

丩，相纠缭也。一曰：瓜瓠结丩起。象形。凡丩之属皆从丩。居虯切。

【译文】丩，相互纠缠。另一义说：丩是瓜瓠的滕，缘物缠结而升起。像纠合之形。大凡丩的部属都从丩。

糾 jiū

糾，绳三合也。从糸丩。居黝切。

【译文】糾，绳多股绞合在一起。由糸、丩会意。

古部

古 gǔ

古，故也。从十口，识前言者也。凡古之属皆从古。公户切。

【译文】古，久远的年代。由十、口会意，表示众口相传，记识前代的言语和故事。大凡古的部属都从古。

嘏 jiǎ

嘏，大、远也。从古，叚声。古雅切。

【译文】嘏，大，远。从古，叚声。

十部

十 shí

十，数之具也。一为东西，丨为南北，则四方中央备矣。凡十之属皆从十。是执切。

【译文】十，（十进制）数字完备的标志。一表示东西，丨表示南北，（一丨相交为十，）那么，东西南北和中央全都完备了。大凡十的部属都从十。

千 qiān

千[①]，十百也。从十，从人。此先切。

【译文】千，十个百。由十、由人会意。

【注释】① 千：孔广居《疑疑》："从一，人声。十百千皆数之成，故皆从一。"

丈 zhàng

丈，十尺也。从又持十。直两切。

【译文】丈，十尺。由手拿着"十"来表示。

博 bó

博，大、通也[①]。从十，从尃。专，布也。补各切。

【译文】博，广大；精通。由十、由尃会意。专是分布的意思。

【注释】① 大、通也：

《玉篇》:“博，广也，通也。’”

廿 niàn

廿，二十并也。古文，省。人汁切。

【译文】廿，两个十字合并而成。是孔壁中的古文，是一种省略形式。

卅部

卅 sà

卅，三十并也。古文，省[①]。凡卅之属皆从卅。苏沓切。

【译文】卅，由三个十字合并而成。是孔壁古文，是三十的省略形式。大凡卅的部属都从卅。

世 shì

世，三十年为一世。从卅而曳长之。亦取其声也[①]。舒制切。

【译文】世，三十年叫一世。由卅字延长它的末笔而成。(卅字延长末笔成㇏(yí)字)世也取㇏表声。

【注释】① 亦取其声：《段注》:“世合卅、㇏会意，亦取㇏声为声，读如曳也。”徐灏笺：“三十年为一世，世者父子相继之称。故从卅而引长之，会意。”

言部

言 yán

言，直言曰言，论难曰语[①]。从口，辛声。凡言之属皆从言。语轩切。

【译文】言，直接讲说叫言。议论辩驳叫语。从口，辛声。大凡言的部属都从言。

【注释】① 难：辩驳。

謦 qǐng

謦，欬也。从言，殸声。去挺切。

【译文】謦，咳嗽。从言，殸声。

語 yǔ

語，论也。从言，吾声。鱼举切。

【译文】語，辩论。从言，吾声。

談 tán

談，语也。从言，炎声。徒甘切。

【译文】談，对话谈论。从言，炎声。

謂 wèi

謂，报也。从言，胃声。于贵切。

【译文】謂，评论。从言，胃声。

詵 shēn

詵，致言也[①]。从言，从先，先亦声。《诗》曰[②]:“螽斯羽诜诜兮。”所臻切。

【译文】詵，以言相问。由言、由先会意，先也表声。《诗经》说：“蚱蜢的翅膀，那么多啊。”

【注释】① 致言：以言相问。②《诗》：指《诗经·周南·螽(zhōng)斯》。螽：蝗类昆虫，即蚱蜢、蚂蚱。斯：语词。诜诜：众多的样子。单言为致言，重言为众多，所以引《诗》证众多义。

請 qǐng

請，谒也。从言，青声。七井切。

【译文】請，谒见。从言，青声。

謁 yè

謁，白也。从言，曷声。于歇切。

【译文】謁，告诉。从言，曷声。

許 xǔ

許，听也[①]。从言，午声。虚吕切。

【译文】許，听从其言。从言，午声。

【注释】① 听：听从其言。引申为凡顺从之称。

諾 nuò

諾，譍也[1]。从言，若声。奴各切。

【译文】諾，应答之声。从言，若声。

【注释】①譍：古应字。

讎 chóu

讎，犹譍也。从言，雔声。市流切。

【译文】讎，对答。从言，雔声。

諸 zhù

諸，辩也。从言，者声。章鱼切。

【译文】諸，表示区别的虚词。从言，者声。

詩 shī

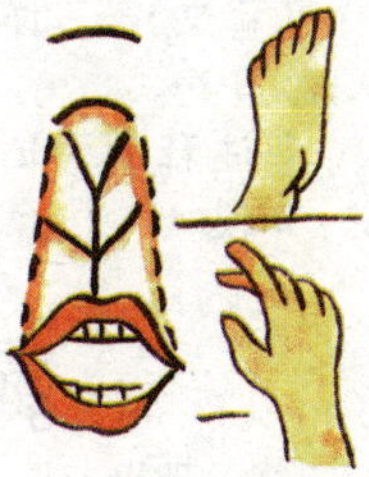

詩，志也[1]。从言，寺声。书之切。

【译文】詩，用言语表达心志的一种文学体裁。从言，寺声。

【注释】①志：《毛诗序》："诗者，志之所之也。在心为志，发言为诗。"按此同声为训。

讖 chèn

讖，验也。从言，韱声。楚荫切。

【译文】讖，有应验的言语。从言。韱声。

諷 fěng

諷，诵也。从言，風声。芳奉切。

【译文】諷，背诵。从言，風声。

誦 sòng

誦[1]，讽也。从言，甬声。似用切。

【译文】誦，朗诵。从言，甬声。

【注释】①誦：桂馥《义证》引阎若璩说："诵之者，抑扬高下其声，而后可以得其人之性情与其贞淫、邪正、忧乐之不同。"

讀 dú

讀，诵书也。从言，賣声。徒谷切。

【译文】讀，朗诵而又思索。从言，賣声。

訓 xùn

訓，说教也。从言，川声。许运切。

【译文】訓，解说式的教导。从言，川声。

誨 huì

誨，晓教也。从言，每声。荒内切。

【译文】誨，明白地教导。从言，每声。

譔 zhuàn

譔，专教也。从言，巽声。此缘切。

【译文】撰，专心教导。从言，巽声。

譬 pì

譬，谕也[1]。从言，辟声。匹至切。

【译文】譬，告谕。从言。辟声。

【注释】①谕：告。以谕训譬，统言之；析言之，则用别的事物来比方叫作譬。《墨子·小取》："辟（譬）也者，举他物而以明之也。"

諭 yù

諭，告也。从言，俞声。羊戍切。

【译文】諭，告知。从言，俞声。

詖 bì

詖，辩论也[1]。古文以为颇字。从言，皮声。彼义切。

【译文】詖，辩论。古文把它作为偏颇的"颇"字。从言，皮声。

【注释】①辩论：《段注》："此诐字正义。皮，剥取兽革也。柀，析也。凡从皮之字皆有分析之意。故诐为辩论也。"

諄 zhūn

諄，告晓之孰也[1]。从言，享声。读若庉。章伦切。

【译文】諄，仔细周详地告明。从言，享声。音读像"庉"（dùn）字。

【注释】①告晓之孰：即孰告晓。孰：仔细、周详。

誾 yín

誾，和说而诤也。从言，門声。语巾切。

【译文】誾，和悦而正直地争辩。从言，門声。

謀 móu

謀，虑难曰谋[1]。从言，某声。莫浮切。

【译文】謀，考虑事情的难易叫谋。从言，某声。

【注释】①难：指事之难易。

謨 mó

謨，议谋也。从言，莫声。《虞书》曰：咎繇谟。莫胡切。

【译文】謨，泛议以定其谋。从言，莫声。《虞书》有《皋陶谟》篇。

訪 fǎng

訪，泛谋曰访。从言，方声。敷亮切。

【译文】訪，广泛地征求意见叫访。从言，方声。

諏 zōu

諏，聚谋也。从言，取声。子于切。

【译文】諏，聚集起来征求意见。从言，取声。

論 lún

論，议也。从言，侖声。卢昆切。

【译文】論，分析议论。从言，侖声。

議 yì

議，语也。从言，義声[1]。宜寄切。

【译文】議，论事之宜。从言，義声。

【注释】①義声：《中庸》："義者宜也。"声中有义。

訂 dìng

訂，平议也。从言，丁声。他顶切。

【译文】訂，评议。从言，丁声。

詳 xiáng

詳，审议也[1]。从言，羊声。似羊切。

【译文】詳，详细审议。从言，羊声。

【注释】①审：详密。议：审议。

諟 shì

諟，理也。从言，是声。承旨切。

【译文】諟，料理之使之正确。从言，是声。

諦 dì

諦，审也。从言，帝声。都计切。

【译文】諦，审察。从言，帝声。

識 shí

識，常也。一曰：知也。从言，戠声。赏职切。

【译文】識（zhì），旗帜。另一义说：识是知道。从言，戠声。

訊 xùn

訊，问也。从言，卂声。思晋切。

【译文】訊，询问。从言，卂声。

詧 chá

詧，言微亲詧也。从言，（察）［祭］省声。

楚八切。

【译文】詧，用隐微之言来亲自观察别人。从言，祭省示为声。

謹 jǐn

謹，谨慎也。从言，堇声。居隐切。

【译文】謹，慎重。从言，堇声。

信 xìn

信[1]，诚也。从人，从言，会意。息晋切。

【译文】信，诚实。由人、由言会意。

【注释】①信：真实可信。《诗经·小雅·信南山》：“信彼南山，维禹甸之。”

訦 chén

訦，燕、代、东齐谓信谌[1]。从言，冘声。是吟切。

【译文】訦，燕、代、东齐叫信实不欺作谌。从言，冘声。

【注释】①燕代句：《方言》卷一：“谌，信也。燕、代、东齐曰谌。”

誠 chéng

誠，信也。从言，成声。氏征切。

【译文】誠，信实不欺。从言，成声。

誡 jiè

誡，敕也。从言，戒声。古拜切。

【译文】誡，告诫。从言，戒声。

諱 huì

諱，誋也[1]。从言，韋声。许贵切。

【译文】諱，避忌。从言，韋声。

【注释】①誋：王筠《句读》：“誋当作忌。”忌，憎恶也。

詔 zhào

詔，告也。从言，从召，召亦声。之绍切。

【译文】詔，告诉。由言、由召会意，召也表声。

誥 gào

誥[1]，告也。从言，告声。古到切。

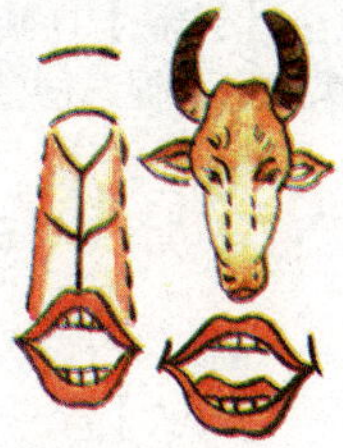

【译文】誥，告诉。从言，告声。

【注释】①誥：告示。《尚书·酒诰》：“文王诰教小子，有正有事，无彝酒。”

譣 xiān

譣，问也。从言，僉声。《周书》曰：“勿以譣人。”息廉切。

【译文】譣，按问。从言，僉声。《周书》说：“不要用贪利、奸佞的小人。”

誓 shì

誓，约束也[1]。从言，折声。时制切。

【译文】誓，约束的言词。从言，折声。

【注释】①约束：《段注》：“《周礼》五戒，一曰誓，用之于军旅。”

詁 gǔ

詁，训故言也。从言，古声。《诗》曰诂训。公户切。

【译文】詁，解释古代的语言。从言，古声。毛《诗》说解叫诂训。

藹 ǎi

藹，臣尽力之美。从言，葛声。《诗》曰：“藹藹王多吉士。”于害切。

【译文】藹，形容臣子竭忠尽力的美好。从言，葛声。《诗经》说：“尽力得好啊。周王的众多贤士！”

誎 cù

誎，餔旋促也[1]。从言。朿声。桑谷切。

【译文】誎，将食之时速促人来食。从言，朿声。

【注释】① 餔旋促：餔，泛言饮食。旋，疾速之意。促，催督也。

諝 xǔ

諝，知也。从言，胥声。私吕切。

【译文】諝，才智。从言，胥声。

証 zhèng

証，谏也。从言，正声[1]。之盛切。

【译文】証，直言劝谏。从言，正声。

【注释】① 正声：徐灏《段注笺》："证者正也。"声中有义。

諫 jiàn

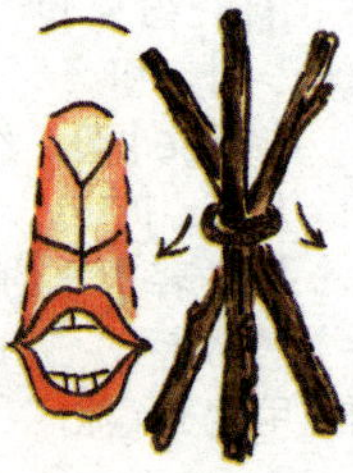

諫，证也[1]。从言，柬声。古晏切。

【译文】諫，直言劝谏。从言，柬声。

【注释】① 证也：丁福保《诂林》："《慧琳音义》六卷十六页谏注引《说文》'正也'……考《周礼·司谏》郑注：'谏，正也。以道正人行。'……是谏训正，古义甚明。"

諴 xián

諴，和也。从言，咸声。《周书》曰[1]："不能諴于小民。"胡毚切。

【译文】諴，和协。从言，咸声。《周书》说："很能和协老百姓。"

【注释】①《周书》：指《召诰》。"不"今本作"丕"。《孔传》丕训大。

試 shì

試，用也。从言，式声。《虞书》曰："明试以功。"式吏切。

【译文】試，使用。从言，式声。《虞书》说："明确地用办事来试用他们。"

詮 quán

詮，具也。从言，全声。此缘切。

【译文】詮，周详地解说。从言，全声。

訢 xīn

訢，喜也。从言，斤声。许斤切。

【译文】訢，喜悦。从言，斤声。

說 shuō

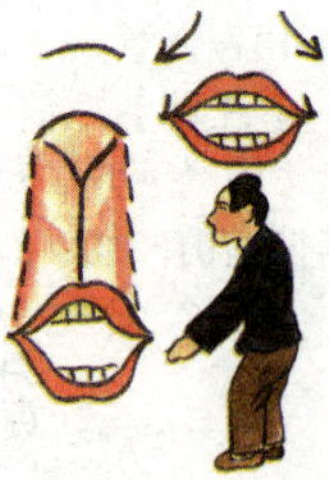

說，说释也。从言、兑。一曰：谈说。失爇切。又，弋雪切。

【译文】說（yuè），喜悦。由言、兑会意。另一义说：说（shuō）是谈说的意思。

計 jì

計，会也，筭也。从言，从十。古诣切。

【译文】計，总计，计算。由言、由十会意。

諧 xié

諧，詥也。从言，皆声。户皆切。

【译文】諧，和谐。从言，皆声。

詥 hé

詥，谐也。从言，合声。候合切。

【译文】詥，和谐。从言，合声。

調 tiáo

調，和也。从言，周声。徒辽切。

【译文】調，和合。从言，周声。

警 jǐng

警，戒也。从言，从敬，敬亦声。居影切。

【译文】警，告诫。由言、由敬会意，敬也表声。

謐 mì

謐，静语也[①]。从言，监声。一曰：无声也。弥必切。

【译文】謐，平静之语。从言，监声。另一义说：謐是没有声音。

【注释】①静语：平静之言，与诤言相对。

誼 yì

誼，人所宜也。从言，从宜，宜亦声。仪寄切。

【译文】誼，人们认为合宜的事物。由言、由宜会意，宜也表声。

謙 qiān

謙，敬也。从言，兼声。苦兼切。

【译文】謙，恭敬别人。从言，兼声。

詡 xǔ

詡，大言也。从言，羽声。况羽切。

【译文】詡，大话。从言，羽声。

設 shè

設，施陈也。从言，从殳。殳，使人也。识列切。

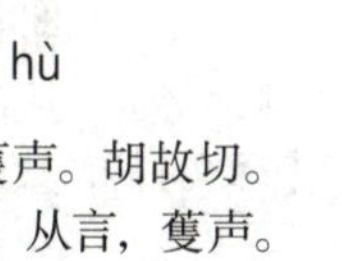

【译文】設，布列陈设。由言、由殳会意。殳是用来指使人的东西。

護 hù

護，救、视也。从言，蒦声。胡故切。

【译文】護，救护，监视。从言，蒦声。

託 tuō

託，寄也。从言，乇声。他各切。

【译文】託，寄托。从言，乇声。

記 jì

記，疏也。从言，己声。居吏切。

【译文】記，记载。从言，己声。

譽 yù

譽，称也。从言，與声。羊茹切。

【译文】譽，称赞。从言，與声。

譒 bò

譒，敷也。从言，番声。《商书》曰："王譒告之。"补过切。

【译文】譒，布告。从言。番声。《商书》说："先王布告政令。"

謝 xiè

謝[①]，辞、去也。从言，䠶声。辞夜切。

【译文】謝，辞去，离开。从言，䠶声。

【注释】①謝：《玉篇》云："謝，辤也，去也。"《段注》："辞不受也。……引申为凡去之偁。又为衰退之称。"

謳 ōu

謳，齐歌也[①]。从言，區声。乌侯切。

【译文】謳，齐声歌唱。从言，區声。

【注释】①齐歌：徐锴《系传》："齐，众也。"《汉书·高帝纪上》颜师古注："讴，齐歌也，谓齐声而歌。"

諍 zhèng

諍，止也[①]。从言，争声[②]。侧迸切。

【译文】諍，以争辩止其过失。从言，争声。

【注释】①止：徐锴《系传》："谓能止其失也。"②争声：声中有义。

詠 yǒng

詠，歌也。从言，永声[1]。为命切。

【译文】詠，长声歌吟。从言，永声。

【注释】① 永声：声中有义。永，长也。

訖 qì

訖，止也[1]。从言，气声。居迄切。

【译文】訖，言辞终止。从言，气声。

【注释】① 止：引申为凡停止、终止义。

諺 yàn

諺，传言也。从言，彦声。鱼变切。

【译文】諺，世俗流传的古语。从言，彦声。

訝 yà

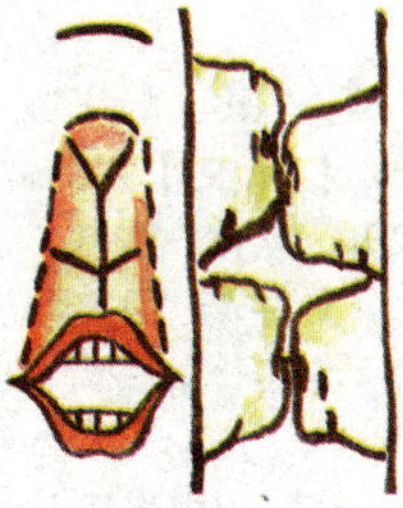

訝，相迎也。从言，牙声。《周礼》曰："诸侯有卿讶发。"吾驾切。

【译文】訝，用言辞欢迎宾客。从言，牙声。《周礼》说："(宾客)是诸侯。就有卿来迎接。"

詣 yì

詣，候至也。从言，旨声。五计切。

【译文】詣，因问候而至。从言。旨声。

講 jiǎng

講，和解也。从言，冓声。古项切。

【译文】講，和解。从言，冓声。

訥 nè

訥[1]，言难也。从言，从内。内骨切。

【译文】訥，言语困难。从言，从内。

【注释】① 訥：谓言辞迟钝。《论语》："君子欲讷于言而敏于行。"苞曰："讷，迟钝也。"

謯 jiē

謯，謯娽也。从言，虘声。侧加切。

【译文】謯，謯娽。从言。虘声。

譜 zé

譜，大声也。从言，昔声。读若笮。壮革切。

【译文】譜，大声。从言，昔声。音读像"笮(zuó)"字。

諛 yú

諛，谄也[1]。从言，臾声。羊朱切。

【译文】諛，谄媚。从言，臾声。

【注释】① 谄(chǎn)：谄媚，用甜言蜜语奉承人。

讇 chǎn

讇，谀也。从言，閻声。丑琰切。

【译文】讇，谄媚。从言，閻声。

諼 xuān

諼，诈也。从言，爰声。况袁切。

【译文】諼，欺诈。从言，爰声。

謾 mán

謾，欺也。从言，曼声。母官切。

【译文】謾，欺骗。从言，曼声。

誹 fěi

誹，谤也。从言，非声。敷尾切。

【译文】詳，毁谤。从言，非声。

謗 bàng

謗，毁也。从言，旁声。补浪切。

【译文】謗，毁谤。从言，旁声。

譸 zhōu

譸，詶也。从言，𠷎声。读若酬。《周书》曰："无或诪张为幻。"张流切。

【译文】譸，诅咒。从言，𠷎声。音读像"酬"字。《周书》说："没有互相欺诳、诈惑的。"

詛 zǔ

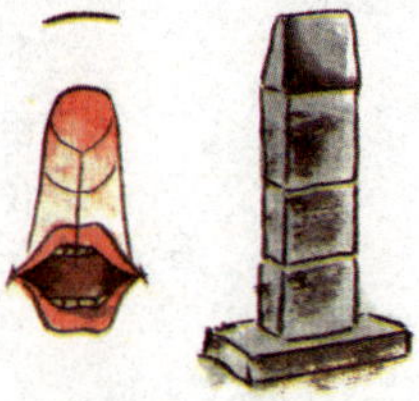

詛①，詶也。从言，且声。庄助切。

【译文】詛，诅咒。从言，且声。

【注释】①詛：引申为赌咒立誓、咒骂。

誤 wù

誤①，谬也。从言，吴声。五故切。

【译文】誤，谬误。从言，吴声。

【注释】①誤：犯错误。《尚书·立政》："继自今，文子文孙其勿误于庶狱庶慎，惟正是乂之。"

訾 zǐ

訾，不思称意也。从言，此声。《诗》曰："翕翕訿訿。"将此切。

【译文】訾，不想使上级满意。从言，此声。《诗经》说："翕翕地（害他的上级），訿訿地（不想使他的上级满意）。"

詿 guà

詿，误也。从言，佳省声。古卖切。

【译文】詿，谬误。从言，佳省人为声。

謬 miù

謬①，狂者之妄言也。从言，翏声。靡幼切。

【译文】謬，狂妄的人的荒诞的话。从言，翏声。

【注释】①謬：狂人的胡说。《庄子·天下篇》："（庄周）以谬悠之说，荒唐之言，无端崖之辞时恣纵而不傥。"

誤 wù

誤①，谬也。从言，吴声。五故切。

【译文】誤，谬误。从言，吴声。

【注释】①誤：见前。此重出。

謓 chēn

謓，恚也。从言，真声。贾侍中说：謓，笑。一曰：读若振。昌真切。

【译文】謓，怨恚愤怒。从言，真声。贾侍中说：謓是冷笑的意思。或说音读像"振"字。

訶 hē

訶，大言而怒也。从言，可声。虎何切。

【译文】訶，大声怒责。从言，可声。

訴 sù

訴，告也。从言，（厈）[㡿] 省声。《论语》曰："诉子路于季孙。"桑故切。

【译文】訴，告诉。从言，㡿省声。《论语》说："（公伯寮）向季孙诬告子路。"

譖 zèn

譖，愬也。从言，朁声。庄荫切。

【译文】譖，用谗言毁坏别人。从言，朁声。

讒 chán

讒，谮也。从言，毚声。士咸切。

【译文】讒，说别人的坏话。从言，毚声。

譴 qiǎn

譴，谪问也。从言，遣声。去战切。

【译文】譴，责问。从言，遣声。

讁 dí

讁，罚也。从言。啻声。陟革切。

【译文】讁，罚罪。从言，啻声。

諯 zhuān

諯，数也。一曰：相让也。从言，耑声。读若专。尺绢切。

【译文】諯，数说。另一义说：諯是责备别人的意思。从言，耑声。音读像“专”字。

詆 dǐ

詆，苛也。一曰：诃也。从言，氐声。都礼切。

【译文】诋，琐细责问。另一义说：诋是大声发怒斥骂的意思。从言，氐声。

誰 shuí

誰，何也[①]。从言，隹声。示隹切。

【译文】誰，诃问。从言，隹声。

【注释】①何：唐写本《玉篇》谁字下引《说文》：“谁，诃也。”又引《声类》：“所以诃问其名。”可证何当作诃。

診 zhěn

診，视也。从言，㐱声。直刃切。又，之忍切。

【译文】診，验视。从言，㐱声。

謚 yì

謚，笑皃。从言，益声。伊昔切。又，呼狄切。

【译文】謚，笑的样子。从言，益声。

誩部

誩 jìng

誩，竞言也。从二言。凡誩之属皆从誩。读若竞。渠庆切。

【译文】誩，用言语竞争。由两个言字会意。大凡誩的部属都从誩。音读像“竞”字。

譱 shàn

譱，吉也。从誩，从羊。此与义美同意。常衍切。

【译文】譱，吉祥的言辞。由誩、羊会意。这与义字、美字从羊的意思相同。

競 jìng

競，强语也。一曰：逐也。从誩[①]，从二人。渠庆切。

【译文】競，强烈的争辩。另一义说：竞是角逐的意思。由誩、由两个人字会意。

【注释】①从誩句：谓二人言语相竞。

讟 dú

讟，痛怨也。从誩，賣声。《春秋传》曰：“民无怨讟。”徒谷切。

【译文】讟，痛恨。从誩，賣声。《春秋左传》说：“老百姓没有怨恨的情绪。”

音部

音 yīn

音，声也[①]。生于心，有节于外[②]，谓之音。宫商角徵羽[③]，声[④]；丝竹金石匏土革木，音也。从言含一[⑤]。凡音之属皆从音。于今切。

【译文】音，言语的声音。从心底产生，受口腔节制的，叫音。宫、商、角、徵、羽，（单独发出的）是乐声；用丝、竹、金、石、匏（páo）、土、革、木等乐器演奏出的，是音乐。由“言”含“一”表示。大凡音的部属都从音。

【注释】①声：言之声。②有节于外：受外部口腔舌齿的节制。③宫商角徵羽：是我国五声音阶中的五个音阶。此指乐音。④声：潘任《粹言疏证》：“乃指五声之单出而言。”五声之内唯单出无余声相应杂（配合）曰声也。⑤从言含一：林义光《文源》："一以示音在言中。"

響 xiǎng

響，声也。从音，鄉声。许两切。

【译文】響，回声。从音，鄉声。

韽 ān

韽，下徹声。从音。酓声。恩甘切。

【译文】韽，微小低沉之声。从音，酓声。

韶 sháo

韶，虞舜乐也[①]。《书》曰[②]："《箫韶》九成[③]，凤皇来仪[④]。"从音，召声。市招切。

【译文】韶，虞舜时代的乐曲名。《尚书》说："《箫韶》之曲演奏九段之后，扮演凤凰的舞队成双成对地出来跳舞了。"从音，召声。

【注释】①虞舜乐：徐锴《系传》："《汉书·礼乐志》：'韶，绍（继）也。'言能绍尧之道也。"虞舜：古帝名。姚姓，有虞氏，名重华。继尧位。②《书》：指《虞夏书·皋陶谟》。③《箫韶》：舜时乐曲名。九成：郑玄："成，犹终也。每曲一终，必变更奏。若乐九变，人鬼可得而礼。"④仪：成双成对叫仪。

章 zhāng

章，乐竟为一章。从音，从十。十，数之终也。诸良切。

【译文】章，音乐一曲完了叫一章。由音、由十会意。十是十进制数的末尾数。

竟 jìng

竟，乐曲尽为竟。从音，从人。居庆切。

【译文】竟，乐曲终止叫竟。由音、由人会意。

辛部

童 tóng

童，男有辠曰奴，奴曰童，女曰妾。从辛，重省声。徒红切。

【译文】童，男人有罪称为奴，奴叫作童，女人有罪称为妾。从辛，重省声。

妾 qiè

妾，有辠女子，给事之得接于君者[①]。从辛，从女[②]。《春秋》云："女为人妾。"妾，不娉也[③]。七接切。

【译文】妾：有罪的女人，是能够被君主接触并为君主供职的女人。由辛、由女会意。《春秋左传》说："如果是女的，将成为别人的侍妾。"妾是不必行问名之礼的。

【注释】①给事：供职。②从辛，从女：《段注》："辛女者，有罪之女也。"③娉（pìn）：问名。古代婚礼"六礼"之一。即男方请媒人问女方名字和出生年月日。

丵部

丵 zhuó

丵，丛生艸也。象丵岳相并出也[①]。凡丵之属皆从丵。读若浞。士角切。

【译文】丵，丛生的草。像争高竞长两相并出的样子。大凡丵的部属都从丵。音读像"浞（zhuó）"字。

【注释】①丵岳：王筠《句读》："丵岳，叠韵。盖争高竞长之状。"

業 yè

業，大版也。所以饰县钟鼓。捷业如锯齿，以白画之。象其鉏铻相承也。从丵从巾。巾象版。《诗》曰："巨业维枞。"鱼怯切。

【译文】業，（乐器架子横木上的）大版。是用来装饰横木、悬挂钟鼓的东西。参差排比像锯齿，用白颜料涂画它。像两层版参差不齐而又互相承接的样子。由丵、由巾会意。巾像版形。《诗经》说："木柱子和大版上面装有崇牙。"

叢 cóng

叢，聚也。从丵，取声。徂红切。

【译文】叢，（草木）聚集。从丵，取声。

對 duì

對，譍无方也。从丵，从口，从寸。汉文帝以为责对而为言多非诚对，故去其口，以从士也。都队切。

【译文】對，回答不拘泥方法。由丵、由口、由寸会意。汉文帝认为：见责问而回答，说起话来多半不是诚实的回答，所以去掉對的“口”字，来改从“士”字。

菐部

菐 pú

菐，渎菐也①。从丵②，从収，収亦声③。凡菐之属皆从菐。蒲沃切。

【译文】菐，烦琐。由丵、由収会意，収也表声。大凡菐的部属都从菐。

【注释】① 渎菐：朱骏声《通训定声》：“渎菐，叠韵连语，烦猥之皃。” ② 从丵，从収：徐铉注：“丵，众多也，两手奉之，是烦渎也。” ③ 収亦声：収，东部；菐，屋部。阳入对转。

僕 pú

僕，给事者，从人，从菐①，菐亦声。蒲沃切。

【译文】僕，供役使的人。由人、由菐会意，菐也表声。

【注释】① 从人，从菐：《段注》：“人之供烦辱者也。”参“菐”条。

𦦨 bān

𦦨，赋事也。从菐，从八①。八，分之也。八亦声。读若颁。一曰：读若非。布还切。

【译文】𦦨，分配工作。由菐、由八会意。八，表示“分”的意思。八也表声。音读像“颁”字。一说：音读像“非”字。

収部

収 gǒng

収，竦手也。从𠂇，从又。凡廾之属皆从廾。居竦切。

【译文】収，拱手。由𠂇、又会意。大凡収的部属都从収。

奉 fèng

奉①，承也。从手，从収，丰声。扶陇切。

【译文】奉，承受。由手、由収会意，丰声。

【注释】① 奉：本义为两手捧着。

丞 chéng

丞①，翊。从収，从卩，从山。山高，奉承之义。署陵切。

【译文】丞，辅佐。由収、由卩、由山会意。山高，有向上奉承的意思。

【注释】① 丞：拯救。

异 yì

异，举也。从収，目声。《虞书》曰①：“岳曰：异哉！”羊吏切。

【译文】异，举用。从収，目声。《唐书》说：“四方诸侯之长说：‘举用他吧！’”

【注释】①《虞书》：《段注》：“当作《唐书》。”指《尧典》。原文：“岳曰：‘异哉！试可乃已。’”谓举而用之，试可乃用。

弄 lòng

弄，玩也。从収持玉。卢贡切。

【译文】弄，玩弄。由“収”（双手）捧“玉”会意。

戒 jiè

戒，警也。从収持戈，以戒不虞[①]。居拜切。

【译文】戒，警戒。由双手握持着戈，来表示警戒不能预料之事。

【注释】① 虞：预料。

𢍏 kuí

𢍏，持弩拊。从収，肉[声]。读若逵。渠追切。

【译文】𢍏，手持弓弩把握的部位。从収，肉声。音读像"逵"字

兵 bīng

兵，械也。从収持斤，并力之皃。补明切。

【译文】兵，兵器。由"収"（双手）持握着"斤"（斧子）会意，表示齐心合力的样子。

弈 yì

弈，围棋也。从収，亦声。《论语》曰："不有博弈者乎！"羊益切。

【译文】弈，围棋。从収，亦声。《论语》说："不是有掷采、下围棋的活动吗？"

具 jù

具，共置也[①]。从収，从貝省。古以贝为货。其遇切。

【译文】具，供给设置。由収、由貝省会意。古时候用贝作钱财。

【注释】① 共：《段注》："共、供，古今字。当从人部作'供'。"

𠬜部

𠬜 pān

𠬜，引也。从反収。凡𠬜之属皆从𠬜。普班切。

【译文】𠬜，攀引。由収字双手反向表意。大凡𠬜的部属都从𠬜。

樊 fán

樊，鸷（絷）不行也[①]。从𠬜，从棥，棥亦声。附袁切。

【译文】樊，被絷绊不得外行。由𠬜、由棥会意。棥也表声。

【注释】① 鸷不行："鸷"当作"絷"。《类篇》引作絷。絷不行，谓绊住不得外出。

共部

共 gòng

共[①]，同也。从廿廾。凡共之属皆从共。渠用切。

【译文】共，共同。由廿、収会意。大凡共的部属都从共。

【注释】① 共：《尚书·盘庚中》："承汝俾汝，惟喜康共。"

龔 gōng

龔，给也。从共，龍声。俱容切。

【译文】龔，供给。从共，龍声。

異部

異 yì

異，分也。从収，从畀。畀，予也。凡异之属皆从异。羊吏切。

【译文】異，分开。由収、由畀会意。畀是给予的意思。大凡异的部属都从异。

戴 dài

戴，分物得增益曰戴。从異，𢦏声。都代切。

【译文】戴，分物得到增益叫戴。从異，𢦏声。

舁部

舁 yú

舁，共举也。从臼，从廾。凡舁之属皆从舁。读若余。以诸切。

【译文】舁，共同抬举起来。由臼、由収会意。大凡舁的部属都从舁。音读像“余”字。

與 yǔ

與，党与也[①]。从舁，从与。余吕切。

【译文】與，党与。由舁、由与会意。

【注释】① 党与：朋群。

興 xīng

興，起也。从舁，从同，同力也。虚陵切。

【译文】興，兴起。由舁、由同会意，同是表同心合力的意思。

臼部

臼 jū

臼，叉手也。从𦥔、彐。凡臼之属皆从臼。居玉切。

【译文】臼，两手手指相向交叉。由𦥔、彐会意。大凡臼的部属都从臼。

晨部

晨 chén

晨，早、昧爽也。从臼，从辰。辰，时也。辰亦声。丮夕为㚇，臼辰为晨：皆同意。凡晨之属皆从晨。食邻切。

【译文】晨，早晨，天将明之时。由臼、由辰会意。辰表示时间。辰也表声。丮、夕会意表示夙，臼、辰会意表示晨：都是同一表意形式。大凡晨的部属都从晨。

農 nóng

農[①]，耕也。从晨，囟声。奴冬切。

【译文】農，耕种。从晨，囟声。

【注释】① 農：种田。

爨部

爨 cuàn

爨，齐谓之炊爨[①]。臼象持甑，冂为灶口，廾推林内火[②]。凡爨之属皆从爨。七乱切。

【译文】爨，齐叫烧火煮饭为爨。臼像双手持握着甑，冂表示灶门的口，䒑表示双手将木柴推进灶口，将火引进灶内。大凡爨的部属都从爨。

【注释】① 齐谓之炊爨：《段注》：“各本‘谓’下衍‘之’字。”② 推林内（nà）火：《段注》：“林，柴也。内同纳。”

𨶓 qióng

𨶓，所以枝鬲者[①]。从爨省、鬲省。渠容切。

【译文】𨶓，用来支鬲（lì）的足架。由“爨”字的省略和“鬲”字的省略会意。

【注释】① 枝：桂馥《义证》：“《类篇》引作‘支’，《玉篇》同。”

釁 xìn

釁，血祭也[①]。象祭灶也。从爨省[②]，从酉[③]。酉所以祭也。从分[④]。分亦声。虚振切。

【译文】釁，血祭。像用血祭灶。由“爨”字省去䒑，和“酉”字“分”字构成。酉是用来祭奠的酒。分，表示拿血布散涂抹的意思。分也表示读音。

【注释】① 血祭：《段注》：“以血涂之，因薦而祭之也。凡坼罅（xià，裂缝）谓之釁，《方言》作璺，音问；以血血其坼罅亦曰釁。《乐记》作衅。”② 从爨省：《段注》：“祭竈亦血涂之，故从爨省。爨者竈也。”③ 从酉：《段注》：“酉者，酒之省。”④ 从分：《段注》：“取血布散之意。”

革部

革 gé

革，兽皮治去其毛，革更之[①]。象古文革之形。凡革之属皆从革。古核切。

【译文】革，兽皮除去它的毛，改变它的样子。像古文革的样子。大凡革的部属都从革。

【注释】① 革更：同义复合。

鞹 kuò

鞹，去毛皮也。《论语》曰[①]："虎豹之鞹。"从革，郭声。苦郭切。

【译文】鞹，去毛的皮。《论语）说："虎豹的鞹。"从革，郭声。

【注释】①《论语》：指《颜渊篇》。今本原文："虎豹之鞟，犹犬羊之鞟。"

靬 jiān

靬，靬，干革也。武威有丽靬县[①]。从革，干声。苦旰切。

【译文】靬，干皮革。武威地方有丽靬县。从革，干声。

【注释】① 武威句：骊靬本西域国，《张骞传》作"牦靬"，《西域传》作"犂靬"。故址在今甘肃省永昌县南。

輅 luò

輅，生革可以为缕束也。从革，各声。卢各切。

【译文】輅，生皮革可以用来捆绑东西。从革，各声。

鞄 páo

鞄，柔革工也。从革，包声。读若朴。《周礼》曰："柔皮之工鲍氏。"鞄即鲍也。蒲角切。

【译文】鞄，治理皮革的工人。从革，包声。音读像"朴"字。《周礼》说："治理皮革的工人是鲍氏。""鞄"就是《周礼》说的"鲍"。

韗 yùn

韗，攻皮治鼓工也。从革，軍声。读若运。王问切。

【译文】韗，治皮制鼓的工匠。从革，軍声。音读像"运"字。

鞣 róu

鞣，耎也[①]。从革，从柔，柔亦声。耳由切。

【译文】鞣，使皮革柔软。由革、由柔会意，柔也表声。

【注释】① 耎（ruǎn）：即软字，此谓使皮革柔软。

靼 dá

靼，柔革也。从革，从旦声。旨热切。

【译文】靼，柔软的皮革。从革，旦声。

鞼 guì

鞼，韦绣也[①]。从革，貴声。求位切。

【译文】鞼，有文彩的皮革。从革，貴声。

【注释】① 韦绣：当依《广韵》作"绣韦"。《后汉书 · 乌桓传》："妇人能刺韦作文绣。"韦，皮革。

鞶 pán

鞶，大带也。《易》曰："或锡之鞶带。"男子带鞶，妇人带丝。从革，般声。薄官切。

【译文】鞶，大皮带。《易经》说："有时赐给臣子大皮带。"男子用皮革作带，妇人用丝作带。从革，般声。

鞏 gǒng

鞏，以韦束也[①]。《易》曰："巩用黄牛之革。"从革，巩声。居竦切。

【译文】鞏，用皮革捆绑物体。《易经》说："如想巩固，要用黄牛的皮革。"从革，巩声。

【注释】① 以韦束也：引申为固。

鞔 mán

鞔，履空也。从革，免声。母官切。

【译文】鞔，鞋帮。从革，免声。

靸 sǎ

靸，小儿履也。从革，及声。读若沓。酥合切。

【译文】靸，小儿的鞋子。从革，及声。音读像“沓”字。

鞠 áng

鞠，鞠角，鞮属。从革，卬声。五冈切。

【译文】鞠，鞠角，皮鞋一类。从革，卬声。

鞮 dī

鞮，革履也。从革，是声。都兮切。

【译文】鞮，皮革制的鞋。从革，是声。

鞿 xǐ

鞿，鞮属。从革，徙声。所绮切。

【译文】鞿，皮鞋子一类。从革，徙声。

鞵 xié

鞵[①]，革生鞮也。从革，奚声。户佳切。

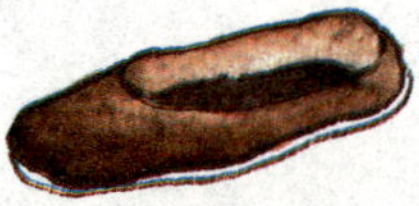

【译文】鞵，生皮革制的鞋子。从革，奚声。

【注释】① 鞵：徐锴《系传》：“今俗作鞋。”

鞠 jū

鞠，蹋鞠也[①]。从革，匊声。居六切。

【译文】鞠，蹋鞠。从革，匊声。

【注释】① 蹋鞠：打皮球。鞠，即今之球。

靪 dīng

靪，补履下也。从革，丁声。当经切。

【译文】靪，补鞋底。从革，丁声。

鞀 táo

鞀，鼗辽也。从革，召声。徒刀切。

【译文】鞀，又叫鼗辽。从革，召声。

鞔 yuān

鞔，量物之鞔。一曰：抒井鞔。古以革。从革，冤声。于袁切。

【译文】鞔，量物的器具。另一义说：是淘井取泥的器具。古代用皮革制成。从革，冤声。

鞞 bǐng

鞞，刀室也。从革，卑声。并顶切。

【译文】鞞，刀鞘。从革，卑声。

䩡 hén

䩡，车革前曰䩡[①]。从革，艮声。户恩切。

【译文】䩡，车箱前面的革制装饰物，叫䩡。从革，艮声。

【注释】① 车革：即舆革。《尔雅·释器》：“舆革前谓之䩡。”

鞃 hóng

鞃，车轼也。从革，弘声。《诗》曰：“鞹鞃浅幭[①]。”读若穹。丘弘切。

【译文】鞃，车轼中段裹扎着的皮革。从革，弘声。《诗经》说：“用皮革裹扎车轼中部，用虎皮浅毛覆盖着车轼。”音读像“穹”字。

【注释】① 鞹鞃浅幭（miè）：《毛传》：“鞹，革也；浅，虎皮浅毛也；幭，覆式也。”正义：“言鞹鞃者，言以去毛之皮，施于轼之中央，持车使牢固也。”

鞪 mù

鞪，车轴束也[①]。从革，敄声。莫卜切。

【译文】鞪，用皮革绑扎车轴。从革，敄声。

【注释】① 车轴束：徐锴《系传》：“以革束车轴，制其裂也。”

𩊠 bì

𩊠，车束也。从革，必声。毗必切。

【译文】𩊠，车上用皮革绑扎的地方。从革，必声。

𩏂 zuān

𩏂，车衡三束也。曲辕𩏂缚，直辕[illegible]缚。从革，爨声。读若《论语》“钻燧”之“钻”。借官切。

【译文】𩏂，车辕横木上三个用皮革束缚的地方。小车的横木钻孔用皮带束缚，大车的横木全部用皮带束缚。从革，爨声。音读像《论语》“钻燧”的“钻”字。

𩊚 zhì

𩊚，盖杠丝也。从革，旨声。脂利切。

【译文】𩊚，车盖杠柄上围束的皮绳。从革，旨声。

鞁 bèi

鞁，车驾具也。从革，皮声。平秘切。

【译文】鞍，驾车被马的器具。从革，皮声。

鞥 ēng

鞥，辔鞥。从革，弇声。读若膺。一曰：龙头绕者。乌合切。

【译文】鞥，马缰绳。从革，弇声。音读像“膺(yìng)”字。另一义说，鞥是马笼头。

靶 bà

靶，辔革也[1]。从革，巴声。必驾切。

【译文】靶，缰绳上御人所把之革。从革，巴声。

【注释】① 辔革：徐锴《系传》：“御人所把处。”

韅 xiǎn

韅，着掖鞥也。从革，㬎声。呼典切。

【译文】韅，附着在马的两腋的皮革件。从革，㬎声。

𩋫 chěng

𩋫，骖具也。从革，蚩声。读若骋、蜃。丑郢切。

【译文】𩋫，骖马马具的统称。从革，蚩声。音读像“骋”字，又像“蜃”字。

靳 jìn

靳，当膺也。从革，斤声。居近切。

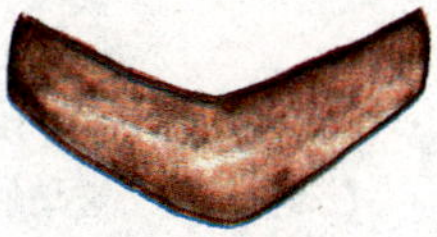

【译文】靳，(服马)当胸的皮革。从革，斤声。

靷 yǐn

靷，引轴也。从革，引声。余忍切。

【译文】靷，系于车轴用来引车前行的皮带。从革，引声。

𩋙 guǎn

𩋙，车鞁具也。从革，官声。古满切。

【译文】𩋙，驾车被马的器具。从革，官声。

䩘 dòu

䩘，车鞁具也。从革，豆声。田候切。

【译文】䩘，驾车被马的器具。从革，豆声。

靬 yú

靬，輨内环靼也。从革，于声。羽俱切。

【译文】靬，輨内所环绕的柔软皮革。从革，于声。

䪇 bó

䪇，车下索也[1]。从革，尃声。补各切。

【译文】䪇，车下索。从革，尃声。

【注释】① 车下索：徐锴《系传》：“以革为索，终缚舆底也。”“终”当作“络”。

䩩 è

䩩，车具也[1]。从革，奄声。乌合切。

【译文】䩩，车具。从革，奄声。

【注释】①车具：徐锴《系传》："有所掩覆处也。"《玉篇》："鞥，车上具也。"谓车上掩覆的器具。

輟 zhuó

輟，车具也。从革，叕声。陟劣切。

【译文】輟，车具。从革，叕声。

鞌 ān

鞌，马鞁具也。从革，从安。乌寒切。

【译文】鞌，被马的器具。由革、由安会意。

鞲 róng

鞲，鞌毳饰也。从革，茸声。而陇切。

【译文】鞲，马鞍上的细毛装饰品。从革，茸声。

鞊 tié

鞊，鞌饰。从革，占声。他叶切。

【译文】鞊，马鞍的装饰。从革，占声。

鞈 gé

鞈，防（汗）［扞］也[①]。从革，合声。古洽切。

【译文】鞈，防箭捍身的器具。从革，合声。

【注释】①防汗：当为防扞，即防捍，谓防捍的器具。

勒 lè

勒，马头络衔也。从革，力声。卢则切。

【译文】勒，马头上用以系着马嚼子的皮革。从革，力声。

鞙 xuàn

鞙，大车缚轭靼。从革，肙声。狂沇切。

【译文】鞙，牛车上悬缚车轭的柔软的皮带。从革，肙声。

鞧 miǎn

鞧，勒靼也。从革，面声。弥沇切。

【译文】鞧，马勒上的柔软的皮革。从革，面声。

鞬 jiān

鞬，所以戢弓矢。从革，建声。居言切。

【译文】鞬，（马上）用来藏弓箭的器具。从革，建声。

鈐 qín

鈐，鞮也。从革，今声。巨今切。

【译文】鈐，皮革制的鞋带。从革，今声。

韇 dú

韇，弓矢韇也。从革，賣声。徒谷切。

【译文】韇，藏弓箭之器。从革，賣声。

韉 suī

韉，绥也。从革，巂声。山垂切。

【译文】韉，马鞍的绦（tāo，用丝线编成的带子）饰。从革，巂声。

鞕 jí

鞕，急也。从革，亟声。纪力切。

【译文】鞕，皮革紧牢。从革，亟声。

鞭 biān

鞭[①]，驱也。从革，便声。卑连切。

【译文】鞭，用鞭驱赶马。从革，便声。

【注释】①鞭：鞭子。《尚书·舜典》："鞭作官刑。"孔安国传："以鞭为治官事之刑。"

鞅 yǎng

鞅，颈靼也。从革，央声。于两切。

【译文】鞅，套在牛马颈上的柔软皮革。从革，央声。

韄 hù

韄，佩刀丝也[①]。从革，蒦声。乙白切。

【译文】韄，佩刀把上的皮绳。从革，蒦声。

【注释】①佩刀丝：《庄子音义》引《三苍》："韄，佩刀靶韦也。"

鞁 tuó

鞁，马尾（驼）[鞁]也。从革，它声。今之般緧。徒何切。

【译文】鞁，拴在马尾上的皮带。从革，它声。类似今天的盘秋。

鞊 xié

鞊，系牛胫也。从革，見声。己彳切。

【译文】鞊，用皮革绊系牛的小腿（使之止步不前）。从革，見声。

鬲部

鬲 lì

鬲，鼎属。实五觳。斗二升曰觳。象腹交文，三足。凡鬲之属皆从鬲。郎激切。

【译文】鬲，鼎类的空足炊具。容积有五斛大。一斗二升叫作一斛。（中间）像腹部交错的纹饰，（下面）像三只脚。大凡鬲的部属都从鬲。

融 róng

融，炊气上出也。从鬲，蟲省声。以戎切。

【译文】融，煮食物的蒸气向上冒出。从鬲，蟲省声。

㶇部

㶇 lì

㶇，歷也。古文，亦鬲字。象孰饪五味气上出也。凡㶇之属皆从㶇。郎激切。

【译文】㶇，歷。是古文，也是鬲字的又一写法。像煮熟了的五味香气向上冒出。大凡㶇的部属都从㶇。

鬻 zhōu

鬻，鍵也。从㶇，米声。之六切。

【译文】鬻，糜。从㶇，米声。

爪部

爪 zhǎo

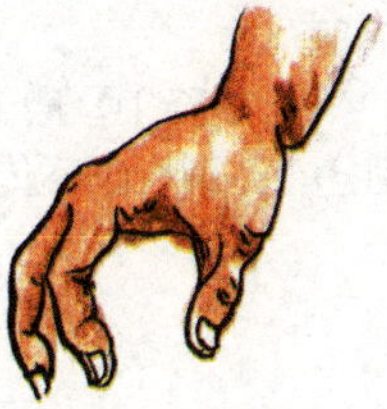

爪，丮也。覆手曰爪。象形。凡爪之属皆从爪。侧狡切。

【译文】爪，用爪抓持。另一义说，覆着手叫爪。象形。大凡爪的部属都从爪。

孚 fú

孚，卵孚也。从爪，从子。一曰：信也。芳无切。

【译文】孚，卵孵化。由爪、由子会意。另一义说：孚是诚信。

為 wéi

為，母猴也。其为禽好爪，爪，母猴象也。下腹为母猴形。王育曰："爪，象形也。"薳支切。

【译文】為，猕猴。猕猴作为走兽，喜欢用爪子。爪子，是猕猴的象征。字的下腹部是猕猴（头目身足）的形体。王育说："爪子，象猕猴之形。"

爫 zhǎng

爫，亦丮也。从反爪。阙。诸两切。

【译文】爫，也是用手抓持。由爪字反过来表示。读音阙。

丮部

丮 jǐ

丮，持也。象手有所丮据也。凡丮之属皆从丮。读若戟。几剧切。

【译文】丮，握持。像手有所握持。大凡丮的部属都从丮。音读像“戟”字。

𠧟 jú

𠧟，拖持也。从反丮。阙①。居玉切。

【译文】𠧟，拖持。由丮字反过来表示。读音阙。

【注释】①阙：《段注》：“亦谓音读不传也。”

鬥部

鬥 dòu

鬥，两士相对，兵杖在后，象斗之形。凡斗之属皆从斗。都豆切。

【译文】鬥，两个士卒的手相对，兵器在后，像争斗的样子。大凡斗的部属都从斗。

鬭 dòu

鬭，遇也。从鬥，斲声。都豆切。

【译文】鬭，接合。从鬥，斲声。

鬨 hòng

鬨，鬭也。从鬥，共声。《孟子》曰：“邹与鲁哄。”下降切。

【译文】鬨，争斗。从鬥，共声。《孟子》说：“邹国与鲁国争斗。”

又部

又 yòu

又，手也。象形。三指者，手之列多略不过三也。凡又之属皆从又。于救切。

【译文】又，手。象形。字形只见三个指头的原因是。表示手的一类字多是简略不过三个。大凡又的部属皆从又。

右 yòu

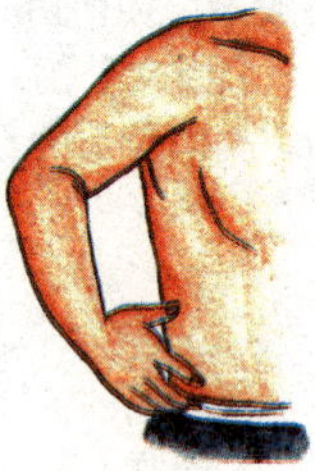

右，手口相助也①。从又，从口。于救切。

【译文】右，手和口相互佐助。由口、由又会意。

【注释】①手口相助：姚文田、严可均《校议》：“口部已有‘右，助也’。此重出。”

厷 gōng

厷，臂上也。从又，从古文[ㄥ]。古薨切。

【译文】厷，臂的上部。由又、由古文ㄥ会意。

叉 chā

叉，手指相错也。从又，象叉之形。初牙切。

【译文】叉，手指相交错。从又，(一)像手指叉物的形状。

父 fù

父，矩也，家长，率教者。从又举杖。扶雨切。

【译文】父，坚持规矩，是一家之长，是引导教育子女的人。由手举杖表意。

燮 xiè

燮，和也。从言，从又炎。读若湿。稣叶切。

【译文】燮，调和。由言、由又、炎会意。音读像“湿”字。

曼 màn

曼，引也。从又，冒声。无贩切。

【译文】曼，引长。从又，冒声。

夬 guài

夬，分决也。从又，𠀆象决形。古卖切。

【译文】夬，分裂决断。从又，𠀆像决裂的形状。

尹 yǐn

尹，治也。从又、丿[1]，握事者也。余准切。

【译文】尹，治理。由又、丿会意，表示用手掌握事物的意思。

【注释】①从又、丿：《段注》：“又为握，丿为事。”

及 jí

及，逮也。从又，从人。乀，古文及。《秦刻石》及如此。巨立切。

【译文】及，追上。由又、由人会意。乀是古文“及”字。《秦刻石》“及”像这个样子。

秉 bǐng

秉[1]，禾束也。从又持禾。兵永切。

【译文】秉，禾一把。由“又”（手）持握着“禾”表意。

【注释】①秉：一小把禾束。

反 fǎn

反，覆也。从又，厂反形。府远切。

【译文】反，翻覆。从又，厂像物体翻覆的样子。

叔 shū

叔，拾也。从又，尗声。汝南名收芌为叔。式竹切。

【译文】叔，收拾。从又，尗声。汝南地方叫收芋头作叔。从寸。

取 qǔ

取，捕取也。从又，从耳。《周礼》：“获者取左耳。”《司马法》曰：“载献聝[1]。”聝者耳也。七庾切。

【译文】取，捕获。由又、由耳会意。《周礼》说：“被捕获的野兽割取左耳。”《司马法》曰：“献上聝。”聝（guó）是（割下的）耳朵。

【注释】①载：助词。

彗 huì

彗，扫竹也。从又持甡[1]。祥岁切。

【译文】彗，扫帚。由“又”持握“甡”会意。

【注释】①从又持甡：徐灏《段注笺》：“甡盖象竹篲之形，非甡字，犹鸟足从匕而非匕，鱼尾似火而非火。”

度 dù

度，法制也。从又，庶省声。徒故切。

【译文】度，法度。从又，庶省声。

友 yǒu

友，同志为友。从二又，相交友也。云久切。

【译文】友，志趣相同是友。由两个“又”（手）字会意，表示相交为友的意思。

𠂇部

𠂇 zuǒ

𠂇，𠂇手也。象形。凡𠂇属皆从𠂇。臧可切。

【译文】𠂇，左手。象形。大凡𠂇的部属都从𠂇。

卑 bēi

卑，贱也；执事也。从𠂇甲①。补移切。

【译文】卑，卑贱，办事。由'𠂇'、'甲'会意。

【注释】①从𠂇甲：𠂇是左手，引申为执。执甲者指低级人员，故训卑贱。

史部

史 shǐ

史，记事者也。从又持中；中，正也。凡史之属皆从史。疏士切。

【译文】史，记事的人。由"又"（手）持握着"中"字含意。中，是正的意思。大凡史的部属都从史。

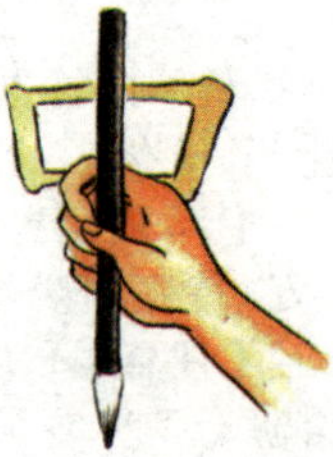

支部

支 zhī

支，去竹之枝也。从手持半竹。凡支之属皆从支。章移切。

【译文】支，离开竹茎的竹枝。由"又"（手）字持握半个"竹"字。大凡支的部属都从支。

聿部

聿 niè

聿，手之疌巧也。从又持巾。凡聿之属皆从聿。尼辄切。

【译文】聿，形容手的敏捷灵巧。由"又"（手）字持握着"巾"字会意。大凡聿的部属都从聿。

肅 sù

肅，持事振敬也①。从聿在𣶏上，战战兢兢也。息逐切。

【译文】肃，办事奋勉恭敬。由"聿"字在"𣶏"字上会意，表示"战战兢兢"的意思。

【注释】①振：奋勉。

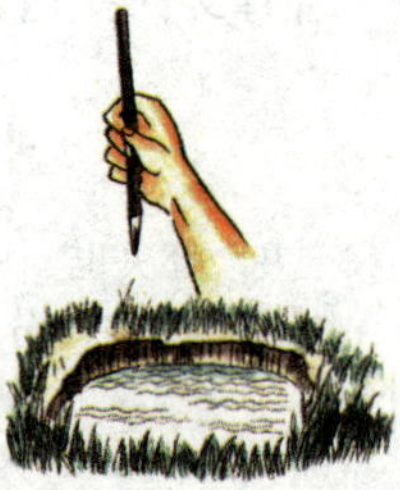

聿部

聿 yù

聿，所以书也。楚谓之聿，吴谓之不律①，燕谓之弗。从聿，一声。凡聿之属皆从聿。余律切。

【译文】聿，用来书写的笔。楚地叫它作聿，吴地叫它作不律，燕地叫它作弗。从聿，一声。大凡聿的部属都从聿。

【注释】①不律："不律"为"笔"之合音。

𦘒 jīn

𦘒，聿饰也。从聿，从彡。俗语以书好为𦘒。读若津。将邻切。

【译文】𦘒，用笔刷饰。由聿、由彡会意。俗话以书写美好为𦘒。音读像"津"字。

畫部

畫 huà

畫，界也。象田四界。聿，所以画之。凡画之属皆从画。胡麦切。

【译文】畫，画分界限。（画）像田和四周的界画。聿，是用来画分界限的器具。大凡画的部属都从画。

晝 zhòu

晝，日之出入，与夜为界。从畫省，从日。陟救切。

【译文】晝，从日出到日入的一段时间，与夜晚为界限。由畫省田、由日会意。

隶部

隶 dài

隶，及也。从又，从尾省。又持尾者，从后及之也。凡隶之属皆从隶。徒耐切。

【译文】隶，追上去捕获。由又、由尾字省去尸构成。“又”（手）持握着“尾”的意思，表示从后面追上去捕获。大凡隶的部属都从隶。

隸 lì

隸，附箸也。从隶，柰声。郎计切。

【译文】隸，附箸。从隶，柰声。

臤部

緊 jǐn

緊，缠丝急也。从臤，从絲省。纠忍切。

【译文】緊，缠丝紧急的状态。由臤字，由絲字省去一半会意。

堅 jiān

堅，刚也。从臤，从土。古贤切。

【译文】堅，刚硬的土。由臤、由土含意。

臣部

臣 chén

臣，牵也。事君也。象屈服之形。凡臣之属皆从臣。植邻切。

【译文】臣，受牵制者，奉事君王者。像屈服的样子。大凡臣的部属都从臣。

臧 zāng

臧，善也。从臣，戕声。则郎切。

【译文】臧，善良。从臣，戕声。

殳部

殳 shū

殳，以杸殊人也。《礼》：殳以积竹，八觚，长丈二尺，建于兵车，车旅贲以先驱。从又，几声。凡殳之属皆从殳。市朱切。

【译文】殳，用杸隔离人。《周礼》说：殳用积竹制成，八条棱，长一丈二尺，树立在兵车上，车上的先锋队拿着它在前面驰驱。从又。几声。大凡殳的部属都从殳。

毆 ōu

毆，捶毄物也。从殳，區声。乌后切。

【译文】毆，用捶杖击打物体。从殳，區声。

殿 diàn

殿，击声也。从殳，屍声。堂练切。

【译文】殿，打击声。从殳，屍声。

殹 yì

殹，击中声也。从殳，医声。于计切。

【译文】殹，被外物击中的声音。从殳，医声。

段 duàn

段，椎物也①。从殳，耑省声。徒玩切。

【译文】段，用椎棰击物体。从殳，耑省声。

【注释】① 椎物：徐灏《段注笺》：“段、锻，古今字。段、碫，亦古今字。引申之则为分段。”

殽 xiáo

殽，相杂错也。从殳，肴声。胡茅切。

【译文】殽，彼此混杂殽乱。从殳，肴声。

毅 yì

毅，妄怒也。一曰：有决也。从殳，豙声。鱼既切。

【译文】毅，盛怒。另一义说：有果决能力。从殳，豙声。

几部

㐱 zhěn

㐱，新生羽而飞也。从几，从彡。之忍切。

【译文】㐱，小鸟新生羽而学飞的样子。由几、由彡会意。

鳧 fú

鳧，舒鳧，鹜也。从鳥，几声。房无切。

【译文】鳧，舒凫，即鹜。从鳥，几声。

殺部

殺 shā

殺，戮也。从殳，杀声[①]。凡杀之属皆从杀。所八切。

【译文】殺，杀戮。从殳，杀声。大凡杀的部属都从杀。

【注释】①杀声：《段注》：引张参说："杀，古殺字。"

弒 shì

弒，臣杀君也[①]。《易》曰[②]："臣弒其君。"从殺省，式声。式吏切。

【译文】弒，臣杀君。《易经》说："臣子弒杀他的君主。"从殺省，式声。

【注释】①臣杀君：《段注》："述其实则曰杀君，正其名则曰弒君。"②《易》：指《坤卦》文言。

寸部

寸 cùn

寸，十分也。人手却一寸，动衇，谓之寸口。从又，从一。凡寸之属皆从寸。仓困切。

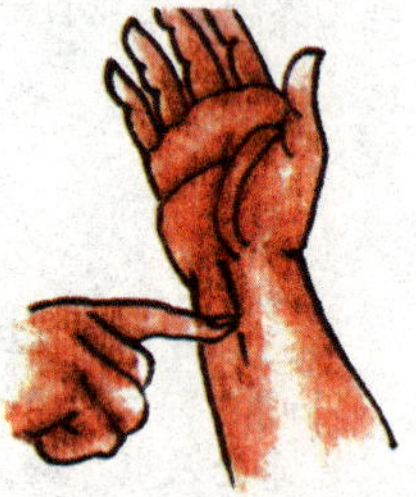

【译文】寸，十分。人手后退一寸，即动脉之处，叫作寸口。由又，由一会意。大凡寸的部属都从寸。

寺 sì

寺，廷也。有法度者也。从寸，之声。祥吏切。

【译文】寺，官府、朝廷。有法制的地方。从寸，之声。

將 jiàng

將，帅也。从寸[①]，醬省声。即谅切。

【译文】將，将帅。从寸，醬省酉为声。

【注释】①从寸：《段注》："必有法度而后可以主之、先之。故从寸。"

專 zhuān

專，六寸簿也[①]。从寸，叀声。一曰：专，纺专。职缘切。

【译文】專，六寸簿。从寸，叀声。另一义说：专，纺专。

【注释】①六寸簿：张舜徽《约注》："《始皇本纪》明云：'数以六为纪，符、法、冠皆六寸。'然则所谓六寸薄者，乃秦法之所在，犹云法经耳。小徐以文簿释簿，是矣。"

尃 fū

尃，布也。从寸，甫声。芳无切。

【译文】尃，布施。从寸，甫声。

導 dǎo

導，导引也。从寸，道声。徒皓切。

【译文】導，引导。从寸，道声。

皮部

皮 pí

皮，剥取兽革者谓之皮。从又，為省声。凡皮之属皆从皮。符羁切。

【译文】皮，剥取兽皮叫作皮。从又，為省声。大凡皮的部属都从皮。

皰 pào

皰，面生气也。从皮，包声。旁教切。

【译文】皰，脸上生的疱。从皮，包声。

皯 gǎn

皯，面黑气也。从皮，干声。古旱切。

【译文】皯，皮面黧黑干枯。从皮，干声。

甍部

甍 ruǎn

甍，柔韦也。从北，从皮省，从夐省。凡甍之属皆从甍。读若耎。一曰：若儁。而兖切。

【译文】甍，鞣制皮革。由北、由皮省会意，由夐省表声。大凡甍的部属都从甍。音读像“耎”字。一说，音读像“儁”字。

攴部

攴 pū

攴[①]，小击也。从又，卜声。凡攴之属皆从攴。普木切。

【译文】攴，小击。从又，卜声。大凡攴的部属都从攴。

【注释】①攴：徐灏《段注笺》：“疑本象手有所持之形。故凡举手作事之意，皆从之，因用为扑击字耳。”

啟 qǐ

啟，教也。从攴，启声。《论语》曰：“不愤不启。”康礼切。

【译文】啟，教导。从攴，启声。《论语》说：“不到他求通而未得的时候，不去开导他。”

徹 chè

徹，通也。从彳，从攴，从育。丑列切。

【译文】徹，穿通。由彳、由攴、由育会意。

肇 zhào

肇，击也。从攴，肈省声。治小切。

【译文】肇。打击。从攴，肈省戈为声。

敏 mǐn

敏，疾也。从攴，每声。眉殒切。

【译文】敏，快速。从攴，每声。

敄 wù

敄，强也。从攴，矛声。亡遇切。

【译文】敄，强（qiǎng）勉。从攴，矛声。

整 zhěng

整，齐也。从攴，从束，从正[①]，正亦声。之郢切。

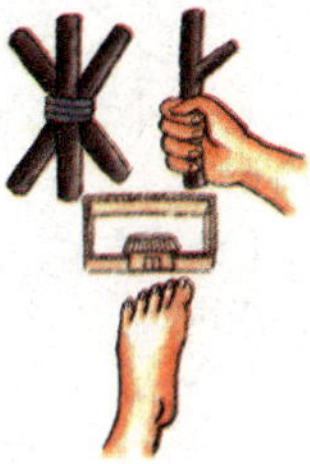

【译文】整，整齐。由攴、由束、由正会意。正也表声。

【注释】①从攴句：徐锴《系传》：“（束，）束之；（攴，）又小击之；（正，）使正。会意。”

效 xiào

效，象也。从攴，交声。胡教切。

【译文】效，效法。从攴，交声。

故 gù

故，使为之也。从攴，古声。古慕切。

【译文】故，使它成为这样。从攴，古声。

政 zhèng

政，正也。从攴，从正，正亦声。之盛切。

【译文】政，正。由攴、由正会意，正也表声。

敷 fū

敷，㰻也。从攴，尃声。《周书》曰："用敷遗后人。"芳无切。

【译文】敷，施给。从攴，尃声。《周书》说："因此施给后人（幸福）。"

數 shǔ

數，计也。从攴，婁声。所矩切。

【译文】數，计数。从攴，婁声。

孜 zī

孜，汲汲也。从攴，子声。《周书》曰："孜孜无怠。"子之切。

【译文】孜，勤勉不怠。从攴，子声。《周书》说："孜孜不怠。"

敞 chǎng

敞，平治高土。可以远望也。从攴，尚声。昌两切。

【译文】敞，平整高土。可以登高望远。从攴，尚声。

改 gǎi

改，更也。从攴己。古亥切。

【译文】改，变更。由攴、己会意。

變 biàn

變，更也。从攴，䜌声。秘恋切。

【译文】變，改变。从攴，䜌声。

更 gēng

更，改也。从攴，丙声。古孟切。又，古行切。

【译文】更，改变。从攴，丙声。

敕 chì

敕①，诫也。臿地曰敕。从攴，束声。耻力切。

【译文】敕，告诫。在地中栽插叫敕。从攴，束声。

【注释】①敕：训诫。《史记·乐书》："余每读《虞书》，至于君臣相敕，维是几安。"

斂 liǎn

斂，收也。从攴，僉声。良冉切。

【译文】斂，收聚。从攴，僉声。

敵 dí

敵，仇也。从攴，啻声。徒历切。

【译文】敵，仇敌。从攴，啻声。

救 jiù

救，止也。从攴，求声。居又切。

【译文】救，禁止。从攴，求声。

赦 shè

赦，置也①。从攴，赤声。始夜切。

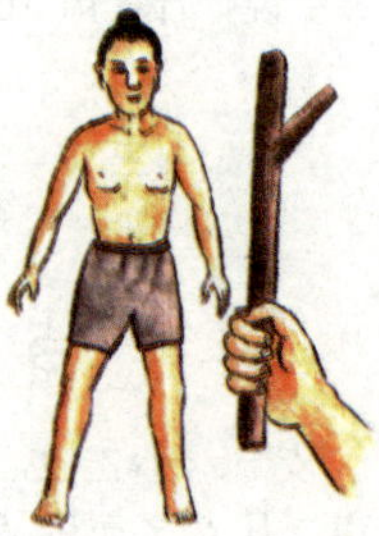

【译文】赦，舍弃，放置。从攴，赤声。

【注释】①置：《段注》："网部曰：'置，赦也。'二字互训。赦与捨音义同，非专谓赦罪也。后捨行而赦废，赦专为赦罪矣。"

攸 yōu

攸，行水也。从攴，从人，水省。以周切。

【译文】攸，使水平稳地流行。由攴、由人、由水字的省略会意。

敦 dūn

敦，怒也，诋也。一曰：谁何也。从攴，享声。都昆切。

【译文】敦，恼怒，诋毁。另一义说：敦是呵责的意思。从攴，享(chún)声。

敗 bài

敗，毁也。从攴、貝。敗、賊皆从貝会意。薄迈切。

【译文】敗，毁坏。由攴、貝会意。败、贼都从貝会意。

敽 luàn

敽，烦也。从攴，从𤔔，𤔔亦声。郎段切。

【译文】敽，烦乱。由攴、由𤔔会意，𤔔也表声。

寇 kòu

寇，暴也。从攴，从完①。苦候切。

【译文】寇，暴乱。由攴、由完会意。

【注释】①从攴，从完：攴，攴打；完，完固。

收 shōu

收，捕也①。从攴，丩声。式州切。

【译文】收，逮捕。从攴，丩(jiū)声。

【注释】①捕：捕取罪人。引申为收取、收敛。

鼓 gǔ

鼓，击鼓也。从攴，从壴，壴亦声。公户切。

【译文】鼓，击鼓。由攴、由壴会意，壴也表声。

攻 gōng

攻，击也。从攴，工声。古洪切。

【译文】攻，攻，攻击。从攴，工声。

敲 qiāo

敲，横擿也。从攴，高声。口交切。

【译文】敲，横击。从攴，高声。

畋 tián

畋，平田也。从攴、田。《周书》曰："畋尔田。"待年切。

【译文】畋，平治田地。由攴、田会意。《周书》说："平整好你们的田地。"

叙 xù

叙，次弟也。从攴，余声。徐吕切。

【译文】叙，次第。从攴，余声。

牧 mù

牧，养牛人也。从攴。从牛。《诗》曰："牧人乃梦。"莫卜切。

【译文】牧，养牛的人。由攴、由牛会意。《诗经》说："牧人于是做起梦来。"

教部

教 jiào

教，上所施下所效也。从攴，从孝。凡教之属皆从教。古孝切。

【译文】教，在上位的施教，在下位的仿效行为。由攴、由孝会意。大凡教的部属都从教。

卜部

卜 bǔ

卜，灼剥龟也，象灸龟之形。一曰：象龟兆之从横也。凡卜之属皆从卜。博木切。

【译文】卜，火灼裂龟甲：像火灼龟甲的样

子。一说，像龟甲裂纹纵横之形。大凡卜的部属都从卜。

卦 guà

卦，筮也。从卜，圭声。古坏切。

【译文】卦，用蓍草占卦。从卜，圭声。

貞 zhēn

貞，卜问也。从卜，貝以为贽。一曰：鼎省声。京房所说[①]。陟盈切。

【译文】貞，卜问。从卜，用貝作为占卜的礼品。一说：（貞，从卜）鼎省声。是京房氏的说法。

【注释】①京房：西汉今文《易》学京氏学的创始人，本姓李。京氏学宣扬“天人感应”。

占 zhān

占[①]，视兆问也。从卜，从口。职廉切。

【译文】占，察兆问疑。由卜、由口会意。

【注释】①占：林义光《文源》：“卜象兆文，从口临其上。”

用部

用 yòng

用[①]，可施行也。从卜，从中。卫宏说。凡用之属皆从用。余讼切。

【译文】用，可以施行。由卜、由中会意。是卫宏的说法。大凡用的部属都从用。

【注释】①用：杨树达《积微居小学述林·释用》：“用者，桶之初也。”“凡可以受物之器皆可名桶。”

甫 fǔ

甫，男子美称也。从用、父，父亦声。方矩切。

【译文】甫，男子的美称。由用、父会意，父也表声。

庸 yōng

庸，用也。从用[①]，从庚[②]。庚，更事也[③]。《易》曰：“先庚三日。”余封切。

【译文】庸，施行。由用、由庚会意。庚，表示变更其法。《易经》说：“先干三天而后希望变更。”

【注释】①用：行。②庚：变更。谓行事能变为庸。③更事：更，变更。变更方法。

爻部

爻 yáo

爻，交也。象《易》六爻头交也[①]。凡爻之属皆从爻。胡茅切。

【译文】爻，交错。象《易》卦六爻相交。大凡爻的部属都从爻。

【注释】①象《易》句：徐灏《段注笺》：“交者交错之义。六爻为重体，故作重乂象之。”

㸚部

爾 ěr

爾，丽尔，犹靡丽也。从冂，从㸚，其孔㸚，尒声。此与爽同意。儿氏切。

【译文】爾，丽尔，犹如说空明。由冂、由㸚会意，㸚表示孔格疏朗，尒声。它与爽都从㸚，构形之意相同。

爽 shuǎng

爽，明也。从㸚，从大[①]。疏两切。

【译文】爽，明亮。由㸚、由大会意。

【注释】①从㸚，从大：㸚像窗牖之交文。交文宽大，故爽明。

𥄎部

𥄎 xuè

𥄎，举目使人也。从攴，从目[1]。凡𥄎之属皆从𥄎。读若颭。火劣切。

【译文】𥄎，抬起眼睛支使别人。由攴、由目会意。大凡𥄎的部属都从𥄎。音读象“颭”字。

【注释】①从攴，从目：义为举目，故从目。又为使人，攴与又同，谓以手指使之。

夐 xuàn

夐，营求也。从𥄎，从人在穴上。《商书》曰：“高宗梦得说，使百工夐求，得之傅岩。”岩，穴也。朽正切。

【译文】夐，营求。由𥄎、由“人”在“穴”上会意。《商书》说：“高宗在梦中发现了傅说，使百官去设法寻找，在傅岩那儿找到了他。”岩，就是穴。

闅 wén

闅，低目视也。从𥄎，門声。弘农湖县有闅乡，汝南西平有闅亭。无分切。

【译文】闅，低着眼睛看。从𥄎，門声。弘农湖县有闅乡，汝南郡西平县有闅亭。

𡘋 quán

𡘋，大视也。从大𥄎。读略齤。况晚切。

【译文】𡘋，睁大眼睛看。由大、𥄎会意。音读像“齤”字。

目部

目 mù

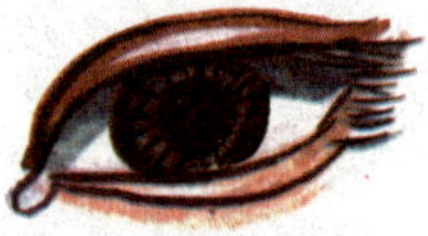

目，人眼。象形。重，童子也。凡目之属皆从目。莫六切。

【译文】目，人的眼睛。象形。（眶内的）重划二，表示瞳仁。大凡目的部属都从目。

眼 yǎn

眼，目也。从目，艮声。五限切。

【译文】眼，眼睛。从目，艮（gèn）声。

矈 biǎn

矈，儿初生瞥者。从目，䍃声。邦免切。

【译文】矈，小儿刚生时眼睑（jiǎn）遮蔽眼睛。从目，䍃声。

眩 xuàn

眩，目无常主也[1]。从目，玄声。黄绚切。

【译文】眩，眼睛（昏花），（视物摇晃）不定。从目，玄声。

【注释】①目无句：《释名·释疾病》：“眩，县也，目视动乱，如县物摇摇然不定也。”

眥 zì

眥，目匡也。从目，此声。在诣切。

【译文】眥，眼眶。从目，此声。

瞞 mán

瞞，平目也。从目，㒼声。母官切。

【译文】瞞，使眼睑低平。从目，㒼声。

睴 gùn

睴，大目出也。从目，軍声。古钝切。

【译文】睴，大眼突出。从目，軍声。

矕 mǎn

矕，目矕矕也。从目，䜌声。武版切。

【译文】矕，眼睛矕矕而视的样子。从目，䜌声。

盰 gàn

盰，目多白也。一曰：张目也。从目，干声。古旱切。

【**译文**】盱，眼睛露出许多眼白。另一义说：张开眼睛。从目，于声。

睌 miǎn

睌，睌睯[1]，目视皃。从目，免声。武限切。

【**译文**】睌，睌睯，直视的样子。从目，免声。

【**注释**】① 睌睯：联绵词。

眂 shì

眂，眂皃[1]。从目，氏声。承旨切。

【**译文**】眂，看的样子。从目，氏声。

【**注释**】① 眂皃：徐锴《系传》作"视皃也"。注云："此又古文视字。"

睨 nì

睨，衺视也。从目，兒声。研计切。

【**译文**】睨，斜着眼睛看。从目，兒声。

眓 huò

眓，视高皃。从目，戉声，读若《诗》曰："施罛濊濊"。呼哲切。

【**译文**】眓，高视的样子。从目，戉(yuè)声。音读像《诗经》说的"施罛濊濊"的"濊"字。

眈 dān

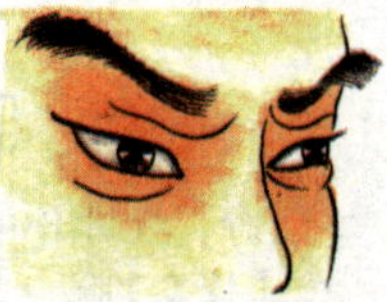

眈，视近而志远。从目，冘声。《易》曰："虎视眈眈。"丁含切。

【**译文**】眈，视线近而意志深远。从目，冘声。《易经》说："虎视眈眈。"

盱 xū

盱，张目也。从目，于声。一曰：朝鲜谓卢童子曰盱。况于切。

【**译文**】盱，张大眼睛。从目，于声。另一义说：朝鲜叫黑色的瞳仁作盱。

瞟 piǎo

瞟，瞭也。从目，票声。敷沼切。

【**译文**】瞟，察视。从目，票声。

睹 dǔ

睹，见也。从目，者声。当古切。

【**译文**】睹，看见。从目，者声。

睦 mù

睦，目顺也。从目，坴声。一曰：敬和也。莫卜切。

【**译文**】睦，目顺。从目，坴声。另一义说：恭敬和顺。

瞻 zhān

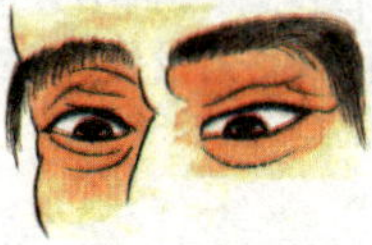

瞻，临视也。从目，詹声。职廉切。

【**译文**】瞻，向下看。从目，詹声。

瞋 chēn

瞋，张目也。从目，真声。昌真切。

【**译文**】瞋，睁大眼睛。从目，真声。

相 xiāng

相，省视也。从目，从木。《易》曰："地可观者莫可观于木。"《诗》曰："相鼠有皮。"息良切。

【**译文**】相，察看。由目、由木会意。《易经》说："地上可观的东西，没有什么比树木更可观了。"《诗经》说："察看那老鼠，一定有皮。"

眷 juàn

眷，顾也。从目，𢍏声。《诗》曰："乃眷西顾。"居倦切。

【**译文**】眷，回顾。从目，𢍏(juàn)声。《诗经》说："于是就回顾着西土。"

督 dū

督，察也。一曰：目痛也。从目，叔声。冬毒切。

【译文】督，察看。另一义说，眼睛痛。从目，叔声。

睡 shuì

睡，坐寐也。从目垂。是伪切。

【译文】睡，坐着睡。由目、垂二字会意。

看 kān

看，晞也。从手下目[①]。苦寒切。

【译文】看，望。由“手”下加“目”字会意。

【注释】① 从手下目：桂馥《义证》：“凡物见不审，则手遮目看之，故从手下目。”

瞑 mián

瞑，翕目也[①]。从目冥[②]，冥亦声。武延切。

【译文】瞑，闭上眼睛。从目、冥会意，冥也表声。

【注释】① 翕目：翕，合。入睡则目合。字或作眠。② 从目冥：冥，幽暗，无所见。谓眼无所见。

眚 shěng

眚，目病，生翳也[①]。从目，生声。所景切。

【译文】眚，眼睛有病，生了翳。从目，生声。

【注释】① 翳：眼上长的膜。

瞥 piē

瞥，过目也。又，目翳也。从目，敝声。一曰：财见也。普灭切。

【译文】瞥，眼光掠过。又一义说，眼上的障蔽。从目，敝声。另一义说，才看见。

眛 mèi

眛，目不明也。从目，未声。莫佩切。

【译文】眛，眼光不明亮。从目，未声。

眺 tiào

眺，目不正也。从目，兆声。他吊切。

【译文】眺，目不正。从目，兆声。

睐 lài

睐，目童子不正也。从目，來声。洛代切。

【译文】睐，眼睛的瞳仁不正。从目，來声。

矇 méng

矇，童矇也。一曰：不明也。从目，蒙声。莫中切。

【译文】矇，瞳仁像被蒙。另一义说：幽暗不明。从目，蒙声。

眇 miǎo

眇，一目小也。从目，从少，少亦声。亡沼切。

【译文】眇，一只眼睛小。由目、由少会意，少也表声。

眄 miǎn

眄，目偏合也。一曰：衺视也。秦语。从目，丏声。莫甸切。

【译文】眄，眼睛的一只闭着。另一义说，斜着看。是秦地方言。从目，丏声。

盲 máng

盲，目无牟子[①]。从目，亡声。武庚切。

【译文】盲，眼睛里黑白不分。从目，亡声。

【注释】① 牟子：牟，俗作眸。

瞽 gǔ

瞽，目但有眹也。从目，鼓声。公户切。

【译文】瞽，眼睛只有缝（而无见物的功能）。

从目，鼓声。

睇 dì

睇，目小视也。从目，弟声。南楚谓眄曰睇。特计切。

【译文】睇，眯目而斜视。从目，弟声。南楚叫眄作睇。

眙 chì

眙，直视也。从目，台声。丑吏切。

【译文】眙，目不转睛地看。从目，台声。

眝 zhù

眝，长眙也。一曰：张目也。从目，宁声。陟吕切。

【译文】眝，久久地看。另一义说，睁大眼睛。从目，宁声。

盻 xì

盻，恨视也。从目，兮声。胡计切。

【译文】盻，忿怒地看。从目，兮声。

䀠部

䀠 jù

䀠，左右视也。从二目。凡䀠之属皆从䀠。读若拘，又若良士瞿瞿。九遇切。

【译文】䀠，左右瞪视着。由两个“目”字会意。大凡䀠的部属都从䀠。音读像“拘”字，又像“良士瞿瞿”的“瞿”字。

奭 jū

奭，目衺也。从䀠。从大。大[1]，人也。举朱切。

【译文】奭，眼睛斜着。由䀠、由大会意。大，就是人。

【注释】① 大：像人的正面之形。

眉部

眉 méi

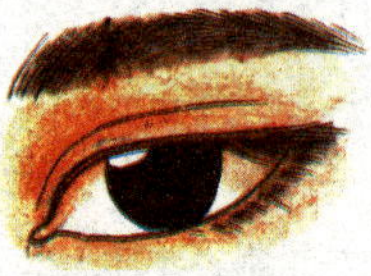

眉，目上毛也。从目，象眉之形，上象頟理也。凡眉之属皆从眉。武悲切。

【译文】眉，眼上的眉毛。从目，⺁像眉毛的形状，上面像额上的纹理。大凡眉的部属都从眉。

省 xǐng

省，视也。从眉省，从屮。所景切。

【译文】省，察视。由眉省去夂，再加上屮会意。

盾部

盾 dùn

盾，瞂也。所以扞身蔽目。象形。凡盾之属皆从盾。食问切。

【译文】盾，盾牌。用来捍卫身体、蔽护头目的东西。象形。大凡盾的部属都从盾。

自部

自 zì

自，鼻也[1]。象鼻形。凡自之属皆从自。疾二切。

【译文】自，鼻子。像鼻形。大凡自的部属都从自。

【注释】① 自：即古鼻字。

白部

皆 jiē

皆，俱词也。从比，从白。古谐切。

【译文】皆，表示统括的词。由比、由白(zì)会意。

者 zhě

者，别事词也[1]。从白，𠂹声。之也切。

【译文】者，区别事物的词。从白，𠂹声。

【注释】① 别事词：徐锴《系传》："凡文由'者'字者，所以为分别隔义也。"《段注》："凡俗语云'者个'、'者般'、'者回'，皆取别事之意。"

百 bǎi

百，十十也。从一白。数：十百为一贯。相章也。博陌切。

【译文】百，十个十。由一白会意。数目：十个百是一贯。这样，就章明不乱。

鼻部

鼻 bí

鼻，引气自畀[1]也。从自[2]畀。凡鼻之属皆从鼻。父二切。

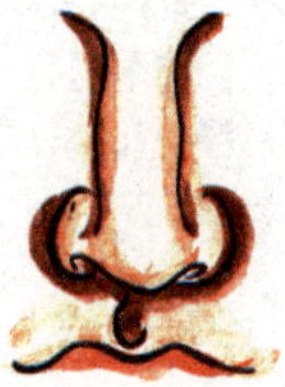

【译文】鼻，引气以自助。由自、畀会意。大凡鼻的部属都从鼻。

【注释】① 畀（bì）：助。② 自：鼻。

鼾 hān

鼾，卧息也。从鼻干声，读若汗。矦干切。

【译文】鼾，睡卧时的鼻息声。从鼻，干声。音读像"汗"字。

皕部

皕 bì

皕，二百也[1]。凡皕之属皆从皕。读若秘。彼力切。

【译文】皕，二百。大凡皕的部属都从皕。音读像"秘"字。

【注释】① 二百：《段注》："即形为义。不言从二百。"

奭 shì

奭，盛也。从大，从皕[1]，皕亦声。此燕召公名。读若郝。《史篇》名丑[2]。诗亦切。

【译文】奭，盛大的样子。由大、由皕会意，皕也表声。这是燕国召公的名。音读像"郝"字。《史籀篇》说他的名叫作丑。

【注释】① 从大，从皕："《段注》：皕与大皆盛意。"②《史篇》：徐锴《系传》："《史篇》谓史籀所作仓颉十五篇也。"

習部

習 xí

習，数飞也。从羽从白。凡习之属皆从习。似入切。

【译文】習，鸟儿频频试飞。由羽、由白（zì）会意。大凡习的部属都从习。

翫 wán

翫，习猒也。从習，元声。《春秋传》曰："翫岁而愒日。"五换切。

【译文】翫，习以为满足。从習，元声。《春秋左传》说："岁月的流逝，习以为常，却又急于时日的短暂。"

羽部

羽 yǔ

羽，鸟长毛也。象形。凡羽之属皆从羽。王矩切。

【译文】羽，鸟翅上的长毛。象形。大凡羽的部属都从羽。

翰 hàn

翰，天鸡赤羽也。从羽，倝声。《逸周书》曰："大翰，若翚雉[1]，一名鷐风。周成王时蜀人献之。”侯干切。

【译文】翰，天鸡的赤色羽毛。从羽，倝声。《逸周书》说：“长着五彩羽毛，像锦鸡，又叫鷐（chén）风。周成王时蜀地人献来的。”

【注释】① 翚雉：五彩皆备的山雉，又叫锦鸡。

翟 dí

翟，山雉尾长者。从羽，从隹。徒历切。

【译文】翟，长尾野鸡。由羽、由隹会意。

翡 fěi

翡，赤羽雀也。出郁林①。从羽，非声。房味切。

【译文】翡，赤色羽毛的小雀。出在郁林。从羽，卒声。

【注释】① 郁林：汉代郡名，在今广西境内。

翠 cuì

翠，青羽雀也。出郁林。从羽，卒声。七醉切。

【译文】翠，青色羽毛的小雀。出在郁林。从羽，非声。

翦 jiǎn

翦，羽生也。一曰：矢羽。从羽，前声。即浅切。

【译文】翦，新羽初生。另一义说：箭羽。从羽，前声。

翁 wēng

翁，颈毛也。从羽，公声。乌红切。

【译文】翁，鸟颈上的毛。从羽，公声。

翮 hé

翮，羽茎也①。从羽，鬲声。下革切。

【译文】翮，羽毛的茎。从羽，茎声。

【注释】① 羽茎：《段注》：“茎，枝柱也。”王筠《句读》：“《释器》：‘羽本谓之翮。’则与䎔同义。许君盖谓羽本无毛而空中为䎔，盖毛所附者为翮也。”

翕 xī

翕，起也。从羽，合声。许及切。

【译文】翕，起飞。从羽，合声。

翩 piān

翩，疾飞也。从羽，扁声。芳连切。

【译文】翩，快速地飞。从羽，扁声。

翊 yì

翊，飞皃。从羽，立声。与职切。

【译文】翊，飞的样子。从羽，立声。

翱 áo

翱，翱翔也①。从羽，皋声。五牢切。

【译文】翱，回旋飞翔。从羽，皋声。

【注释】① 翱翔：《释名·释言语》：“翱，敖也，言敖游也。”

翔 xiáng

翔，回飞也。从羽，羊声。似羊切。

【译文】翔，回旋地飞。从羽，羊声。

翳 yì

翳，华盖也①。从羽，殹声。于计切。

【译文】翳，即华盖。从羽，殹声。

【注释】① 华盖：用华丽的羽毛制成，形如车盖。

隹部

隹 zhuī

隹，鸟之短尾总名也①。象形。凡隹之属皆从隹。职追切。

【译文】隹，短尾鸟的总名。象形。大凡隹

的部属都从隹。

【注释】① 鸟之短尾句：桂馥《义证》："析言之，则隹、鸟异类，合言之，则隹、鸟通偁。"

雅 yā

雅，楚乌也。一名鸒，一名卑居。秦谓之雅。从隹，牙声。五下切。又，乌加切。

【译文】雅，即楚乌。又叫鸒，又叫卑居。秦地叫它雅。从隹，牙声。

隻 zhī

隻，鸟一枚也。从又持隹。持一隹曰只，二隹曰双。之石切。

【译文】隻，鸟一只。由"又"（手）持握着"隹"会意。手里拿着一只鸟叫只，两只鸟叫双。

雒 luò

雒，鵋鵙也。从隹，各声。卢各切。

【译文】雒，鵋鵙鸟。从隹，各声。

閵 lìn

閵，今閵。似雊鸲而黄。从隹，㒼省声。良刃切。

【译文】閵，含閵鸟。像八哥而色黄。从隹，㒼省去二（上）为声。

雀 què

雀，依人小鸟也。从小隹。读与爵同。即略切。

【译文】雀，依人而宿的小鸟。由小、隹会意。音读与"爵"字同。

雉 zhì

雉①，有十四种：卢诸雉②，乔雉，鳪雉，鷩雉，秩秩海雉，翟山雉，翰雉③，卓雉，伊洛而南曰翚，江淮而南曰摇，南方曰甹，东方曰甾，北方曰稀，西方曰蹲。从隹，矢声。直几切。

【译文】雉，有十四种：卢诸雉，乔雉，鳪雉，鷩雉，秩秩海雉，翟山雉，翰雉，卓雉，（还有）伊、洛以南叫翚雉的，江淮以南叫摇雉的，南方叫甹雉的，东方叫甾雉的，北方叫稀雉的，西方叫蹲雉的。从隹，矢声。

【注释】① 雉：俗称"野鸡""山鸡"。② 卢：指黑色。③ 翰雉：王筠《句读》："翰似翚之五采而卓。"

雊 gòu

雊，雄（雌）[雉]鸣①也。雷始动，雉鸣而雊其颈。从隹，从句，句亦声。古候切。

【译文】雊，雄性野鸡叫。（正月）雷才震动，雄野鸡鸣叫，勾着它的颈脖。由隹、由句会意，句也表声。

【注释】① 雄雌鸣：当依《段注》作"雄雉鸣"。

雞 jī

雞①，知时畜也。从隹，奚声。古兮切。

【译文】雞，知道时辰的家畜。从隹，奚声。

【注释】① 雞：罗振玉《增订殷墟书契考释》："象鸡形，高冠修尾。"

雕 diāo

雕，鷻也。从隹，周声。都僚切。

【译文】雕，鷻鸟。从隹，周声。

雁 yàn

雁①，鸟也。从隹，从人，厂声。读若鴈。五晏切。

【译文】雁，鸟名。由隹、由人会意，厂声。音读像"鴈"字。

【注释】① 雁：即鸿雁，候鸟。每年春分后飞往北方，秋分后飞回南方。

雇 hù

雇，九雇。农桑候鸟，扈民不淫者也①。从隹，户声。春雇，鳻盾；夏雇，窃玄；秋雇，窃蓝；冬雇，窃黄；棘雇，窃丹；行雇，唶唶；宵雇，啧啧；桑雇，窃脂②；老雇，鷃也。侯古切。

【译文】雇，有九种雇鸟。农耕桑织的候鸟，防止农民使不误过农时。从隹，户声。春雇鸟，又叫鳻盾鸟；夏雇鸟，浅黑色；秋雇鸟，浅蓝色；冬雇鸟，浅黄色；棘雇鸟，浅赤色；行雇鸟，唶唶地叫；宵雇鸟，啧啧地叫；桑雇鸟，浅白色；老雇鸟，又叫鷃雀。

【注释】①扈民不淫：以扈释雇，是声训。扈，止。淫，过时。②窃脂：浅白色。

雄 xióng

雄，鸟父也。从隹，厷声。羽弓切。

【译文】雄，公鸟。从隹，厷声。

雌 cí

雌，鸟母也。从隹，此声。此移切。

【译文】雌，母鸟。从隹，此声。

奞部

奞 suī

奞，鸟张毛羽自奋也。从大从隹。凡奞之属皆从奞。读若睢。息遗切。

【译文】奞，鸟张毛羽奋起而飞。由大、由隹会意。大凡奞的部属都从奞。

奪 duó

奪，手持隹失之也[①]。从又，从奞。徒活切。

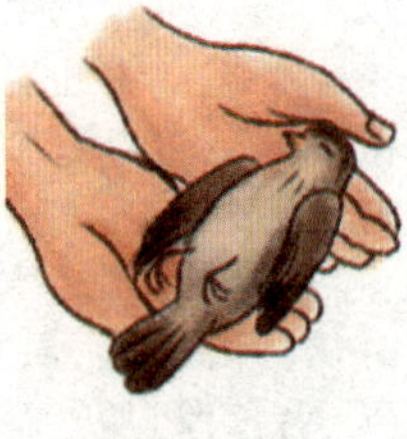

【译文】奪，手里持握的鸟失去了。由又、由奞会意。

【注释】①手持句：《段注》："引申为凡失去物之偁。凡手中遗落物当作此字。今乃用脱为之，而用夺为争敚字，相承久矣。"

奮 fèn

奮，翚也。从奞在田上。《诗》曰："不能奋飞。"方问切。

【译文】奮，大飞。由"奞"在"田"上会意。《诗经》说："不能奋飞。"

雈部

雈 huán

雈，鸱属。从隹，从𦫳，有毛角。所鸣，其民有旤。凡雈之属皆从雈。读若和。胡官切。

【译文】雈，鸱鸮之类。由隹、由𦫳会意，𦫳，表示头上有簇毛如角。它鸣叫的那地方，人们将有祸害。大凡雈的部属都从雈。音读像"和"字。

蒦 huò

蒦，规蒦，商也。从又持雈。一曰视遽皃。一曰：蒦，度也。乙虢切。

【译文】蒦，规蒦，商量。由"又"持握着"雈"会意。另一义说：看得匆忙的样子。又另一义说：蒦是规度。

雚 guàn

雚，小爵也。从雈，吅声。《诗》曰："雚鸣于垤。"工奂切。

【译文】雚，水雀鸟。从雈，吅声。《诗经》说："雚鸟在蚂蚁冢上叫着。"

舊 jiù

舊，鴟旧，旧留也。从雈，臼声。巨救切。

【译文】舊，鴟旧，即旧留鸟。从雈，臼声。

𦫳部

𦫳 guǎ

𦫳，羊角。象形。凡𦫳之属皆从𦫳。读若乖。工瓦切。

【译文】𦫳，羊角。象形。大凡𦫳的部属都从𦫳。音读像"乖"字。

芇 mián

芇，相当也。阙。读若宀。母官切。

【译文】芇，相当。构形阙。音读像"宀"字。

苜部

苜 mò

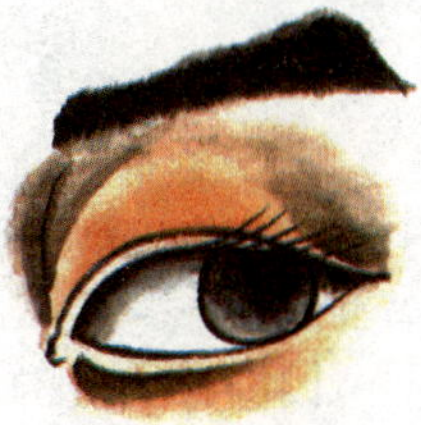

苜，目不正也。从𦫳，从目。凡苜之属皆从苜。莧从此。读若末。模结切。

【译文】苜，眼睛不正。由𦫳、由目会意。大凡苜的部属都从苜。莧字从苜。音读像“末”字。

蔑 miè

蔑，劳，目无精也。从苜，人劳则蔑然；从戍。莫结切。

【译文】蔑，疲劳，眼睛没有精神。从苜，表示人疲劳就两目无神的样子，从戍。

羊部

羊 yáng

羊，祥也。从，象头角足尾之形。孔子曰：牛羊之字以形举也。凡羊之属皆从羊。与章切。

【译文】羊，吉祥。从𦫳，（羊字）像头、角、足、尾的形状。孔子说：牛字、羊字根据形体描绘出来。大凡羊的部属都从羊。

羔 gāo

羔[①]，羊子也。从羊，照省声。古牢切。

【译文】羔，小羊。从羊，照省昭为声。

【注释】① 羔：徐灏《段注笺》：“疑羔之本义为羊炙，故从火。小羊味美，为炙尤宜，因之羊子谓之羔。”

芈 mǐ

芈，羊鸣也。从羊，象声气上出。与牟同意。绵婢切。

【译文】芈，羊叫声。从羊，（羊上的丨）像声音和气向上冒出的样子。与“牟”字构形同意。

羝 dī

羝，牡羊也。从羊，氐声。都兮切。

【译文】羝，公羊。从羊，氐声。

羒 fén

羒，（牂）[牡]羊[①]也。从羊，分声。符分切。

【译文】羒，白色公羊。从羊，分声。

【注释】① 牂羊：当从《段注》作“牡羊”。

牂 zāng

牂，（牡）[牝]羊[①]也。从羊，爿声。则郎切。

【译文】牂，母羊。从羊，爿声。

【注释】① 牡羊：当从《段注》作“牝羊”。《尔雅·释畜》：“羊牡羒，牝牂，”

羭 yú

羭，夏羊（牡）[牝]曰羭。从羊，俞声。羊朱切。

【译文】羭，黑色母羊叫羭。从羊，俞声。

羖 gǔ

羖，夏羊牡曰羖。从羊，殳声。公户切。

【译文】羖，黑色公羊叫羖。从羊，殳声。

羯 jié

羯，羊羖犗也。从羊，曷声。居竭切。

【译文】羯，公羊被阉割。从羊，曷声。

美 měi

美，甘也。从羊，从大。羊在六畜主给膳也[①]。美与善同意。无鄙切。

【译文】美，味道甜美。由羊、由大会意。

羊在六畜之中，为供给牲肉之主。“美”字与“善”字构形同意。

【注释】①六畜：马、牛、羊、豕、犬、鸡。

羌 qiāng

羌，西戎牧羊人也。从人，从羊，羊亦声。南方蛮闽从虫，北方狄从犬，东方貉从豸，西方羌从羊：此六种也。西南僰人、僬侥，从人；盖在坤地，颇有顺理之性。唯东夷从大；大，人也。夷俗仁，仁者寿，有君子不死之国。孔子曰：“道不行，欲之九夷，乘桴浮于海。”有以也。去羊切。

【译文】羌，西方戎族的牧羊人。由人、由羊会意，羊也表声。南方“蛮”族、“闽”族，其字从虫；北方“狄”族，其字从犬；东方“貉”族，其字从豸；西方“羌”族，其字从羊：这以上，总共四种部族。西南方的“僰”人、“僬侥”，其字都从人；大概是因为他们都生活在西南之地，很有顺从道理的人性。只有东方“夷”族，其字从大；大就是人。夷俗仁爱，仁爱的人长寿，那儿有君子不死的国度。孔子说：“仁义之道不能实行，我要到东方的九夷族去，乘着竹木编成的排筏飘浮在大海上。”这话是有原因的。

羑 yǒu

羑，进善也。从羊，久声。文王拘羑里在汤阴。与久切。

【译文】羑，引导向善美前进。从羊，久声。周文王被关在羑里监狱，羑里在汤阴。

羴部

羴 shān

羴，羊臭也。从三羊。凡羴之属皆从羴。式连切。

【译文】羴，羊的气味。由三个羊字会意。大凡羴的部属都从羴。

羼 chàn

羼，羊相厕也。从羴在尸下；尸，屋也。一曰：相出前也。初限切。

【译文】羼，羊互相聚集在一起。由“羴”在“尸”下会意；尸表示屋子。另一义说：羊相争突出在前面。

瞿部

瞿 qú

瞿，鹰隼之视也。从隹，从䀠，䀠亦声。凡瞿之属皆从瞿。读若章句之句。九遇切。又音衢。

【译文】瞿，鹰鹞惊视的样子。由隹、由䀠会意，䀠也表声。音读像章句的“句”字。

矍 jué

矍，隹欲逸走也。从又持之，矍矍也。读若《诗》云“穬彼淮夷”之“穬”。一曰：视遽皃。九缚切。

【译文】矍，隹鸟想逃跑，用“又”（手）持握着它，它瞿瞿然左右惊顾。音读像《诗经》说的“穬彼淮夷”的“穬”字。另一义说：是看得十分急切的样子。

雔部

雔 chóu

雔，双鸟也。从二隹。凡雔之属皆从雔。读若酬。市流切。

【译文】雔，成对的鸟。由两个“隹”字含意。大凡雔的部属都从雔。音读像“酬”字。

靃 huò

靃，飞声也。雨而双飞者，其声靃然。呼郭切。

【译文】靃，飞的声音。雨中成双成对的鸟疾飞，那声音靃靃地响。

雙 shuāng

雙，隹二枚也。从雔，又持之[①]。所江切。

【译文】雙，鸟两只。从“雔”，“又”（手）持握着它。

【注释】①又持之：徐灏

《段注笺》:“从又持二隹会意。引申为凡物两两相对之俩。”

雥部

雥 zá

雥，群鸟也。从三隹。凡雥之属皆从雥。徂合切。

【译文】雥，群鸟。由三个“隹”字相叠会意。

雧 jí

雧[1]，群鸟在木上也。从雥，从木。

【译文】雧，群鸟聚集在树木上。由雥、由木会意。

【注释】①雧：古同“集”。《诗经·周南·葛覃》：“黄鸟于飞，集于灌木。”

鳥部

鳥 niǎo

鳥，长尾禽总名也。象形。鸟之足似匕[1]，从匕。凡鸟之属都从鸟。都了切。

【译文】鸟，长尾飞禽的总名。象形。鸟的脚像匕字之形，从匕。大凡鸟的部属都从鸟。

【注释】①似匕：似匕字之形。

鳳 fèng

鳳，神鸟也。天老曰：凤之象也，鸿前麟后，蛇颈鱼尾，鸛颡鸳思，龙文虎背，燕颔鸡喙，五色备举。出于东方君子之国，翱翔四海之外，过昆崘，饮砥柱，濯羽弱水，莫宿风穴。见则天下大安宁。从鳥，凡声。冯贡切。

【译文】鳳，神鸟。黄帝的臣子天老说：凤鸟的样子啊，前面像鸿雁，后面像麒麟；像蛇一样的颈项，像鱼一样的尾巴；像鸛鹊一样的额头，像鸳鸯一样的鳃帮；像龙一样的花纹，像虎一样的背；像燕一样的下巴颏，像鸡一样的嘴；五色全都具备。出产在东方君子的国度，翱翔在四海之外，飞过昆崘山，到黄河的砥柱饮水，在弱水洗濯毛羽，黄昏时宿止在风的洞口。一出现，天下就大安宁。从鳥，凡声。

鸞 luán

鸞，亦神灵之精也。赤色，五采，鸡形。鸣中五音，颂声作则至。从鳥，䜌声。周成王时氐羌献鸾鸟。洛官切。

【译文】鸞，也是神灵的精物。赤色，五彩花纹，像鸡的样子。叫声符合五音，（太平盛世）颂歌起，它就飞来了。从鳥，䜌声。周成王的时候，氐族羌族献来鸾鸟。

鳩 jiū

鳩，鹘鵃也[1]。从鳥，九声。居求切。

【译文】鳩，鹘鵃鸟。从鳥，九声。

【注释】①鹘鵃：一种小鸠。

鴿 gē

鴿，鸠属[1]。从鳥，合声。古沓切。

【译文】鴿，鸠之属。从鳥，合声。

【注释】①鸠属：形似鸠，羽色白、灰或酱紫。飞行力极强，经训练可用来通信。

鴞 xiāo

鴞，鸱鴞[1]，宁鴂也。从鳥，号声。于娇切。

【译文】鴞，鸱鴞鸟，又名宁鴂鸟。从鳥，号声。

【注释】①鸱鴞：《诗经·豳风·鸱鴞》毛传：“鸱鴞，鸋鴂。”

鴂 jué

鴂，宁鴂也。从鳥，夬声。古穴切。

【译文】鴂，鸋鴂鸟。从鳥，夬声。

鶴 hè

鶴，鸣九皋[1]，声闻于天。从鳥，隺声。下各切。

【译文】鶴，它在沼泽鸣叫，声音上达云霄。从鳥，隺声。

【注释】①鸣九皋句：见《诗经·小雅·鹤鸣》。

鷺 lù

鷺，白鷺也。从鳥，路声。洛故切。

【译文】鷺，白鷺。从鳥，路声。

鵠 hú

鵠，鸿鵠也。从鳥，告声。胡沃切。

【译文】鵠，鸿鵠鸟。从鳥，告声。

鴻 hóng

鴻，鸿鵠也。从鳥，江声。户工切。

【译文】鴻，鸿鵠鸟。从鳥，江声。

鶖 qiū

鶖，秃鶖也。从鳥，尗声。七由切。

【译文】鶖，秃鶖鸟。从鳥，尗声。

鴛 yuān

鴛，鸳鸯也[1]。从鳥，夗声。于袁切。

【译文】鴛，鸳鸯鸟。从鳥，夗声。

【注释】①鸳鸯：崔豹《古今注·鸟兽》："鸳鸯·水鸟，凫类也。雌雄未尝相离，人得其一，则一思而至死，故曰匹（配偶）鸟。"

鴦 yāng

鴦，鸳鸯也。从鳥，央声。于良切。

【译文】鴦，鸳鸯鸟。从鳥，央声。

鵝 é

鵝，鴚鵝也。从鳥，我声。五何切。

【译文】鵝，鴚鵝。从鳥，我声。

鴈 yàn

鴈，鵝也[1]。从鳥人，厂声。五晏切。

【译文】鴈，（家）鹅。由鳥、人会意，厂声。

【注释】①鵝：徐灏《段注笺》："凡远举高飞者，为鸿鴈，为鴚鵝；养驯者，为鹅，为舒雁。古多通用。《礼经》单言鴈者，即人所畜之鵝。"

鶩 wù

鶩，舒凫也。从鳥，敄声。莫卜切。

【译文】鶩，舒凫。从鳥，敄声。

鷖 yī

鷖，凫属。从鳥，殹声。《诗》曰："凫鷖在梁。"乌鸡切。

【译文】鷖，凫一类的鸟。从鳥，殹声。《诗经》说："凫鷖在梁。"

鷸 yù

鷸，知天将雨鸟也。从鳥，矞声。《礼记》曰[1]："知天文者冠鷸。"余律切。

【译文】鷸，知道天将下雨的鸟。从鳥，矞声。《礼记》说："懂得天象的人戴着鷸鸟形的帽子。"

【注释】①《礼记》：礼无此文，见《逸周书》。

鶿 cí

鶿，鸕鶿也[1]。从鳥，兹声。疾之切。

【译文】鶿，鸕鶿鸟。从鳥，兹声。

【注释】①鸕鶿：《段注》："今江苏人谓之水

老鸦，畜以捕鱼。”

鴇 bǎo

鴇①，鸟也。肉出尺胾。从鳥，𠤏声。博好切。

【译文】鴇，鸨鸟。它的肉适合作烤肉。从鳥，𠤏声。

【注释】① 鴇：徐锴《系传》：“鸨，虎文，无后趾，大如雁。”

鴆 zhèn

鴆，毒鸟也。从鳥，冘声。一名运日。直禁切。

【译文】鴆，毒鸟。从鳥，冘声。又叫运日。

鷇 kòu

鷇，鸟子生哺者。从鳥，㱿声。口豆切

【译文】鷇，生下来就待母哺食的鸟崽子。从鳥，㱿声。

鳴 míng

鳴，鸟声也①。从鳥，从口。武兵切。

【译文】鳴，鸟的叫声。由鳥、由口会意。

【注释】① 鸟声：《段注》：“引申之凡出声皆曰鸣。”

騫 xiān

騫，飞皃。从鳥，寒省声。虚言切。

【译文】騫，（鸟）飞的样子。从鳥，寒省仌为声。

鳻 fēn

鳻，鸟聚皃。一曰：飞皃。从鳥，分声。府文切。

【译文】鳻，鸟儿聚集的样子。另一义说，鸟儿飞翔的样子。从鳥，分声

烏部

烏 wū

烏，孝鳥也①。象形②。孔子曰：“乌，盱呼也。”取其助气，故以为乌呼。凡乌之属皆从乌。哀都切。

【译文】烏，孝顺的鸟。像乌鸟形。孔子说：“乌，舒气自呼的意思。”取乌的声音用来帮助语气，所以借它来作“乌呼”的“乌”字。大凡乌的部属都从乌。

【注释】① 孝鳥：即烏鸦。《段注》：“谓其反哺（乌雏长大，反哺其母）也。”② 象形：《段注》：“鸟字点睛，乌则不。以纯黑故，不见其睛也。”

舄 què

舄，䧿也。象形。七雀切。

【译文】舄，喜鹊。象形。

焉 yān

焉，焉鸟①，黄色，出于江淮。象形。凡字：朋者②，羽虫之属；乌者③，日中之禽；舄者④，知太岁之所在；燕者⑤，请子之候，作巢避戊己⑥。所贵者故皆象形。焉亦是也。有干切。

【译文】焉，焉鸟，黄色，出产在长江、淮水一带。象形。大凡是字：朋，是羽虫之类；乌，是太阳中间的飞禽；舄，是知道太岁星所在位置的鸟；燕，是表示即将得子的征兆的鸟，取土作巢，回避戊己这一天。这些都是人们看重的鸟，所以都象形。焉鸟也是这一类。

【注释】① 焉鸟：《段注》：“今未审何鸟也。自借为词助而本义废矣。古多用焉为发声，训为于，亦训为于是。”② 朋：即凤鸟的象形字。羽虫：鸟类。③ 乌：古代神话，太阳内有乌鸟。④ 舄：《段注》：“鹊巢开户，向天一（星名）而背岁（太岁星）。”⑤ 燕：古人以为请子之候鸟。⑥ 作巢句：陆佃《埤雅》：“戊己其日皆土，故燕之往来避社（土地神），而嗛土不以戊己。”按五行说，燕为水鸟，戊己属土，怕土克水，不吉利。

芈部

芈 bān

芈，箕属。所以推弃之器也。象形。凡芈之属皆从芈。官溥说。北潘切。

【译文】芈，（有长柄的）箕畚一类的器具。用来推走抛紊的秽物。象形。大凡芈的部属都从芈。这是官溥所说的。

畢 bì

畢，田罔也。从芈，象畢形。微也。或曰：由声。卑吉切。

【译文】畢，田猎用的长柄网。从芈，芈像毕网的形状，毕比芈微小。有人说，（上面的田是由的讹变）由表声。

棄 qì

棄，捐也。从収推芈弃之，从𠫓。𠫓，逆子也。诘利切。

【译文】棄，抛掉。由"収"（双手）推着"芈"去抛弃；又，从𠫓，𠫓是迕逆之子。

冓部

冓 gòu

冓，交积材也。象对交之形。凡冓之属皆从冓。古候切。

【译文】冓，交架材料。像相对相交的样子。大凡冓的部属都从冓。

再 zài

再，一举而二也。从[一] 冓省。作代切。

【译文】再，一举而重复。由一、由省略的冓字会意。

爯 chēng

爯，并举也。从爪，冓省。处陵切。

【译文】爯，一手举起两样东西。由爪、由省略的冓字会意。

幺部

幺 yāo

幺，小也①。像子初生之形。凡幺之属皆从幺。于尧切。

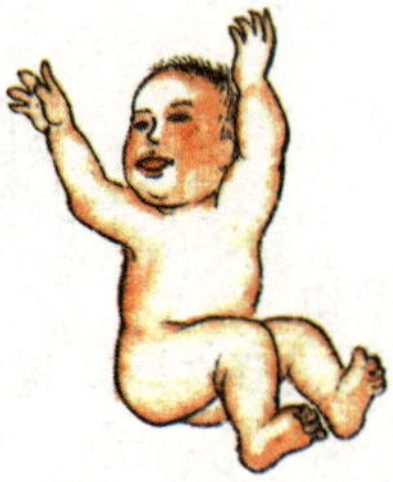

【译文】幺，小。像婴儿刚刚出生的样子。大凡幺的部属都从幺。

【注释】①小：《段注》："子初生甚小也。俗谓一为幺，亦谓晚生子为幺，皆谓其小也。"

幼 yòu

幼，少也。从幺，从力。伊谬切。

【译文】幼，年少。由幺、由力会意。

𢆶部

𢆶 yōu

𢆶，微也。从二幺。凡𢆶之属皆从𢆶。于虯切。

【译文】𢆶，细微。由两个幺字会意。大凡𢆶的部属都从𢆶。

幽 yōu

幽，隐也。从山中𢆶，𢆶亦声。于虯切。

【译文】幽，隐蔽。由"山"中有"𢆶"（幽暗）会意，𢆶也表声。

幾 jī

幾，微也。殆也。从𢆶，从戍。戍，兵守也。𢆶而兵守者，危也。居衣切。

【译文】幾，细微。危机。由𢆶、由戍会意。戍，用兵把守。发现细微的迹象，而用兵把守，是有危机之感。

叀部

惠 huì

惠，仁也。从心，从叀。胡桂切。

【译文】惠，仁爱。由心、由叀会意。

疐 zhì

疐，碍不行也。从叀，引而止之也。叀者，如叀马［牛］之鼻①。从［冂］，此与牵同意。陟利切。

【译文】疐，滞碍，不能行进。从叀，表示牵引而使之停止。叀，像叀牛鼻子的叀。从冂，这与牵字所从的冂为“引牛之縻”同意。

玄部

玄 xuán

玄，幽远也。黑而有赤色者为玄。象幽而入覆之也。凡玄之属皆从玄。胡涓切。

【译文】玄，隐蔽而深远。黑而带有赤色，叫玄。像幽暗而有物覆盖着。大凡玄的部属都从玄。

予部

予 yǔ

予，推予也。象相予之形。凡予之属皆从予。余吕切。

【译文】予，举物给别人。像用手举物付给别人的样子。大凡予的部属都从予。

舒 shū

舒，伸也。从舍，从予，予亦声。一曰：舒，缓也。伤鱼切。

【译文】舒，伸展。由舍、由予会意，予也表声。另一义说：舒是舒缓。

幻 huàn

幻，相诈惑也。从反予。《周书》曰：“无或诪张为幻。”胡办切。

【译文】幻，相与欺诈惑乱。由予字反倒过来表示。《周书》说：“不相互欺骗，相互诈惑。”

放部

放 fàng

放，逐也。从攴，方声。凡放之属皆从放。甫妄切。

【译文】放，放逐。从攴，方声。大凡放的部属都从放。

敖 áo

敖，出游也。从出，从放。五牢切。

【译文】敖，出外遨游。由出、由放会意。

敫 yuè

敫，光景流也。从白，从放。读若龠。以灼切。

【译文】敫，光线流散。由白、由放会意。音读像“龠”字。

𠬪部

𠬪 biào

𠬪，物落；上下相付也。从爪，从又。凡𠬪之属皆从𠬪。读若《诗》“摽有梅”。平小切。

【译文】𠬪，物体下落，上手交付下手。由“爪”、由“又”会意。大凡𠬪的部属都从𠬪。音读像《诗经》“摽有梅”的“摽”字。

爰 yuán

爰，引也。从𠬪，从于。籀文以为车辕字。羽元切。

【译文】爰，援引。由𠬪、由于会意。籀文借为车辕的“辕”字。

𤔔 luàn

𤔔，治也。幺子相乱，𠬪治之也。读若乱同。一曰：理也。郎段切。

【译文】𤔔，治理。小儿相争斗，用两手分别治理他们。音读像“乱”字，义同。一说“理也”。

争 zhēng

争①，引也。从𠬪丿。侧茎切。

【译文】争，争夺。从𠬪丿会意。

【注释】①争：徐灏《段注笺》：“争之本义为两手争一物。”

寽 lǜ

寽，五指持也①。从𠬪，一声。读若律。吕戌切。

【译文】寽，五指持握。从𠬪，一声。音读像“律”字。

【注释】①五指持：《段注》：“凡今俗用五指持物引取之曰寽。”

𣦼部

叡 hè

叡，沟也。从𣦼，从谷。读若郝。呼各切。

【译文】叡，沟壑。由𣦼、由谷会意。音读像“郝”字。

叡 ruì

叡，深明也；通也。从𣦼，从目，从谷省。以芮切。

【译文】叡，深明，通达。由𣦼、由目、由“谷”字省去“口”会意。

歺部

歺 è

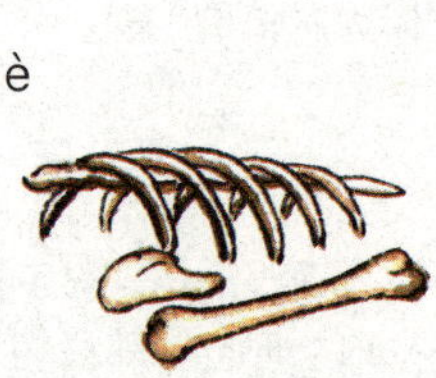

歺，列骨之残也。从半冎。凡歺之属皆从歺。读若蘖岸之蘖。五割切。

【译文】歺，分解骨肉后的残骨。由冎字的一部分组成。大凡歺的部属都从歺。音读像蘖岸的“蘖”字。

殇 wēi

殇，病也。从歺，委声。于为切。

【译文】殇，殇病。从歺，委声。

殙 hūn

殙，瞀也。从歺，昏声。呼昆切。

【译文】殙，昏眊。从歺，昏声。

殰 dú

殰，胎败也。从歺，賣声。徒谷切。

【译文】殰，胎儿死在腹中。从歺，賣声。

殁 mò

殁，终也。从歺，勿声。莫勃切。

【译文】殁，终其一生。从歺，勿声。

殊 shū

殊，死也。从歺，朱声。汉令曰：“蛮夷长有罪，当殊之。”市朱切。

【译文】殊，杀死。从歺，朱声。汉朝的法令说：“蛮夷戎狄之长有罪，判决杀死他们。”

殚 zú

殚，大夫死曰殚。从歺，卒声。子聿切。

【译文】殚，大夫死叫作殚。从歺，卒声。

殟 wēn

殟，胎败也。从歺，昷声。乌没切。

【译文】殟，胎儿死在腹中。从歺，昷声。

殇 shāng

殇，不成人也。人年十九至十六死，为长殇；十五至十二死为中殇；十一至八岁死，为下殇。从歺，傷省声。式阳切。

【译文】殤，没有成为成年人（而死去）。人们的年龄在十九至十六岁死去，叫长殇；十五岁到十二岁死去，叫中殇；十一岁到八岁死去，叫下殇。从歺，傷省去人旁作声。

殂 cú

殂，往、死也。从歺，且声。《虞书》曰[①]："勋乃殂。"昨胡切。

【译文】殂，走了，死了。从歺，且声。《唐书》说："放勋死了。"

【注释】①《虞书》：《段注》："当作《唐书》"。今本《尚书·尧典》作："帝乃殂落。"

殯 bìn

殯，死在棺，将迁葬，柩。宾遇之。从歺，从賓，賓亦声。夏后殡于阼阶，殷人殡于两楹之闲，周人殡于宾阶。必刃切。

【译文】殯，尸体在棺材中，将要迁去埋葬，叫作柩。用宾礼对待它。由歺、由賓会意，賓也表声。夏后氏时代停棺待葬在东阶之上，殷人停棺待葬在殿堂前的两根直柱之间，周人停棺待葬在西阶之上。

殆 dài

殆，危也。从歺，台声。徒亥切。

【译文】殆，危险。从歺，台声。

殃 yāng

殃，咎也。从歺，央声。于良切。

【译文】殃，灾祸。从歺，央声。

殘 cán

殘，贼也[①]。从歺，戔声。昨干切。

【译文】殘，伤害。从歺，戔声。

【注释】①贼：伤害。朱骏声《通训定声》引《仓颉篇》："残，伤也。"

殄 tiǎn

殄，尽也。从歺，㐱声。徒典切。

【译文】殄，尽。从歺，㐱声。

殲 jiān

殲，微尽也。从歺，韱声。《春秋传》曰："齐人歼于遂。"子廉切。

【译文】殲，纤微都尽。从歺，韱声。《春秋左传》说："齐人在遂地被歼灭尽。"

殫 dān

殫，（殛）［极］尽也[①]。从歺，單声。都寒切。

【译文】殫，穷极而尽。从歺，單声。

【注释】① 殛尽：当依徐锴《系传》作"极尽"。

死部

死 sǐ

死，澌也，人所离也。从歺，从人。凡死之属皆从死。息姊切。

【译文】死，精气穷尽，是人们形体与魂魄相离的名称。由歺、由人会意。大凡死的部属都从死。

薨 hōng

薨，公侯殚也。从死，瞢省声。呼肱切。

【译文】薨，公侯死亡。从死，瞢省"目"为声。

薧 hāo

薧，死人里也。从死，蒿省聲。呼毛切。

【译文】薧，埋死人的地方。从死，蒿省"口"为声。

冎部

冎 guǎ

冎，剔人肉置其骨也[①]。象形。头隆骨也。凡冎之属皆从冎。古瓦切。

【译文】冎，分解人肉，存置其骨头。象形。像头上隆起的骨头。大凡冎的部属都从冎。

【注释】① 剐：分解。

冎 bié

冎，分解也。从冎，从刀。凭列切。

【译文】冎，用刀切割分解。由冎、由刀会意。

髀 bēi

髀，别也。从冎，卑声。读若罢。府移切。

【译文】髀，分裂。从冎，卑声。音读像"罢"字。

骨部

骨 gǔ

骨，肉之核也。从冎，有肉。凡骨之属皆从骨。古忽切。

【译文】骨，附肉的核。由"冎"上附有"肉"会意。大凡骨的部属都从骨。

髑 dú

髑，髑髅，顶也。从骨，蜀声。徒谷切。

【译文】髑，髑髅，人顶骨。从骨，蜀声。

髅 lóu

髅，髑髅也。从骨，娄声。洛侯切。

【译文】髅，髑髅。从骨，娄声。

髆 bó

髆，肩甲也。从骨，尃声。补各切。

【译文】髆，肩髆。从骨，尃声。

骿 pián

骿，并胁也。从骨，并声。晋文公骿胁。部田切。

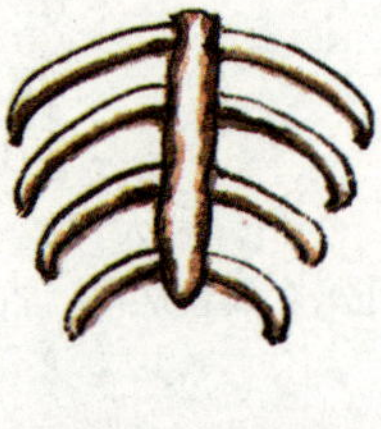

【译文】骿，肋骨并合。从骨，并声。晋文公有骿胁。

髀 bǐ

髀，股也。从骨，卑声。并弭切。

【译文】髀，大腿。从骨，卑声。

髁 kē

髁，髀骨也①。从骨，果声。苦卧切。

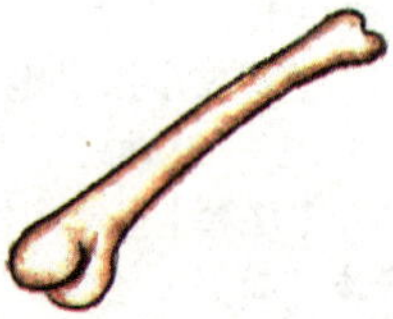

【译文】髁，大腿骨。从骨，果声。

【注释】① 髀骨：《段注》："犹言股骨也。"

橛 jué

橛，臀骨也。从骨，厥声。居月切。

【译文】橛，尾脊骨。从骨，厥声。

髋 kuān

髋，髀上也。从骨，宽声。苦官切。

【译文】髋，大腿之上。从骨，宽声。

髌 bìn

髌，厀端也①。从骨，賓声。毗忍切。

【译文】髌，膝盖骨。从骨，賓声。

【注释】① 厀端：即膝端。

骺 guā

骺，骨端也。从骨，𠯑声。古活切。

【译文】骺，骨端。从骨，𠯑声。

骹 qiāo

骹，胫也。从骨，交声。口交切。

【译文】骹，小腿。从骨，交声。

骸 hái

骸，胫骨也①。从骨，亥声。户皆切。

【译文】骸，小腿骨。从骨，亥声。

【注释】① 胫骨：胫骨为骸，引申为凡人骨之称。

骭 gàn

骭[1]，骹也。从骨，干声。古案切。

【译文】骭，小腿骨。从骨，干声。

【注释】① 骭：《淮南子·俶真篇》"易骭之一毛"高注："骭，自膝以下、胫以上也。"

髜 tì

髜，骨间黄汁也。从骨，易声。读若《易》曰"夕惕若厉"。他历切。

【译文】髜，骨头里面的黄骨髓。从骨，易声。音读像《易经》说的"夕惕若厉"的"惕"字。

體 tǐ

體，总十二属也[1]。从骨，豊声。他礼切。

【译文】體，总括全身十二分属之称。从骨，豊声。

【注释】① 总十二属：《段注》："十二属许未详言，今以人体及许书核之。首之属有三，曰顶，曰面，曰颐。身之属三，曰肩，曰脊，曰臀。手之属三。曰厷，曰臂，曰手。足之属三，曰股，曰胫，曰足。"

骾 gěng

骾，食骨留咽中也[1]。从骨，更声。古杏切。

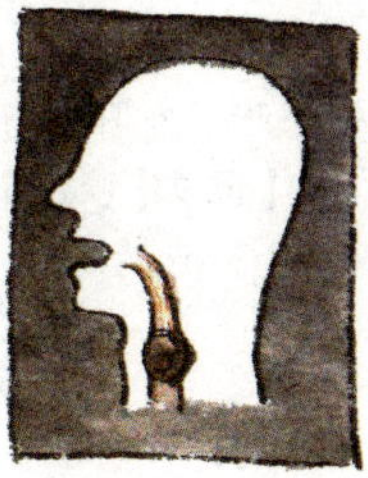

【译文】骾，食时骨头留塞在咽喉之中。从骨，更声。

【注释】① 食骨句：《段注》："忠言逆耳如食骨在喉，故云骨骾之臣。《汉书》已下皆作骨鲠字。"

骼 gé

骼，禽兽之骨曰骼[1]。从骨，各声。古核切。

【译文】骼，禽兽的骨头叫作骼。从骨，各声。

【注释】① 禽兽之骨：徐灏《段注笺》："引申之则人以为偁。"

骴 cī

骴，鸟兽残骨曰骴。骴，可恶也。从骨，此声。《明堂月令》曰："掩骼薶骴。"资四切。

【译文】骴，鸟兽的残骨叫骴。骴，表示可恶的意思。从骨，此声。《明堂月令》说："掩盖骼，埋藏骴。"

骫 wěi

骫，骨端骫奊也。从骨，丸声。于诡切。

【译文】骫，骨头弯曲。从骨，丸声。

肉部

肉 ròu

肉，胾肉。象形。凡肉之属皆从肉。如六切。

【译文】肉，大块肉。象形。大凡肉的部属都从肉。

腜 méi

腜，妇始孕腜兆也。从肉，某声。莫桮切。

【译文】腜，妇女开始怀胎的征兆。从肉，某声。

肧 pēi

肧，妇孕一月也。从肉，不声。匹桮切。

【译文】肧，妇女怀孕一个月。从肉，不声。

胎 tāi

胎，妇孕三月也。从肉，台声。土来切。

【译文】胎，妇女怀孕三个月。从肉，台声。

肌 jī

肌，肉也[1]。从肉，几声。居夷切。

【译文】肌，肌肉。从肉，几声。

【注释】① 肉：人曰肌，鸟兽曰肉。肌、肉析言有别，浑言无别。此浑言之。

臚 lú

臚，皮也。从肉，盧声。力居切。

【译文】臚，皮肤。从肉，盧声。

肫 zhūn

肫，面頯也。从肉，屯声。章伦切。

【译文】肫，面上的颧骨。从肉，屯声。

膹 jī

膹，颊肉也。从肉，幾声，读若畿。居衣切。

【译文】膹，面颊肉。从肉，幾声。音读像“畿”字。

脣 chún

脣[①]，口端也。从肉，辰声。食伦切。

【译文】脣，口的边缘。从肉，辰声。

【注释】①脣：《释名·释形体》：“脣，缘也。口之缘也。”今作“唇”。

脰 dòu

脰，项也。从肉，豆声。徒候切。

【译文】脰，颈后。从肉，豆声。

肓 huāng

肓，心(上)[下]鬲(下)[上]也[①]。从肉，亡声。《春秋传》曰[②]：“病在肓之(下)[上]。”呼光切。

【译文】肓，心脏的下面，膈膜的上面。从肉，亡声。《春秋左传》说：“病在肓的上面。”

【注释】①心上鬲下：《段注》：“‘下’、‘上’，各本互讹。”“今依《左传》音义正。”“鬲上肓，肓上膏(心尖脂肪)，膏上心。”②《春秋传》原文：“疾不可为也，在荒之上，膏之下。”

腎 shèn

腎，水藏也[①]。从肉，臤声。时忍切。

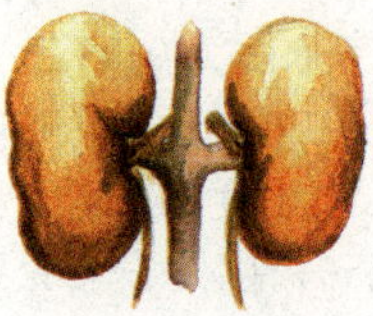

【译文】腎，属水的脏器。从肉，臤声。

【注释】①水藏：肾为人的泌尿器官。按今文说五行命名，肾属水，又名水藏。藏，今作脏。

肺 fèi

肺，金藏也[①]。从肉，巿声。芳吠切。

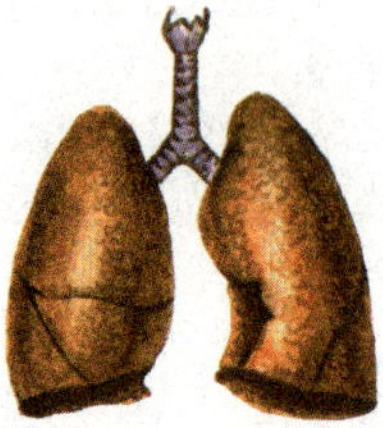

【译文】肺，属金的脏器。从肉，巿声。

【注释】①金藏：肺为人的呼吸器官。按今文说五行命名，肺属金，又名金藏。

脾 pí

脾，土藏也[①]。从肉，卑声。符支切。

【译文】脾，属土的脏器。从肉，卑声。

【注释】①土藏：按今文说五行命名，脾属土，又名土藏。

肝 gān

肝，木藏也[①]。从肉，干声。古寒切。

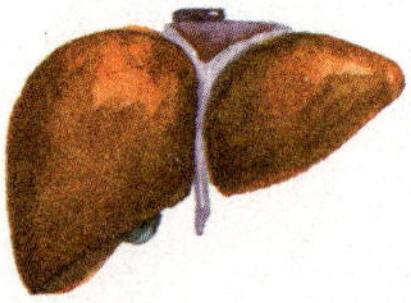

【译文】肝，属木的脏器。从肉，干声。

【注释】①木藏：肝是人的消化器官之一。按今文说五行命名，肝属木，又名本藏。

膽 dǎn

膽，连肝之府。从肉，詹声。都敢切。

【译文】腑，连着肝的脏腑。从肉，詹声。

胃 wèi

胃，谷府也。从肉，圂象形。云贵切。

【译文】胃，消化谷物的脏腑。圂像胃的形状。

脬 pāo

脬，膀光也[①]。从肉，孚声。匹交切。

【译文】脬，膀胱。从肉，孚声。

【注释】①膀光：今作膀胱，俗称尿脬。

腸 cháng

腸[1]，大小肠也。从肉，昜声。直良切。

【译文】腸，大小肠。从肉，昜声。

【注释】①腸：肠子。《仪礼·少牢馈食礼》："肠三，胃三，举肺一，祭肺三，实于一鼎。"

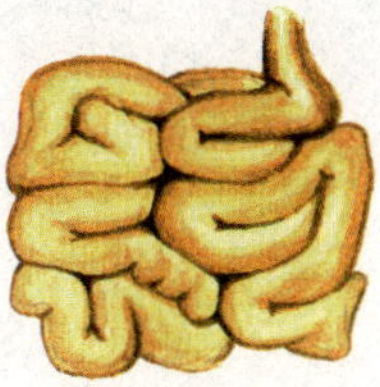

膏 gāo

膏，肥也。从肉，高声。古劳切。

【译文】膏，肥。从肉，高声。

背 bèi

背，脊也。从肉，北声。补妹切。

【译文】背，脊背。从肉，北声。

脅 xié

脅，两膀也。从肉，劦声。虚业切。

【译文】脅，两腋下（至没有肋骨）的地方。从肉，劦声。

膀 bǎng

膀，胁也。从肉，旁声。步光切。

【译文】膀，两腋下。从肉，旁声。

脟 liè

脟，胁肉也。从肉，寽声。一曰：脟，肠间肥也。一曰：膫也。力辍切。

【译文】脟，肋骨部分的肉。从肉，寽声。另一义说，脟，肠子之间的脂肪，又叫膫。

肋 lèi

肋，胁骨也。从肉，力声。卢则切。

【译文】肋，两腋下的肋骨。从肉，力声。

胳 gē

胳，亦下也。从肉，各声。古洛切。

【译文】胳，腋下。从肉，各声。

胠 qū

胠，亦下也。从肉，去声。去劫切。

【译文】胠，腋下（近臂部分）。从肉。去声。

臂 bì

臂，手上也。从肉，辟声。卑义切。

【译文】臂，手腕上部（一直到肩的部分）。从肉，辟声。

肘 zhǒu

肘，臂节也。从肉，从寸。寸，手寸口也。陟柳切。

【译文】肘，上肱与下臂之节。由肉、由寸会意。寸，手的寸口。

腴 yú

腴，腹下肥也。从肉，臾声。羊朱切。

【译文】腴，肚腹下的肥肉。从肉，臾声。

胯 kuà

胯，股也。从肉，夸声。苦故切。

【译文】胯，两大腿之间。从肉，夸声。

股 gǔ

股，髀也。从肉，殳声。公户切。

【译文】股，大腿。从肉，殳声。

脚 jiǎo

脚，胫也[1]。从肉，却声。居勺切。

【译文】脚，脚胫。从肉，却声。

【注释】①胫：小腿。古称胫为脚，今俗称足为脚。

脛 jìng

脛，胻也。从肉，巠声。胡定切。

【译文】脛，小腿部分。从肉，巠声。

胻 héng

胻，胫端也。从肉，行声。户更切。

【译文】胻，胫骨上端部分。从肉，行声。

腓 féi

腓，胫腨也。从肉，非声。符飞切。

【译文】腓，小腿肚子。从肉，非声。

肖 xiào

肖，骨肉相似也。从肉，小声。不似其先，故曰“不肖”也。私妙切。

【译文】肖，形体容貌相似。从肉，小声。儿女不像他的父母，所以叫“不肖”。

胤 yìn

胤，子孙相承续也。从肉，从八，象其长也；从幺，象重累也。羊晋切。

【译文】胤，子子孙孙递相继承延续。从肉，从八，像世系支分派别的绵长；从幺，像丝的重累继续无穷。

膻 dàn

膻，肉膻也。从肉，亶声。《诗》曰：“膻裼暴虎。”徒旱切。

【译文】膻，脱衣露出上身。从肉，亶声。《诗经》说：“袒露身体，空手打老虎。”

脱 tuō

脱，消肉臞也。从肉，兑声。徒活切。

【译文】脱，消尽其肉而变瘦。从肉，兑声。

朓 tiǎo

朓，祭也[①]。从肉，兆声。土了切。

【译文】朓，祭肉。从肉，兆声。

【注释】①祭：《集韵·啸韵》：“朓，祭肉。”朓从肉，本义当是祭肉。引申为祭名。

隋 duò

隋，裂肉也。从肉，从隓省。徒果切。

【译文】隋，祭余的肉。从肉，从隓省。

肴 yáo

肴，啖也。从肉，爻声。胡茅切。

【译文】肴，可吃的熟肉。从肉，爻声。

腆 tiǎn

腆，设膳腆腆多也。从肉，典声。他典切。

【译文】腆，设置饭菜美且多。从肉，典声。

胡 hú

胡，牛顄垂也[①]。从肉，古声。户孤切。

【译文】胡，牛顄下垂的肉。从肉，古声。

【注释】①牛顄垂：《段注》：“顄，颐（yí，面颊）也。牛自颐至颈下垂肥者也。引申之，凡物皆曰胡。如老狼有胡，鹈胡，龙垂胡髯是也。”

膘 piǎo

膘，牛胁后髀前合革肉也。从肉，票声，读若繇。敷绍切。

【译文】膘，牛肋后、大腿前皮肉相合的地方。从肉，票声。音读象“繇”字。

脯 fǔ

脯，干肉也。从肉，甫声。方武切。

【译文】脯，干肉。从肉，甫声。

脩 xiū

脩，脯也。从肉，攸声。息流切。

【译文】脩，干肉。从肉，攸声。

膊 pò

膊，薄脯，膊之屋上。从肉，尃声。匹各切。

【译文】膊，薄薄的肉片，把它贴近在屋上，（让它曝晒干燥。）从肉，尃声。

胥 xū

胥，蟹醢也。从肉，疋声。相居切。

【译文】胥，蟹酱。从肉，疋声。

胜 xīng

胜，犬膏臭也。从肉，生声。一曰：不孰也。桑经切。

【译文】胜，狗油的气味。从肉，生声。另一义说，胜，不熟。

臊 sāo

臊，豕膏臭也。从肉，喿声。稣遭切。

【译文】臊，猎脂膏的气味。从肉，喿声。

膮 xiāo

膮，豕肉羹也。从肉，堯声。许幺切。

【译文】膮，猪肉作的羹。从肉，堯声。

腥 xīng

腥，星见食豕，令肉中生小息肉也。从肉，从星，星亦声。稣佞切。

【译文】腥，星现之时喂猪，会叫猪肉中生长小息肉。由肉、由星会意，星也表声。

脂 zhī

脂，戴角者脂，无角者膏。从肉，旨声。旨夷切。

【译文】脂，有角动物的脂肪叫脂，无角动物的脂肪叫膏。从肉，旨声。

䐑 suò

䐑，䐜也。从肉，𦥑声。稣果切。

【译文】䐑，解剖猪羊头。从肉，𦥑声。

膩 nì

膩，上肥也[①]。从肉，貳声。女利切。

【译文】膩，身体表面的油膩。从肉，貳声。

【注释】①上肥：上犹外也。

膜 mó

膜，肉闲胲膜也。从肉，莫声。慕各切。

【译文】膜，肉里包裹着的薄皮。从肉，莫声。

散 sàn

散，杂肉也。从肉，㪔声。稣旰切。

【译文】散，杂碎的肉。从肉，㪔声。

腐 fǔ

腐，烂也。从肉，府声。扶雨切。

【译文】腐，肉腐烂。从肉，府声。

肥 féi

肥，多肉也。从肉，从卪[①]。符非切。

【译文】肥，肥胖多肉。由肉、由卪会意。

【注释】①从肉，从卪：徐铉注："肉不可过多，故从卪。"

筋部

筋 jīn

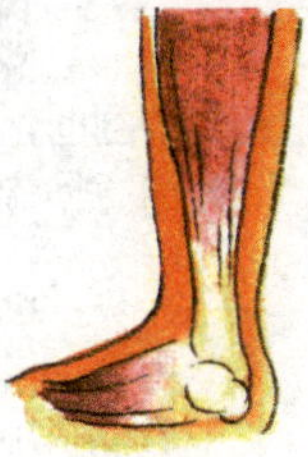

筋，肉之力也[①]。从力，从肉，从竹。竹，物之多筋者。凡筋之属皆从筋。居银切。

【译文】筋，肉中的筋。由力、由肉、由竹会意。竹，多筋的物体。大凡筋的部属都从筋。

【注释】①肉之力：《段注》："力下曰：筋也。筋、力同物。"

刀部

刀 dāo

刀[①]，兵也。象形。凡刀之属皆从刀。都牢切。

【译文】刀，兵器。象形。大凡刀的部属都从刀。

【注释】①刀：用以切、割、砍、削的工具。《礼记·少仪》："刀却刃授颖，削授拊。"

削 xuē

削，鞞也。一曰：析也。从刀，肖声。息约切。

【译文】削，装刀剑的套子。另一义说，（削，）分割。从刀，肖声。

㓛 gōu

㓛，镰也。从刀，句声。古侯切。

【译文】㓛，镰刀。从刀，句声。

剴 ái

剴，大镰也。一曰：摩也。从刀，豈声。五来切。

【译文】剴，大镰。另一义说，是磨刀。从刀，豈声。

剞 jī

剞，剞剧，曲刀也。从刀，奇声。居绮切。

【译文】剞，剞剧，弯刀。从刀，奇声。

剧 jué

剧，剞剧也。从刀，屈声。九勿切。

【译文】剧，剞剧。从刀，屈声。

利 lì

利，铦也。从刀。和然后利，从和省。《易》曰："利者，义之和也。"力至切。

【译文】利，锋利，从刀。和顺协调然后有利，所以从和省。《易经》说："利益，是由于义的和协。"

剡 yǎn

剡，锐利也。从刀，炎声。以冉切。

【译文】剡，锐利。从刀，炎声。

初 chū

初[①]，始也。从刀，从衣。裁衣之始也。楚居切。

【译文】初，开始。由刀、由衣会意。裁割衣服的开始。

【注释】① 初：开始。《史记·平淮书》："初置张掖、酒泉郡。"

前 jiǎn

前，齐断也。从刀，歬声。子善切。

【译文】前，整齐地剪断。从刀，歬声。

則 zé

則，等画物也。从刀，从貝。貝，古之物货也。子德切。

【译文】則，按等级区别的物体。由刀、由貝会意。貝是古代的货币。

剛 gāng

剛，强断也。从刀，岡声。古郎切。

【译文】剛，强力折断。从刀，岡声。

剬 duān

剬，断齐也。从刀，耑声。旨兖切。

【译文】剬，切断齐整。从刀，耑声。

劊 guì

劊，断也。从刀，會声。古外切。

【译文】劊，砍断。从刀，會声。

切 qiē

切，刌也。从刀，七声。千结切。

【译文】切，切断。从刀，七声。

劌 guì

劌，利伤也。从刀，歲声。居卫切。

【译文】劌，刺伤。从刀，歲声。

刻 kè

刻，镂也。从刀，亥声。苦得切。

【译文】刻，雕刻。从刀，亥声。

副 pì

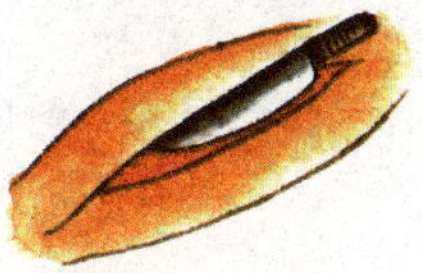

副，判也。从刀，畐声。《周礼》曰："副辜祭。"芳逼切。

【译文】副，剖分。从刀，畐声。《周礼》说："剖开分裂牲的肢体，来祭祀。"

剖 pōu

剖，判也。从刀，咅声。浦后切。

【译文】剖，从中间分开。从刀，咅声。

辧 biàn

辧，判也。从刀，辡声。蒲苋切。

【译文】辧，判别。从刀，辡（biàn）声。

判 pàn

判，分也。从刀，半声。普半切。

【译文】判，分开。从刀，半声。

刊 kān

刊[1]，剟也。从刀，干声。苦寒切。

【译文】刊，削。从刀，干声。

【注释】①刊：《段注》："凡有所削去谓之刊。"

劈 pì

劈，破也。从刀，辟声。普击切。

【译文】劈，破开。从刀，辟声。

剥 bō

剥，裂也。从刀，从录；录，刻割也，录亦声。北角切。

【译文】剥，割裂。由刀、由录会意；录，表示刻、割，录也兼表声。

割 gē

割，剥也。从刀，害声。古达切。

【译文】割，割裂。从刀，害声。

刷 shuā

刷，刮也。从刀，㕞省声。礼（布）[有]刷巾。所劣切。

【译文】刷，刮削。从刀，㕞省又为声。礼家有"刷巾"之说。

刮 guā

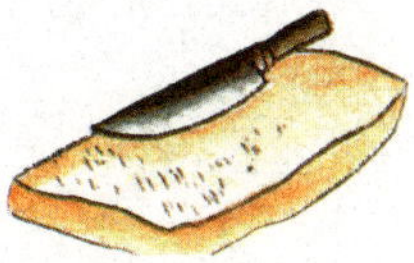

刮，掊把也。从刀，𣅀声。古八切。

【译文】刀，刮摩。从刀，𣅀声。

制 zhì

制，裁也。从刀，从未。未，物成，有滋味，可裁断。一曰：止也。征例切。

【译文】制，裁断。由刀、由未会意。未，树木老成，即有滋味，可以裁断。另一义说，制是禁止。

罰 fá

罰，罪之小者。从刀，从詈。未以刀有所贼，但持刀骂詈，则应罚。房越切。

【译文】罚，轻微的犯法行为。由刀、由詈会意。没有用刀对人有所伤害，只拿着刀骂人，就应该处罚。

券 quàn

券，契也。从刀，𢍏声。券别之书[1]。以刀判契其旁，故曰契券。去愿切。

【译文】券，契据。从刀，𢍏声。契券的文书。用刀分刻契券的旁边，所以叫契券。

【注释】①券别：同义连用。券，又名别。《段注》：“别，别为两，两家各得一也。”

刺 cì

刺，君杀大夫曰刺。刺，直伤也。从刀，从朿，朿亦声。七赐切。

【译文】刺，君主杀死大夫叫刺。刺，直伤。由刀、由朿会意，朿也表声。

剔 tī

剔，解骨也。从刀，易声。他历切。

【译文】剔，分解骨肉。从刀，易声。

刃部

刃 rèn

刃，刀坚也。象刀有刃之形。凡刃之属皆从刃。而振切。

【译文】刃，刀的坚利部分。像刀有锋刃的形状。大凡刃的部属都从刃。

刅 chuāng

刅，伤也。从刃，从一[①]。楚良切。

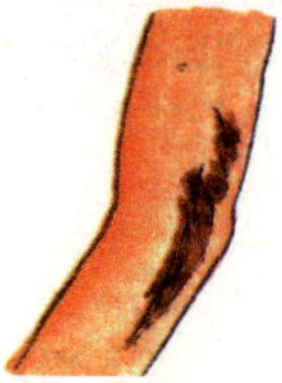

【译文】刅，创伤。由刃、由一会意。

【注释】①从一：徐锴《系传》：“一，刃所伤，指事也。”

劒 jiàn

劒，人所带兵也。从刃，僉声。居欠切。

【译文】劒，人们佩带的兵器。从刃，僉声。

㓞部

㓞 qià

㓞，巧㓞也。从刀，丰声。凡㓞之属皆从㓞。恪八切。

【译文】㓞，巧妙刻画。从刀，丰声。大凡㓞的部属都从㓞。

契 jiá

契，齘契，刮也。从契，夬声。一曰：契，画坚也。古黠切。

【译文】契，齘契，刷刮。从夬，㓞声。另一义说，契，（用刀）划坚硬之物。

栔 qì

栔，刻也。从㓞，从木。苦计切。

【译文】栔，契刻。由㓞、由木会意。

丯部

丯 jiè

丯，艹蔡也。象艹生之散乱也。凡丯之属皆从丯。读若介。古拜切。

【译文】丯，草芥。像草生长散乱的样子。大凡丯的部属都从丯。音读像“介”字。

格 gé

格，枝格也。从丯，各声。古百切。

【译文】格，枝柯。从丯，各声。

耒部

耒 lěi

耒，手耕曲木也。从木推丯。古者垂作耒。相以振民也。凡耒之属皆从耒。卢对切。

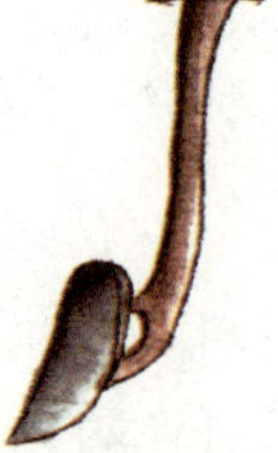

【译文】耒，手耕时期的曲木。由“木”推着表示草芥的“丯(jiè)”会意。古时候垂发明了耒和相，用来举救老百姓。大凡耒的部属都从耒。

耕 gēng

耕，犁也。从耒，井声。一曰：古者井田。古茎切。

【译文】耕，犁田。从耒，井声。另一种说法是，上古为井田，（从井会意。）

耤 jí

耤，帝耤千亩也。古者使民如借，故谓之耤。从耒，昔声。秦昔切。

【译文】耤，天子亲率百姓耕种的土地千亩。古时候驱使百姓耕种，好像借用民力，所以叫它耤。从耒，昔声。

耦 ǒu

耦，（耒）[耜] 广五寸为伐[1]，二伐为耦。从耒，禺声。五口切。

【译文】耦，耜宽五寸叫伐，二伐叫耦。从耒，禺声。

【注释】①耒广两句：王筠《句读》：“耒当作耜。”耜：耒下端起土的部分，类似后世的铲或锹。

桂 guī

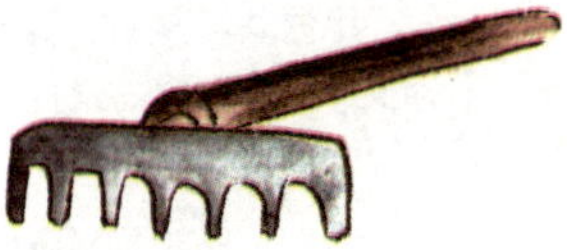

桂，（ 册 ）[冊]（ 又 ）[叉]，可以划麦，河内用之。从耒，圭声。古携切。

【译文】桂，多齿耙，可用来将麦子扒划均匀，河内地方用它。从耒，圭声。

䅻 yún

䅻，除苗闲秽也。从耒，員声。羽文切。

【译文】䅻，除掉苗间杂草。从耒，員声。

耡 chú

耡，商人七十而锄。锄，耤，税也。从耒，助声。《周礼》曰：“以兴锄利萌。”床倨切。

【译文】耡，商朝人种田七十亩而行“锄”法。锄，就是耤，都是田税。从耒，助声。《周礼》说：“发起人民互相佐助，以便利于百姓。”

角部

角 jiǎo

角，兽角也。象形，角与刀鱼相似。凡角之属皆从角。古岳切。

【译文】角，禽兽的角。象形。小篆角字与刀、鱼二字有相似的地方。大凡角的部属都从角。

觸 chù

觸，抵也。从角，蜀声。尺玉切。

【译文】觸，用角抵触。从角，蜀声。

衡 héng

衡，牛触，横大木其角。从角，从大，行声。《诗》曰：“设其福衡。”户庚切。

【译文】衡，牛好举角抵触，横绑大木在牛的角上，（以防抵触）。由角、由大会意，行声。《诗经》说：“设置那绑在牛角上的横木。”

解 xiè

解，判也。从刀判牛角。一曰：解廌，兽也。佳买切。又，户卖切。

【译文】解，分解。由“刀”分解“牛”“角”会意。另一义说，解即解廌，兽名。

觳 hú

觳，盛觵卮也。一曰：射具。从角，殻声，读若斛。胡谷切。

【译文】觳，盛觵的圆形大器具。另一义说，用来盛箭的器具。从角，殻声。音读像“斛”字。

竹部

竹 zhú

竹，冬生艸也。象形。下垂者，箁箬也。凡竹之属皆从竹。陟玉切。

【译文】竹，经冬不死的草。象形。两边下垂的笔画，表示笋壳。大凡竹的部属都从竹。

箭 jiàn

箭，矢也。从竹，前声。子贱切。

【译文】箭，可用来作矢的箭竹。从竹，前声。

箘 jùn

箘，箘簬也。从竹，囷声。一曰：博棊也。渠陨切。

【译文】箘，箘簬竹。从竹，囷声。另一义说，箘是棋子。

簬 lù

簬，箘簬也。从竹，路声。《夏书》曰："惟箘簬楛。"洛故切。

【译文】簬，箘簬竹。从竹，路声。《夏书》说："箘簬美竹和楛木。"

筱 xiǎo

筱，箭属。小竹也。从竹，攸声。先杳切。

【译文】筱，箭竹之类，小竹。从竹，攸声。

簜 dàng

簜，大竹也。从竹，湯声。《夏书》曰："瑶琨筱簜。"簜可为干，筱可为矢。徒朗切。

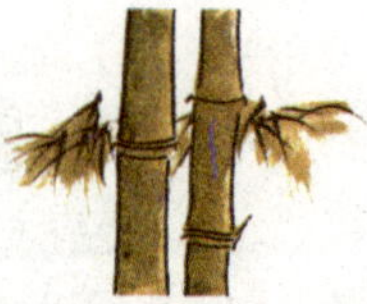

【译文】簜，大竹。从竹，湯声。《夏书》说："美玉、美石、小竹、大竹。"簜可作弓干，筱可用箭杆。

節 jié

節，竹约也。从竹，即声。子结切。

【译文】節，竹节。从竹，即声。

笨 bèn

笨，竹里也。从竹，本声。布忖切。

【译文】笨，竹子的里层。从竹，本声。

篛 wēng

篛，竹皃。从竹，翁声。乌红切。

【译文】篛，竹子（茂盛）的样子。从竹，翁声。

篸 cēn

篸，差也。从竹，参声。所今切①。

【译文】篸，篸差。从竹，参声。

【注释】① 今读依《集韵》楚簪切。

篆 zhuàn

篆，引书也。从竹，彖声。持兖切。

【译文】篆，运笔书写。从竹，彖声。

籀 zhòu

籀，读书也。从竹，擂声。《春秋传》曰"卜籀"云。直又切。

【译文】籀，读书。从竹，擂声。《春秋左传》说"卜读卦爻词"云云。

篇 piān

篇，书。一曰：关西谓榜曰篇。从竹，扁声。芳连切。

【译文】篇，书册。另一义说，关西一带叫榜额作篇。从竹，扁声。

籍 jí

籍，簿书也。从竹，耤声。秦昔切。

【译文】籍，户口册。从竹，耤声。

篁 huáng

篁，竹田也。从竹，皇声。户光切。

【译文】篁，竹田。从竹，皇声。

筞 yè

筞，钥也。从竹，枼声。与接切。

【译文】筞，编的竹简。从竹，枼声。

籥 yuè

籥，书僮竹笘也。从竹，龠声。以灼切。

【译文】籥，习字儿童所用而编成的竹简。从竹，龠声。

籀 liú

籀，竹声也。从竹，劉声。力求切。

【译文】籀，竹声。从竹，劉声。

簡 jiǎn

簡，牒也。从竹，間声。古限切。

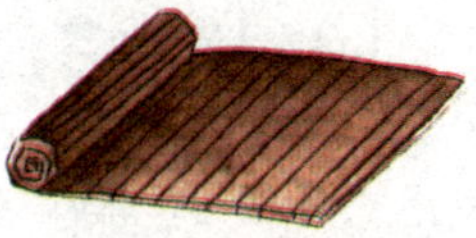

【译文】簡，用于书写的狭长竹片。从竹，間声。

笐 gāng

笐，竹列也。从竹，亢声。古郎切。

【译文】笐，竹子的行列。从竹，亢声。

篰 bù

篰，萹爰也。从竹，部声。薄口切。

【译文】篰，简册。从竹，部声。

等 děng

等，齐简也。从竹，从寺。寺，官曹之等平也。多肯切。

【译文】等，整齐的竹简。由竹、由寺会意。寺，是官署的竹简整齐的意思。

笵 fàn

笵，法也。从竹，竹，简书也；氾声。古法有竹刑。防妥切。

【译文】笵，法则。从竹，竹表示简册；氾表声。古代法律有竹刑。

箋 jiān

箋，表识书也。从竹，戔声。则前切。

【译文】箋，表明、识别的文字。从竹，戔声。

符 fú

符，信也。汉制以竹，长六寸，分而相合。从竹，付声。防无切。

【译文】符，取信之物。汉朝规定用竹，长六寸，分而相合以取信。从竹，付声。

筮 shì

筮，《易》卦用蓍也。从竹从巫。时制切。

【译文】筮，《易经》占卦用的蓍（shī）草。由竹、由巫会意。

笫 zǐ

笫，床箦也。从竹，㐂声。阻史切。

【译文】笫，竹编的床垫子。从竹，㐂声。

筵 yán

筵，竹席也。从竹，延声。《周礼》曰："度堂以筵。"筵一丈。以然切。

【译文】筵，铺在地面的竹席。从竹，延声。《周礼》说，"用筵为标准量度明堂。"筵长一丈。

簟 diàn

簟，竹席也。从竹，覃声。徒念切。

【译文】簟，竹席。从竹，覃声。

箪 dān

箪，笥也。从竹，單声。汉津令：箪，小筐

也。《传》曰[1]："箪食壶浆。"都寒切。

【译文】箪，圆形的盛饭和盛衣的竹器。从竹，單声。汉朝律令说，箪是小竹筐。古代文献说："用箪盛着饭食，用壶盛着酒浆。"

【注释】①《传》：泛指古代典籍。

箸 zhù

箸，饭攲也。从竹，者声。陟虑切。又，遅倨切。

【译文】箸，饭时取物的筷子。从竹，者声。

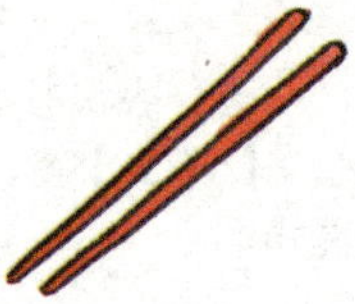

簍 lǒu

簍，竹笼也。从竹，婁声。洛侯切。

【译文】簍，竹编的笼子。从竹，婁声。

筤 làng

筤，籃也。从竹，良声。卢党切。

【译文】筤，竹笼。从竹，良声。

籃 lán

籃，大篝也。从竹，監声。鲁甘切。

【译文】籃，大烘笼。从竹，監声。

篝 gōu

篝，客也，可熏衣。从竹，冓声。宋楚谓竹篝墙以居也。古侯切。

【译文】篝，竹笼，可用来熏干衣服。从竹，冓声。宋楚地方叫熏笼作墙居。

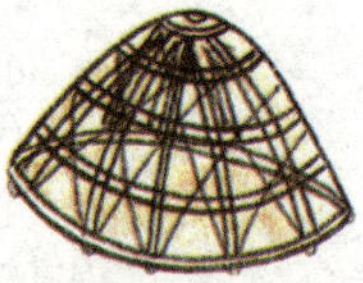

簋 guǐ

簋，黍稷方器也。从竹[1]，从皿，从皀。居洧切。

【译文】簋，盛黍稷的方形器皿。由竹、由皿、由皀会意。

【注释】①从竹句：此谓用"竹"编的器"皿"盛着"皀"。

竿 gān

竿，竹梃也。从竹，干声。古寒切。

【译文】竿，竹子挺直。从竹，干声。

笠 lì

笠，簦无柄也。从竹，立声。力入切。

【译文】笠，如簦而没有把。从竹，立声。

箱 xiāng

箱，大车牝服也[1]。从竹，相声。息良切。

【译文】箱，大车的车箱。从竹，相声。

【注释】①牝服：郑玄《周礼·考工记》注引郑司农说："牝服谓车箱，服读为负。"

篚 fěi

篚，车笭也。从竹，匪声。敷尾切。

【译文】篚，车笭。从竹，匪声。

箌 tán

箌，搔马也。从竹，剡声。丑廉切。

【译文】箌，洗刷马的污垢。从竹，剡声。

策 cè

策，马棰也[1]。从竹，束声。楚革切。

【译文】策，马鞭。从竹，束声。

【注释】①棰：即马鞭。

箠 chuí

箠，击马也。从竹，垂声。之垒切。

【译文】箠，击马。从竹，垂声。

笞 chī

笞，击也。从竹，台声。丑之切。

【译文】笞，鞭打。从竹，台声。

竽 yú

竽，管三十六簧也①。从竹，亏声。羽俱切。

【译文】竽，管乐，三十六簧。从竹，亏声。

【注释】①簧：乐器里用以振动发声的薄片。

簧 huáng

簧，笙中簧也。从竹，黄声。古者女娲作簧。户光切。

【译文】簧，笙管中用以振动发声的薄叶片。从竹，黄声。古时候女娲造簧。

笙 shēng

笙，十三簧。象凤之身也。笙，正月之音。物生，故谓之笙。大者谓之巢，小者谓之和。从竹，生声。古者随作笙。所庚切。

【译文】笙，十三簧。形状像凤鸟的身躯。笙，是正月之音。这时万物生长，所以叫它笙。大的叫作巢，小的叫作和。从竹，生声。古时候，一个名叫随的人制作了笙。

篎 miǎo

篎，小管谓之篎。从竹，眇声。亡沼切。

【译文】篎，小的管乐器叫作篎。从竹，眇声。

笛 dí

笛，七孔筩也①。从竹，由声。羌笛三孔。徒历切。

【译文】笛，七孔竹管乐器。从竹，由声。羌地的笛管三孔。

【注释】①筩：竹管。

筑 zhú

筑，以竹[击之成]曲①。五弦之乐也。从竹，从巩。巩，持之也。竹亦声。张六切。

【译文】筑。用竹尺敲击出各种乐曲。是五弦的乐器。由竹、由巩会意。巩，持握的意思。竹也表声。

【注释】①以竹：慧林《音义》引《说文》作"以竹击之成曲，五弦之乐。"此有脱文。

筝 zhēng

筝，鼓弦(竹)[筑]身乐也①。从竹，争声。侧茎切。

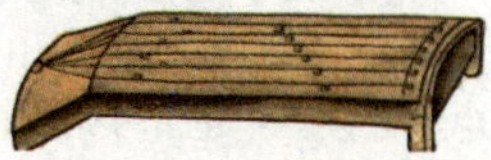

【译文】筝，拨弦的、像筑身的乐器。从竹，争声。

【注释】①鼓弦句："竹"当作"筑"。

算 suàn

算，数也。从竹，从具。读若筭①。苏管切。

【译文】算，计数。由竹、由具会意。音读像"筭"字。

【注释】①读若筭：《段注》："筭为算之器，算为筭之用。二字音同而义别。"

箕部

箕 jī

箕，簸也。从竹，𠀠，象形，下其丌也。凡箕之属皆从箕。居之切。

【译文】箕，簸箕。从竹，𠀠，像簸箕之形，下面的丌是它的垫座。大凡箕的部属都从箕。

簸 bǒ

簸，扬米去糠也。从箕，皮声。布火切。

【译文】簸，簸扬谷米，去掉糠秕。从箕，皮声。

丌部

丌 jī

丌，下基也。荐物之丌。象形。凡丌之属皆

从丌。读若箕同。居之切。

【译文】丌，物体的下基，安放物体的器具。象形。大凡丌的部属都从丌。音读像“箕”字，义同。

迈 jì

迈，古之遒人，以木铎记诗言。从辵，从丌，丌亦声。读与记同。居吏切。

【译文】迈，古代宣教之官，摇着木铎，沿途采记诗歌和方言。由辵、由丌会意。丌也表声。音读与“记”字相同。

典 diǎn

典，五帝之书也[①]。从册在丌上，尊阁之也。庄都说，典，大册也。多殄切。

【译文】典，五帝的书册。由“册”在“丌”上会意，把典册高高地搁架在丌上。庄都说：典是大册。

【注释】①五帝：徐锴《系传》：“据《孔子家语》，黄帝、颛顼、尧、舜、禹为五帝。”

畀 bì

畀，相付与之。约在阁上也。从丌[①]，由声。必至切。

【译文】畀，把东西交付给别人。东西捆绑好放在阁板上，所以从丌，由声。

【注释】①从丌：《段注》：“古者物相与必有藉，藉即阁也。故其字从丌。”

巽 xùn

巽，具也。从丌，卂声。苏困切。

【译文】巽，具备。从丌，卂声。

奠 diàn

奠，置祭也。从酋。酋，酒也。下其丌也。《礼》有奠祭者。堂练切。

【译文】奠，置酒食祭奠。从酋。酋，就是酒。下面是垫放酒食的几席之类。《礼》经上有以奠为祭的。

左部

左 zuǒ

左[①]，手相左助也。从𠂇工。凡左之属皆从左。则个切。

【译文】左，用手相辅佐、帮助。由“𠂇”和“工”会意。大凡左的部属都从左。

【注释】①左：《段注》：“左者，今之佐字。”

差 chāi

差，贰也。差不相值也。从左，从𠂹。初牙切，又，楚佳切。

【译文】差，差贰，不相当的意思。由左、由𠂹会意。

工部

工 gōng

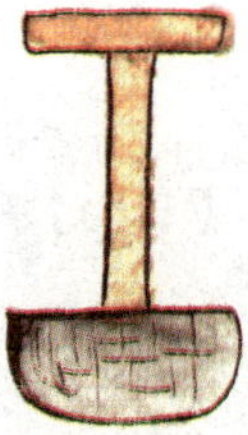

工，巧饰也。象人有规榘也。与巫同意。凡工之属皆从工。古红切。

【译文】工，巧于文饰。像人手中有规榘形。与巫字构形从工同意。大凡工的部属都从工。

式 shì

式，法也。从工，弋声。赏职切。

【译文】式，法式。从工，弋声。

巧 qiǎo

巧，技也。从工，丂声。苦绞切。

【译文】巧，技能。从工，丂声。

巨 jù

巨，规巨也[①]。从工，象手持之。其吕切。

【译文】巨，规矩的矩。从工，像用手握着矩。

【注释】① 规巨：巨同矩，木工用的方尺。

㠭部

㠭 zhǎn

㠭，极巧视之也。从四工。凡㠭之属皆从㠭。知衍切。

【译文】㠭，极巧地视察着。由四个“工”字会意。大凡㠭的部属都从㠭。

𡨄 sāi

𡨄，窒也。从㠭，从収；窒宀中。㠭犹齐也。穌则切。

【译文】𡨄，填塞。由㠭、由収会意，表示捧着整齐之物填在屋中。㠭，犹如说整齐。

巫部

巫 wū

巫，祝也。女能事无形，以舞降神者也。象人两褎舞形。与工同意。古者巫咸初作巫。凡巫之属皆从巫。武扶切。

【译文】巫，巫祝。女人之能奉事神祇，并能凭借歌舞使神祇降临的人。像人两袖起舞的样子。与“工”字构形同意。古时候，巫咸初作巫术。大凡巫的部属都从巫。

覡 xí

覡，能斋肃事神明也。在男曰覡，在女曰巫。从巫，从見。胡狄切。

【译文】覡，能斋戒、恭敬而奉事神明的人。男的叫覡，女的叫巫。由巫、由見会意。

甘部

甘 gān

甘，美也[①]。从口含一；一，道也。凡甘之属皆从甘。古三切。

【译文】甘，美味。由“口”含“一”会意；一，表示味道。大凡甘的部属都从甘。

【注释】① 美：《段注》：“羊部曰：‘美，甘也。’甘为五味之一，而五位之可口皆曰甘。”

猒 yàn

猒，饱也。从甘，从肰。于盐切。

【译文】猒，饱足。由甘、由肰会意。

甚 shèn

甚，尤安乐也。从甘，从匹耦也。常枕切。

【译文】甚，异常安乐。由甘、由匹耦之匹字会意。

曰部

曰 yuè

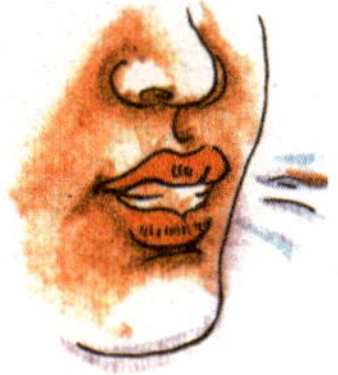

曰，词也。从口，乙声，亦象口气出也。凡曰之属皆从曰。王伐切。

【译文】曰，语助词。从口，乙声，也像口上有气冒出。大凡曰的部属都从曰。

曷 hé

曷，何也。从曰，匃声。胡葛切。

【译文】曷，何。从曰，匃（gài）声。

沓 tá

沓，语多沓沓也。从水，从曰。辽东有沓县[①]。徒合切。

【**译文**】沓，话多沓沓如流水。由水、由曰会意。辽东郡有沓氏县。

【**注释**】①沓县：汉属辽东郡。约在今辽东省金县东南。

曹 cáo

曹，狱之两曹也。在廷东。从㯥，治事者；从曰。昨牢切。

【**译文**】曹，打官司的原告和被告。都在法庭的东边。从㯥，（㯥）是管理打官司的人；从曰。

乃部

乃 nǎi

乃，曳词之难也[①]。象气之出难。凡𠄎之属皆从𠄎。奴亥切。

【**译文**】乃，出词很难。像语气出口困难的样子。大凡𠄎的部属都从𠄎。

【**注释**】①曳词之难：曳当作申。唐写本玉篇引作“申辞之难也”。申词，出词。

丂部

丂 kǎo

丂，气欲舒出。ㄅ上碍于一也。丂，古文以为亏字，又以为巧字。凡丂之属皆从丂。苦浩切。

【**译文**】丂，气想舒展出來，ㄅ像欲舒出之气上面为“一”所阻碍。丂，古文借为于字，又借为巧字。大凡丂的部属都从丂。

寧 nìng

寧，愿词也[①]。从丂，寍声。奴丁切。

【**译文**】寧，表示宁愿的词。从丂，寍声。

【**注释**】①愿词：徐锴《系传》：“今人言宁可如此，是愿如此也。古人云：‘宁饮建业水。’是也。”

可部

可 kě

可，肯也。从口丂，丂亦声。凡可之属皆从可。肯我切。

【**译文**】可，肯许。由口、丂会意，丂也表声。大凡可的部属都从可。

奇 qí

奇，异也。一曰：不耦。从大，从可。渠羁切。

【**译文**】奇，殊异。另一义说，不成双数。由大、由可会意。

哿 gě

哿，可也。从可，加声。《诗》曰：“哿矣富人。”古我切。

【**译文**】哿，欢乐。从可，加声。《诗经》说：“欢乐啊，富人们。”

哥 gē

哥，声也。从二可。古文以为謌字。古俄切。

【**译文**】哥，歌声。由两个可字会意。古文把它作为謌（歌）唱字。

兮部

兮 xī

兮，语所稽也。从丂，八象气越亏也。凡兮之属皆从兮。胡鸡切。

【**译文**】兮，语气停留。从丂，八像气分散而舒扬。大凡兮的部属都从兮。

乎 hū

乎，语之余也。从兮，象声上越扬之形也。户吴切。

【**译文**】乎，语句的余声。从兮，（丿）像声气上升越扬的形状。

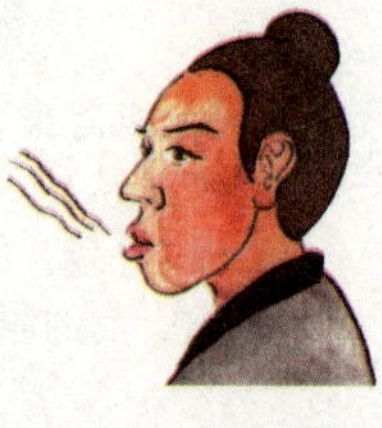

羲 xī

羲，气也。从兮，義声。许羁切。

【译文】羲，气。从兮，義声。

号部

号 hào

号，痛声也。从口，在丂上。凡号之属皆从号。胡到切。

【译文】号，号啕痛哭声。由“口”在“丂”上会意。大凡号的部属都从号。

號 háo

號，呼也。从号，从虎。乎刀切。

【译文】號，高叫。由号、由虎会意。

亏部

亏 yú

亏，于也。象气之舒亏。从丂，从一。一者，其气平之也。凡亏之属皆从亏。羽俱切。

【译文】亏，于。像口气的舒展平直。由丂、由一会意。一，表示那口气的平直。大凡亏的部属都从亏。

虧 kuī

虧，气损也。从亏，雐声。去为切。

【译文】虧，气亏损。从亏，雐（hū）声。

粤 yuè

粤，亏也。审慎之词者。从亏，从宷。《周书》曰：“粤三日丁亥。”王伐切。

【译文】粤，（发语助词）于。是审度慎重的词。由亏、由宷会意。《周书》说：“三日丁亥。”

平 píng

平，语平舒也。从亏，从八。八，分也。爰礼说。符兵切。

【译文】平，语气平直舒展。由亏、由八会意。八，表示分匀。是爰礼的说法。

旨部

旨 zhǐ

旨[1]，美也。从甘，匕声。凡旨之属皆从旨。职雉切。

【译文】旨，味美。从甘，匕声。大凡旨的部属都从旨。

【注释】①旨：味美。《诗经·小雅·頍弁》：“尔酒既旨，尔肴既嘉。”郑玄笺：“旨、嘉，皆美也。”

嘗 cháng

嘗，口味之也。从旨，尚声。市羊切。

【译文】嘗，口试其味。从旨，尚声。

喜部

喜 xǐ

喜，乐也。从壴，从口[1]。凡喜之属皆从喜。虚里切。

【译文】喜，快乐。由壴、由口会意。大凡喜的部属都从喜。

【注释】①从壴，从口：朱骏声《通训定声》：“闻乐则乐，故从壴；乐形于谈笑，故从口。”

憙 xǐ

憙，说也。从心，从喜，喜亦声。许记切。

【译文】憙，喜悦。由心、由喜会意，喜也表声。

嚭 pǐ

嚭，大也。从喜，否声。《春秋传》：吴有太宰嚭。匹鄙切。

【译文】嚭，大。从喜，否声。《春秋左传》：吴国有太宰叫嚭。

壴部

尌 shù

尌，立也。从壴；从寸，持之也。读若驻。常句切。

【译文】尌，树立。由壴、由寸会意，寸表示用手持握着鼓。音读像“驻”字。

彭 péng

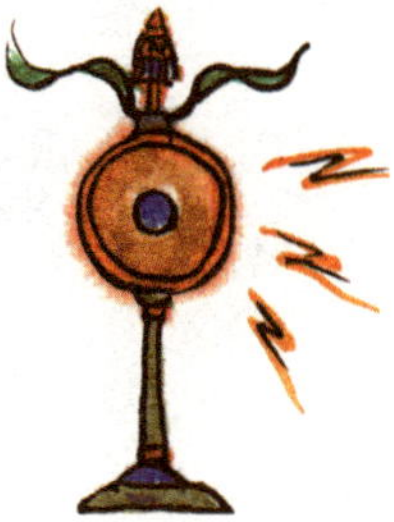

彭①，鼓声也。从壴，彡声。薄庚切。

【译文】彭，鼓声。从壴，彡声。

【注释】①彭：李孝定《甲骨文字集释》：“鼓之音读即象伐鼓之声。从壴，即鼓之初字。”

嘉 jiā

嘉，美也。从壴，加声。古牙切。

【译文】嘉，美善。从壴，加声。

鼓部

鼓 gǔ

鼓，郭也。春分之音，万物郭皮甲而出，故谓之鼓。从壴，支象其手击之也。《周礼》六鼓：靁鼓八面，灵鼓六面，路鼓四面，鼖鼓、皋鼓、晋鼓皆两面。凡鼓之属皆从鼓。工户切。

【译文】鼓，用皮包廓蒙覆的乐器。是春分时节的音乐，万物包廓着皮壳长出来，所以叫作鼓。从壴；支，像手持槌击鼓。《周礼》的六鼓是：雷鼓有八面，灵鼓有六面，路鼓有四面，鼖鼓、皋鼓、晋鼓都是两面。大凡鼓的部属都从鼓。

岂部

岂 qǐ

岂，还师振旅乐也。一曰：欲也，登也。从豆，微省声。凡岂之属皆从岂。墟喜切。

【译文】岂，得胜归来使军队振奋的乐曲。另一义说，是希望之意，是升登之意。从豆，微省去彳攴为声。大凡岂的部属都从岂。

愷 kǎi

愷①，康也。从心、岂，岂亦声。苦亥切。

【译文】愷，康乐。由心、岂会意，岂也表声。

【注释】①愷：朱骏声《通训定声》：“按：岂愷实同字，后人加心耳。亦作凯，从岂，几声。”

豆部

豆 dòu

豆，古食肉器也。从口，象形。凡豆之属皆从豆。徒候切。

【译文】豆，古代吃肉盛用的器皿。从口，象形。大凡豆的部属都从豆。

梪 dòu

梪，木豆谓之梪。从木、豆。徒候切。

【译文】梪，木制的豆器叫作梪。由木、豆会意。

薆 jǐn

薆，蠡也。从豆，蒸省声。居隐切。

【译文】薆，瓠瓢。从豆，蒸省声。

豌 wān

豌，豆饴也。从豆，夗声。一丸切。

【译文】豌，芽豆煎成的糖。从豆，夗声。

登 dēng

登，礼器也。从収持肉在豆上。读若镫同。都滕切。

【译文】登，礼器。由“収”（双手）持握着“肉”放在“豆”器上。音读与“镫”字相同。

豊部

豊 lǐ

豊，行礼之器也。从豆，象形。凡豊之属皆从豊。读与礼同。卢启切。

【译文】豊，祭祀行礼的器皿。从豆，象形。大凡豊的部属都从豊。音读与“礼”字相同。

䵑 zhì

䵑，爵之次弟也[①]。从豊，从弟[②]。《虞书》曰：“平䵑东作。”直质切。

【译文】䵑，爵的次序。由豊、由弟会意。《虞书》说：“辨别并依次测定太阳东升的时刻。”

【注释】①爵：《段注》：“凡酒器皆曰爵。”②从豊，从弟：《段注》：“爵者，行礼之器，故从豊；由次弟，故从弟。”

豐部

豐 fēng

豐，豆之丰满者也。从豆，象形。一曰：《乡饮酒》有丰侯者。凡丰之属皆从丰。敷戎切。

【译文】豐，豆器盛物丰满的样子。从豆，象形。另一义说，《乡饮酒礼》上有叫丰的侯国。大凡丰的部属都从丰。

豔 yàn

豔，好而长也。从豐。豐，大也。盍声。《春秋传》曰：“美而艳。”以赡切。

【译文】豔，容色美好而又颀长。从豐；豐，表示长大。盍声。《春秋左传》说：“美好而又容色丰满。”

䖒部

䖒 xī

䖒，古陶器也。从豆，虍声。凡䖒之属皆从䖒。许羁切。

【译文】䖒，古陶器。从豆，虍（hū）声。大凡䖒的部属都从䖒。

號 hào

號，土鍪也。从䖒，号声。读若镐。胡到切。

【译文】號，敞口陶锅。从䖒，号声。音读像“镐”字。

虍部

虍 hū

虍，虎文也。象形。凡虍之属皆从虍。荒乌切。

【译文】虍，老虎的斑纹。象形。大凡虍的部属都从虍。

虞 yú

虞，驺虞也。白虎黑文，尾长于身。仁兽，食自死之肉。从虍，吴声。《诗》曰：“于嗟乎，驺虞。”五俱切。

【译文】虞，驺（zōu）

虞。白色的老虎，黑色的花纹，尾巴比身体长。是仁爱的野兽，吃自死之兽的肉。从虍，吴声。《诗经》说："唉哟！真是驺虞啊。"

虙 fú

虙，虎皃。从虍，必声。房六切。

【译文】虙，老虎的样子。从虍，必声。

虔 qián

虔，虎行皃。从虍，文声。读若矜。渠焉切。

【译文】虔，老虎行步坚定的样子。从虍，文声。音读像"矜"字。

虐 nüè

虐，残也。从虍，虎足反爪人也。鱼约切。

【译文】虐，残害。从虍，像虎爪翻过来抓人。

虎部

虎 hǔ

虎，山兽之君。从虍，虎足象人足。象形。凡虎之属皆从虎。呼古切。

【译文】虎，山中野兽的君长。从虍，"虎"字的足，像"人"字的足。像虎蹲踞之形。大凡虎的部属都从虎。

彪 biāo

彪，虎文也。从虎，彡象其文也[①]。甫州切。

【译文】彪，老虎的花纹。从虎，彡像虎身上的花纹。

【注释】①彡：《段注》："彡，毛、饰、画、文也。故虎文之字从之。"

虢 guó

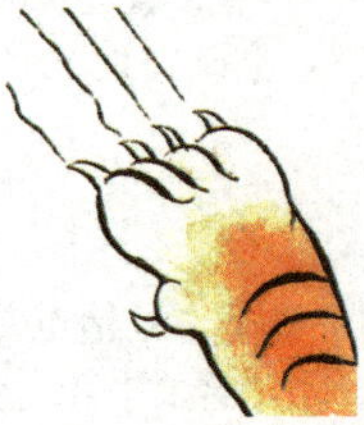

虢，虎所攫画明文也[①]。从虎，寽声。古伯切。

【译文】虢，老虎爪子攫画的清楚的痕迹。从虎，寽声。

【注释】①所攫画明文：所攫所画之明文。

虩 xì

虩，《易》："履虎尾，虩虩。"恐惧。一曰：蝇虎也。从虎，㬰声。许隙切。

【译文】虩，《易经》："踩着老虎尾巴，虩虩而惧。"虩虩，恐惧之貌。另一义说，虩是蝇虎。从虎，㬰声。

虒 sī

虒，委虒，虎之有角者也。从虎，厂声。息移切。

【译文】虒，委虒，虎中有角的一种。从虎，厂声。

虤部

虤 yán

虤，虎怒也。从二虎。凡虤之属皆从虤。五闲切。

【译文】虤，老虎发怒。由两个虎字会意。大凡虤的部属都从虤。

皿部

皿 mǐn

皿，饭食之用器也。象形。与豆同意。凡皿之属皆从皿。读若猛。武永切。

【译文】皿，盛饭食的用器。象形。

与豆字构形同意。大凡皿的部属都从皿。音读像“猛”字。

盂 yú

盂，饭器也。从皿，亏声。羽俱切。

【译文】盂，盛饭的器皿。从皿，亏声。

盛 chéng

盛，黍稷在器中以祀者也。从皿，成声。氏征切。

【译文】盛，放在器皿里用以祭祀的黍稷。从皿，成声。

盎 àng

盎，盆也[1]。从皿，央声。乌浪切。

【译文】盎，盆类器皿。从皿，央声。

【注释】①盆：《急就篇》第三章颜师古注：“缶、盆、盎一类耳。缶即盎也，大腹而敛口；盆则敛底而宽上。”

盆 pén

盆，盎也。从皿，分声。步奔切。

【译文】盆，盎类器皿。从皿，分声。

醯 xī

醯，酸也。作酰以鬻以酒。从鬻、酒并省，从皿。皿，器也。呼鸡切。

【译文】醯，醋。用粥、用酒做成醋。由鬻、酒一并省成“酰”，再与“皿”组合会意。皿，是器皿。

益 yì

益，饶也。从水、皿。皿益之意也[1]。伊昔切。

【译文】益，富饶有余。由“水”在“皿”上会意，表示“皿”中满溢出水来的意思。

【注释】①皿益：谓皿水溢出。

盉 hé

盉，调也。从皿，禾声。户戈切。

【译文】盉，调味。从皿，禾声。

盈 yíng

盈，满器也。从皿、夃。以成切。

【译文】盈，贮满器皿。由皿、夃会意。

盡 jìn

盡[1]，器中空也。从皿，㶳声。慈刃切。

【译文】盡，器物中空。从皿，㶳声。

【注释】①盡：《左传·宣公二年》：“（宣子）使尽之，而为箪食与肉，寘诸橐以与之。”

盅 chōng

盅，器虚也。从皿，中声。《老子》曰：“道盅而用之。”直弓切。

【译文】盅，器皿空虚。从皿，中声。《老子》说：“道虚而使用它。”

盦 ān

盦，覆盖也。从皿，酓声。乌合切。[1]

【译文】盦，覆盖。从皿，酓声。

【注释】①合：《段注》：“合当作含。”

𥁕 wēn

𥁕，仁也。从皿，以食囚也。官溥说。乌浑切。

【译文】𥁕，温仁。从皿，用“皿”器让“囚”犯吃饮。是官溥的说法。

盥 guàn

盥，澡手也。从臼水临皿。《春秋传》曰：“奉匜沃盥。”古玩切。

【译文】盥，洗手。由表示两手的“臼”承“水”临于盘“皿”之上会意。《春秋左传》说："（怀嬴）捧着灌水的匜浇水，（重耳）洗手。"

凵部

凵 qū

凵，凵卢，饭器，以柳为之。象形。凡凵之属皆从凵。去鱼切。

【译文】凵，凵卢，盛饭的器皿，用柳条编织成。象形。大凡凵的部属都从凵。

去部

去 qù

去，人相违也。从大，凵声。凡去之属皆从去。丘据切。

【译文】去，人离开某地。从大，凵声。大凡去的部属都从去。

朅 qiè

朅，去也。从去，曷声。丘竭切。

【译文】朅，离开。从去，曷声。

䟓 líng

䟓，去也。从去，夌声。读若陵。力膺切。

【译文】䟓，离开。从去，夌声。音读像"陵"字。

血部

血 xuè

血，祭所荐牲血也。从皿，一象血形。凡血之属皆从血。呼决切。

【译文】血，祭祀时献给神明的牲畜的血。从皿，一象血形。大凡血的部属都从血。

衁 huāng

衁，血也。从血，亡声。《春秋传》曰[①]："士刲羊，亦无衁也。"呼光切。

【译文】衁，血。从血，亡声。《春秋左传》说："士人刺杀了羊，却没有血。"

【注释】①《春秋传》：指《左传·僖公十五年》。

衃 pēi

衃[①]，凝血也。从血，不声。芳杯切。

【译文】衃，淤血。从血，不声。

【注释】①衃：《素问·五藏生成论》："赤如衃血者死。"王冰注："衃血，谓败恶凝聚之血，色赤黑也。"

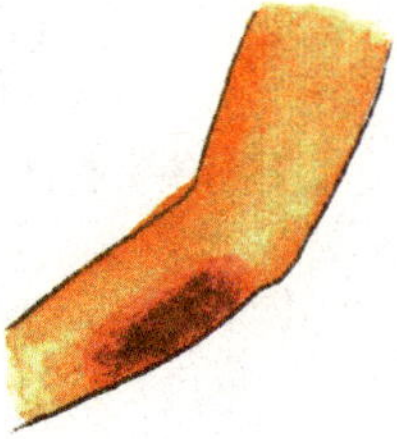

㶳 jīn

㶳[①]，气液也。从血，𦘒声。将邻切。

【译文】㶳，气血的津液。𦘒血，穿声。

【注释】①㶳：《段注》："此字各书皆假'津'（渡水）为之。"

甹 tíng

甹[①]，定息也。从血，甹省声。读若亭。特丁切。

【译文】甹，安定、停息。从血，甹省声。音读像"亭"字。

【注释】①甹：王筠《句读》"停者，甹之俗字。""人劳则息不循其常，小㵟以安定之也。"

衄 nǜ

衄，鼻出血也。从血，丑声。女六切。

【译文】衄，鼻出血。从血，丑声。

盥 nǒng

盥，肿血也[①]。从血，農省声。奴冬切。

【译文】盥，肿块的脓血。从血，農省声。

【注释】①肿血：《段注》："肿，癰（yōng，毒疮）也。停滞之血则为盥。"

監 tǎn

監，血醢也[①]。从血，肬声[②]。《礼记》有盬醢[3]，以牛干脯、粱、䴹、盐、酒也。他感切。

【译文】盬，和血的肉酱。从血，肬声。《礼经》有盬和醢，用干牛肉片、谷子、发酵的曲母、盐和酒酿制而成。

【注释】① 血醢（hǎi）：《段注》："以血为醢，故字从血。" ② 肬（tǎn）声：徐铉："肬，肉汁滓也。故从肬，肬亦声。" ③《礼记》：当依《段注》删"记"字，段氏说："《礼记》《周书》皆云醢醢，非出于《记》也。"

𧖴 jī

𧖴，以血有所刏涂[1]，祭也[2]。从血，幾声。渠稀切[3]。

【译文】𧖴，用血在划破的地方涂抹，是祭祀的一种仪式。从血，幾声。

【注释】① 以血：桂馥《义证》引赵宧光说："釁钟、釁庙，皆以血涂其隙为用，而通谓之血祭。" 刏（jī）涂：王筠《句读》："刏，划伤也。涂，如涂丹雘之涂。刏涂者，谓刏而涂之也。" ② 祭：王筠《句读》："祭也者，谓𧖴为祭礼中之一名也。" ③ 拼音依《广韵》居依切。

卹 xù

卹，忧也。从血，卩声。一曰：鲜少也[1]。辛聿切。

【译文】卹，忧虑。从血，卩声。另一义说，恤是少。

【注释】① 鲜少：同义复合。

衋 xì

衋，伤痛也。从血、聿[1]，皕声。《周书》曰[2]："民（冈）[罔]不衋伤心。" 许力切。

【译文】衋，悲伤痛苦。由血、聿会意，皕声。《周书》说："老百姓没有人不悲痛伤心。"

【注释】①从血、聿：聿，从又持巾。此谓用手持巾洗刷流血的伤口。②《周书》：指《酒诰》。

衉 kàn

衉，羊凝血也[1]。从血，臽声。苦钳切。

【译文】衉，羊的凝结了的血。从血，臽声。

【注释】① 羊凝血：即牲畜的血凝合后切片所做的羹汁。徐锴《系传》："衉，血羹也。" 王筠《句读》引《证俗音》说："南方谓凝牛羊鹿血为衉。"

衊 miè

衊，污血也。从血，蔑声。莫结切。

【译文】衊，污浊的血。从血，蔑声。

丶部

丶 zhǔ

丶，有所绝止，丶而识之[1]。凡丶之属皆从丶。知庾切。

【译文】丶，有断绝、停止的地方，打丶号标志它。大凡丶的部属都从丶。

【注释】① 丶而识之：朱骏声《通训定声》："今诵书，点其句读，亦其一端也。"

主 zhǔ

主，镫中火主也。从𡈼，象形。从丶[1]，丶亦声。之庾切。

【译文】主，灯中的火炷。从𡈼，像灯盏、灯架之形；从丶；丶也表声。

【注释】① 从丶：《段注》："丶、主古今字。主丶炷亦古今字。" 朱骏声《通训定声》："丶像火炎上，其形同丶（表绝止的丶），实非丶字。"

咅 pǒu

咅，相与语，唾而不受也。从丶，从否[1]，否亦声[2]。天口切[3]。

【译文】咅，一起说话，（一方对另一方）唾弃而不听受。由丶、由否会意，丶也表声。

【注释】① 从丶，从否：《段注》："不部曰：'否，不也。' 从丶否者，主于不然也。" ② 否：当从《段注》作"丶"，段氏说"或字从豆声，豆与丶同部。" ③ 天口切：当音 tǒu。今作"哣"；pǒu 音变为 pēi，今作"呸"。

丹部

丹 dān

丹，巴越之赤石也。象采丹井，一象丹形。凡丹之属皆从丹。都寒切。

【译文】丹，巴郡、南越出产的朱砂。像采掘朱砂的井，一像朱砂形。大凡丹的部属都从丹。

雘 huò

雘，善丹也。从丹，蒦声。《周书》曰："惟其敷丹雘。"读若隺[霍]。乌郭切。

【译文】雘，美好的朱砂。从丹，蒦声。《周书》说："应该涂抹好美好的颜料。"音读像"霍"字。

彤 tóng

彤，丹饰也。从丹，从彡。彡，其画也。徒冬切。

【译文】彤，用红色涂饰器物。由丹、由彡会意。彡表示涂饰。

青部

青 qīng

青，东方色也。木生火，从生、丹。丹青之信，言(象)[必]然[①]。凡青之属皆从青。仓经切。

【译文】青，代表东方的颜色。木生火，(丹、火都是赤色)，所以由生、丹会意。"丹青之信"这句话，是说一定这样。大凡青的部属都从青。

【注释】①象：段桂王朱钱均作"必"。

静 jìng

静，审也。从青，争声。疾郢切。

【译文】靜，明审。从青，争声。

井部

井 jǐng

井，八家一井，象构韩形，·罋之象也。古者伯益初作井。凡井之属皆从井。子郢切。

【译文】井，八家共汲一井，(井)像四周构架的木栏形，是汲缾的样子。古时候叫伯益的最初作井。大凡井的部属都从井。

阱 jǐng

阱，陷也。从𨸏，从井，井亦声。疾正切。

【译文】阱，陷阱。由𨸏、由井会意，井也表声。

刑 xíng

刑，罚辠也。从井，从刀。《易》曰："井，法也。"井亦声。户经切。

【译文】刑，惩罚罪过。由井、由刀会意。《易经》说："井水之平，是法律的象征。"井也表声。

剏 chuàng

剏，造法剏业也。从井，刅声。读若创。初亮切。

【译文】剏，创造法则，创造事物。从井，刅声。音读像"创伤"的"创"字。

皀部

皀 xiāng

皀，谷之馨香也。象嘉谷在裹中之形；匕，所以扱之。或说，皀，一粒也。凡皀之属皆从皀。又读若香。皮及切。

【译文】皀，谷的芬芳的香气。(白)像美好的谷子在谷皮之中的样子；匕，是用来取饭的工具。另一义说，皀是一粒。大凡皀的部属都从皀。又，音读像"香"字。

即 jí

即①，即食也。从皀，卩声。子力切。

【译文】即，人就食。从皀，卩声。

【注释】①即：本义是去就、靠近。《周易·鼎》：“鼎有实，我仇有疾，不我能即。”孔颖达疏：“即，就也。”《诗经·卫风·氓》：“匪来贸丝，来即我谋。”郑玄笺：“即，就也。”

既 jì

既，小食也。从皀，旡声。《论语》曰：“不使胜食既。”居未切。

【译文】既，小的食物。从皀，旡声。《论语》说：“不使肉食胜过米食。”

鬯部

鬯 chàng

鬯，以秬酿郁艹，芬芳（攸服）[条畅]，以降神也。从凵，凵，器也；中象米；匕，所以扱之。《易》曰：“不丧匕鬯。”凡鬯之属皆从鬯。丑谅切。

【译文】鬯，用黑黍酒和郁金香草酿在一起，使它芬芳条畅，用以降神。从凵，凵，是盛饭食的器具；中间像米；匕，是取食的勺子。《易经》说：“不丧失勺子里的鬯酒。”大凡鬯的部属都从鬯。

鬱 yù

鬱，芳艹也。十叶为贯，百廾贯筑以煮之为鬱。从臼、冖、缶、鬯，彡，其饰也。一曰：鬱鬯，百艹之华，远方鬱人所贡芳艹，合酿之以降神。鬱，今鬱林郡也。迂勿切。

【译文】鬱，香草。十片草叶是一贯，以一百二十贯草叶舂捣它，烹煮它，叫作鬱。由臼、冖、缶、鬯会意，彡表示盛鬱器物的装饰品。另一义说，鬱是鬱鬯。由中原百草的花和远方的鬱地人贡献的芳草，混合酝酿在一起，用以降神。鬱地，即今天的鬱林郡。

爵 jué

爵，礼器也。象爵之形，中有鬯酒，又持之也。所以饮。器象爵者，取其鸣节节足足也。即略切。

【译文】爵，行礼用的酒器。像雀之形，中间有鬯酒，“又”表示用手持握着。是用来饮酒的器皿。饮器像雀的缘故，是取其注酒声像雀鸣声节节足足。

食部

食 shí

食，一米也。从皀，亼声。或说：亼皀也。凡食之属皆从食。乘力切。

【译文】食，聚集的米。从皀，亼声。另一义说，（食）由亼、皀会意。

飴 yí

飴，米糱煎也。从食，台声。与之切。

【译文】飴，米芽煎熬而成的糖浆。从食，台声。

餅 bǐng

餅，面餈也。从食，并声。必郢切。

【译文】餅，用面粉制成的扁圆形的食品。从食，并声。

籑 zhuàn

籑，具食也。从食，算声。士恋切。

【译文】籑，准备或陈列饮食。从食，算声。

養 yǎng

養①，供养也。从食，羊声。余两切。

【译文】養，供给养护。从食，羊声。

【注释】①養：本义

是养育。《周易·颐》："天地养万物。"

飯 fàn

飯，食也。从食，反声。符万切。

【译文】飯，煮熟的谷类食物。从食，反声。

餐 cān

餐，吞也。从食，𣦼声。七安切。

【译文】餐，吞吃。从食，𣦼声。

餔 bū

餔，日加申时食也[①]。从食，甫声。博狐切。

【译文】餔，日头在申时吃晚饭。从食，甫声。

【注释】①日加申：谓日在申时。申时食即夕食。《三苍》："餔，夕食也。"谓申时食。

𩟗 lián

𩟗，叽也。从食，兼声。读若风溓溓。一曰：廉洁也。力盐切。

【译文】𩟗，小吃。从食，兼声。音读像"风溓溓"的"溓"字。另一义说：𩟗是廉洁。

飽 bǎo

飽[①]，猒也。从食，包声。博巧切。

【译文】飽，吃饱。从食，包声。

【注释】①飽：吃个够。《诗经·秦风·权舆》："今也每食不饱。"《论语·学而》："君子食无求饱，居无求安。"

饒 ráo

饒，饱也。从食，尧声。如昭切。

【译文】饒，(很)饱。从食，尧声。

餘 yú

餘，饶也。从食，余声。以诸切。

【译文】餘，丰足。从食，余声。

館 guǎn

館，客舍也。从食，官声。《周礼》：五十里有市，市有馆，馆有积，以待朝聘之客。古玩切。

【译文】館，接待宾客的房屋。从食，官声。《周礼》说：每五十里有集市，集市上有馆舍，馆舍里有聚积的粮草，用以接待朝拜、问候的宾客。

饕 tāo

饕，贪也。从食，號声。土刀切。

【译文】饕，贪食。从食，號声。

飻 tiè

飻，贪也。从食，殄省声。《春秋传》曰："谓之饕飻。"他结切。

【译文】飻，贪食。从食，殄省声。《春秋左传》说："叫它作饕餮。"

饖 wèi

饖，饭伤热也。从食，歲声。于废切。

【译文】饖，饭因暑热而臭败。从食，歲声。

饐 yì

饐，饭伤湿也。从食，壹声。乙冀切。

【译文】饐，钣因湿郁而腐臭。从食，壹声。

餲 ài

餲，饭餲也。从食，曷声。《论语》曰："食饐而餲。"乙例切。又，乌介切。

【译文】餲，饭经久变味。从食，曷声。《论语》说："饭食腐臭而变味。"

饉 jǐn

饉，蔬不孰為馑。从食，堇声。渠吝切。

【译文】饉，蔬菜不熟叫馑。从食，堇声。

饑 jī

饑[①]，谷不孰为饥。从食，幾声。居衣切。

【译文】饑，五谷不熟叫饥。从食，幾声。

【注释】①饑：饥荒。《诗经·小雅·雨无正》："降丧饥馑，斩伐四国。"毛亨传："谷不熟曰饥，蔬不熟曰馑。"

飢 jī

飢，饿也。从食，几声。居夷切。

【译文】飢，饥饿。从食，几声。

餓 è

餓，饥也。从食，我声。五个切。

【译文】餓，饥饿。从食，我声。

亼部

合 hé

合，合口也。从亼，从口。候阁切。

【译文】合，两口相合。由亼、由口会意。

今 jīn

今，是时也。从亼，从乛。乛，古文及。居音切。

【译文】今，（目前）这个时候。由亼、由乛会意。乛，古文及字。

侖 lún

侖，思也。从亼，从冊。力屯切。

【译文】侖，思理。由亼、由冊会意。

舍 shè

舍，市居曰舍。从亼、屮，象屋也；口象筑也。始夜切。

【译文】舍，宾客居住的房子叫舍。从亼、屮，像屋；口像筑的垣墙。

會部

會 huì

會，合也。从亼，从曾省。曾，益也。凡会之属皆从會。黄外切。

【译文】會，会合。由亼、由曾省会意。曾，表示增益。大凡会的部属都从會。

朇 pí

朇，益也。从會，卑声。符支切。

【译文】朇，增益。从會，卑声。

倉部

倉 cāng

倉，谷藏也。仓黄取而藏之，故谓之仓。从食省，口象仓形。凡仓之属皆从仓。七冈切。

【译文】倉，谷米收藏的地方。趁谷成熟颜色苍黄之时，收藏它，所以叫作仓。（𠆯）像食字的省略，口像仓的形状。大凡仓的部属都从仓。

牄 qiāng

牄，鸟兽来食声也。从倉，爿声。《虞书》曰："鸟兽牄牄。"七羊切。

【译文】牄，鸟兽来吃食的声音。从倉，爿声。《虞书》说："飞鸟走兽，牄牄而舞。"

入部

入 rù

入[①]，内也。象从上俱下也。凡入之属皆从入。人汁切。

【译文】入，进入。像从上面都下来。大凡入的部属都从入。

【注释】①入：《尚书·君陈》："尔有嘉谋嘉猷，则入告尔后于内。"

内 nèi

内[①]，入也。从冂，自外而入也。奴对切。

【译文】内，进入。从冂，（入）像从外面进入。

【注释】①内：里面。《左传·庄公十四年》："国内之民，其谁不为臣！"

仝 quán

仝，完也。从入，从工。疾缘切。

【译文】仝，完好。由入、由工会意。

缶部

缶 fǒu

缶，瓦器。所以盛酒浆。秦人鼓之以节歌。象形。凡缶之属皆从缶。方九切。

【译文】缶，陶器。用来盛酒浆的器皿。秦地人敲击着它来为唱歌打拍子。象形。大凡缶的部属都从缶。

瑴 kòu

瑴，未烧瓦器也。从缶，㱿声。读若筩莩。又苦候切。

【译文】瑴，未经烧制的陶器。从缶，㱿声。音读像竹筒中莩皮的"莩"字。

匋 táo

匋，瓦器也。从缶，包省声。古者昆吾作匋。案：《史篇》读与缶同。徒刀切。

【译文】匋，用陶土烧制的器皿。从缶，包省声。古时候名叫昆吾的制作陶器。按：《史籀篇》"陶"的音读与"缶"字同。

罂 yīng

罂，缶也。从缶，賏声。乌茎切。

【译文】罂，缶器。从缶，賏（yīng）声。

䓨 yīng

䓨，备火，长颈缾也。从缶，荧省声。乌茎切。

【译文】䓨，又叫备火，即长颈瓶。从缶，荧省火为声。

缸 gāng

缸，瓦也[①]。从缶，工声。下江切。

【译文】缸，陶器。从缶，工声。

【注释】①瓦：各本均作"坻"。此作瓦，误。朱骏声《通训定声》说："缸即坻之异体。"

缺 quē

缺，器破也。从缶，决省声。倾雪切。

【译文】缺，陶器破缺。从缶，决省声。

罅 xià

罅，裂也。从缶，虖声。缶烧善裂也。呼讶切。

【译文】罅，陶器裂开。从缶，虖声。陶器烧制，多破裂。

罄 qìng

罄，器中空也[①]。从缶，殸声。殸，古文磬字。《诗》云："缾之罄矣。"苦定切。

【译文】罄，器皿中空。从缶，殸声。殸，古文磬字。《诗经》说："瓶瓮已是空空的了。"

【注释】①器中空：徐灏《段注笺》："器中空则物尽，故罄有尽义，引申为凡空之偁。"

罊 qì

罊，器中尽也。从缶，毄声。苦计切。

【译文】罊，器中尽。从缶，毄声。

缿 xiàng

缿，受钱器也。从缶，后声。古以瓦，今以竹。大口切。又，胡讲切。

【译文】缿，储存钱的器皿。从缶，后声。古代用陶制成，今天用竹制成。

矢部

矢 shǐ

矢，弓弩矢也。从入，象镝栝羽之形。古者夷牟初作矢。凡矢之属皆从矢。式视切。

【译文】矢，弓弩用的箭。从入，像箭头、箭末扣弦处、箭羽的样子。古时候，名叫夷牟的人最早制作箭。大凡矢的部属都从矢。

矯 jiǎo

矯，揉箭箝也。从矢，喬声。居夭切。

【译文】矯，把箭揉直的箝子。从矢，喬声。

短 duǎn

短，有所长短，以矢为正。从矢，豆声。都管切。

【译文】短，有所测量，用箭作标准。从矢，豆声。

知 zhī

知，词也[①]。从口，从矢。陟离切。

【译文】知，识的意思。由口、由矢会意。

【注释】①词：当依《玉篇》作“识”。

矣 yǐ

矣，语已词也。从矢，以声。于已切。

【译文】矣，表示语意已止的虚词。从矢，以声。

高部

高 gāo

高，崇也。象台观高之形。从冂，口与仓舍同意。凡高之属皆从高。古牢切。

【译文】高，崇高。像台观高耸的样子。从冂；口，与仓字舍字下部从口，构形同意。大凡高的部属都从高。

亳 bó

亳，京兆杜陵亭也[①]。从高省，乇声。旁各切。

【译文】亳，京兆地方杜陵亭。从高省，乇(zhé)声。

【注释】①京兆：汉代京畿的行政区划名，为三辅之一，即今陕西西安市以东至华县之地。

亭 tíng

亭，民所安定也。亭有楼，从高省，丁声。特丁切。

【译文】亭，人们安定的处所。亭上有楼，从高省，丁声。

冂部

冂 jiōng

冂，邑外谓之郊，郊外谓之野，野外谓之林，林外谓之冂。象远界也。凡冂之属皆从冂。古荧切。

【译文】冂，国都之外叫作郊，郊外叫作野，野外叫作林，林外叫作冂。冂，像远方的界画。大凡冂的部属都从冂。

市 shì

市，买卖所之也[①]。市有垣，从冂；从㇇，㇇，古文及，象物相及也；之省声。时止切。

【译文】市，买卖时去的处所。集市有垣墙，所以从冂；又从乛，乛是古文及字，表示物与物相连及的意思；之省声。

【注释】①买卖所之：之，往。徐灏《段注笺》："古之为市，聚散有常，交易而退，故曰：'买卖所之。'非如今世俗之店铺也。今之墟集犹存古意。"

冘 yín

冘，淫淫[①]，行皃。从人出冂。余箴切。

【译文】冘，淫淫，行走的样子。由"人"走出远界的"冂"会意。

【注释】①淫淫：《文选·羽猎赋》："淫淫与与。"李善注："淫淫、與與，皆行皃也。"

隺 hú

隺，高至也。从隹上欲出冂[①]。《易》曰："夫干隺然[②]。"胡沃切。

【译文】隹，高到了极点。由"隹"向上飞翔想飞出远界的"冂"会意。《易经》说："天高高的。"

【注释】①从隹：《段注》："上翔欲远行也。"②《易》：指《系辞》。"隺"今作"确"。干：代表天。

央 yāng

央，中央也。从大在冂之内，大，人也。央旁同意[①]。一曰：久也。于良切。

【译文】央，中央。"大"字在"冂"字的内中，大就是正立的人。央、旁二字构形同意。另一义说：央是久。

【注释】①央旁同意：央字所从之冂，与旁字之冂，都表示旁边，所以说央旁同意。

𩫏部

𩫏 guō

𩫏，度也[①]，民所度居也。从回，象城𩫏之重，两亭相对也。或但从口。凡𩫏之属皆从𩫏。古博切。

【译文】𩫏，居住，人们居住的地方。从回，像内城外𩫏一层又一层的样子，𩫏像两亭相对。有的写法只从口，不从回。大凡𩫏的部属都从𩫏。

【注释】①度：《诗经·皇矣》："爰究爰度"传："度，居也。"

京部

京 jīng

京，人所为绝高丘也[①]。从高省，丨象高形。凡京之属皆从京。举卿切。

【译文】京，人工筑起的最高的丘。从高字省，丨像高的样子。大凡京的部属都从京。

【注释】①人所为：朱骏声《通训定声》："对文则人力所作者为京，地体自然者为邱；散文则亦通称也。"

就 jiù

就，就高也[①]。从京，从尤[②]。尤异于凡也。疾僦切。又，普庚切。又，许庚切。

【译文】就，趋向高地而居住。由京、由尤会意。尤，表示比一般不同的意思。

【注释】①就高：桂馥《义证》："此言人就高以居也。"②从京，从尤：孔广居《疑疑》："京，高丘也。古时洪水横流，故高丘之异于凡者，人就之。"

亯部

亯 hēng

亯，献也。从高省，曰象进孰物形。《孝经》曰[①]："祭则鬼亯之。"凡亯之属皆从亯。许两切。又，普庚切。又，许庚切。

【译文】亯，献。高字省去冋，曰像进献的熟食之形。《孝经》说："祭祀，鬼神就来享用食物。"大凡亯的部属都从亯。

【注释】①《孝经》：指《孝治章》。

篤 dǔ

篤，厚也。从亯，竹声。读若笃。冬毒切。

【译文】篤，厚。从亯，竹声。音读像“笃”字。

㫗部

厚 hòu

厚，山陵之厚也[①]。从㫗，从厂。胡口切。

【译文】厚，山陵的高厚。由㫗、由厂会意。

【注释】①山陵之厚：王筠《句读》：“㫗是饮食之㫗，厚则山陵之厚。各有专义也。”今厚、㫗通用。

畗部

良 liáng

良，善也。从畗省[①]，亡声。吕张切。

【译文】良，善良。从畗省，亡声。

【注释】①从畗省：章太炎《文始》：“畗，满也，象高厚之形。”

㐭部

㐭 lǐn

㐭，谷所振入。宗庙粢盛，仓黄㐭而取之[①]，故谓之㐭。从入，回象屋形，中有户牖。凡㐭之属皆从㐭。力甚切。

【译文】㐭，百谷收藏的地方。宗庙祭祀的谷物，颜色苍黄之际，小心谨慎地取来，所以叫作㐭。从入，回像收藏的屋的样子，内中的口表示有窗户。大凡㐭的部属都从㐭。

【注释】①㐭：饶炯《部首订》：“㐭者，有谨慎爱惜之意。”

稟 bǐng

稟，赐谷也[①]。从㐭，从禾。笔锦切。

【译文】稟，赐给的谷物。由㐭、由禾会意。

【注释】①赐谷：《段注》：“凡赐谷曰稟，受赐亦曰稟。”

亶 dǎn

亶，多谷也[①]。从㐭，旦声。多旱切。

【译文】亶，谷物多。从㐭，旦声。

【注释】①多谷：《段注》：“亶之本义为多谷，故其字从㐭。引申之义为厚也，信也，诚也。”

嗇部

嗇 sè

嗇，爱濇也。从来，从㐭[①]。来者，㐭而藏之。故田夫谓之嗇夫。凡嗇之属皆从嗇[②]。所力切。

【译文】嗇，爱惜。由来、由㐭会意。麦子之类的谷物，用仓廪把它收藏起来。所以农夫叫作嗇夫。大凡嗇的部属都从嗇。

【注释】①从来，从㐭：来，麦。㐭，藏。②嗇：朱骏声《通训定声》：“此字本训当为收谷，即穡之古文也。”

牆 qiáng

牆，垣蔽也。从嗇，爿声。才良切。

【译文】墙，墙垣蔽障。从嗇，爿声。

來部

來 lái

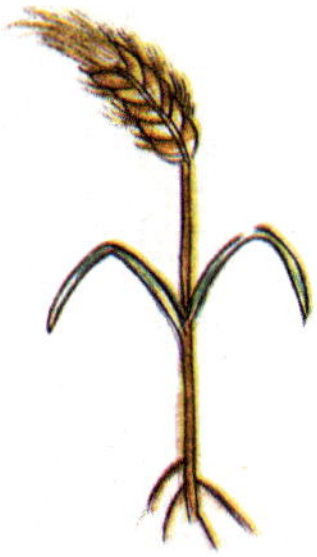

来，周所受瑞麦来麰[①]。一来二缝[②]，象芒朿之形。天所来也，故为行来之来[③]。《诗》曰：“诒我来麰。”凡来之属皆从来。洛哀切。

【译文】来，周地所接受的优良麦子——来

和麰。一根麦秆两颗麦穗，像麦芒麦刺的形状。（来是）上天赐来的，所以用作往来的来字。《诗经》说："送给我们小麦和大麦。"大凡来的部属都从来。

【注释】①来：来本为麦名，后又加旁作䅘。假借为行来之来。②缝：通锋。一来二缝，谓一茎二穗。③行来：往来。《后汉书·陆康传》："不得行来。"章怀注："行来犹往来也。"

麥部

麥 mài

麥，芒谷[①]，秋种厚薶[②]，故谓之麦。麦，金也。金王而生，火王而死[③]。从來[④]，有穗者；从夊[⑤]。凡麦之属皆从麦。莫获切。

【译文】麦，有芒刺的谷。秋天种下，厚厚地埋着，所以叫它作麦。麦，属金。金旺就生长，火旺就死亡。从来，因麦是有穗的谷物；从夊。大凡麦的部属都从麦。

【注释】①芒谷：《段注》："有芒刺之谷也。"②秋种句：《淮南·地形训》："麦秋生夏死。"薶（埋）、麦，叠韵为训。③王：通旺。金旺，指秋天。火旺，指夏天。五行说，秋属金，夏属火。④从來：《段注》："有穗犹有芒也，有芒故从來，來象芒束也。"⑤从夊（suī）：夊，训行。从夊者，表示自天降下之意。郑樵谓夊像其根，非许意。

麧 hé

麧，坚麦也。从麥，气声。乎没切。

【译文】麧，坚硬的麦粒。从麦粒，气声。

麩 fū

麩[①]，小麦屑皮也。从麥，夫声。甫无切。

【译文】麸，小麦的碎屑和麦皮。从麥，夫声。

【注释】①麸：麸子。《齐民要术·大小麦》："青稞麦，……石八九斗面，堪作饭及饼饦，甚美，磨，总尽无麸。"

夊部

夊 cuī

夊，行迟曳夊夊，象人两胫有所躧也。凡夊之属皆从夊。楚危切。

【译文】夊，行路迟缓、播曳，绥绥（不能举步），像人的两腿上有所拖曳的样子。大凡夊的部属都从夊。

致 zhì

致，送诣也[①]。从夊，从至。陟利切。

【译文】致，送到。由夊、由至会意。

【注释】①送诣：《段注》："言部曰：'诣，候至也。'送诣者，送而必至其处也。引申为召致之致。"

憂 yōu

憂，和之行也[①]。从夊[②]，㥑声。《诗》曰[③]："布政忧忧。"于求切。

【译文】忧，从容不迫地行走。从夊，㥑（yōu）声。《诗经》说："发布政令十分宽和。"

【注释】①和之行：柳荣宗《引经考异》："行和者从容不迫。"②从夊：夊有行义。③《诗》：指《诗经·商颂·长发》。今本作"敷政优优。"

愛 ài

愛，行皃。从夊，㤅声。乌代切。

【译文】爱，行走的样子。从夊，㤅（ài）声。

夏 xià

夏[①]，中国之人也。从夊，从頁，从臼。臼，两手；夊，两足也。胡雅切。

【译文】夏，中原地区的人。由夊、由頁、由臼会意。臼，表示两只手；夊，表示两只脚。

【注释】①夏：《段注》："以别于北方狄、东北貉、南方蛮闽、西方羌、西南焦侥、东方夷也。"徐灏笺："夏时夷狄始入中国，因谓中国人为夏人，沿旧称也。”

畟 cè

畟，治稼畟畟进也。从田人，从夊。《诗》曰①：“畟畟良耜。”初力切。

【译文】畟，治理庄稼，测测前进。由田人、由夊会意。《诗经》说：“测测而进，锋利的耜刃。”

【注释】①《诗》：指《诗经·周颂·良耜》。毛传：“畟畟，犹测测也。”《段注》：“畟、测皆进意。”

夒 kuí

夒，神魖也。如龙，一足，从夊；象有角、手、人面之形。渠追切。

【译文】夒，神奇的怪物。样子像龙，一只脚，所以从夊；像有头角、手、人面的样子。

舛部

舛 chuǎn

舛，对卧也。从夊㐄相背。凡舛之属皆从舛。昌兖切。

【译文】舛，相对而卧，由夊、㐄相背会意。大凡舛的部属都从舛。

舞 wǔ

舞，乐也。用足相背，从舛，無声。文抚切。

【译文】舞，乐的一种形式。用两足相背（表示起舞踩踏），所以从舛，無声。

舜部

舜 shùn

舜①，艸也。楚谓之葍，秦谓之藑。蔓地连华。象形。从舛，舛亦声。凡舜之属皆从舜。舒闰切。

【译文】舜，草名。楚地叫它葍（fú），秦地叫它藑（qióng）。蔓延布地，连花而生。象形。从舛，舛也表声。大凡舜的部属都从舜。

【注释】①舜：《段注》：“艸部曰：‘藑，茅葍也。一名舜。’是一物三名也。”按：隶省作“羼”，因变为“舜”。

韋部

韋 wéi

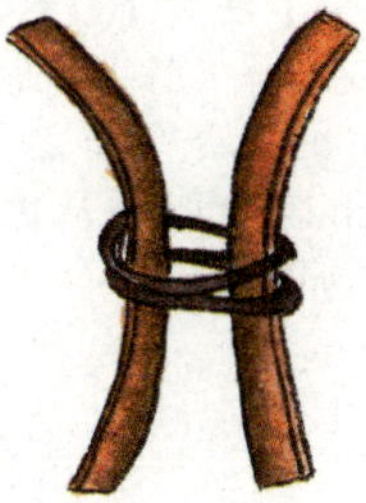

韋，相背也。从舛，囗声。兽皮之韦①，可以束枉戾相韦背②，故借以为皮韦。凡韦之属皆从韦。宇非切。

【译文】韋，相违背。从舛，囗（wéi）声。兽皮的熟皮，可用来缠束矫正弯曲相违之物，所以借用为皮韦的“韦”字。大凡韦的部属都从韦。

【注释】①韦：熟皮。《字林》：“韦，柔皮也。”②可以句：可以束枉戾而违背的物体。

韎 mèi

韎，茅搜染韦也，一入曰韎。从韋，末声。莫佩切。

【译文】韎，用茅搜草染熟牛皮，初次染入叫韎。从韋，末声。

韘 shè

韘，射决也。所以拘弦，以象骨，韦系，着右巨指。从韋，枼声。《诗》曰：“童子佩韘。”失涉切。

【译文】韘，射箭用的决。用来钩弦的器具，用象骨制成，用熟牛皮作纽带，附着在右手大拇指上。从韋，枼声。《诗经》说：“童子佩戴着射箭用的抉。”

韜 tāo

韜，剑衣也。从韋，舀声。土刀切。

【译文】韜，剑套。从韋，舀声。

韏 quàn

韏，革中辨谓之韏。从韋，䜭声。九万切。

【译文】韏，皮革中间相交合的皮条叫作韏。从韋，䜭（juàn）声。

韝 jiū

韝[①]，收束也。从韋，糕声[②]。读若酋。即由切。

【译文】韝，收束。从韋，糕声。音读像“酋”字。

【注释】① 韝：《方言》二：“擎（韝），细也。歛物而细，秦晋谓之擎。”② 糕（zhuō）声：糕从焦声。吴人读如焦。

韓 hán

韓，井垣也。从韋，取其帀也；倝声。胡安切。

【译文】韓，井栏。从韋，取其周围的意思；倝（gàn）声。

弟部

弟 dì

弟，韦束之次弟也。从古字之象。凡弟之属皆从弟。特计切。

【译文】弟，用牛皮束物的次序。小篆采用古文的样子。大凡弟的部属都从弟。

夂部

夂 zhǐ

夂，从后至也。象人两胫后有致之者。凡夂之属皆从夂。读若黹。陟侈切。

【译文】夂，从后面送到。像人的两腿后面有送它的力量。大凡夂的部属都从夂。音读像“黹”字。

夆 fēng

夆，啎也。从夂，丰声。读若缝。敷容切。

【译文】夆，相逢。从夂，丰（fēng）声。音读像“缝”字。

夅 xiáng

夅，服也。从夂㐄相承，不敢并也。下江切。

【译文】夅，降服。由夂、㐄二字相承会意，表示不敢相并的意思。

久部

久 jiǔ

久，（以）[从]后灸之，象人两胫后有距也。《周礼》曰：“久诸墙以观其桡。”凡久之属皆从久。举友切。

【译文】久，从后面支拒着，像人的两腿后面有抵拒的东西。《周礼》说：“（把矛戟的柄）支拒在两墙之间，看它是否弯曲。”大凡久的部属都从久。

桀部

桀 jié

桀，磔也。从舛在木上也。凡桀之属皆从桀。渠列切。

【译文】桀，分张肢体。由“舛”在“木”上会意。大凡桀的部属都从桀。

磔 zhé

磔，辜也。从桀，石声。陟格切。

【译文】磔，分裂肢体令其干枯而不收。从桀，石声。

木部

木 mù

木，冒也。冒地而生。东方之行[①]。从屮，下象其根。凡木之属皆从木。莫卜切。

【译文】木，冒覆。冒覆土地而生长着。是代表东方的物质。上从屮，下面像它的根。大凡木的部属都从木。

【注释】① 东方句：古五行说，东方属木。

橘 jú

橘，果。出江南。从木，矞声。居聿切。

【译文】橘，果木名。出产在江南。从木，雷声。

橙 chéng

橙，橘属。从木，登声。丈庚切。

【译文】橙，橘树一类。从木，登声。

樝 zhā

樝[①]，果似梨而酢。从木，虘声。侧加切。

【译文】樝，果实像梨而味酸。从木，虘声。

【注释】① 樝：桂馥《义证》："字又作楂。"

柚 yòu

柚，条也[①]。似橙而酢。从木，由声。《夏书》曰："厥包橘柚。"余救切。

【译文】柚，又叫条。像橙子而味酸。从木，由声。《夏书》说："他们包裹着橘、柚（作为贡品）。"

【注释】① 条：《埤雅·释木》："柚似橙而大于橘"，"一名条。"

梨 lí

梨，果名。从木，称声。力脂切。

【译文】梨，果木名。从木，称声。

梬 yǐng

梬[①]，枣也，似柹。从木，甹声。以整切。

【译文】梬，梬枣，像柹子。从木，甹声。

【注释】① 梬：即梬枣。《玉篇》注："梬枣似柿而小。"

柹 shì

柹，赤實果[①]。从木，𠂔声。鉏里切。

【译文】柹，赤心果。从木，𠂔声。

【注释】① 赤實果：《段注》："言果又言实者，實谓其中也。赤中，与外同也。"

枏 nán

枏，梅也[①]。从木，冄声。汝阎切。

【译文】枏，梅树。从木，冄声。

【注释】① 枏：桂馥《义证》："字或作楠。"指楠木。

梅 méi

梅，枏也。可食。从木，每声。莫桮切。

【译文】梅，楠木。又是可吃的酸果。从木，每声。

杏 xìng

杏，果也。从木，可省声。何梗切。

【译文】杏，果木名。从本，可省声。

柰 nài

柰，果也。从木，示声。奴带切。

【译文】柰，果木名。从木，示声。

李 lǐ

李，果也。从木，子声。良止切。

【译文】李，果木名。从木，子声。

楙 máo

楙，冬桃。从木，敄声。读若髦。莫侯切。

【译文】楙，冬桃。从木，敄声。音读像“髦”字。

桃 táo

桃[①]，果也。从木，兆声。徒刀切。

【译文】桃，果木名。从木，兆声。

【注释】①桃：《诗经·大雅·抑》：“投我以桃，报之以李。”

楷 jiē

楷，木也。孔子冢盖树之者。从木，皆声。苦骇切。

【译文】楷，树木。孔子墓上覆盖的树。从木，皆声。

梫 qǐn

梫[①]，桂也。从木，侵省声。七荏切。

【译文】梫，肉桂。从木，侵省声。

【注释】①梫：《蜀都赋》刘逵注：“梫桂，木桂也。《本草》谓之牡桂。一名肉桂。”

桂 guì

桂[①]，江南木，百药之长。从木，圭声。古惠切。

【译文】桂，江南出产的树木，是百药之长。从木，圭声。

【注释】①桂：肉桂。树皮可作香料，通称“桂皮”。张舜徽《约注》：“流俗所称桂花，木名木犀。唐以来始有桂花之名，其皮薄而不辣，不堪入药。与唐以前书所称之桂，绝然二物。”

棠 táng

棠，牡曰棠[①]，牝曰杜。从木，尚声。徒郎切。

【译文】棠，公的叫棠，母的叫杜。从木，尚声。

【注释】①牡：徐锴《系传》：“木之性有牝牡。牡者华而不实。”

杜 dù

杜，甘棠也[①]。从木，土声。徒古切。

【译文】杜，甘棠。从木，土声。

【注释】①甘棠：即杜梨。《段注》：“棠不实，杜实而可食则谓之甘棠。”“牡棠、牝杜，析言之也；杜得偁甘棠，互言之也。”

槢 xí

槢，木也。从木，習声。似入切。

【译文】槢，树木名。从木，習声。

樿 zhǎn

樿[①]，木也。可以为栉。从木，單声。旨善切。

【译文】樿，树木名。可用来作梳篦。从木，單声。

【注释】①樿：《礼记·玉藻》：“栉（zhì）用樿栉。”正义云：“樿，白理木也。”

椲 wěi

椲，木也。可屈为杅者[①]。从木，韋声。于鬼切。

【译文】椲，树木名。可以把它弯曲起来做成杯盘。从木，韋声。

【注释】①杅（yú）：徐锴《系传》：“杅即《孟子》所谓杯棬（杯盘）也，若今屈柳器然。”

楢 yóu

楢，柔木也。工官以为耎轮[①]。从木，酋声。读若糗。以周切。

【译文】楢，柔软的树木。工匠用它做成柔软坚韧的车轮。从木，酋声。音读像“糗（qiǔ）”字。

【注释】①耎（ruǎn）轮：《段注》：“安车之

轮也。”耎：《玉篇》引作“软”。软是柔韧的意思。

梓 zǐ

梓[1]，楸也。从木，宰省声。即里切。

【译文】梓，楸树（一类）。从木，宰省声。

【注释】① 梓：《尔雅·释木》：“梓为木王，盖木莫良于梓。”

楸 qiū

楸[1]，梓也。从木，秋声。七由切。

【译文】楸，梓树（一类）。从木，秋声。

【注释】① 楸：《本草纲目·木部·楸》：“楸有行列，茎干直耸可爱，至上垂条如线，其木湿时脆，燥则坚，故谓之良材，宜作棋枰，即梓之赤者也。”

櫄 chūn

櫄，杶也。从木，筍声。相伦切。

【译文】櫄，杶树。从木，筍声。

桵 ruí

桵，白桵[1]，棫。从木，妥声。儒隹切。

【译文】桵，白桵（一类），即棫树（之属）。从木，妥声。

【注释】① 桵：赤心桵。陆玑《诗疏》：“《三仓》说，棫即柞也。其材理全白，无赤心者为白桵。”《尔雅·释木》郭璞注：“桵，小木，丛生有刺，实如耳珰，紫赤可啖。”

棫 yù

棫，白桵也。从木，或声。于逼切。

【译文】棫，白桵树。从木，或声。

㮩 xī

㮩，木也。从木，息声。相即切。

【译文】㮩，树木名。从木，息声。

椐 jū

椐[1]，樻也。从木，居声。九鱼切。

【译文】椐，樻树。从木，居声。

【注释】① 椐：灵寿树。《尔雅·释木》：“椐，樻。”郭注：“肿节（节巴肿大），可以为杖（手杖）。”《汉书·孔光传》：“赐太师灵寿杖。”颜注云：“木似竹，有枝节。长过八九尺，围三四寸。自然有合杖制，不须削治也。”

樻 kuì

樻，椐也。从木，貴声。求位切。

【译文】樻，椐树。从木，貴声。

栩 xǔ

栩，（柔）[柔]也[1]。从木，羽声。其皁[2]，一曰样。况羽切。

【译文】栩，柔树。从木，羽声。它的皁斗之实，一说叫样斗。

【注释】① 柔：当依宋本作“柔（shù）”。《段注》：“陆玑曰：栩，今柞栎也。徐州人谓栎为杼，或谓之栩。’”② 其皁（zǎo）：栩木的果实，它一名样。下文说：“样，栩实”，可证。

樣 xiàng

樣[1]，栩实。从木，羕声。徐两切。

【译文】樣，栩树的果实。从木，羕声。

【注释】① 樣：后作“橡”。《段注》：“今人用样为式样字，像之假借也。唐人式样字从手作样。”

杙 yì

杙[1]，刘，刘杙[2]。从木，弋声。与职切。

【译文】杙，刘树，（又叫）刘杙树。从木，弋声。

【注释】① 杙：《尔雅·释木》：“刘，刘杙。”郭注：“刘子（树名）生山中，实如梨，酢甜，核坚，出交趾。”② 刘，刘杙：徐灏《段注笺》：“盖单呼‘刘’，絫呼‘刘杙’。”

枇 pí

枇，枇杷，木也。从木，比声。房脂切。

【译文】枇，枇杷，树木名。从木，比声。

柞 zuò

柞[1]，木也。从木，乍声。在各切。

【译文】柞，树木名。从木，乍声。

【注释】① 柞：《本草纲目 · 木部 · 柞木》："此木坚韧，可为凿柄，故俗名凿子木。"

桔 jié

桔，桔梗[1]，药名。从木，吉声。一曰：直木。古屑切。

【译文】桔，桔梗，药名。从木，肩声。另一义说：桔是直木。

【注释】① 桔梗：《本草经》卷三："桔梗，味辛，微温。主胸胁痛如刀刺、腹满，肠鸣幽幽、惊恐悸气。生山谷。"

梢 shāo

梢，木也。从木，肖声。所交切。

【译文】梢，树木名。从木，肖声。

梭 xùn

梭[1]，木也。从木，夋声。私闰切。

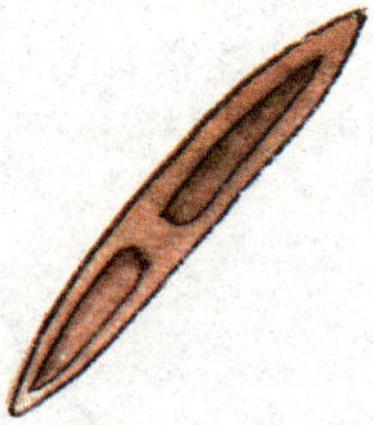

【译文】梭，树木名。从木，夋声。

【注释】① 梭：徐铉："今人别音稣禾切（suō），以为机杼之属。"

椑 bì

椑，木也。从木，畢声。卑吉切。

【译文】椑，树木名。从木，畢声。

楋 là

楋[1]，本也。从木，剌声。卢达切。

【译文】楋，树木名。从木，剌声。

【注释】① 楋：王筠《说文释例》说："此木吾乡多有，用亦甚广。叶似槐而微尖，丛生，作长条。一二年者，中（zhòng，符合，下同）为筐笼之属；大一扼而短者，中为田器之柄，长者为枪柄。其质坚而性柔。"

枸 jǔ

枸，木也[1]。可为酱。出蜀。从木，句声。俱羽切。

【译文】枸，树木名。（它的果实）可以制成酱。出产在蜀地。从木，句声。

【注释】① 枸：即蒌叶，又名蒟酱、扶留藤。王筠《句读》引《汉书音义》："枸木似谷树，其叶如桑叶，用其实作酱，酢美，蜀人以为珍味。"

枋 fāng

枋，木。可作车。从木，方声。府良切。

【译文】枋，树木名。可用来造车。从木，方声。

樗 huà

樗[1]，木也。以其皮裹松脂。从木，雩声。读若华。乎化切。

【译文】樗，树木名。用它的皮包裹着松脂油，（点燃它当作烛火）。从木，雩声。音读像"华"字。

【注释】① 樗：徐锴《系传》："此即今人书桦字。今人以其皮卷之，燃以为烛。裹松脂亦所以为烛也。"

楊 yáng

楊[1]，木也。从木，昜声。与章切。

【译文】楊，树木名。从木，昜声。

【注释】① 楊：《尔雅 · 释木》："杨，蒲柳。"郭璞注："可以为箭。"按：蒲柳即水杨。朱骏声《通训定声》："杨与柳别。杨，枝劲脆而短，叶圆阔而尖；柳，叶长而狭，枝软而韧。”“散文则称柳亦通称耳。”

桯 chēng

桯，河柳也[①]。从木，聖声。敕贞切。

【译文】桯，河柳树。从木，聖声。

【注释】①河柳：《尔雅·释木》：“柽，河柳。”郭璞注：“今河旁赤茎小杨。”叶细如丝，婀娜可爱。又名雨师、垂丝柳、人柳、观音柳。

柳 liǔ

柳[①]，小杨也。从木，丣声。丣，古文酉。力九切。

【译文】柳，小杨。从木，丣声。丣，古文“酉”字。

【注释】①柳：《段注》：“杨之细茎小叶者曰柳。”《本草纲目·木部·柳》：“杨枝硬而扬起，故谓之杨；柳枝弱而垂流，故谓之柳。”按：杨、柳，析言有分，统言无别。今或并称杨柳。

移 yí

移，棠棣也[①]。从木，多声。弋支切。

【译文】移，棠棣。从木，多声。

【注释】①棠棣：《尔雅·释木》：“唐棣，移。”郭璞注：“似白杨，江东呼夫移。”按：棠棣即唐棣。

棣 dì

棣[①]，白棣也。从木，隶声。特计切。

【译文】棣，白棣。从木，隶声。

【注释】①棣：《尔雅·释木》：“常棣，棣。”郭璞注：“今山中有棣树，子如樱桃，可食。”按：棠棣、白棣之别在于花色。《段注》“移”字下：“以棠对白，则棠为赤可知。”

枳 zhǐ

枳[①]，木。似橘。从木，只声。诸氏切。

【译文】枳。树木名。像橘树。从木，只声。

【注释】①枳：枸橘，又称臭橘。有粗刺，果小，味酸，不能食，可入药。未成熟者，中药称为“枳实”，成熟而又干制者为“枳壳”。

楓 fēng

楓，木也。厚叶，弱枝，善摇。一名欇[①]。从木，風声。方戎切。

【译文】楓，树木名。厚叶，弱枝，善于摇动。一名欇树。从木，風声。

【注释】①欇（shè）：木叶摇白也。厚叶弱枝，故善摇。善摇，故名为欇。

權 quán

權，黄华木。从木，雚声。一曰：反常。巨员切。

【译文】權，黄华木。从木，雚声。另一义说，权是权变反常。

柜 jǔ

柜[①]，木也。从木，巨声。其吕切。

【译文】柜，树木名。从木，巨声。

【注释】①柜：《段注》：“今俗作榉，又音讹为鬼柳树。”

槐 huái

槐[①]，木也。从木，鬼声。户恢切。

【译文】槐，树木名。从木，鬼声。

【注释】①槐：槐树。《山海经·中山经》：“（历山）其木多槐。”

楮 chǔ

楮，谷也。从木，者声。丑吕切。

【译文】楮，谷树。从木，者声。

檵 jì

檵，枸杞也。从木，繼省声。一曰：（监）［坚］木也。古诣切。

【译文】檵，枸杞。从木，繼省声。另一义说，檵是坚木。

杞 qǐ

杞[1]，枸杞也。从木，己声。墟里切。

【译文】杞，枸杞。从木，己声。

【注释】① 杞：《广韶 · 止韵》："杞，木名，苟杞。春名天精子，夏名苟杞叶，秋名卸老枝，冬名地骨根。"

枒 yá

枒[1]，木也。从木，牙声。一曰：车輞会也。五加切。

【译文】枒，树木名。从木，牙声。另一义说，枒（yá）是车轮外辋。

【注释】① 枒：同"椰"。王筠《句读》引《异物志》："枒树似槟榔，无枝条，高十余丈，叶在其末，如束蒲，实大如瓠，系在树颠，若挂物也。"

檀 tán

檀[1]，木也。从木，亶声。徒干切。

【译文】檀，树木名。从木，亶声。

【注释】① 檀：《本草纲目 · 木部 · 檀》："檀有黄白二种，叶皆如槐，皮青而泽，肌细而腻，体重而坚，状与梓榆筴蒾相似。""檀木宜杵椶锤器之用。"

梂 qiú

梂，栎实[1]。一曰：凿首[2]。从木，求声。巨鸠切。

【译文】梂，栎树的果实。另一义说，是凿子的把。从木，求声。

【注释】① 栎实：《尔雅 · 释木》："栎，其实梂。"郝懿行义疏："栎实外有裹橐，形如汇（猬）毛，状类球子。"② 凿首：《段注》："凿，所以穿木也。凿首，谓凿柄。凿柄必以木为之，今木工尚然矣，故字从木。"

櫟 lì

櫟[1]，木也。从木，樂声。郎击切。

【译文】櫟，树木名。从木，樂声。

【注释】① 栎：《本草纲目 · 果部 · 橡实》："秦人谓之栎，徐人谓之杼，或谓之栩"，"盖五方通语，皆一物也"。栎，柞木也。实名橡斗，皁斗。朱骏声《通训定声》："惟木衺理（斜纹），故匠石以为不材之木。"

楝 liàn

楝[1]，木也。从木，柬声。郎电切。

【译文】楝，树木名。从木，柬声。

【注释】① 楝：又名苦楝。桂馥《义证》引《图经》："木高丈余，叶密如槐而长，三四月开花，红紫色，芬香满庭闲。实如弹丸，生青熟黄。"

檿 yǎn

檿，山桑也。从木，厭声。《诗》曰："其檿其柘。"于琰切。

【译文】檿，山桑树。从木，厭声。《诗经》说："那山桑树和那柘树。"

柘 zhè

柘[1]，桑也。从木，石声。之夜切。

【译文】柘，柘桑。从木，石声。

【注释】① 柘：柘桑。《淮南子 · 时则训》："乃禁野虞，毋伐桑柘。"

梧 wú

梧，梧桐也[1]。从木，吾声。一名榇[2]。五胡切。

【译文】梧，梧桐树。从木，吾声。又叫榇树。

【注释】① 梧桐：桂馥《义证》引贾思勰说："桐，华而不实者曰白桐，实而皮青者曰梧桐。"今叫青桐。《段注》："其华五出，子如珠，缀于瓢边，瓢如羹匙。"② 榇（chèn）：《本草纲目 · 木部 · 梧桐》："《尔雅》谓之榇，因其可为棺。"本书："榇，棺也。"

桐 tóng

桐[①]，荣也。从木，同声。徒红切。

【译文】桐。荣树。从木，同声。

【注释】①桐：颜师古注《急就篇》："桐即今之白桐木也。一名荣。"

播 fán

播，木也。从木，番声。读若樊。附辕切。

【译文】播，树木名。从木，番声。音读像"樊"字。

榆 yú

榆[①]，榆，白枌。从木，俞声。羊朱切。

【译文】榆，榆树，白枌树。从木，俞声。

【注释】①榆：《本草纲目·木部·榆》："邢昺《尔雅》疏云：'榆有数十种，今人不能尽别，唯知荚榆、白榆、刺榆、榔榆數者而已。'荚榆、白榆皆大榆也，有赤白二种，白者名枌。"

樵 qiáo

樵[①]，散［木］也[②]。从木，焦声。昨焦切。

【译文】樵，不中用的木。从木，焦声。

【注释】①樵：徐锴《系传》："樵，散木也。散木不入于用也。"桂馥《义证》："既不入用，惟堪作薪焚烧耳。"②散：当依徐锴《系传》作"散木"。

松 sōng

松[①]，木也。从木，公声。祥容切。

【译文】松，树木名。从木，公声。

【注释】①松：松树（常年乔木，耐寒）。《论语·子罕》："岁寒，然后知松柏之后凋也。"

樠 mán

樠，松心木[①]。从木，㒼声。莫奔切。

【译文】樠，松心树。从木，㒼声。

【注释】①松心木：王绍兰《段注订补》："谓樠木之心微赤，故偁松心木。"《段注》："盖松心微赤。"

檜 guì

檜，柏叶松身。从木，會声。古外切。

【译文】檜，柏树的叶，松树的干。从木，會声。

樅 cōng

樅，松叶柏身。从木，從声。七恭切。

【译文】樅，松树的叶，柏树的身。从木，從声。

柏 bǎi

柏，鞠也[①]。从木，白声。博陌切。

【译文】柏，椈树。从木，白声。

【注释】①鞠：《尔雅》作"椈"。柏有侧柏、圆柏、刺柏多种。其性耐寒，本质坚硬，纹理致密，是良材。

机 jī

机[①]，木也。从木，几声。居履切。

【译文】机，树木名。从木，几声。

【注释】①机：徐锴《系传》："《山海经》：'单狐山多机木。'（郭璞）注曰：'似榆，可烧以粪稻田，出蜀中。'"《段注》："（机）盖即桤木也。今成都桤木树。读若岂，平声。"

桅 zhī

桅[①]，黄木。可染者。从木，危声。（过委切）［章移切］。

【译文】桅，黄木。是果实可作染料的树。从木，危声。

【注释】①桅：今之栀子树，实可染黄。

某 méi

某[①]，酸果也。从木，从甘。阙。莫厚切。

【译文】某，酸果。由木、由甘会意。阙其会意之由。

【注释】①某：徐灏《段注笺》："'某'即今酸果'梅'字。因假借为'谁某'，而为借义所专，遂假'梅'字为之。古文'槑'或省作'呆'，皆从木，象形。"

樹 shù

樹①，生植之总名。从木，尌声。常句切。

【译文】樹，生物中直立的东西的总称。从木，尌声。

【注释】①樹：张舜徽《约注》："生物之直立者，皆谓之树。"《段注》："植，立也。"

本 běn

本，木下曰本。从木，一在其下①。布忖切。

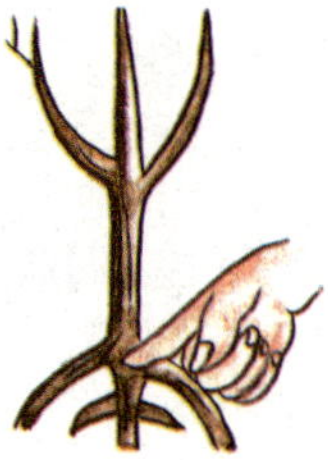

【译文】本，树木下部叫本。从木，记号"一"标志在树木的下部。

【注释】①一：徐铉："徐锴曰：'一，记其处也。'本、末、朱皆同义。"

柢 dǐ

柢①，木根也。从木，氐声。都礼切。

【译文】柢，树根。从木，氐声。

【注释】①柢：桂馥《义证》引戴侗说："凡木命根（指主根，直根）为氐，旁根为根，通曰本。"许以根训柢，是浑言不别。

朱 zhū

朱①，赤心木。松柏属。从木，一在其中。章俱切。

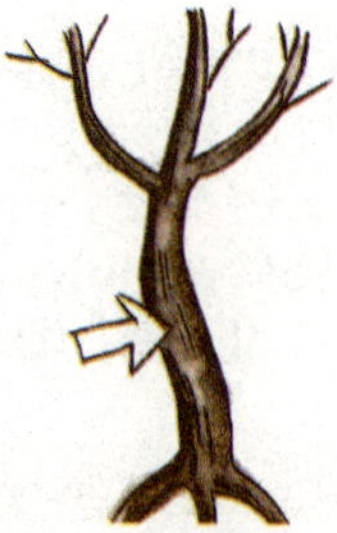

【译文】朱，赤心树木。松柏一类。从木，一，标志着树木的中心。

【注释】①朱：《山海经·大荒西经》："有树赤皮、支干、青叶，名曰朱木。"

根 gēn

根，木株也①。从木，艮声。古痕切。

【译文】根，树兜。从木，艮声。

【注释】①株：即兜。张舜徽曰："株字古读兜，湖湘间称株为兜。伐木之余称为树兜。"

株 zhū

株，木根也。从木，朱声。陟输切。

【译文】株，树根。从木，朱声。

樱 jì

樱①，细理木也。从木，畟声。子力切。

【译文】樱，细纹树木。从木，畟声。

【注释】①樱：李调元《南越笔记》卷十三："水松者，樱也。喜生水旁。其干也，得杉十之六，其枝叶得松十之四，故一名水杉。言其干则曰水杉，言其枝叶则曰水松也。"

末 mò

末①，木上曰末。从木，一在其上。莫拨切。

【译文】末，树梢叫末。从木，一，标志在树木顶上。

【注释】①末：树梢。（与本相对）。

樏 léi

樏，木实也。从木，絫声。力追切。

【译文】樏，树木的果实。从木，絫声。

果 guǒ

果①，木实也。从木，象果形，在木之上。古火切。

【译文】果，树木的果实。从木，⊗像果形，在"木"字的上面。

【注释】①果：《周易·说卦》："（艮）为果蓏。"陆德明《经典散文》："应劭云：'木实为果，草实曰蓏'。"

杈 chā

杈①，枝也。从木，叉声。初牙切。

【译文】杈，树枝。从木，叉声。

【注释】①杈：《广韵 · 麻韵》引《方言》：“江东言树枝为桠杈也。”

枝 zhī

枝，木别生条也。从木，支声。章移切。

【译文】枝，树木（主干）分生的枝条。从木，支声。

朴 pò

朴[①]，木皮也。从木，卜声。匹角切。

【译文】朴，树皮。从木，卜声。

【注释】①朴：徐锴《系传》：“今药有厚朴，一名厚皮，是木之皮也。古质朴字多作朴。”

條 tiáo

條[①]，小枝也。从木，攸声。徒辽切。

【译文】條，小的树枝。从木，攸声。

【注释】①條：《段注》：“《毛传》曰：‘枝曰条。’浑言之也。條为枝之小者，析言之也。”

枚 méi

枚，干也。可为杖。从木，从支[①]。《诗》曰：“施于条枚。”莫桮切。

【译文】枚，树干。可作手杖。由木、由支会意。《诗经》说：“蜿蜒在树枝和树干上。”

【注释】①从支：《段注》：“支，小扣也。因为鞭扑字。杖可以击人者也，故取木、支会意。”

枯 kū

枯，稾也。从木，古声。《夏书》曰[①]：“唯箘辂枯。”木名也。苦孤切。

【译文】枯，枯槁。从木，古声。《夏书》说：“箘竹、簬竹和枯木。”（枯），树木名。

【注释】①《夏书》：指《禹贡》。今本作“唯箘、簬、楛”。枯假为楛。

樸 pǔ

樸，木素也[①]。从木，菐声。匹角切。

【译文】樸，未经加工的木材。从木，菐声。

【注释】①木素：《段注》：“素犹质也。以木为质，未雕饰，如瓦器之坯然。”

楨 zhēn

楨，刚木也[①]。从木，貞声。上郡有楨林县[②]。陟盈切。

【译文】楨，刚硬的树木。从木，貞声。上郡地方有桢林县。

【注释】①刚木：《段注》：“此谓木之刚者曰桢，非谓木名也。”②上郡句：张舜徽《约注》：“汉时上郡，有今陕西鄜县、宜川以北，吴旗以东，及内蒙古乌审旗南部地。桢林县在今陕西省境内。”

柔 róu

柔[①]，木曲直也。从木，矛声。耳由切。

【译文】柔，树木可曲可直。从木，矛声。

【注释】①柔：《段注》：“凡木曲者可直，直者可曲，曰柔。”“引申为凡耎（软）弱之偁。”

柝 tuò

柝，判也。从木，㡿声。《易》曰：“重门击㯓。”他各切。

【译文】柝，分判开来。从木，㡿声。《易经》说：“设置重门，击柝巡夜。”

材 cái

材，木梃也[①]。从木，才声。昨哉切。

【译文】材，树干。从木，才声。

【注释】①木梃：王筠《句读》：“谓干。干为栋梁，乃是大材；若其枝柯，小材，不足道也。”

朸 lè

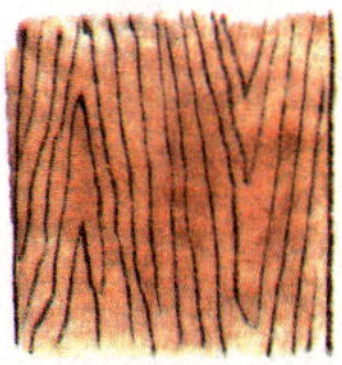

朸，木之理也。从木，力声[①]。平原有朸县[②]。卢则切。

【译文】朸，树木的纹理。从本，力声。平原郡有朸县。

【注释】① 力声：《段注》："以形声包会意也。'防'下曰'地理'，'朸'下曰'木理'，泐下云'水理'，皆从力。力者，筋也，人身之理也。" ② 朸县：约在今山东省商河县东北。

柴 chái

柴 ①，小木散材。从木，此声。士佳切。

【译文】柴，小的木头，不中用的木材。从木，此声。

【注释】① 柴：《礼记·月令》郑玄注："大者可析谓之薪，小者合束谓之柴。薪施炊爨，柴以给燎。"

榑 fú

榑，榑桑 ①，神木，日所出也。从木，尃声。防无切。

【译文】榑，榑桑，神树，太阳出来的地方。从木，尃声。

【注释】① 榑桑：即扶桑。

杲 gǎo

杲，明也。从日在木上。古老切。

【译文】杲，（日出）明亮。由"日"字在"木"字上会意。

椰 hé

椰，角械也。从木，卻声。一曰：木下白也。其逆切。

【译文】椰，角斗的器械。从木，卻声。另一义说，椰是木下白。

杳 yǎo

杳 ①，冥也。从日在木下。乌皎切。

【译文】杳，幽暗。由"日"在"木"下会意。

【注释】① 杳：《段注》："莫为日且冥，杳为全冥矣。" 此杳与莫（暮）之别。

栽 zài

栽 ①，筑墙长版也。从木，𢦏声。《春秋传》曰："楚围蔡，里而栽。" 昨代切。

【译文】栽，（竖立）筑墙的长版。从木，𢦏声。《春秋左传》说："楚国包围蔡国，离蔡都一里设立版筑堡垒。"

【注释】① 栽：《段注》："古筑墙，先引绳营其广轮方制之正。" "绳直则竖桢干。题（端）曰桢，植于两头之长杙也；旁曰干，植于两边之长杙也。植之谓之栽，栽之言立也，而后横施版两边干内，以绳束干，实土，用筑筑之。一版竣，则层絫而上。" "然则栽者，合桢干与版而言，许云筑墙长版为栽者，以版该（包括）桢干也。"

築 zhù

築，捣也。从木，筑声。陟玉切。

【译文】築，捣土（使坚实）。从木，筑声。

檥 yǐ

檥，干也。从木，義声。鱼羁切。

【译文】檥，干木。从木，義声。

構 gòu

構，盖也 ①。从木，冓声。杜林以为椽桷字 ②。古后切。

【译文】構，架屋。从木，冓声。杜林用它作为"椽桷"的"桷"字。

【注释】① 盖：《玉篇》："构，架屋也。" ② 杜林：徐锴《系传》："杜林，说文字者，杜业之子也。" 椽（chuán）：俗称椽皮，安在屋檩上承接屋面和瓦的木条。桷（jué）：方形椽子。构训桷，假借义。

模 mú

模 ①，法也。从木，莫声。读若嫫母之嫫 ②。莫胡切。

【译文】模，法式。从木，莫声。音读像"嫫母"的"嫫"字。

【注释】① 模：徐

锴《系传》:“以木为规模也。”朱骏声《通训定声》:“水曰法,木曰模,土曰型,金曰镕,竹曰笵。”② 嫫母:古代的丑女人。

棟 dòng

棟[①],极也。从木,東声。多贡切。

【译文】棟,屋子的最中最高的地方。从木,東声。

【注释】① 棟:王筠《句读》:“栋为正中一木之名,今谓之脊檩者是。”朱骏声《通训定声》:“屋内至中至高之处,亦曰阿,俗谓之正梁。”

桴 fú

桴,栋名[①]。从木,孚声。附柔切。

【译文】桴,房栋名。从木,孚声。

【注释】① 栋名:王筠《句读》:“今人谓之檐檩。”即房屋的二梁。

極 jí

極,栋也。从木,亟声。渠力切。

【译文】極,屋子的中栋。从木,亟声。

柱 zhù

柱,楹也。从木,主声。直主切。

【译文】柱,屋柱。从木,主声。

樘 chēng

樘[①],衺柱也。从木,堂声。丑庚切。

【译文】樘,用斜柱支撑。从木,堂声。

【注释】① 樘:《段注》:“或作掌,或作撐,皆俗字耳。”今作撑。

楹 yíng

楹,柱也。从木,盈声。《春秋传》曰[①]:“丹桓宫楹。”以成切。

【译文】楹,屋柱。从木,盈声。《春秋左传》说:“把桓公庙的屋柱漆成红色。”

【注释】①《春秋传》:指《左传·庄公二十三年》。桓宫:鲁桓公之庙。

椽 chuán

椽[①],榱也。从木,彖声。直专切。

【译文】椽,椽皮。从木,彖声。

【注释】① 椽:安在檩子上承接屋面和瓦片的木条。湖湘间称为椽皮,言其木板之薄。李诫《营造法式·大木作制度二·椽》:“椽,其名有四:一曰桷,二曰椽,三曰榱,四曰橑。”

楣 méi

楣[①],秦名屋櫋联也[②]。齐谓之檐,楚谓之梠。从木,眉声。武悲切。

【译文】楣,秦地叫屋上的櫋联(作楣)。齐地叫作檐,楚地叫作梠。从木,眉声。

【注释】① 楣:屋檐口椽木底端的横板。② 秦名句:《段注》:“秦人名屋櫋联曰楣也。”

植 zhí

植,户植也[①]。从木,直声。常职切。

【译文】植,门(外闭时)用以落锁的中立直木。从木,直声。

【注释】① 户植:朱骏声《通训定声》:“古门外闭,中竖直木,以铁了鸟(门窗搭扣)关之,可加锁者。”

樀 dí

樀,户樀也[①]。从木,啻声。《尔雅》曰:“檐谓之樀。”读若滴。都历切。

【译文】樀,屋檐。从木,啻声。《尔雅》说,“屋檐叫作樀。”音读像“滴”字。

【注释】① 户樀:《段注》:“谓门檐也。郭注《尔雅》及《篇》《韵》皆云‘屋梠’,则不专谓门。”

樞 shū

樞,户枢也[①]。从木,區声。昌朱切。

【译文】樞,门的转轴或承轴臼。从木,區声。

【注释】①户枢：《段注》："户所以转动开闭之枢机也。"

槏 qiǎn

槏，户也[①]。从木，兼声。苦减切。

【译文】槏，斗槏。从木，兼声。

【注释】①户：桂馥《义证》："疑有阙文。《广韵》：'槏，牖旁柱也。'"

楯 shǔn

楯，阑楯也[①]。从木，盾声。食允切。

【译文】楯，栏杆。从木，盾声。

【注释】①阑楯：玄应《一切经音义》卷一："栏楯，殿上临边之饰也，亦所以防人坠堕也，今言钩阑是也。"按：今称栏杆。

㝑 máng

㝑，栋也[①]。从木，亡声。《尔雅》曰[②]："㝑廇谓之梁。"武方切。

【译文】㝑，大梁。从木，亡声。《尔雅》说："㝑廇叫作梁。"

【注释】①栋：《释名·释宫室》说："檼或谓之望，言高可望也。或谓之栋。"望㝑同从亡声，望谓之栋，即㝑谓之栋也。②《尔雅》：指《释官》。郭璞注："屋大梁也。"此谓㝑瘤二字训梁，与㝑单字训栋者有别。

棟 sù

棟[①]，短椽也。从木，束声。丑録切。

【译文】棟，短的椽皮。从木，束声。

【注释】①棟，徐锴《系传》："今大屋重橑下四隅多為短椽，即此也。"

杇 wū

杇[①]，所以涂也。秦谓之杇，关东谓之槾。从木，亏声。哀都切。

【译文】杇，用来涂墙壁的工具。秦地叫作杇，关东叫作槾。从木，亏声。

【注释】①杇：泥镘，俗称瓦刀。傅云龙《古语考补正》："今顺天人谓涂具曰抹子，四川人谓之泥掌子。"

槾 màn

槾，杇也。从木，曼声。母官切。

【译文】槾，泥掌子。从木，曼声。

椳 wēi

椳，门枢谓之椳[①]。从木，畏声。乌恢切。

【译文】椳，门臼叫作椳。从木，畏声。

【注释】①门枢：徐灏《段注笺》："盖削木为半弧形，宛中以居门轴也。"

栅 zhà

栅，编树木也。从木，从册，册亦声。楚革切。

【译文】栅，编成的竖立的竹木。由木、由册会意，册也表声。

杝 lí

杝，落也。从木，也声。读若(他)[阤][①]。池尔切。

【译文】杝，篱落。从木，也声。音读像"阤"字。

【注释】①读若他：莫友芝《本部笺异》认为：读若他，与池尔切不相应。当依赵凡夫本作阤(zhì)。

楃 wò

楃，木帐也。从木，屋声。于角切。

【译文】楃，木帐。从木，屋声。

桓 huán

桓，亭邮表也[①]。从木，亘声。胡官切。

【译文】桓，邮亭旁的表识。从木，亘声。

【注释】①亭邮表：徐锴《系传》："亭邮立木为表(标识)，交木于其端，则谓之华表。""邮，过也，所以止过客也。表双立为桓。"朱骏声《通训定声》："(桓表)声之转曰和表，亦曰华表。"

橦 chuáng

橦，帐极也。从木，童声。宅江切。

【译文】橦，帐屋高处的横梁。从木，童声。

杠 gāng

杠[①]，床前横木也。从木，工声。古双切。

【译文】杠，床前横木。从木，工声。

【注释】① 杠：徐锴《系传》："即今人谓之床𤕟也。" 谓床前高出床席的横木。

桯 tīng

桯[①]，床前几。从木，呈声。他丁切。

【译文】桯，床前矮而小的桌子。从木，呈声。

【注释】① 桯：《方言》卷五："榻前几，江沔之间曰桯。"

桱 jìng

桱，桱桯也，东方谓之荡。从木，巠声。古零切。

【译文】桱，强劲挺直的横木。东方叫作荡。从木，巠声。

牀 chuáng

牀[①]，安身之坐者。从木，爿声。仕庄切。

【译文】牀，安身的坐具。从木，爿声。

【注释】① 牀：《释名·释床帐》："人所坐卧曰床。" 黄廷鉴《考床》："古之床主子坐而兼卧。""大约如今之榻而小。或与今凳之阔者相类。"

枕 zhěn

枕，卧所荐首者。从木，冘声。章衽切。

【译文】枕，睡卧时用来垫着脑袋的用具。从木，冘声。

梳 shū

梳，理发也[①]。从木，疏省声。所菹切。

【译文】梳，梳理头发。从木，疏省声。

【注释】① 理发：体、用同训。既指梳理头发，也指理发之器。

柗 gé

柗[①]，剑柙也。从木，合声。胡甲切。

【译文】柗，剑鞘。从木，合声。

【注释】① 柗：《广雅·释器》："柗，剑削也。" 王念孙疏证："凡刀剑室通谓之削，字或作鞘。"

槈 nòu

槈，薅器也。从木，辱声。奴豆切。

【译文】槈，除草器。从木，辱声。

枷 jiā

枷[①]，拂也。从木，加声。淮南谓之柍。古牙切。

【译文】枷，连枷。从木，加声。淮南叫作柍（yàng）。

【注释】① 枷：《释名·释用器》："枷，加也。加杖于柄头，以挝穗而出其谷也。"

杵 chǔ

杵，舂杵也。从木，午声[①]。昌与切。

【译文】杵，捣粟用的棒槌。从木，午声。

【注释】① 午声：徐锴《系传》："舂字注：'午，杵也。' 臣以为午者直舂之意。此当言'从午，午亦声。'"

杚 gài

杚，平也。从木，气声。古没切。

【译文】杚，刮平。从木，气声。

楷 shěng

楷，木参交以枝炊籅者也[①]。从木，省声。读若骊驾[②]。所绠切。

【译文】楷，木头三根相交，用以支撑炊煮时的筲箕。从木，省声。音读像骊驾的

"骊"字。

【注释】①木参句：《段注》"枝"作"支"，注："谓米既淅将炊，而漉之令干，又以三交之木支此箕，则沥干尤易也。三交之木是为楷。"箕(yù)：淘米的竹器，今称筲箕。②读若：钱大昕说："古洒酾纚字俱有蓰音。省、徙声相近，故楷取省声而读若骊驾之骊也。"

柶 sì

柶，《礼》有柶。柶①，匕也。从木，四声。息利切。

【译文】柶，《礼经》有"柶"字。柶，匕匙。从木，四声。

【注释】①柶：《仪礼·士冠礼》郑玄注："柶，状如匕，以角为之者，欲滑也。"《段注》："盖常用器曰匕，礼器曰柶。"

桮 bēi

桮，䙡也。从木，否声。布回切。

【译文】桮，杯。从木，否声。

槭 sī

槭，盘也。从木，虒声。息移切。

【译文】槭，木盘。从木，虒声。

槃 pán

槃①，承盘也。从木，般声。薄官切。

【译文】槃，承受物体的盘子。从木，般声。

【注释】①槃：商承祚《〈说文〉中之古文考》："盘以木为之，则从木；以金为之，则从金；示其器，则从皿，其意一也。"

案 àn

案①，几属。从木，安声。乌旰切。

【译文】案，几一类。从木，安声。

【注释】①案：进食用的短足木盘。徐灏《段注笺》："《急就篇》颜注：'无足曰盘，有足曰案。所以陈举食也。'盖古人席地而坐，置食于器，而以案承之，故曰陈举食也。"

檈 xuán

檈，圜案也。从木，睘声。似沿切。

【译文】檈，圆形的几案。从木，睘声。

椷 jiān

椷，箧也。从木，咸声。古咸切。

【译文】椷，箱匣。从木，咸声。

枓 zhǔ

枓①，勺也。从木，从斗。之庾切。

【译文】枓，勺子。由木、由斗会意。

【注释】①枓：《玉篇·斗部》："枓，有柄，形如北斗星，用以斟酌也。"

櫑 léi

櫑，龟目酒尊，刻木作云雷象①，象施不穷也。从木，畾声。鲁回切。

【译文】櫑，饰有龟眼的盛酒容器。刻成为云和雷的样子，象征广施恩泽没有穷尽。从木，畾声。

【注释】①刻木句：《段注》："刻为龟目，又通体刻为云靁。所以刻为云靁者，以云靁施泽不穷。"

杓 biāo

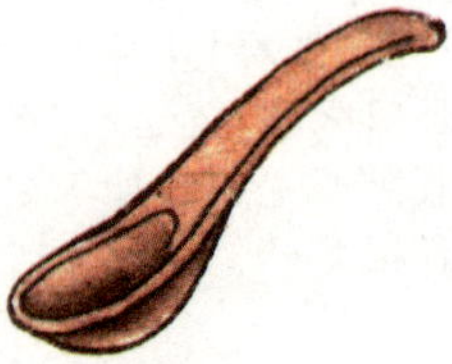

杓，枓柄也①。从木，从勺。甫播切。

【译文】杓，勺子把。由木、由勺会意。

【注释】①枓柄：《段注》："枓柄者，勺柄也。勺谓之枓，勺柄谓之杓。"

椑 pí

椑①，圜榼也。从木，卑声。部迷切。

【译文】椑，（扁）圆形的盛酒器。从木，卑声。

【注释】①椑：《汉书》颜注云："椑榼，即今之扁榼，所以盛酒者也。"

榼 kē

榼[①]，酒器也。从木，盍声。枯蹋切。

【译文】榼，盛酒器。从木，盍声。

【注释】① 朱骏声《通训定声》："此字疑即盇（hé，同盍）之或体。盍为'何不'之词所专，因加木旁耳。"

椭 tuǒ

椭，车笭中椭椭器也[①]。从木，隋声。徒果切。

【译文】椭，车箱木格栏内椭圆而狭长的容器。从木，隋声。

【注释】① 椭椭：王筠《句读》："谓车笭中器，其形椭椭然。即以其形为之名也。《众经音义》：'椭，狭长器也。'"

槌 zhuì

槌，关东谓之槌，关西谓之持。从木，追声。直类切。

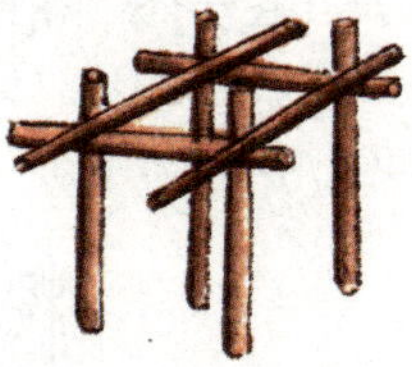

【译文】槌，关东叫作槌，关西叫作持。从木，追声。

持 zhé

持[①]，槌也。从木，特省声[②]。陟革切。

【译文】持，蚕槌。从木，特省声。

【注释】① 持：《玉篇·木部》："持，槌，横木也。"按：持是蚕箔搁架上的横木，槌是竖木。以"槌"释"持"，浑言之。② 特省声：唐写本木部残卷也作特省声，未详。

栚 zhèn

栚，槌之横者也。关西谓之㯳。从木，㚒声。直衽切。

【译文】栚，蚕槌中的横木。关西叫作㯳。从木，㚒声。

杼 zhù

杼[①]，机之持纬者。从木，予声。直吕切。

【译文】杼，织布机上夹持纬纱的构件。从木，予声。

【注释】① 杼：织布的梭子。《段注》："此与木名之'柔'，以左形右声、下形上声为别。"

核 gāi

核，蛮夷以木皮为箧，状如奁尊。从木，亥声。古哀切。

【译文】核，蛮夷等少数民族用核树的皮做成箱箧，样子像镜匣、冠箱之类。从木，亥声。

棚 péng

棚[①]，栈也。从木，朋声。薄衡切。

【译文】棚，即栈。从木，朋声。

【注释】① 棚：在上者为棚，在下者为栈。《段注》："许云：'棚，栈也。'浑言之也。今人谓架上以蔽下者，皆曰棚。"

栈 zhàn

栈，棚也。竹木之车曰栈[①]。从木，戋声。士限切。

【译文】栈，即棚。用竹木编成的车也叫栈。从木，戋声。

【注释】① 竹木句：《段注》："谓以竹若（或）木散材，编之为箱，如棚（竖编之木）然。"

棖 chéng

棖，杖也[①]。从木，长声。一曰：法也。宅耕切。

【译文】棖，斜柱。从木，长声。另一义说，（挽救倾斜使平正的）方法。

【注释】① 杖：持，谓用柱撑持。黄侃《蕲春语》："今吾乡谓门后衺（斜）柱一端当门中、一端鐏地者，曰门棖。"

杖 zhàng

杖，持也[①]。从木，丈声。直两切。

【译文】杖，持握的木棍。从木，丈声。

【注释】① 持：体用同训。《段注》："凡可持及人持之皆曰杖。"指手杖。

柭 bā

柭，棓也。从木，犮声。北末切。

【译文】柭，木杖。从木，犮声。

椎 chuí

椎，击也。齐谓之终葵①。从木，隹声。直追切。

【译文】椎，捶击之器。齐地叫作“终葵”。从木，隹声。

【注释】① 终葵：徐锴《系传》：“终葵，椎之别名也。”朱骏声《通训定声》：“终葵之合音为椎。”

棓 bàng

棓，棁也。从木，音声。步项切。

【译文】棓，棍杖。从本，音声。

柯 kē

柯，斧柄也。从木，可声。古俄切。

【译文】柯，斧头的把。从木，可声。

棁 tuō

棁，木杖也。从木，兑声。他活切。又，之说切①。

【译文】棁(tuō)，木棒。从木，兑声。

【注释】①之说切：其义为梁上的短柱。《论语·公冶长》邢昺疏：“棁，梁上短柱也。”

柲 bì

柲，攒也①。从木，必声。兵媚切。

【译文】柲，戈矛的把。从木，必声。

【注释】① 攒(cuán)：《段注》：“此即下文‘积竹杖也’。”“戈戟矛柄皆用积竹杖，不比他柄用木而已。殳则用积竹杖而无刃。柲之引申为凡柄之偁。”

柄 bǐng

柄①，柯也。从木，丙声。陂病切。

【译文】柄，斧头的把。从木，丙声。

【注释】① 柄：《段注》：“柄之本义专谓斧柯，引申为凡柄之偁。”

欑 cuán

欑，积竹杖也。从木，贊声。一曰：穿也。一曰：丛木。在丸切。

【译文】欑，积合竹青做成的杖。从木，贊声。另一义说，钻穿。又另一义说，聚集的材木。

柅 chì

柅，籆柄也①。从木，尸声。女履切。

【译文】柅，络丝车的摇把。从木，尸声。

【注释】① 籆(yuè)柄：《段注》：“籆即络车也。所以转络车者，即柅也。”

榜 bēng

榜，所以辅弓弩①。从木，旁声。补盲切。

【译文】榜，用来辅正弓弩的器具。从木，旁声。

【注释】① 辅弓弩：王绍兰《段注订补》：“弓弩或有枉戾，缚木辅其旁，矫之令直，谓之榜。”

桰 kuò

桰，檃也。从木，昏声。一曰：矢桰筑弦处①。古活切。

【译文】桰，矫正竹木的器具。从木，昏声。另一义说，箭末扣弦的地方。

【注释】① 矢桰句：《释名·释兵》：“其（指矢）末曰桰。桰，会也。与弦会也。”筑：犹言着。

棊 qí

棊，博棊。从木，其声。渠之切。

【译文】棊，比输赢的棋具。从木，其声。

椄 jié

椄，续木也①。从木，妾声。子叶切。

【译文】椄，嫁接花木。从木，妾声。

【注释】① 续木：《段注》："今栽华植果者，以彼枝移接此树。而华果同彼树矣。椄之言接也。后接行而椄废。"

栙 xiáng

栙，栙双也①。从木，夅声。读若鸿。下江切。

【译文】栙，栙双。从本，夅声。音读像"鸿"字。

【注释】① 栙双：用篾席做的船帆。

栝 tiǎn

栝，炊灶木。从木，舌声。他念切。

【译文】栝，在灶里烧煮饭用的木棍。从木，舌声。

槽 cáo

槽，畜兽之食器①。从木，曹声。昨牢切。

【译文】槽，牲畜食用的器具。从木，曹声。

【注释】① 畜兽：《段注》改为"嘼"(chù)。唐写本木部残卷也无畜字，段说可信。嘼，六嘼也。

臬 niè

臬，射准的也。从木，从自①。五结切。

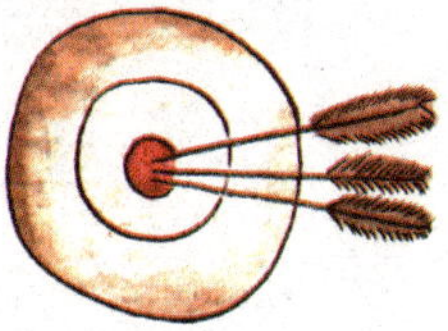

【译文】臬，射箭的靶子。由木、由自会意。

【注释】① 朱骏声《通训定声》："从自者，鼻于面居中特出之形，凡臬似之。"唐写本木部残卷、小徐本、韵会均引作"从木自声"。

桶 tǒng

桶，木方[器]，受[十]六升。从木，甬声。他奉切。

【译文】桶，木制方形(斛)。容受十六升。从木，甬声。

柎 fū

柎，阑足也。从木，付声。甫无切。

【译文】柎，钟鼓架下装饰的足。从木，付声。

枹 fú

枹，击鼓杖也。从木，包声。甫无切。

【译文】枹，击鼓的槌子。从木，包声。

椌 qiāng

椌，柷，乐也。从木，空声。苦江切。

【译文】椌，柷。(打击)乐器。从木，空声。

柷 zhù

柷①，乐，木空也。所以止音为节。从木，祝省声。昌六切。

【译文】柷，(打击)乐器，木制而中空。可用柷止之音，以为节奏。从木，祝省声。

【注释】① 柷：《尔雅·释乐》："所以鼓柷谓之止。"郭注："柷如漆桶，方二尺四寸，深一尺八寸，中有椎，柄连底，挏(dòng，来回摇动)之，令左右击。止者，其椎名。"

札 zhá

札①，牒也。从木，乙声。侧八切。

【译文】札，书写用钓小木片。从木，乙声。

【注释】① 札：《段注》："长大者曰椠，薄小者曰札。"

檄 xí

檄①，二尺书。从木，敫声。胡狄切。

【译文】檄，长二尺的文书。从木，敫声。

【注释】① 檄：徐锴《系传》："征兵之书也。汉高祖曰：'吾以羽檄征天下兵。'有急，则插以羽也。"《急就篇》颜注："檄者以木为书，长二尺。"

棨 qǐ

棨，传，信也①。从木，啟省声。康礼切。

【译文】棨，又叫传，用作凭证。从木，啟省声。

【注释】①传（zhuàn）信：王筠《句读》："谓棨一名传，所以为信也。《古今注》：'凡传皆以木为之，长五寸，书符信于上，又以一板封之，皆封以御史印章，所以为信也，如今之过所。'"

楘 mù

楘，车历録束文也[①]。从木，敄声。《诗》曰[②]："五楘梁辀。"莫卜切。

【译文】楘，车辕上明显的束纹。从木，敄声。《诗经》说："有五束明显的花纹在那弯曲的车辕上。"

【注释】①车历録句：王筠《句读》："谓车辕以革束之，其文历録然也。"段氏谓历録，分明貌。②《诗》：指《诗经·秦风·小戎》。毛传："五，五束也。楘，历録也。"辀（zhōu）：大车左右两木直而平者谓之辕，小车居中一木曲而上者谓之辀。车辕穹隆如屋之梁，谓之梁辀。

枑 hù

枑[①]，行马也[②]。从木，互声。《周礼》曰："设梐枑再重。"胡误切。

【译文】枑，行马。从木，互声。《周礼》说，"设置行马两层。"

【注释】①枑：王筠《句读》："交互其木，以为遮阑也。"②行马：官府门前阻挡通行的障碍物，用木头交叉制成。

梐 bì

梐，梐枑也[①]。从木，陛省声。边兮切。

【译文】梐，即梐枑。从木，陛省声。

【注释】①梐枑：王筠《句读》："单言'互'，便是行马；连言'梐枑'，仍是行马。"

极 jí

极，驴上负也[①]。从木，及声。或读若急。其辄切。

【译文】极，驴背上负载物（的木架）。从木，及声。音读像"急"字。

【注释】①驴上负：体、用同训。徐锴《系传》："今人为木床以跨驴背，以负载物，即古之极也。"《段注》："若今驮鞍。"

梁 liáng

梁，水桥也[①]。从木，从水，刅声。吕张切。

【译文】梁，跨水的桥梁。由木、由水会合用木跨水之意，刅（chuāng）声。

【注释】①水桥：《段注》："梁之字，用木跨水，则今之桥也。"

楫 jí

楫[①]，舟棹也。从木，咠声。子叶切。

【译文】楫，船桨。从木，咠聲。

【注释】①楫：桂馥《义证》："或作'檝'。《字书》：楫，舟旁拨水者。短曰檝，长曰棹（zhào）。"

校 jiào

校，木囚也[①]。从木，交声。古孝切。

【译文】校，木制的囚系（人的桎梏）。从木，交声。

【注释】①木囚：《段注》："囚，系也。木囚者，以木羁之也。"

樔 cháo

樔，泽中守艹楼，从木，巢声。鉏交切。

【译文】樔，泽中守望的草楼。从木，巢声。

采 cǎi

采[①]，捋取也。从木，从爪。仓宰切。

【译文】采，摘取。由木、由爪会意。

【注释】①采：《段注》："《周南·芣苢》传曰：'采，取也。'又曰：'捋，取也。'是采、捋同训也。"

柹 fèi

柹[①]，削木札朴也。从木，巿声。陈楚谓（椟）［牍］为柹。芳吠切。

【译文】柿，削木皮或削小木片的皮。从木，市声。陈楚地方叫简牍作柿。

【注释】①削木句：朴当依徐锴《系传》作"朴"。谓削木与札之朴，皆谓之柿。札：用于书写的小木片。朴：木皮。

横 héng

横，阑木也[①]。从木，黄声。卢盲切。

【译文】横，拦门的木。从木，黄声。

【注释】①阑木：《段注》："阑，门遮也。引申为凡遮之僻。凡以木阑之，皆谓之横也。"

梜 jiā

梜，检柙也[①]。从木，夾声。古洽切。

【译文】梜，收藏物品的器具。从木，夾声。

【注释】①检柙：《段注》："检柙皆函物之称，然则梜亦谓函物之器也。"

桄 guàng

桄，充也。从木[①]，光声。古旷切。

【译文】桄，充满。从木，光声。

【注释】①从木：朱骏声《通训定声》："桄字本训当为横木，与横略同。凡床桄梯桄皆是。"

椓 zhuó

椓，击也。从木，豖声。竹角切。

【译文】椓，敲击。从木，豖声。

朾 chéng

朾，(橦)[撞]也。从木，丁声。宅耕切。

【译文】朾，撞击。从木，丁声。

柧 gū

柧，棱也[①]。从木，瓜声。又，柧棱[②]，殿堂上最高处也。古胡切。

【译文】柧，棱角。从木，瓜声。又，柧棱，殿堂上最高的地方。

【注释】①棱：《段注》："《通俗文》曰：'木四方为棱，八棱为柧。'按：《通俗文》析言之。若浑言之，则《急就》'奇觚'（即柧）谓四方版也。"②柧棱：徐锴《系传》："（殿堂）最高转角处也。"桂馥《义证》："王观国曰：'屋角瓦脊，成方角棱瓣之形，故谓之觚棱。'"

棱 léng

棱，柧也。从木，夌声。鲁登切。

【译文】棱，四方木。从木，夌声。

枰 píng

枰，平也[①]。从木，从平，平亦声。蒲兵切。

【译文】枰，棋盘。由木、由平会意，平也表声。

【注释】①平：《段注》："谓木器之平。偁枰，如今言棋枰是也。"

柆 lā

柆，折木也。从木，立声。卢合切。

【译文】柆，折断树木。从木，立声。

槎 chá

槎，衺斫也。从木，差声。《春秋传》曰[①]："山不槎。"侧下切。

【译文】槎，斜砍。从木，差声。《春秋国语》说："山林不砍不伐。"

【注释】①《春秋传》：即指《国语》。《唐写本·木部残卷》作："《春秋国语》曰：'山不槎枿（即蘖）。'"

柮 duò

柮，断也。从木，出声。读若《尔雅》"貀无前足"之貀[①]。女滑切。

【译文】柮，断。从木，出声。音读像《尔雅》"貀无前足"的"貀"字。

【注释】①《尔雅》：指《释兽》。貀（duò）：郭璞注："似狗，豹文，有角，两脚。"或说："似虎而黑，无前两足。"

析 xī

析，破木也。一曰：折也。从木，从斤[①]。先激切。

【译文】析，劈开木头。另一义说，断折。由木、由斤会意。

【注释】①从木句：桂馥《义证》："谓以斤（斧头）分木为析也。"

休 xiū

休，息止也[①]。从人依木[②]。许尤切。

【译文】休，休息。由"人"依傍着"木"会意。

【注释】①息止：同义复合。②人依木：《五经文字》："休象人息木阴。"

械 xiè

械，桎梏也。从木，戒声。一曰：器之緫名。一曰：（持）[治]也。一曰：有盛为械，无盛为器。胡戒切。

【译文】械，木制的束缚手脚的刑具。木，戒声。另一义说，器物的总称。另一义说，治理。另一义说，有盛物的构件叫械，没有盛物的构件叫器。

杽 chǒu

杽[①]，械也。从木，从手，手亦声。敕九切。

【译文】杽，木制刑具。由木、由手会意，手也表声。

【注释】①杽：木制手铐。徐锴《系传》："义取木在乎手，会意。"《段注》："杽、杻，古今字。"

桎 zhì

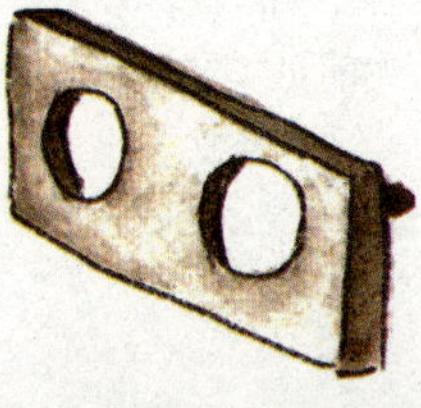

桎[①]，足械也。从木，至声。之日切。

【译文】桎，束缚脚的刑具。从木，至声。

【注释】①桎：《周易·蒙》："利用刑人，用说桎梏。"孔颖达疏："在足曰桎，在手曰梏。"

梏 gù

梏，手械也。从木，告声。古沃切。

【译文】梏，束缚手的刑具。从木，告声。

柙 xiá

柙，槛也。以藏虎兕。从木，甲声。乌匣切。

【译文】柙，关养禽兽的木笼。可以用来藏养老虎和犀牛。从木，甲声。

棺 guān

棺，关也，所以掩尸。从木，官声。古丸切。

【译文】棺，关，用来掩埋尸体的器具。从木，官声。

椁 guō

椁，葬有木亭也[①]。从木，亭声。古博切。

【译文】椁，葬有木制的外棺。从木，亭声。

東部

東 dōng

東，动也[①]。从木。官溥说，从日在木中。凡东之属皆从东。得红切。

【译文】東，动。从木。官溥说，由"日"在"木"中会意。大凡东的部属都从东。

【注释】①动：这是声训，东动音近。王筠《句读》引《白虎通》："东方者动方也。万物始动生也。"

林部

林 lín

林，平土有丛木曰林。从二木[①]。凡林之属皆从林。力寻切。

【译文】林，平地上有丛聚的树木叫林。由两个木字会意。大凡林的部属都从林。

【注释】① 从二木：王筠《释例》："林从二木，非云止有二木也，取木与木连属不绝之意也。"

無 wú

無，丰也。从林爽。或说规模字。从大；卌，数之积也；林者，木之多也。卌与庶同意。《商书》曰："庶草繁无。"文甫切。

【译文】無，丰茂。由林、爽会意。（爽）有人说是规模的模字。从大，卌（xì），表示数目的累积；林，表示树木的多。卌（表多盛）与庶（从芡表盛大）同意。《商书》说："百草繁茂。"

鬱 yù

鬱，木丛生者。从林，（鬰）[鬱]省声。迂弗切。

【译文】鬱，树木丛生的样子。从林，鬱省声。

楚 chǔ

楚，丛木。一名荆也。从林，疋声。创举切。

【译文】楚，丛生的树木。另一名称是荆树。从林，疋声。

棽 chēn

棽，木枝条棽俪皃。从林，今声。丑林切。

【译文】棽，树木枝条茂密的样子。从林，今声。

楙 mào

楙，木盛也。从林，矛声。莫候切。

【译文】楙，树木茂盛。从林，矛声。

棼 fén

棼，复屋栋也。从林[①]，分声。符分切。

【译文】棼，阁楼的栋梁。从林，分声。

【注释】① 从林：朱骏声《通训定声》："从林者，从二木也。复屋，故从二木为意。复屋者，如苏俗所云阁，不可居；重屋，如楼，可居。"

麓 lù

麓，守山林吏也。从林，鹿声。一曰：林属于山为麓[①]。《春秋传》曰[②]："沙麓崩。"卢谷切。

【译文】麓，守山林的小官。从林，鹿声。另一义说，树林连属于山叫麓。《春秋左传》说："沙山山脚崩塌。"

【注释】① 属：连接。②《春秋传》：指《春秋经·僖公十四年》。沙麓：沙山之麓。《段注》："盖凡山足皆得称麓。"地在今河北省大名县东。

森 sēn

森[①]，木多皃。从林，从木。读若曾参之参。所今切。

【译文】森，树木众多的样子。出林、由木会意。音读像曾参的"参"字。

【注释】① 森：《玉篇》："森，长木皃。"《六书故》："林木高耸茂密也。"

才部

才 cái

才，艹木之初也。从丨上贯一[①]，将生枝叶；一，地也。凡才之属皆从才。昨哉切。

【译文】才，草木初生的样子。由"丨(gǔn)"向上面贯穿"一"，表示（草木发芽抽苗）将生枝叶；"一"，表示地面。大凡才的部属都从才。

【注释】① 一：指地。地下之一象根荄之状。

叒部

叒 ruò

叒，日初出东方汤谷[1]，所登榑桑[2]，叒木也。象形。凡叒之属皆从叒。尔灼切。

【译文】叒，太阳从东方的汤谷刚刚升起时登上的榑（扶）桑树，又叫若木。像（扶桑婀娜之）形。大凡叒的部属都从叒。

【注释】①汤谷：古人疑东方海上为日之所出，名叫旸谷。或作汤谷。言其热如汤。②榑桑：木部："榑，榑桑，神木，日所出也。"榑桑即扶桑。

桑 sāng

桑，蚕所食叶木。从叒木[1]。息郎切。

【译文】桑，蚕儿所吃的桑叶树。由叒、木会意。

【注释】①叒木：张文虎《舒艺室随笔》："叒本象叶重沓之貌。桑以叶重，故从叒，象形。"

之部

之 zhī

之，出也。象艹过屮，枝茎益大，有所之。一者，地也。凡之之属皆从之。止而切。

【译文】之，长出。像草经过了屮的阶段，枝和茎渐渐长大了，有滋长而出的样子。一，表示地。大凡之的部属都从之。

帀部

帀 zā

帀，周也。从反之而帀也。凡帀之属皆从帀。周盛说。子荅切。

【译文】帀，环绕周遍。把"之"字倒过来就成了"帀"。大凡帀的部属都从帀。这是周盛的说法。

师 shī

师，二千五百人为师[1]。从帀，从𠂤[2]。𠂤，四帀，众意也。疎夷切。

【译文】师，二千五百人成为一师。由帀、由𠂤会意。𠂤，四帀，都表示众多的意思。

【注释】①师：徐锴《系传》："周制也。"②从𠂤（duī）：孔广居《疑疑》："𠂤，俗作堆，积聚也。聚则众，散则寡，故𠂤有众意。帀，俗作匝，周偏也。众则周，寡则不周，故匝亦有众意。"

出部

出 chū

出，进也。象艹木益滋，上出达也[1]。凡出之属皆从出。尺律切。

【译文】出，长进。像草木渐渐滋生，向上长出来。大凡出的部属都从出。

【注释】①出达：同义连用。《礼记·月令》："句者毕出，萌者尽达。"

敖 áo

敖，游也。从出，从放。五牢切。

【译文】敖，出游。由出、由放会意。

糶 tiào

糶，出谷也。从出，从糴，糴亦声。他吊切。

【译文】粜，卖出谷物。由出、由糴会意，糴也表声。

賣 mài

賣，出物货也。从出，从買[1]。莫邂切。

【译文】賣，出卖物货。由出、由買会意。

【注释】①从出，从買：《段注》："出而与人买之也。"

木部

索 suǒ

索，艹有茎叶，可作绳索。从木糸[①]。杜林说：木亦朱（木）[市]字。苏各切。

【**译文**】索，草有茎和叶，可用来做绳索。由木、系会意。杜林说：木也是朱市的“市”字。

【**注释**】①从木系：王筠《句读》：“字从系者，系纂本象纠结之形，纠艹为索，故从系，比象之义。”②朱木：当依徐锴《系传》“木”作“市”（fú）。市即韨。朱市：熟牛皮作的朱红色的蔽膝，用于祭祀。

孛 bèi

孛，㝈也[①]，从木；人色也，从子，《论语》曰：“色孛如也。”蒲妹切。

【**译文**】孛，草木盛美，故从木；人容色（勃然壮盛），故从子，《论语》说：“面色勃然庄重。”

【**注释**】①㝈（wèi）：王筠《句读》：“㝈下云‘㝈孛’，明其为叠韵连语也。此云‘㝈’者，又明其独字使成义也。”

南 nán

南，艹木至南方[①]，有枝任也。从木，羊声。那含切。

【**译文**】南，草木到南方（其叶畅茂），有枝桠可胜任。从木，羊声。

【**注释**】①南方：徐锴《系传》：“南方主化育。”

生部

生 shēng

生，进也[①]。象艹木生出土上。凡生之属皆从生。所庚切。

【**译文**】生，长进。像草木从土上生出。大凡生的部属都从生。

【**注释**】①进：徐灏《段注笺》：“《广雅》曰：‘生，出也。’生與出同义，故皆训为进。”

產 chǎn

產，生也。从生，彥省声。所简切。

【**译文**】產，生长。从生，彥省声。

丰 fēng

丰，艸盛丰丰也。从生，上下达也[①]。敷容切。

【**译文**】丰，草木丰盛。从生，（生的中竖向下延伸）表示上下通达。

【**注释**】①上下达：徐锴《系传》：“察草之生，上其盛者，其下必深根也。”

隆 lóng

隆，丰、大也。从生，降声。力中切。

【**译文**】隆，丰盛，高大。从生，降声。

甡 shēn

甡，众生并立之皃[①]。从二生。《诗》曰：“甡甡其鹿。”所臻切。

【**译文**】甡，众多草木并立的样子。由两个“生”字会意。《诗经》说：“何其多啊，那些野鹿。”

【**注释**】①众生并立：王筠《句读》：“据字形为义也。二‘生’，故曰众；分左右，故曰并。”“许君以字从‘生’也，故主艹木言。”

乇部

乇 zhé

乇，艹叶也。从垂穗[①]，上贯一，下有根。象形。凡乇之属皆从乇。陟格切。

【**译文**】乇，草叶。（丿）像下垂的穗，（丨）向上穿“一”，（表示草茎长出地面，）（ㄣ）表示地下有根。象形。大凡乇的部属都从乇。

【注释】① 垂穗：《段注》：“直者，茎也。斜垂者，华之采（穗）也。”

𠂹部

 **𠂹** chuí

𠂹，艸木华叶𠂹。象形。凡𠂹之属皆从𠂹。是为切。

【译文】𠂹，草木的花和叶下垂。象形。大凡𠂹的部属都从𠂹。

華部

 **華** huā

華①，荣也。从艸，从𠌶。凡华之属皆从华。户瓜切。

【译文】华，花朵。由艸、由𠌶会意。大凡华的部属都从华。

【注释】① 華：花朵。《诗经·周南·桃夭》：“桃之夭夭，灼灼其华。”引申为开花，有文采，华丽。

 **曅** yè

曅，艸木白华也。从華，从白。筠辄切。

【译文】曅，草木的白花。由華（花）、由白会意。

禾部

 **禾** jī

禾，木之曲头。止不能上也。凡禾之属皆从禾。古兮切。

【译文】禾，像树木弯曲的梢头。受物碍止不能上长。大凡禾的部属都从禾。

稽部

 **稽** jī

稽，留止也。从禾，从尤，旨声。凡稽之属皆从稽。古兮切。

【译文】稽，停留。由禾、由尤会意，旨声。大凡稽的部属都从稽。

巢部

 **巢** cháo

巢，鸟在木上曰巢，在穴曰窠。从木，象形。凡巢之属皆从巢。鉏交切。

【译文】巢，鸟在树上的窝叫巢，在洞中的窝叫窠。从木，像鸟在巢中之形。大凡巢的部属都从巢。

桼部

 **桼** qī

桼，木汁。可以髹物。象形。桼如水滴而下。凡桼之属皆从桼。亲吉切。

【译文】桼，树汁。可用来漆饰物体。象树木形。表示桼像水滴而下。大凡桼的部属都从桼。

 **㲡** pào

㲡，桼垸已①，复桼之。从桼，包声。匹皃切。

【译文】㲡，用漆掺合骨灰搽抹器物完毕，（干后磨平）再漆。从桼，包声。

【注释】① 桼垸（huán）两句：王筠《句读》：“作桼器者，以木片为骨，灰桼涂之，暴之旷日，故曰‘桼垸已’也。石磨令平，乃复以桼，发其光也。”垸：土部：“以桼如灰而髹也。”桼垸：同义连用。

束部

束 shù

束，缚也。从囗木[①]。凡束之属皆从束。书玉切。

【译文】束，捆缚。由囗、木会意。大凡束的部属都从束。

【注释】①从囗木：徐锴《系传》：“束薪也。囗音围，象缠。”

柬 jiǎn

柬，分别简之也[①]。从束，从八。八，分别也。古限切。

【译文】柬，分开捆缚的东西来选择。由束、由八会意。八，表示分开。

【注释】①分别句：徐锴《系传》：“开其束而柬之也。”简：拣选。王筠《句读》：“以简说柬，发明假借也。”

剌 là

剌，戾也[①]。从束，从刀[②]。刀者，剌之也。卢连切。

【译文】剌，违背。由束、由刀会意。刀，表示乖戾不容。

【注释】①戾：《段注》：“违背之意。”②从束从刀：王筠《句读》：“刀性坚强，虽束之，不能互相附属如薪也。”

㯻部

㯻 gǔn

㯻[①]，橐也[②]。从束，圂声。凡㯻之属皆从㯻。胡本切。

【译文】㯻，捆缚囊橐。从束，圂（hùn）声。大凡㯻的部属都从㯻。

【注释】①㯻：徐锴《系传》：“束缚囊橐之名。”②橐（tuó）：宋育仁《部首笺正》：“㯻从束，束缚也，即今语之捆。捆物者，韬其中身，露其两端；橐为无底之囊，用以韬物，形正与捆物类，故说㯻为橐。”按：囊、橐以有底、无底为别，诸家说法各异，宋说只是其中之一。

橐 tuó

橐[①]，囊也。从㯻省，石声。他各切。

【译文】橐，袋子。㯻省豕为形旁，石声。

【注释】①橐：朱骏声《通训定声》：“小而有底曰橐，大而无底曰囊。”按：析言有分，浑言无别。

囊 náng

囊[①]，橐也。从㯻省，襄省声。奴当切。

【译文】囊，袋子。㯻省豕为形旁，襄省声。

【注释】①囊：黄以周《囊橐考》：“囊之两端无底”，“中实其物，括其两端内物不出。”“橐之两端皆有底，其口在旁，既实其物，中举之，物在两端，可以担之于肩。”“（囊、橐）对文有异”，“浑言无别”。

櫜 gāo

櫜，车上大橐。从㯻省，咎声。《诗》曰：“载櫜弓矢。”古劳切。

【译文】櫜，车上盛物的大袋子。㯻省豕为形旁，咎声。《诗经》说：“用袋子收藏弓和箭。”

囗部

囗 wéi

囗[①]，回也。象回帀之形。凡囗之属皆从囗。羽非切。

【译文】囗，回绕。像回转一周的样子。大凡囗的部属都从囗。

【注释】①囗：《段注》：“围绕、周围字当用此。围行而囗废矣。”

圜 yuán

圜[①]，天体也。从囗，瞏声。王权切。

【译文】圜，天体圆环。从囗，瞏（huán）声。

【注释】① 圜：《段注》："许书圆圜圓三字不同。""言天当作圜，言平圆当作圓，言浑圆当作圆。"

圓 yuán

圓，圜全也。从囗，員声。读若员。王问切。

【译文】圓，浑圆无缺。从囗，員声。音读像"员"字。

回 huí

回，转也。从囗[①]，中象回转形。户恢切。

【译文】回，绕圈运转。从囗，中间的口像回旋运转的样子，

【注释】① 从囗两句：《段注》："外为大囗，内为小口，皆回转之形也。"钱桂森："此就古文为说，而于篆文亦合。"

圖 tú

圖，画计难也[①]。从囗，从啚。啚，难意也。同都切。

【译文】图，谋画而苦其难。由囗、由啚会意。啚表示困难的意思。

【注释】① 画计难：《段注》："谋之而苦其难也。"王筠《句读》："画计乃汉之恒言。"乃同义连用。

圛 yì

圛，回行也。从囗，睪声。《尚书》："曰圛"。圛，升云半有半无。读若驿。羊益切。

【译文】圛，回曲而行。从囗，睪声。《尚书》说："（有的）叫作圛。"圛，云气升腾，半有半无。音读像"驿"字。

國 guó

國，邦也[①]。从囗，从或。古惑切。

【译文】国，封地。由囗、由或会意。

【注释】① 邦：《段注》："邦、国互训，浑言之也。《周礼》注曰：'大曰邦，小曰国。''邦之所居亦曰国。'析言之也。"

囷 qūn

囷，廩之圜者。从禾在囗中。圜谓之囷，方谓之京。去伦切。

【译文】囷，圆形的仓廪。由"禾"在"囗"中会意。圆形的叫作囷，方形的叫作京。

壼 kǔn

壼，宫中道。从囗，象宫垣、道、上之形。《诗》曰："室家之壼。"苦本切。

【译文】壼，宫中的道路。从囗，像宫中的矮墙、道路、屋顶的样子。《诗经》说："房屋是那么广大。"

圈 juàn

圈，养畜之闲也。从囗，卷声。渠篆切。

【译文】圈，养牲畜的栅栏。从囗，卷声。

囿 yòu

囿，苑有垣也。从囗，有声。一曰：禽兽曰囿。于救切。

【译文】囿，园苑有矮墙护卫。从囗，有声。另一义说，养禽兽的地方叫囿。

園 yuán

園，所以树果也。从囗，袁声。羽元切。

【译文】园，用来种植果木的地方。从囗，袁声。

圃 pǔ

圃，种菜曰圃。从囗，甫声。博古切。

【译文】圃，种菜的地方叫圃。从囗，甫声。

因 yīn

因，就也。从囗大。于真切。

【译文】因，依凭。由囗、大会意。

囹 líng

囹，狱也。从囗，令声。郎丁切。

【译文】囹，牢狱。从囗，令声。

圄 yǔ

圄，守之也。从囗，吾声。鱼举切。

【译文】圄，守御。从囗，吾声。

固 gù

固，四塞也。从囗，古声。古慕切。

【译文】固，四周阻塞。从囗，古声。

囚 qiú

囚，系也。从人在囗中①。似由切。

【译文】囚，拘系。由“人”在“囗”中会意。

【注释】①从人句：桂馥《义证》：《风俗通》：“‘礼，罪人寘诸圜土（牢狱）。’故囚字为‘囗’守‘人’。”

困 kùn

困，故庐也。从木在囗中。苦闷切。

【译文】困，因衰败而倒塌的房屋。由“木”在“囗”中会意。

員部

員 yuán

员，物数也。从貝，囗声。凡员之属皆从员。王横切。

【译文】员，物的数量。从貝，囗声。大凡员的部属都从员。

貝部

貝 bèi

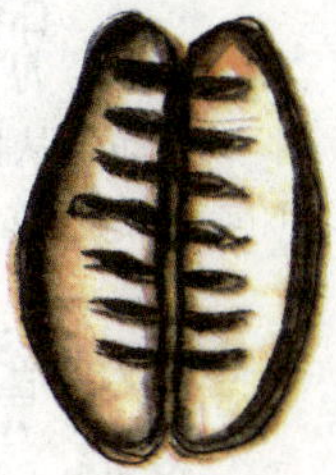

貝，海介虫也。居陆名猋，在水名蛹。象形。古者货贝而宝龟，周而有泉，至秦废贝行钱。凡贝之属皆从贝。博盖切。

【译文】貝，海中有甲壳的软骨动物。在陆上叫猋，在水中叫蛹。像贝壳之形。古时候，以贝壳为财富，以龟甲为珍宝。周朝（币制）有泉（而不废贝），到了秦时朝，废除贝而通行钱。大凡贝的部属都从贝。

賄 huì

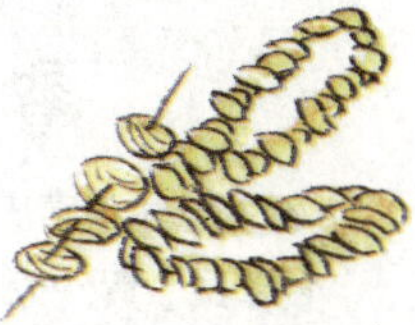

賄，财也①。从貝，有声。呼罪切。

【译文】賄，财物。从貝，有声。

【注释】①财：《段注》：“《周礼注》曰：‘金玉曰货，布帛曰贿。’析言之也。许浑言之，货贿皆释曰财。”

貨 huò

貨，财也①。从貝，化声。呼卧切。

【译文】貨，财物。从貝，化声。

【注释】①财：《汉书·食货志》：“货谓布帛可衣，及金刀龟贝，所以分财布利、通有无者也。”按：货本指金玉。

財 cái

財①，人所宝也。从貝，才声。昨哉切。

【译文】財，人们所宝贵的东西。从貝，才声。

【注释】①财：物资和货币的总称。《玉篇·贝部》：“财，谓食谷也、货也、赂也。”

資 zī

資，货也。从貝，次声。即夷切。

【译文】資，财物。从貝，次声。

賑 zhèn

賑，富也。从貝，辰声。之忍切。

【译文】賑，富裕。从貝，辰声。

賢 xián

賢，多才也。从貝，臤声。胡田切。

【译文】贤，多才能。从貝，臤声。

賁 bì

賁，饰也。从貝，卉声。彼义切。

【译文】賁，文饰。从貝，卉声。

賀 hè

賀，以礼相奉庆也。从貝，加声。胡个切。

【译文】賀，把礼物奉献给人，向人庆祝。从貝，加声。

貢 gòng

貢，献、功也[1]。从貝，工声。古送切。

【译文】貢，进献，努力作所从事的工作。从貝，工声。

【注释】①献、功也：桂馥《义证》："当为'献也，功也'。"王筠《句读》："贡、献同义，贡、功同声。"徐灏《段注笺》："功谓力作所有事。如谷麦为农功，丝枲为妇功也。"

贊 zàn

贊，见也。从貝，从兟。则旰切。

【译文】贊，进见。由貝、由兟会意。

貸 dài

貸，施也。从貝，代声。他代切。

【译文】貸，施给。从貝，代声。

賂 lù

賂，遗也。从貝，各声。洛故切。

【译文】賂，赠送财物。从貝，各声。

贈 zèng

贈，玩好相送也。从貝，曾声。昨邓切。

【译文】贈，用玩好之物相送。从貝，曾声。

贛 gòng

贛，赐也。从貝，竷省声。古送切。

【译文】贛，赐予。从貝，竷（kǎn）省声。

賚 lài

賚，赐也。从貝，來声。《周书》曰："赉尔秬鬯。"洛带切。

【译文】賚，赐予。从貝，來声。《周书》说，"赐给你黑黍和郁草合酿的香酒。"

賞 shǎng

賞，赐有功也。从貝，尚声[1]。书两切。

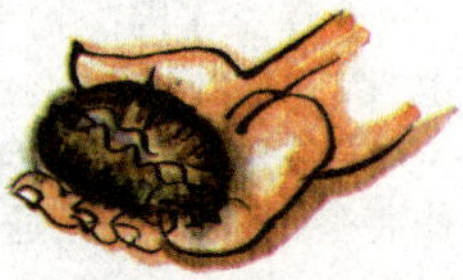

【译文】賞，奖赐有功的人。从貝，尚声。

【注释】①尚声：声中有义。徐锴《系传》："赏之言尚也。尚（崇尚）其功也。赏以偿（回报）之也。"

賜 cì

賜，予也。从貝，易声。斯义切。

【译文】賜，给予。从貝，易声。

貤 yì

貤，重次弟物也。从貝，也声。以豉切。

【译文】貤，重迭的有次第的物体。从貝，也声。

贏 yíng

贏，有余、贾利也。从貝，𣎆声。以成切。

【译文】贏，有余，做买卖获利。从貝，𣎆声。

賴 lài

賴，赢也。从貝，剌声。洛带切。

【译文】賴，赢利。从貝，剌声。

負 fù

負[1]，恃也。从人守貝，有所恃也。一曰：受贷不偿。房九切。

【译文】負，凭恃。由“人”守“貝”会意，表示有所凭仗。另一义说，受人施予却不回报。

【注释】①負：徐灏《段注笺》：“負之古音古义皆为背。《释名》曰：‘負，背也。置项背也。’”“因之为自負，故训为恃。又为背人（背德忘恩）之称，即受贷不偿之谓也。凡战败必背走，故又为胜負之称。”

貯 zhù

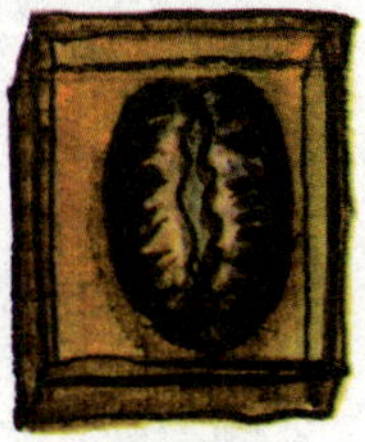

貯[1]，积也。从貝，宁声。直吕切。

【译文】貯，积藏。从貝，宁声。

【注释】①貯：罗振玉《增订殷墟书契考释》：“象内（纳）贝于宁中形，或贝在宁下，与许书作贮贝在宁旁意同。又宁、贮古为一字。”

貳 èr

貳，副、益也。从貝，弍声。弍，古文二。而至切。

【译文】貳，居于次要地位者，增益。从貝，弍声。弍，古文二字。

賒 shē

賒，贳买也。从貝，余声。式车切。

【译文】賒，用亏欠的方式买物。从貝，余声。

贅 zhuì

贅，以物质钱。从敖貝。敖者，犹放；貝，当复取之也。之芮切。

【译文】贅，用物抵押钱。由敖、貝会意。从“敖”，好比说“发放（诸物）”；从貝，是说应当用钱贝再赎取它回来。

質 zhì

質，以物相赘。从貝，从所。阙。之日切。

【译文】質，用物相抵押。由貝、由所会意。阙其从所的意思。

貿 mào

貿，易财也。从貝，丣声。莫候切。

【译文】貿，交换财物。从貝，丣声。

贖 shú

贖，贸也。从貝，賣声。殊六切。

【译文】贖，（用财物）交换回（抵押品）。从貝，賣（yù）声。

費 fèi

費，散财用也。从貝，弗声。房未切。

【译文】費，散去钱财。从貝，弗声。

責 zé

責，求也。从貝，朿声。侧革切。

【译文】責，索求。从貝，朿声。

賈 gǔ

賈，贾市也[1]。从貝，襾声。一曰：坐卖售也。公户切。

【译文】賈，做买卖。从貝，襾（yà）声。另一义说，（储货）坐卖。

【注释】①贾市：同义连用。《段注》：“市，买卖所之也。因之凡买凡卖皆曰市。贾者，凡买卖之偁也。”“引申之，凡卖者之所得，买者之所出，皆曰贾。”

販 fàn

販，买贱卖贵者。从貝，反声。方愿切。

【译文】販，用低价买进来，用高价卖出去的商人。从貝，反声。

買 mǎi

買，市也。从网貝。《孟子》曰："登垄断而网市利。"莫蟹切。

【译文】買，购进。由网、貝会意。《孟子》说："登上独立的高地（窥视），（企图）网罗买卖的好处。"

賤 jiàn

賤，贾少也。从貝，戔声。才线切。

【译文】賤，价格低少。从貝，戔声。

賦 fù

賦[①]，斂也。从貝，武声。方遇切。

【译文】賦，征斂。从貝，武声。

【注释】①賦：《段注》："斂之曰賦，班（分布）之亦曰賦。经传中凡言以物班布与人曰賦。"

貪 tān

貪，欲物也。从貝，今声。他含切。

【译文】貪，想要得到财物。从貝，今声。

貶 biǎn

貶，损也。从貝，从乏。方斂切。

【译文】貶，减损。由貝、由乏会意。

貧 pín

貧，财分少也。从貝，从分，分亦声。符巾切。

【译文】貧，财物因分散而少。由貝、由分会意，分也表声。

賃 lìn

賃，庸也。从貝，任声。尼禁切。

【译文】賃，受雇佣。从貝，任声。

賕 qiú

賕，以财物枉法相谢也[①]。从貝，求声。一曰：戴质也。巨留切。

【译文】賕，用财物违法谢罪。从貝，求声。另一义说，装载着抵押品（而去求人借贷）。

【注释】①以财句：《段注》："枉法者，违法也。法当有罪而以财求免，是曰賕；受之者亦曰賕。"

購 gòu

購，以财有所求也[①]。从貝，冓声。古候切。

【译文】購，用钱财有所征求。从貝，冓声。

【注释】①以财句：《段注》："县（悬）重价以求得其物也。"

貲 zī

貲，小罚以财自赎也。从貝，此声。汉律：民不繇，貲钱二十二。即夷切。

【译文】貲，轻微地罚其用钱财自我赎补罪过。从貝，此声。汉律规定：百姓不供徭役，罚缴人头钱二十二。

貴 guì

貴，物不贱也。从貝，臾声。臾，古文蕢。居胃切。

【译文】貴，物价不低贱。从貝，臾声。臾，古文"蕢"字。

賣 yù

賣，衒也。从貝，睿声。读若育。余六切。

【译文】賣，边走边叫卖。从目，睿声。音读像"育"字。

邑部

邑 yì

邑，国也[①]。从囗；先王之制尊卑有大小，从卪。凡邑之属皆从邑。于汲切。

【译文】邑，国。从囗；先王的制度，（公侯伯子男）尊卑（不同），有（不同）大小的（疆域），所以从卪。大凡邑的部属都从邑。

【注释】① 国：《段注》："凡称人曰大国，凡自称曰敝邑。古国、邑通称。"

邦 bāng

邦，国也。从邑，丰声。博江切。

【译文】邦，诸侯封国之偁。从邑，丰声。

郡 jùn

郡，周制：天子地方千里，分为百县，县有四郡。故《春秋传》曰[①]："上大夫受郡。"是也。至秦初置三十六郡，以监其县。从邑，君声。渠运切。

【译文】郡，周朝的制度：天子土地纵横千里，分成百县，每县有四个郡。所以《春秋左传》说："（能战胜敌人的人，）上大夫受封郡。"就是这个意思。到秦朝初年全国设置三十六个郡，用来监督它下属的县。从邑，君声。

【注释】①《春秋传》：指《左传·哀公二年》。原文："克敌者，上大夫受县，下大夫受郡。"

都 dū

都，有先君之旧宗庙曰都[①]。从邑，者声。周礼[②]：距国五百里为都。当孤切。

【译文】都，有已故君王的旧宗庙的城邑叫都。从邑，者声。周朝的礼制：离王城五百里之地叫都。

【注释】① 有先句：《左传·庄公二十八年》："凡邑有宗庙先君之主（神主牌位）曰都，无曰邑。"② 周礼：王筠《句读》："周礼者，谓周制也，非谓语出《周官》。《周礼·载师》注引《司马法》曰：'王国百里为郊……五百里为都。'"

鄰 lín

鄰，五家为邻[①]。从邑，粦声。力珍切。

【译文】鄰，五家（比连）叫作邻。从邑，粦声。

【注释】① 五家句：《段注》："见《周礼·遂人职》。按引申为凡亲密之称。"《释名·释州国》："邻，连也，相接连也。"

酇 zàn

酇，百家为酇[①]。酇，聚也。从邑，贊声。南阳有酇县[②]。作管切。又，作旦切。

【译文】酇，百家叫作酇。酇，聚居。从邑，贊声。南阳地方有酇县。

【注释】① 百家句：《周礼·地官·遂人》："五家为邻，五邻为里，四里为酇，五酇为鄙。"② 南阳：张舜徽《约注》："汉南阳郡，有今河南熊耳山以南、叶县内乡闲及湖北大洪山以北应山、酇县地。酇县在今湖北省光化县西北。"

鄙 bǐ

鄙，五酇为鄙。从邑，啚声。兵美切。

【译文】鄙，五百家叫鄙。从邑，啚声。

郊 jiāo

郊，距国百里为郊。从邑，交声。古肴切。

【译文】郊，离都城百里叫作郊。从邑，交声。

郛 fú

郛[①]，郭也。从邑，孚声。甫无切。

【译文】郛，外城。从邑，孚声。

【注释】① 郛：徐锴《系传》："郛犹柎也。草木华房为柎，在外苞裹之也。"

邸 dǐ

邸[①]，属国舍。从邑，氐声。都礼切。

【译文】邸，天子所隶属的诸侯国（为朝见而设置在京城的）馆舍。从邑，氐声。

【注释】① 邸：《段注》引颜师古《汉书》注："郡国朝宿之舍在京师者，率名邸。邸，至也。言所归至也。"

郵 yóu

郵[①]，境上行书舍。从邑垂。垂，边也。羽求切。

【译文】郵，国境上传递文书的客舍。由邑、垂会意。垂是边境的意思。

【注释】① 郵：王筠《句读》引《汉书·黄霸传》注："邮亭书舍，谓传送文书所止处，亦如今之驿馆矣。"

鄁 shào

鄁，国甸，大夫稍。稍，所食邑。从邑，肖声。《周礼》曰："任鄁地。"在天子三百里之内。所教切。

【译文】鄁，京城的郊外，是大夫的稍地。稍，是大夫（受封后收赋税而）享食的土地。从邑，肖声。《周礼》说："任用鄁地（作为大夫食邑的田地）。"（鄁地）指距天子京畿三百里之内的地面。

鄯 shàn

鄯，鄯善，西胡国也。从邑，从善，善亦声。时战切。

【译文】鄯，鄯善，西域国名。由邑、由善会意，善也表声。

邰 tāi

邰，炎帝之后，姜姓所封，周弃外家国。从邑，台声。右扶风斄县是也。《诗》曰："[即] 有邰家室。"土来切。

【译文】邰，炎帝的后裔，姜嫄氏的封国，周始祖后稷外祖家的领地。从邑，台声。右扶风郡的斄县就是这里。《诗经》说："（封后稷）到邰地安家立业。"

郂 qí

郂，周文王所封。在右扶风美阳中水乡。从邑，支声。巨支切。

【译文】郂，周文王的邦国。在右扶风郡美阳县中水乡。从邑，支声。

邠 bīn

邠，周太王国。在右扶风美阳。从邑，分声。补巾切。

【译文】邠，周太王的诸侯国。在右扶风郡美阳县。从邑，分声。

郿 méi

郿，右扶风县。从邑，眉声。武悲切。

【译文】郿，右扶风郡的县名。从邑，眉声。

扈 hù

扈，夏后同姓所封，战于甘者。在鄠，有扈谷、甘亭。从邑，户声。胡古切。

【译文】扈，夏后氏同姓诸侯（有扈氏）的封地，是（与夏启）战于甘地之野的部落。（夏朝的有扈）在（汉朝的）鄠县，这里有扈谷、甘亭。从邑，户声。

郁 yù

郁，右扶风郁夷也。从邑，有声。于六切。

【译文】郁，右扶风郡郁夷县。从邑，有声。

郝 hǎo

郝，右扶风鄠、盩厔乡。从邑，赤声。呼各切。

【译文】郝，右扶风郡鄠县、盩厔县的乡名。从邑，赤声。

酆 fēng

酆，周文王所都。在京兆杜陵西南①。从邑，豐声。敷戎切。

【译文】酆，周文王的国都。在京兆尹郡杜陵县的西南。从邑，豐声。

【注释】① 京兆：汉代京畿的行政区划名。为三辅（三个职官。武帝时为京兆尹、左冯翊、右扶风。也称三辅所辖地区）之一，即今陕西西安市以东至华县之地。杜陵：在今陕西西安市东南。

鄭 zhèng

鄭，京兆县。周厉王子友所封。从邑，奠声。宗周之灭，郑徙潧洧之上，今新郑是也。直正切。

【译文】鄭，京兆尹郡的县名。周厉王的儿

子友的封地。从邑，奠声。西周灭亡的时候，郑（武公）迁徙到溱水、洧水一带，今天的新郑就是这个地方。

郃 hé

郃，左冯翊合阳县。从邑，合声。《诗》曰：“在合之阳。”候合切。

【译文】郃，左冯翊郡合阳县。从邑，合声。《诗经》说：“在合水的北面。”

邮 yóu

邮，左冯翊高陵（亭）。从邑，由声。徒历切。

【译文】邮，左冯翊郡高陵县（的亭名）。从邑，由声。

邽 guī

邽，陇西上邽也。从邑，圭声。古畦切。

【译文】邽，陇西郡上邽县。从邑，圭声。

部 bù

部[①]，天水狄部。从邑，音声。蒲口切。

【译文】部，天水郡狄部。从邑，音声。

【注释】①部：汉地名，约在今甘肃省天水、清水、秦安、两当、礼县、徽县一带。《段注》：“《地理志》天水无狄部，未详。”

邵 shào

邵，晋邑也。从邑，召声。寔照切。

【译文】邵，（春秋）晋国城邑。从邑，召声。

郈 hóu

郈，晋之温地。从邑，侯声。《春秋传》曰：“争郈田”。胡遘切。

【译文】郈，（春秋）晋国温地。从邑，侯声。《春秋左传》说：“（晋国郄至与周王朝）争郈城的田地。”

邲 bì

邲，晋邑也。从邑，必声。《春秋传》曰：“晋楚战于邲。”毗必切。

【译文】邲，晋国的城邑。从邑，必声。《春秋左传》说：“晋国和楚国在邲地作战。”

郤 xì

郤，晋大夫叔虎邑也。从邑，谷声。绮戟切。

【译文】郤，晋国大夫叔虎的城邑。从邑，谷声。

邢 xíng

邢，周公子所封，地近河内怀。从邑，幵声。户经切。

【译文】邢，周公之子的封国。地方挨近河内郡怀县。从邑，幵声。

鄔 wū

鄔，太原县。从邑，烏声。安古切。

【译文】鄔，太原郡的县名。从邑，烏声。

祁 qí

祁，太原县。从邑，示声。巨支切。

【译文】祁，太原郡的县名。从邑，示声。

邯 hán

邯，赵邯郸县。从邑，甘声。胡安切。

【译文】邯，赵国邯郸县。从邑，甘声。

郇 xún

郇，周（武）[文]王子所封国，在晋地。从邑，旬声。读若泓。相伦切。

【译文】郇，周文王之子所封的诸侯园，在晋国的土地上。从邑，旬声。音读像“泓”字。

鄲 dān

鄲，邯鄲县。从邑，單声。都寒切。

【译文】鄲，邯鄲县。从邑，單声。

郅 zhì

郅，北地郁郅县。从邑，至声。之日切。

【译文】郅，北地郡郁郅县。从邑，至声。

郾 yǎn

郾，颍川县。从邑，匽声。于建切。

【译文】郾，颍川郡的县名。从邑，匽声。

郟 jiá

郟，颍川县。从邑，夾声。工洽切。

【译文】郟，颍川郡的县名。从邑，夾声。

鄛 cháo

鄛，南阳（枣）［棘］阳乡。从邑，巢声。鉏交切。

【译文】鄛，南阳郡棘阳县的乡名。从邑，巢声。

鄴 ráng

鄴，今南阳穰县是。从邑，襄声。汝羊切。

【译文】鄴，当朝南阳郡穰县就是这个地方。从邑，襄声。

鄋 lú

鄋，南阳穰乡。从邑，婁声。力朱切。

【译文】鄋，南阳郡穰县的乡名。从邑，婁声。

郠 lǐ

郠，南阳西鄂亭。从邑，里声。良止切。

【译文】郠，南阳郡西鄂县的亭名。从邑，里声。

郢 yǐng

郢，故楚都。在南郡江陵北十里。从邑，呈声。以整切。

【译文】郢，（春秋战国）旧时楚国的都城。在南郡江陵县北十里。从邑，呈声。

鄳 méng

鄳，江夏县。从邑，黽声。莫杏切。

【译文】鄳，江夏郡的县名。从邑，黽声。

鄢 yān

鄢，南郡县。孝惠三年改名宜城。从邑，焉声。于干切。

【译文】鄢，南郡的县名。汉孝惠帝三年改名宜城。从邑，焉声。

鄂 è

鄂，江夏县。从邑，咢声。五各切。

【译文】鄂，江夏郡的县名。从邑，咢声。

墉 yōng

墉，南夷国。从邑，庸声。余封切。

【译文】墉，南方少数民族的诸侯国。从邑，庸声。

郫 pí

郫，蜀县也。从邑，卑声。符支切。

【译文】郫，蜀郡的县名。从邑，卑声。

邡 fāng

邡，什邡，广汉县。从邑，方声。府良切。

【译文】邡，什邡，广汉郡的县名。从邑，方声。

鄢 mà

鄢，存鄢①，犍为县。从邑，馬声。莫驾切。

【译文】鄢，存鄢，犍为郡的县名。从邑，馬声。

【注释】①存鄢：在今四川省乐山地区。《汉书·地理志》“存”作“郁”。

鄨 bì

鄨，牂牁县。从邑，敝声。读若鷩雉之鷩。必袂切。

【译文】鄨，牂牁郡的县名。从邑，敝声。音读像鷩雉的“鷩”字。

鄱 pó

鄱，鄱阳，豫章县。从邑，番声。薄波切。

【译文】鄱，鄱阳，豫章郡的县名。从邑，番声。

那 nuó

那，西夷国。从邑，冄声。安定朝那县。诸何切。

【译文】那，西方少数民族的诸侯国。从邑，冄声。安定郡有朝那县。

郴 chēn

郴，桂阳县。从邑，林声。丑林切。

【译文】郴，桂阳郡的县名。从邑，林声。

郎 láng

郎，鲁亭也。从邑，良声。鲁当切。

【译文】郎，（春秋）鲁国的亭名。从邑，良声。

邳 pī

邳，奚仲之后，汤左相仲虺所封国。在鲁薛县。从邑，丕声。敷悲切。

【译文】邳，奚仲的后裔，商汤左相仲虺分封的诸侯国。在（汉代）鲁国的薛县。从邑，丕声。

鄣 zhāng

鄣，纪邑也。从邑，章声。诸良切。

【译文】鄣，（春秋）纪国的城邑名。从邑，章声。

郯 tán

郯[①]，东海县。帝少昊之后所封[②]。从邑，炎声。徒甘切。

【译文】郯，东海郡的县名。帝少昊的后裔的封地。从邑，炎声。

【注释】①郯：在今山东省临沂地区郯城北。②少昊：传说古部落首领名。名挚，字青阳，皇帝子，己姓。

邗 hán

邗，国也，今属临淮。从邑，干声。一曰：邗本属吴。胡安切。

【译文】邗，国名，当朝属临淮郡。从邑，干声。或说，邗地本属吴国。

邪 yé

邪，琅邪[①]。从邑，牙声。以遮切。

【译文】邪，琅邪郡。反邑，牙声。

【注释】①琅邪：也作“琅玡”“琅琊”。《段注》：“许从前汉之制，故曰郡。”前汉琅玡郡治东武，即今山东省诸城县治。

𨙨部

𨙨 xiàng

𨙨[①]，邻道也。从邑，从𨚖[②]。凡𨙨之属皆从𨙨。阙。胡绛切。

【译文】𨙨，巷道。由邑、由𨚖会意。大凡𨙨的部属都从𨙨。阙其音。

【注释】①𨙨：《甲骨文编》：“𨙨，象二人相向之形。”②从邑，从𨚖：王筠《句读》：“从二邑相向。”“两邻望衡对宇，中央阙然为道，故曰邻道。居南者北向，居北者南向，故反一邑以见意。”

𨛜 xiàng

𨛜，里中道[①]。从𨙨，从共[②]。（皆）[言]在邑中所共也。胡绛切。

【译文】𨛜，街里中的道路。由𨙨、由共会意。是说在城邑之中、人们共同经过的地方。

【注释】①里：《段注》：“言里可该邑也。”②从共：《段注》：“共亦声也。”共、巷上古同属东部。

日部

日 rì

日，实也。太阳之精不亏。从口一。象形。凡日之属皆从日。人质切。

【译文】日，（光明）盛实。太阳的精华不亏损。由口、一会意。象形。大凡日的部属都从日。

旻 mín

旻，秋天也。从日，文声。《虞书》曰[①]："仁闵覆下，则称旻天。"武巾切。

【译文】旻，秋天。从日，文声。《虞书》的（解说）说："（上天）仁慈，怜悯覆佑天下，就称为旻天。"

【注释】①《虞书》曰：徐锴《系传》："当言'《虞书》说'也。"汪宪《系传考异》："是锴所谓虞书说者，欧阳说也。欧阳本说《书》而其语又见于《诗传》也。"

时 shí

时，四时也[①]。从日，寺声。市之切。

【译文】时，四时。从日，寺声。

【注释】①四时：《段注》："本春、夏、秋、冬之称。引申之为凡岁、月、日、刻之用。"

早 zǎo

早，晨也。从日在甲上。子浩切。

【译文】早，早晨。由"日"在"甲"上会意。

昒 hū

昒，尚冥也[①]。从日，勿声。呼骨切。

【译文】昒，还在昏暗之际。从日，勿声。

【注释】①尚冥：《段注》："冥者，窈也，幽也。自日入至于此，尚未出也。"即指天将明而未明之时。

昧 mèi

昧，爽，（旦）[且]明也[①]。从日，未声。一曰：闇也。莫佩切。

【译文】昧，昧爽，将明之际。从日，未声。另一义说：昧是昏暗。

【注释】①旦：当依《段注》作"且"。

睹 dǔ

睹，旦明也。从日，者声。当古切。

【译文】睹，天亮。从日，者声。

晢 zhé

晢，昭晰，明也。从日，折声。《礼》曰："晰明行事。"旨热切。

【译文】晢，昭晰，明亮。从日，折声。《仪礼》说："天已大明才办加冠礼之事。"

昭 zhāo

昭，日明也。从日，召声。止遥切。

【译文】昭，太阳明亮。从日，召声。

晤 wù

晤，明也。从日，吾声。《诗》曰："晤辟有摽。"五故切。

【译文】晤，（因受启发而）明白。从日，吾声。《诗经》说："（审慎地想起这件事，）翻然醒悟，用手拍打胸口，以至于重重地拍击起来。"

的 dì

的，明也。从日，勺声。《易》曰："为的颡。"都历切。

【译文】的，明显。从日，勺声。《易经》说："（震）是白额。"

晋 jìn

晋，进也。日出万物进。从日，从臸。《易》曰："明出地上，晋。"即（刀）[刃]切[①]。

【译文】晋，长进。太阳出来，万物前进滋长。由日、由臸会意。《易经》说："明亮的太阳从地上出来，（万物）长进。"

【注释】① 刀：当依《续古逸丛书》影印之北宋本作“刃”字。

晄 huàng

晄，明也。从日，光声。胡广切。

【译文】晄，明晃。从日，光声。

曠 kuàng

曠，明也。从日，廣声。苦谤切。

【译文】曠，明朗。从日，廣声。

旭 xù

旭，日旦出皃。从日，九声。[读]若勖①。一曰：明也。许玉切。

【译文】旭，太阳在天明时出来的样子。从日，九声。音读像“勖”字。另一义说：旭是阳光明亮。

【注释】① 若勖：“若”上当依《续古逸丛书》影印之北宋本增“读”字。

暘 yáng

暘，日出也。从日，昜声。《虞书》曰：“旸谷。”与章切。

【译文】暘，太阳出来。从日，昜声。《虞书》说：“太阳出来的山谷。”

晵 qǐ

晵，雨而昼姓也。从日，啟省声。康礼切。

【译文】晵，下雨而白天放晴。从日，啟省声。

暘 yì

暘，日覆云，暂见也。从日，易声。羊益切。

【译文】暘，太阳被云彩覆盖着，迅速出没。从日，易声。

昫 xù

昫，日出温也。从日，句声。北地有昫衍县。火于切。又，火句切。

【译文】昫，太阳出来的温暖。从日，句声。（秦朝）北地郡有昫衍县。

晛 xiàn

晛，日见也。从日，从見，見亦声。《诗》曰：“见晛曰消。”胡甸切。

【译文】晛，太阳显现出来。由日、由見会意，見也表声。《诗经》说：“（下雪瀌瀌盛大，）见到太阳热气就消融了。”

晏 yàn

晏，天清也。从日，安声。乌谏切。

【译文】晏，天空清朗。从日，安声。

景 jǐng

景，光也。从日，京声。居影切。

【译文】景，日光。从日，京声。

皓 hào

皓，日出皃。从日，告声。胡老切。

【译文】皓，太阳出来的样子。从日，告声。

暤 hào

暤，皓旰也。从日，皋声。胡老切。

【译文】暤，皓旰。从日，皋声。

旰 gàn

旰，晚也。从日，干声。《春秋传》曰①：“日旰君劳。”古案切。

【译文】旰，天晚。从日，干声。《春秋左传》说：“天色晚了。国君勤劳了。”

【注释】①《春秋传》：指《左传 · 昭公十二年》。

暉 huī

暉，光也。从日，軍声。许归切。

【译文】暉，日光。从日，軍声。

晷 guǐ

晷，日景也。从日，咎声。居洧切。

【译文】晷，日影。从日，咎声。

昃 zè

昃，日在西方时。侧也。从日，仄声。《易》曰："日厢之离。"阻力切。

【译文】昃，太阳在西方的时候。偏侧在一边了。从日，仄声。《易经》说："太阳偏西时的山神兽。"

晚 wǎn

晚，莫也。从日，免声。无远切。

【译文】晚，日暮。从日，免声。

昏 hūn

昏，日冥也。从日，氐省。氐者[①]，下也。一曰：民声。呼昆切。

【译文】昏，太阳落土的时候。由日、由氐省会意。氐是降下的意思。另一说，(昏)从民声。

【注释】①氐：《段注》："氐部曰：'氐者至也。'其引申之义则为下。"

晻 ǎn

晻，不明也。从日，奄声。乌感切。

【译文】晻，不明亮。从日，奄声。

暗 àn

暗，日无光也。从日，音声。乌绀切。

【译文】暗，太阳没有光亮。从日，音声。

晦 huì

晦，月尽也。从日，每声。荒内切。

【译文】晦，月终的一天。从日，每声。

曀 yì

曀，阴而风也。从日，壹声。《诗》曰："终风且曀。"于计切。

【译文】曀，天阴而有风。从日，壹声。《诗经》说："既刮着风，而又阴沉着天。"

旱 hàn

旱，不雨也。从日，干声。乎旰切。

【译文】旱，(久晴)不雨。从日，干声。

昴 mǎo

昴，白虎宿星。从日，卯声。莫饱切。

【译文】昴，白虎七宿的中星。从日，卯声。

曩 nǎng

曩，向也。从日，襄声。奴朗切。

【译文】曩，从前，从日，襄声。

昨 zuó

昨，(垒)[絫]日也[①]。从日，乍声。在各切。

【译文】昨，重絫其日。从日，乍声。

【注释】①垒：当依《段注》作"絫"。

暇 xià

暇，闲也。从日，叚声。胡嫁切。

【译文】暇，空闲。从日，叚声。

暫 zàn

暫，不久也。从日，斬声。藏滥切。

【译文】暫，短时间。从日，斬声。

昌 chāng

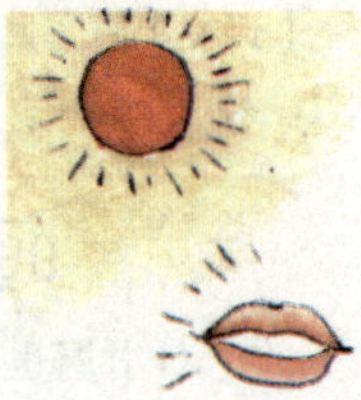

昌，美言也。从日，从曰。一曰：日光也。《诗》曰："东方昌矣。"尺良切。

【译文】昌，美善的言辞。由日、由曰会意。另一义说，昌是太阳的光明。

《诗经》说："东方明亮了。"

昄 bǎn

昄，大也。从日，反声。补绾切。

【译文】昄，大。从日，反声。

昱 yù

昱，明日也。从日，立声。余六切。

【译文】昱，明天。从日，立声。

暑 shǔ

暑，热也①。从日，者声。舒吕切。

【译文】暑，炎热。从日，者声。

【注释】①热：《段注》："暑与热，浑言则一。故许以热训暑。析言则二……暑之义主谓湿，热之义主谓燥。"

曬 shì

曬，曓也。从日，麗声。所智切。

【译文】曬，晒干。从日，麗声。

暵 hàn

暵，干也。耕曓田曰暵。从日，堇声。《易》曰："燥万物者莫暵于离。"呼旰切。

【译文】暵，干燥。翻耕后再曝晒田地叫暵。从日，堇声。《易经》说："使万物干燥的东西没有什么比火更易干枯。"

晞 xī

晞①，干也。从日，希声。香衣切。

【译文】晞，干燥。从日，希声。

【注释】①晞：本义是日出，天明。《诗经·齐风·东方未明》："东方未晞，颠倒衣裳。"毛亨传："晞，明之始升。"

昔 xī

昔，干肉也。从残肉，日以晞之。与俎同意①。思积切。

【译文】昔，干肉。（𠂹表示）残余、零星的肉，（日表示）用太阳来晒干它。与"俎"字从"仌"的构形同意。

【注释】①与俎句：《段注》："俎，从半肉（指仌），且（进献礼品的器具）荐（垫）之；昔，从残肉，日晞之。其作字之恉同也，故曰同意。"

暱 nì

暱，日近也。从日，匿声。《春秋传》曰："私降暱燕。"尼质切。

【译文】暱，一天天亲近。从日，匿声。《春秋左传》说："私下里减少与亲近者宴饮之乐。"

昆 kūn

昆，同也。从日，从比。古浑切。

【译文】昆，同。由日、由比会意。

晐 gāi

晐，兼晐也。从日，亥声。古哀切。

【译文】晐，（日光）全面覆照。从日，亥声。

普 pǔ

普，日无色也。从日，从竝。滂古切。

【译文】普，太阳没有光色。由日、由竝会意。

曉 xiǎo

曉，明也。从日，堯声。呼鸟切。

【译文】曉，光明，从日，堯声。

昕 xīn

昕，旦明，日将出也。从日，斤声。读若希。许斤切。

【**译文**】昕，天明，太阳将要出来了。从日，斤声。音读像“希”字。

旦部

旦 dàn

旦，明也。从日见一上①。一，地也。凡旦之属皆从旦。得案切。

【**译文**】旦，天明。由“日”出现在“一”之上。一，表示地。大凡旦的部属都从旦。

【**注释**】①从日句：徐灏《段注笺》：“日初出地平线也。”

暨 jì

暨，日颇见也。从旦，既声。其异切。

【**译文**】暨，旭日略微呈现（在地平线上）。从旦，既声。

倝部

倝 gàn

倝，日始出，光倝倝也。从旦，㫃声。凡倝之属皆从倝。古案切。

【**译文**】倝，太阳刚刚出来，光辉闪耀。从旦，㫃声。大凡倝的部属都从倝。

㫃部

㫃 yǎn

㫃，旌旗之游，㫃蹇之皃。从屮，曲而下；垂㫃，相出入也。读若偃。古人名㫃、字子游。凡㫃之属皆从㫃。于幰切。

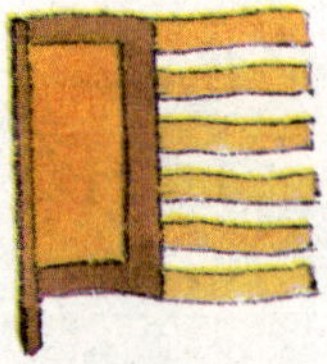

【**译文**】㫃，旌旗的飘带，随风飘舞的样子。从屮，弯曲而下伸，（表示旗杆）；（右边）下垂的飘带，（像随风）一出一入。音读像“偃”字。古人名叫㫃，字就叫（子）游。大凡㫃的部属都从㫃。

旐 zhào

旐，龟蛇四游，以象营室①，（游游）[悠悠]而长②。从㫃，兆声。《周礼》曰：“县鄙建旐。”治小切。

【**译文**】旐，画有龟和蛇的旗帜有四根飘带，用来象征营室二星（和东壁二星），（旗帜和飘带）悠悠而长。从㫃，兆声。《周礼》说：“县和鄙一类行政单位竖立旐旗。”

【**注释**】① 营室：星名，属玄武宿。② 游游：当依徐锴《段注》作“悠悠”。

旗 qí

旗，熊旗（五）[六]游①，以象罚星。士卒以为期。从㫃，其声。《周礼》曰：“率都建旗。”渠之切。

【**译文**】旗，画有熊的旗帜有六根飘带，用来象征罚星。士卒把熊旗的竖立当作聚集的时间。从㫃，其声。《周礼》说：“将帅和都主竖立熊旗。”

【**注释**】① 五：当依《辫工纪 · 考人》作“六”。

旆 pèi

旆，继旐之旗也，沛然而垂。从㫃，宋声。蒲盖切。

【**译文**】旆，接连镶在旐旗边幅上的旗饰，沛然而下垂。从㫃，宋（pò）声。

旌 jīng

旌，游车载旌，析羽注旄首，所以精进士卒。从㫃，生声。子盈切。

【**译文**】旌，木辂车上竖建着旌旗，剪下鸟羽附箸在饰有旄牛尾的旗杆上端，是用以激励士卒精锐前进的一种旗帜。从㫃，生声。

旂 qí

旂，旗有众铃，以令众也。从㫃，斤声。渠

希切。

【译文】旂，旗上有许多铃铛，用以命令士众。从㫃，斤声。

施 shī

施，旗皃。从㫃，也声。齐栾施字子旗，知施者旗也。武支切。

【译文】施，旗帜（飘动）的样子。从㫃，也声。齐国栾施字子旗，知道施就是旗。

游 yóu

游，旌旗之流也。从㫃，汓声。以周切。

【译文】游，旌旗的飘带。从㫃，汓声。

旋 xuán

旋，周旋，旌旗之指麾也。从㫃，从疋；疋，足也。似沿切。

【译文】旋，转动，随着旌旗的指挥。由㫃、由疋会意，疋是足的意思。

旄 máo

旄，幢也。从㫃，从毛，毛亦声。莫袍切。

【译文】旄，像幢翿一类的旗帜。由㫃、由毛会意，毛也表声。

旛 fān

旛，幅胡也。从㫃，番声。孚袁切。

【译文】旛，长幅下垂的旗帜。从㫃，番声。

族 zú

族，矢锋也。束之族族也。从㫃，从矢。昨木切。

【译文】族，箭头。一捆箭聚在一起。由㫃、由矢会意。

冥部

冥 míng

冥，幽也。从日，从六，冖声。日数十。十六日而月始亏幽也。凡冥之属皆从冥。莫经切。

【译文】冥，幽暗。由日、由六会意，冖表声。计算日期的规律以十天干为一轮。每月十六日，月亮开始亏损而幽暗。大凡冥的部属都从冥。

晶部

晶 jīng

晶，精光也[①]。从三日。凡晶之属皆从晶。子盈切。

【译文】晶，精华的光亮。由三个“日”字会意。大凡晶的部属都从晶。

【注释】①精光：王筠《句读》：“物之精者必有光。”

曟 chén

曟，房星；为民田时者。从晶，辰声。所今切。

【译文】曟，房星，又是农民下田耕种之时。从晶，辰声。

月部

月 yuè

月，阙也[①]。大阴之精。象形。凡月之属皆从月。鱼厥切。

【译文】月，亏阙。太阴的精华。像（不满之）形。大凡月的部属都从月。

【注释】①阙：徐锴《系传通论》：“亏阙也。”《释名·释天》：“月，阙也。满则阙也。”

朔 shuò

朔[①]，月一日始苏也。从月，屰声。所角切。

【译文】朔，月亮在初一开始复生。从月，屰声。

【注释】①朔：《释名·释天》：“朔，月初之名也。朔，苏也。月死复苏生也。”按：朔，月相名。这是指：夏历每月初一，月亮运行到太阳和地球之间，跟太阳同时出没，地球上看不到月光。

朏 pěi

朏[1]，月未盛之明。从月出。《周书》曰：“丙午朏。”普乃切。又，芳尾切。

【译文】朏，月光未盛之明。由月、出会意。《周书》说：“丙午那天月光初现光明。”

【注释】①朏：徐灏《段注笺》：“月朔（初一）初生明，至初三乃可见。故三日曰朏。从月、出会意，出亦声。”

霸 pò

霸，月始生，霸然也。承大月，二日；承小月，三日。从月，䨣声。《周书》曰：“哉生霸。”普伯切。

【译文】霸，月亮开始呈现，旁有微光似的。上承大月，初二（生霸）；上承小月，初三（生霸）。从月，䨣声。《周书》说：“开始出现月光。”

朗 lǎng

朗，明也。从月，良声。卢党切。

【译文】朗，明亮。从月，良声。

朓 tiǎo

朓，晦而月见西方谓之朓[1]。从月，兆声。土了切。

【译文】朓，夏历月底，月亮在西方出现，叫作朓。从月，兆声。

【注释】①晦而句：孔广居《疑疑》：“晦、朔之交，乃月与日会之时。未至此时，月在日前；既过此时，月在日后。故晦或有日将出而东方见月之时，朔或有日初入而西方见月之时。晦而月现西方谓之朓者，未朔而先见朔之象也。故曰跳也。”

肭 nǜ

肭，朔而月见东方谓之缩肭。从月，内声。女六切。

【译文】肭，夏历月初，月亮出现在东方，叫作缩肭。从月，内声。

期 qī

期，会也。从月，其声。渠之切。

【译文】期，约会。从月，其声。

有部

有 yǒu

有，不宜有也。《春秋传》曰[1]：“日月有食之。”从月，又声。凡有之属皆从有。云九切。

【译文】有，不应当有。《春秋左传》说：“日月有日蚀、月蚀现象。”从月，又声。大凡有的部属都从有。

【注释】①《春秋传》：指《春秋经·隐公三年》。今本无“月”字。《段注》：“此引经释‘不宜有’之恉。”按：古以日蚀、月蚀为不祥之兆，故曰“不宜有”。

𪏰 lóng

𪏰，兼有也。从有，龍声。读若聋。卢红切。

【译文】𪏰，笼统。从有，龍声。音读像“聋”字。

明部

朙 míng

朙[1]，照也。从月，从囧。凡朙之属皆从朙。武兵切。

【译文】朙，照耀。由月、由囧会意。大凡朙的部属都从朙。

【注释】①朙：今字体作“明”。明亮。

𥃭 huāng

𥃭，翌也[1]。从明，亡声。呼光切。

【译文】𥃭，明日。从明，亡声。

【注释】①翌：《段注》："当作昱。昱，明也。"

囧部

囧 jiǒng

囧，窗牖丽廔闿明。象形。凡囧之属皆从囧。读若犷。贾侍中说，读与明同。俱永切。

【译文】囧，窗牖格格交错而敞亮。象形。大凡囧的部属都从囧。音读像"犷"字。贾侍中说，音读与"明"同。

夕部

夕 xī

夕，莫也。从月半见。凡夕之属皆从夕。祥易切。

【译文】夕，傍晚。由月字现出一半来表意。大凡夕的部属都从夕。

夜 yè

夜，舍也。天下休舍也。从夕，亦省声。羊谢切。

【译文】夜，止息。是天下休息之时。从夕，亦省声。

夗 yuàn

夗，转卧也。从夕，从卩。卧有卩也。于阮切。

【译文】夗，转身侧卧。由夕、由卩会意。侧卧就曲膝。

夢 mèng

夢，不明也。从夕，瞢省声。莫忠切。又，亡贡切。

【译文】夢，不明。从夕，瞢省声。

夤 yín

夤，敬惕也。从夕，寅声。《易》曰："夕惕若(夤)[厉]①。"翼真切。

【译文】夤，庄敬。从夕，寅声。《易经》说："(君子终日振作，)晚上警惕着，遇着危险(也没有祸害)。"

【注释】①夤：徐灏《段注笺》："'夕惕若夤'之夤当作厉。"

外 wài

外，远也。卜尚平旦，今夕卜，于事外矣①。五会切。

【译文】外，疏远。占卜崇尚平明日出之时，今在夜晚占卜，就卜筮之事而言是例外了。

【注释】①于事句：《段注》："此说从夕卜之意。"

多部

多 duō

多，重也。从重夕。夕者，相绎也①，故为多。重夕为多，重日为曡。凡多之属皆从多。得何切。

【译文】多，重复。由重叠的夕字构成。夕的意思，是相抽引而无穷尽，所以叫多。重叠夕字叫多，重叠日字叫曡(叠)。大凡多的部属都从多。

【注释】①相绎：段注："相绎者，相引于无穷也。抽丝曰绎。"张舜徽《约注》引宋育人说："夕而又朝，朝而又夕，相引无穷。"

毌部

毌 guān

毌，穿物持之也。从一横贯，象宝货之形。凡毌之属皆从毌。读若冠。古丸切。

【译文】毌，贯穿物体、持握着它。由"一"横着贯穿，(⿴)像钱贝之形。大凡毌的部属者从毌。音读像“冠”字。

貫 guàn

貫，钱贝之贯。从毌貝。古玩切。

【译文】貫，（贯穿）钱贝的绳索。由毌、贝会意。

虜 lǔ

虜，获也。从毌，从力，虍声。郎古切。

【译文】虜，俘获。由毌、由力会意，虍声。

马部

甬 yǒng

甬[①]，艹木华甬甬然。从马，用声。余陇切。

【译文】甬，草木之花含苞欲放的样子。从马，用声。

【注释】①甬：王筠《句读》引《广雅》：“甬，草木花欲发皃。”。

東部

東 hàn

東，木垂华实。从木、马，马亦声。凡東之属皆从東。胡感切。

【译文】東，树木悬挂花和果实。由木、马会意，马也表声。大凡東的部属都从東。

卤部

卤 tiáo

卤，艹木实垂卤卤然。象形。凡卤之属皆从卤。读若调。徒辽切。

【译文】卤，草木之实，下垂卤卤的样子。象果实下垂之形。大凡卤的部属都从卤。音读像“调”字。

齊部

齊 qí

齊[①]，禾麦吐穗上平也。象形。凡齐之属皆从齐。徂兮切。

【译文】齊，禾麦吐穗，其上平整。象形。大凡齐的部属都从齐。

【注释】①齊：《段注》：“从二者，象地有高下也。禾麦随地之高下为高下，似不齐而实齐。参差其上者，盖明其不齐而齐也。”

朿部

朿 cì

朿[①]，木芒也[②]。象形。凡朿之属皆从朿。读若刺。七赐切。

【译文】朿，树木的刺。象形。大凡朿的部属都从朿。音读像“刺”字。

【注释】①朿：今作刺。②芒：《段注》：“艹耑（草端）也。”

棗 zǎo

棗，羊枣也[①]。从重朿[②]。子皓切。

【译文】棗，羊矢枣。由重叠两个朿字会意。

【注释】①羊枣：《尔雅·释木》郭璞注：“实小而员，紫黑色，今俗呼之为羊矢枣。”②重朿：王筠《句读》：“枣高，故重之。”

棘 jí

棘[①]，小枣丛生者。从并朿。己力切。

【译文】棘，丛生的低小的酸枣树。由两个朿字并列会意。

【注释】①棘：《急就篇》：“棘，酸枣之树也。”

片部

片 piàn

片，判木也①。从半木②。凡片之属皆从片。匹见切。

【译文】片，已分剖的木。由小篆木字的右半构成。大凡片的部属都从片。

【注释】①判木：《段注》："谓一分为二之木。"②半木：徐锴《系传》："木字之半也。"

版 bǎn

版①，判也。从片，反声。布绾切。

【译文】版，分剖（的木板）。从片，反声。

【注释】①版：《段注》："凡施于宫室器用者皆曰版，今字作板。"

畐 pì

畐，判也①。从片，畐声。芳逼切。

【译文】畐，分剖（的木板）。从片，畐声。

【注释】①判：王筠《句读》："与版同训，即与版同物。""吾乡于版之薄削者，谓之畐片。"

牘 dú

牘，书版也。从片，賣声。徒谷切。

【译文】牘，写字的木板。从片，賣声。

牒 dié

牒，札也。从片，枼声。徒叶切。

【译文】牒，书写用的木片。从片，枼声。

牑 biān

牑，床版也。从片，扁声。读若边。方田切。

【译文】牑，床板。从片，扁声。音读像"边"字。

牏 tóu

牏，筑墙短版也。从片，俞声。读若俞。一曰若纽。度侯切。

【译文】牏，筑墙（用于两端的）短木板。从片，俞声。音读像"俞"字。一说像"纽"字。

牖 yǒu

牖，穿壁以木为交窻也。从片、户、甫。谭长以为甫上日也，非户也。牖，所以见日。与久切。

【译文】牖，凿穿墙壁，用木板做成横直相交的窗棂。由片、户、甫会意。谭长认为："甫"字之上是"日"字，不是"户"字，窗牖是用来照见阳光的地方。

鼎部

鼎 dǐng

鼎，三足两耳，和五味之宝器也。昔禹收九牧之金，铸鼎荆山之下，入山林川泽，螭魅蝄蜽，莫能逢之，以协承天休。《易》卦：巽木于[火]下者为鼎①，象析木以炊也。籀文以鼎为贞字。凡鼎之属皆从鼎。都挺切。

【译文】鼎，三只脚，两只耳朵，是调和各种味料的珍贵的器物。过去夏禹收集九州长贡献的金属，在荆山底下铸鼎。进入山林、江河、湖泽，螭魅蝄蜽，没有什么山怪能遇见他，他凭借铸鼎十分和谐地接受苍天的恩赐。《易经》的卦象，用"木"进入火下，是鼎卦。像剖开木头用以烧火煮饭。籀文假借鼎作贞字。大凡鼎的部属都从鼎。

【注释】①鼎：《彖传》说："《鼎》象也以木巽（入）火，亨（烹）任（煮熟）也。"王筠《句读》："巽者，入也。""巽木于火下，犹云：入木于火下。"据此补"火"字。

鼐 nài

鼐，鼎之绝大者。从鼎，乃声。《鲁诗》说："鼐，小鼎。"奴代切。

【译文】鼐，鼎中最大的。从鼎，乃声。《鲁诗》说："鼐，小鼎。"

克部

克 kè

克，肩也；象屋下刻木之形。凡克之属皆从克。苦得切。

【译文】克，肩任，（又，）像屋下刻割木头的样子。大凡克的部属都从克。

彔部

彔 lù

彔，刻木彔彔也。象形。凡彔之属皆从彔。卢谷切。

【译文】彔，刻镂木头历历可数。象形。大凡彔的部属都从彔。

禾部

禾 hé

禾，嘉谷也。二月始生，八月而孰，得时之中，故谓之禾。禾，木也[①]。木王而生，金王而死。从木，从𠂹省。𠂹象其穗。凡禾之属皆从禾。户戈切。

【译文】禾，美好的谷子。二月开始发芽生长，到八月成熟，得四时中和之气，所以叫它禾。禾是木属。春天木旺就生长，秋天金旺就死去。由木、由𠂹省构成。下垂的像它的谷穗。大凡禾的部属都从禾。

【注释】①禾，木也：《淮南子·地形篇》："木胜土，土胜水，水胜火，火胜金，金胜木，故禾春生秋死。"高诱注："禾者木，春木王而生，秋金王而死。"按：此以五行生、克之理释禾的荣枯。五行中木代表春，金代表秋。禾是春天发芽生长，所以说"木也"。此"木"本非树木，而是五行之"木"。但从字的构形而言，又"为从木张本"（王筠《句读》）。

秀 xiù

秀[①]，上讳[②]。息救切。

【译文】秀，已故汉光武帝之名。

【注释】①秀：徐锴《系传》："禾实也。有实之象，下垂也。"②讳：封建社会称死去了的帝王或尊长的名。

稼 jià

稼，禾之秀实为稼，茎节为禾。从禾，家声。一曰：稼，家事也。一曰：在野曰稼。古讶切。

【译文】稼，禾的穗实叫稼，秸秆叫禾。从禾，家声。另一义说：（种植五谷）叫稼，就像嫁女之事。另一义说：在田野中（的作物）叫稼。

穑 sè

穑，谷可收曰穑。从禾，啬声[①]。所力切。

【译文】穑，五谷（成熟）可以收敛叫穑。从禾，啬声。

【注释】①啬声：徐锴《系传》："啬，收也。""当言啬亦声。"

稙 zhí

稙，早穜也。从禾，直声。《诗》曰："植稚赤麦。"常职切。

【译文】稙，早种。从禾，直声。《诗经》说："先种的稙，后种的稚，以及菽豆和麦䴬。"

種 chóng

種，先穜后孰也。从禾，重声。直容切。

【译文】種，早种晚熟（的谷物）。从禾，重声。

稑 lù

稑，疾孰也。从禾，坴声。《诗》曰："黍稷种稑。"力竹切。

【译文】稑，迅速成熟（的谷物）。从禾，坴声。《诗经》说："黍米、稷米、早种晚熟的谷物和晚种早熟的谷物。"

稺 zhì

稺，幼禾也。从禾，屖声。直利切。

【译文】稺，幼小的禾。从禾，屖声。

稹 zhěn

稹，穜概也。从禾，真声。《周礼》曰："稹理而坚。"之忍切。

【译文】稹，种植稠密。从禾，真声。《周礼》说："稠密的文理，坚固（的木质）。"

稠 chóu

稠，多也。从禾，周声。直由切。

【译文】稠，多密。从禾，周声。

概 jì

概，稠也。从禾，既声。几利切。

【译文】概，稠密。从禾，既声。

稀 xī

稀，疏也。从禾，希声。香依切。

【译文】稀，稀疏。从禾，希声。

穆 mù

穆[1]，禾也。从禾，㣎声。莫卜切。

【译文】穆，禾名。从禾，㣎声。

【注释】①穆：一种禾的名字。《段注》："盖禾有名穆者也。"

私 sī

私[1]，禾也。从禾，厶声。北道名禾主人曰私主人。息夷切。

【译文】私，禾名。从禾，厶声。北方叫禾主人作私主人。

【注释】①私：今借为公厶（私）字。

稷 jì

稷，齋也。五谷之长。从禾，畟声。子力切。

【译文】稷，粟米。五谷的首领。从禾，畟声。

秫 shú

秫，稷之黏者。从禾；朮，象形。食聿切。

【译文】秫，有黏性的粟米。从禾；朮，象形。

穄 jì

穄，穈也。从禾，祭声。子例切。

【译文】穄，似黍而不黏的谷物。从禾，祭声。

稻 dào

稻，稌也。从禾，舀声。徒皓切。

【译文】稻，稻谷的通称。从禾，舀声。

穬 gǒng

穬，芒粟也[1]。从禾，廣声。古猛切。

【译文】穬，有芒刺的谷物。从禾，廣声。

【注释】①芒粟：指稻麦。《段注》："稻麦得评粟者，从嘉谷之名也。"

秜 lí

秜[1]，稻今年落，来年自生，谓之秜。从禾，尼声。里之切。

【译文】秜，稻谷今年落地，至来年自生，叫作秜。从禾，尼声。

【注释】①秜：《段注》："谓不种而自生者也。"

稗 bài

稗，禾别也。从禾，卑声。琅邪有稗县。旁卦切。

【译文】稗，似禾而别于禾。从禾，卑声。琅邪郡有稗县。

移 yí

移，禾相倚移也[1]。从禾，多声。一曰：禾名。弋支切。

【译文】移，禾（从风）而相阿那。从禾，多声。另一义说：是禾名。

【注释】①倚移：朱骏声《通训定声》："倚移，叠韵连语。犹旖旎、旖施、檹施、猗傩、阿那也。'禾名'当为此字本训。"

穎 yǐng

穎，禾末也。从禾，頃声。《诗》曰："禾颖穟穟。"余顷切。

【译文】穎，禾穗的末端。从禾，頃声。《诗经》说："禾穗美好。"

秒 miǎo

秒[1]，禾芒也。从禾，少声。亡沼切。

【译文】秒，禾谷的芒刺。从禾，少声。

【注释】①秒：谷子芒儿。《汉书·叙传》："产气黄钟，造计秒忽。"颜师古注引刘德曰："秒，禾芒也。"

穖 jǐ

穖，禾穖也。从禾，幾声。居狶切。

【译文】穖，禾穗籽实如成串珠玑。从禾，幾声。

秠 pī

秠，一稃二米。从禾，丕声。《诗》曰："诞降嘉谷，惟秬惟秠。"天赐后稷之嘉谷也。敷悲切。

【译文】秠，一只谷壳两粒米（的黑黍）。从禾，丕声。《诗经》说："降下那美好的谷物。有一般的黑黍，有一只谷壳两粒米的黑黍。"是苍天赐给后稷的美好的谷物。

秨 zuó

秨，禾摇皃。从禾，乍声。读若昨。在各切。

【译文】秨，禾苗摇摆的样子。从禾，乍声。音读像"昨"字。

穮 biāo

穮，耕禾间也。从禾，麃声。《春秋传》曰："是穮是衮。"甫娇切。

【译文】穮，在禾苗间耘草。从禾，麃声。《春秋左传》说："在田间除草，培土扶苗根。"

案 àn

案，轹禾也。从禾，安声。乌旰切。

【译文】案，碾轧禾穗取谷。从禾，安声。

秄 zǐ

秄，壅禾本。从禾，子声。即里切。

【译文】秄，给禾麦的根部培土。从禾，子声。

穧 jì

穧，获刈也。一曰：撮也。从禾，齊声。在诣切。

【译文】穧，收割。另一义说，是撮聚。从禾，齊声。

穫 huò

穫，刈谷也。从禾，蒦声。胡郭切。

【译文】穫，收割谷物。从禾，蒦声。

穧 zī

穧，积禾也[1]。从禾，資声。《诗》曰：“穧之秩秩。”即夷切。

【译文】穧，堆积（已割）的禾。从禾，資声。《诗经》说：“堆积已割的禾，是那样的众多。”

【注释】① 积禾：徐锴《系传》：“堆积已刈之禾也。”

積 jī

積，聚也。从禾，責声。则历切。

【译文】積，积聚（谷物）。从禾，責声。

秩 zhì

秩，积也。从禾，失声。《诗》曰：“穧之秩秩。”直质切。

【译文】秩，聚积。从禾，失声。《诗经》说：“堆积已割的禾，是那样的众多。”

稇 kǔn

稇，絭束也。从禾，囷声。苦本切。

【译文】稇，用绳捆束。从禾，囷声。

穅 kāng

穅，谷皮也。从禾，从米，庚声。苦冈切。

【译文】穅，谷物的皮壳。由禾、由米会意，庚声。

䅵 zhuó

䅵，禾皮也。从禾，羔声。之若切。

【译文】䅵，禾秆的皮。从禾，羔声。

稭 jiá

稭[1]，禾稾去其皮，祭天以为席。从禾，皆声。古黠切。

【译文】稭，禾秆除去它的皮，祭天时用它作为垫席。从禾，皆声。

【注释】① 稭：《段注》：“谓禾茎既刈之，上去其穗，外去其皮，存其净茎，是曰秸。”从前吾湘农民打草鞋、织蒲丁，退去稻草衣毛，使之成为净秆，再来编织。

稈 gǎn

稈，禾茎也。从禾，旱声。《春秋传》曰[1]：“或投一秉秆。”古旱切。

【译文】稈，禾茎。从禾，旱声。《春秋左传》说：“有人扔下一把禾秆。”

【注释】①《春秋传》：指《左传·昭公二十七年》。今作：“或取一编菅焉，或取一秉（把）秆焉，国人投之。”

稾 gǎo

稾[1]，秆也。从禾，高声。古老切。

【译文】稾，禾秆，从禾，高声。

【注释】① 稾：谷类植物的茎秆。《汉书·贡禹传》：“已奉谷租，又出稾税。”引申义为诗文的草稿。《汉书·孔光传》：“时有所言，辄削草稾。”

秕 bǐ

秕，不成粟也。从禾，比声。卑履切。

【译文】秕，不成粟米（的瘪谷）。从禾，比声。

稍 juān

稍，麦茎也。从禾，肙声。古玄切。

【译文】稍，麦茎。从禾，肙声。

梨 liè

梨，黍穰也[1]。从禾，列声。良薛切。

【译文】梨，黍秆。从禾，列声。

【注释】① 穰：已脱粒的黍秆。

穰 ráng

穰，黍梨已治者[1]。从禾，襄声。汝羊切。

【译文】穰，已脱粒的黍秆。从禾，襄声。

【注释】①已治：《段注》："已治谓已治去其箬（竹皮）皮也。谓之穰者，茎在皮中如瓜瓤在瓜皮中也。"

秧 yāng

秧，禾（若）[苗]秧穰也[①]。从禾，央声。于良切。

【译文】秧，禾苗叶多的样子。从禾，央声。

【注释】①若：当依《玉篇》作"苗"。

穀 gǔ

穀，续也。百谷之总名。从禾，㱿声。古禄切。

【译文】穀，继续。百谷总名。从禾，㱿声。

稔 rěn

稔，谷孰也。从禾，念声。《春秋传》曰："鲜不五稔。"而甚切。

【译文】稔，百谷成熟。从禾，念声。《春秋左传》说："少不止五年。"

租 zū

租，田赋也。从禾，且声。则吾切。

【译文】租，按田亩收敛谷税。从禾，且声。

税 shuì

税，租也。从禾，兑声。输芮切。

【译文】税，按田亩收敛谷物。从禾，兑声。

秋 qiū

秋，禾谷孰也[①]。从禾，𪓑省声。七由切。

【译文】秋，百谷成熟。从禾，𪓑（jiāo）省声。

【注释】①禾谷：《段注》："言禾复言谷者，晐百谷也。"

穌 sū

穌，（把）[杷]取禾若也[①]。从禾，魚声。素孤切。

【译文】穌，杷取禾秆之皮。从禾。魚声。

【注释】①把：当依徐锴《段注》作"杷"。

稍 shào

稍，出物有渐也。从禾，肖声。所教切。

【译文】稍，谷物长出而渐进。从禾，肖声。

秦 qín

秦[①]，伯益之后所封国。地宜禾。从禾、舂省。一曰：秦，禾名。匠邻切。

【译文】秦，伯益的后裔被封的国名。此地适宜禾谷的生长。由禾、舂字省去臼会意。另一义说，秦，禾名。

【注释】①秦：《段注》引《诗谱》："秦者，陇西谷名。"

稱 chēng

稱，铨也。从禾，爯声。春分而禾生。日夏至，晷景可度。禾有秒，秋分而秒定。律数：十二秒而当一分，十分而寸。其以为重：十二粟为一分，十二分为一铢。故诸程品皆从禾。处陵切。

【译文】稱，测量物体的轻重。从禾，爯声。春分之日，禾苗生长。日子到了夏至，日影可以测量。禾有芒刺，秋分之日芒刺定了形。乐律之数（以十二为准），所以十二根芒刺（并排起来）当一分长，十分而成一寸。用它来衡量重量，十二颗粟为一分重，十二分为一铢重。所以下文各量度单位的字都用禾作形符。

程 chéng

程，品也[①]。十发为程，十程为分，十分为寸。从禾，呈声。直贞切。

【译文】程，程品。十根毛发并排起来叫一

程，十程叫一分，十分叫一寸。从禾，呈声。

【注释】① 品：《段注》："品者，众庶也。因众庶而立之法，则斯谓之程品。" 程品：为众多事物确立的程度等级。

科 kē

科，程也。从禾，从斗。斗者，量也。苦禾切。

【译文】科，程品等级。由禾、由斗会意。斗，是量器。

秝部

秝 lì

秝，稀疏适也。从二禾。凡秝之属皆从秝。读若历。郎击切。

【译文】秝，稀疏适宜。由两个禾字会意。大凡秝的部属都从秝。音读像"历"字。

兼 jiān

兼，并也。从又持秝。兼持二禾，秉持一禾。古甜切。

【译文】兼，同时涉及（两件或两件以上的事物）。由（手）持握着秝（二禾）会意。兼是（同时）持握两把禾。秉是持握一把禾。

黍部

黍 shǔ

黍，禾属[①]而黏者也。以大暑而（穜）[孰][②]，故谓之黍。从禾，雨省声。孔子曰[③]："黍可为酒，禾入水也。" 凡黍之属皆从黍。舒吕切。

【译文】黍，禾一类而性黏的谷物。因在大暑时成熟，所以叫作黍。从禾，雨省声。孔子说："黍子可以酿酒，（所以'黍'字）由禾、入、水三字会意。" 大凡黍的部属都从黍。

【注释】① 禾属：张舜徽《约注》引米育仁说："禾者，黍稻之大名。析言则禾属之不黏者谓之稻，禾属黏者谓之黍。" ② 穜：王筠《句读》："穜当作孰。" "大暑乃六月之气，即晚孰者已登场矣。" 按：黍、暑上古声韵同。③ 孔子《段注》："此说字形这异说也。凡云'孔子曰'者，通人所传。" "今隶书则从'禾、入、水'。"

黏 nián

黏，相箸也。从黍，占声。女廉切。

【译文】黏，糊物使相胶着。从黍，占声。

黏 hú

黏[①]，黏也。从黍，古声。户吴切。

【译文】黏，黏糊。从黍，古声。

【注释】① 黏：《段注》："俗作糊。"

麇 méi

麇，穄也。从黍，麻声。靡为切。

【译文】麇，黍类而性不黏的谷物。从黍，麻声。

香部

香 xiāng

香，芳也。从黍，从甘。《春秋传》曰[①]："黍稷馨香。" 凡香之属皆从香。许良切。

【译文】香，芬芳。由黍、由甘会意。《春秋左传》说："黍、稷气味芬芳。" 大凡香的部属都从香。

【注释】①《春秋传》：指《左传·僖公十五年》。

馨 xīng

馨，香之远闻者。从香，殸声。呼形切。

【译文】馨，香气远闻。从香，殸声。

米部

米 mǐ

米[1]，粟实也。象禾实之形。凡米之属皆从米。莫礼切。

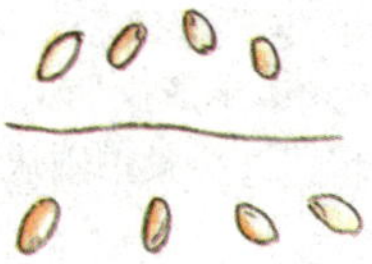

【译文】米粟的籽实。像禾籽实的形状。大凡米的部属都从米。

【注释】① 罗振玉《增订殷虚书契考释》："象米粒琐碎纵横之状。"

粱 liáng

粱[1]，米名也。从米，梁省声。吕张切。

【译文】粱，粟米名。从米，梁省声。

【注释】① 粱：即粟。

粲 càn

粲，稻重一秙，为粟二十斗[1]，为米十斗，曰毇[2]；为米六斗太半斗，曰粲。从米，𣦼声。仓案切。

【译文】粲，稻子重量一担，合粟二十斗，舂成米十斗，叫作糙米；舂成米六斗又大半斗，叫作粲米。从米，𣦼声。

【注释】① 为：折合。秙言重量，斗言容量。② 毇：徐灏《段注笺》："乃糲之误。" 糲米：今俗称糙米。

精 jīng

精[1]，择也。从米，青声。子盈切。

【译文】精，拣择米粒。从米，青声。

【注释】① 精：司马彪《庄子》注说："简（拣）米曰精。"

粺 bài

粺，毇也。从米，卑声。旁卦切。

【译文】粺，半熟米。从米，卑声。

粗 cū

粗，疏也。从米，且声。徂古切。

【译文】粗，糙米。从米，且声。

粒 ài

粒，糂也[1]。从米，立声。力入切。

【译文】粒，米粒。从米，立声。

【注释】① 糂：《段注》："此当作米粒也。米粒是常语。"

糜 mí

糜[1]，糁也。从米，麻声。靡为切。

【译文】糜，稠粥。从米，麻声。

【注释】① 糜：《释名·释饮食》："糜，煮火使烂也。"《尔雅·释言》注："粥之稠者曰糜。"

糟 zāo

糟，酒滓也[1]。从米，曹声。作曹切。

【译文】糟，带滓的酒。从米，曹声。

【注释】① 酒滓：朱骏声《通训定声》："古以带滓之酒为糟，今谓漉酒所弃之粕为糟。"

糗 qiǔ

糗，熬米麦也[1]。从米，臭声[2]。去九切。

【译文】糗，炒熟的米麦。从米，臭声。

【注释】① 熬米麦：徐锴《系传》："𤏫干米麦也。" ② 臭声：声中有义。桂馥《义证》："米麦火干之乃有香气，故谓之糗。"

糈 xǔ

糈，粮也。从米，胥声。私吕切。

【译文】糈，粮食。从米，胥声。

粮 liáng

粮，谷也。从米，量声。吕张切。

【译文】粮，谷物。从米，量声。

粹 suì

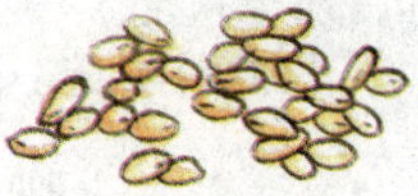

粹，不杂也①。从米，卒声。虽遂切。

【译文】粹，无杂质（的米）。从米，卒声。

【注释】①不杂：《段注》："粹本是精米之偁。引申为凡纯美之称。"

氣 xì

氣，馈客刍米也。从米，气声。《春秋传》曰："齐人来气诸侯。"许既切。

【译文】氣，赠送客人饲料和粮食。从米，气声。《春秋左传》说："齐国人来赠给各诸侯国军队以饲料和粮食。"

粉 fěn

粉①，傅面者也。从米，分声②。方吻切。

【译文】粉，傅布在脸上的粉末。从米，分声。

【注释】①粉：徐锴《系传》："古傅面亦用米粉。"②分声：声中有义。《释名·释首饰》："粉，分也，研米使分散也。"

毇部

毇 huǐ

毇，米一斛舂为（八）[九]斗也②。从臼，从殳。凡毇之属皆从毇。许委切。

【译文】毇，糙米一斛舂成九斗。由臼（jiù）、由殳会意。大凡毇的部属都从毇。

臼部

臼 jiù

臼，舂也①。古者掘地为臼，其后穿木石。象形。中，米也。凡臼之属皆从臼。其九切。

【译文】臼，舂米的臼。古时候在地上掘坎成臼，后来挖穿木头或石头（作臼）。∪像臼形，中间的⺬是米。大凡臼的部属都从臼。

【注释】①舂：饶炯《部首订》："盖以事诂物。因器为人所共解，不必通之以名，但言用而亦识之故也。"

舂 chōng

舂，擣粟也。从廾持杵临臼上。午①，杵省也。古者雝父初作舂②。书容切。

【译文】舂，舂擣粟米一类谷物。由"廾"（双手）持握着"午"在"臼"上会意。午是杵的省略。古时候雝父开始制作舂。

【注释】①午：徐灏《段注笺》："即古杵字。"②雝父：王筠《句读》引《郡国志》："许州雍城，即皇帝臣雍父始作杵臼处。"

舀 yǎo

舀，抒臼也①。从爪臼。《诗》曰②："或簸或舀。"以沼切。

【译文】舀，从臼里舀出来。由爪、臼会意。《诗经》说："时而簸去糠皮，时而把米从臼里舀出来。"

【注释】①抒臼：《段注》："抒，挹也。既舂之，乃于臼中挹出之。今人凡酌彼注此皆曰舀，其引申之语也。"②《诗》：指《诗经·大雅·生民》。原文："或舂或揄，或簸或蹂（脚踏）。"《段注》："毛传云：'揄，抒臼也。'然则揄者，舀之假借字也。"

臽 xiàn

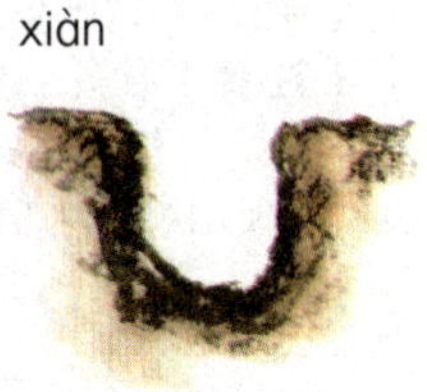

臽，小阱也①。从人在臼上②。户猪切。

【译文】臽，小陷阱。由"人"在"臼"上会意。

【注释】①阱：《段注》："阱者陷也。臽谓阱之小者。"②从人句：《段注》："古者掘地为臼，从人臼会意。臼犹坑也。"徐锴《系传》："舂地坎可臽人。""若今人作坑以臽虎也。"

凶部

凶 xiōng

凶，恶也[①]。象地穿交陷其中也。凡凶之属皆从凶。许容切。

【译文】凶，险恶（之地）。象穿地为坑，有物交相陷入其中。大凡凶的部属都从凶。

【注释】①恶：徐锴《系传》：“恶不可居，象地之堑也。恶可以陷人也。”

兇 xiǒng

兇，扰恐也[①]。从人在凶下。《春秋传》曰：“曹人凶惧。”许拱切。

【译文】兇，喧扰恐惧（之声）。由“人”在“凶”下会意。《春秋左传》说：“曹国人恐惧。”

【注释】①扰恐：王筠《句读》：“扰，其状也；恐，其意也。加声字而凶之声情始备。”

朩部

朩 pìn

朩，分枲茎皮也。从中，八象枲之皮茎也。凡朩之属皆从朩。读若髌。匹刃切。

【译文】朩，分剥麻秆的皮。中象麻秆，八象剥离的麻皮。大凡朩的部属都从朩。音读像“髌（bìn）”字。

枲 xǐ

枲[①]，麻也。从朩，台声。胥里切。

【译文】枲，麻。从朩，台声。

【注释】①枲：朱骏声《通训定声》：“牡（雄）麻无实者也。夏至开花，荣而不实，亦曰夏麻。”“（引申）为凡麻之大名。”

𣏟部

𣏟 pài

𣏟，（葩）[葩]之总名也[①]。𣏟之为言微也，微纤为功。象形。凡𣏟之属皆从𣏟。匹卦切。

【译文】𣏟，麻的总称。𣏟借表微小的意思，微小纤细是麻的功能。像麻秆密立之形。大凡𣏟的部属都从𣏟。

【注释】①葩：《段注》作葩。

檾 qǐng

檾，枲属[①]。从𣏟，熒省。《诗》曰：“衣锦檾衣。”去颖切。

【译文】檾，麻一类植物。从𣏟，熒省声。《诗经》说：“在锦衣上面穿着麻纱做的单罩衣。”

【注释】①枲属：《段注》：“类枲而非枲，言属而别见也。”

麻部

麻 má

麻[①]，与𣏟同。人所治，在屋下。从广，从𣏟。凡麻之属皆从麻。莫遐切。

【译文】麻，与𣏟字意义相同。是人们刮治的植物，在敞屋之下。由广、由𣏟会意。大凡麻的部属都从麻。

【注释】①麻：《段注》：“未治谓之枲，治之谓之麻。以治之称加诸未治，则统谓之麻也。”

尗部

尗 shú

尗，豆也[①]。像尗豆生之形也。凡尗之属皆从尗。式竹切。

【译文】尗，豆。象菽豆生长的样子。大凡尗的部属都从尗。

【注释】①豆：朱骏声《通训定声》：“古谓之尗，汉谓之豆。今字作菽。菽者，众豆之总名。”

豉 shì

豉[①]，配盐幽尗也。从尗，支声。是义切[②]。

【译文】豉，用盐调配大豆，把大豆放在幽暗潮湿的地方。从尗，支声。

【注释】①豉：张舜徽《约注》："俗称腊八豆，晒干后可久藏不变，即古人所谓豉也。"②当读shì，今音chǐ。

耑部

耑 duān

耑，物初生之题也①。上象生形，下象其根也。凡耑之属皆从耑。多官切。

【译文】耑，植物初生的顶。上（ ）像生长的形状，下（ ）像它的根。大凡耑的部属都从耑。

【注释】①题：徐锴《系传》："题犹额也，端也。古发端之端直如此而已。一，地也。"

韭部

韭 jiǔ

韭，菜名。一种而久者，故谓之韭。象形，在一之上。一，地也。此与耑同意。凡韭之属皆从韭。举友切。

【译文】韭，菜名。一经种下，就长久生长，所以叫它韭。（ ）像韭菜之形，在一的上面。一，表示地。这与耑的中间一横表示地同意。大凡韭的部属都从韭。

䪤 fán

䪤，小蒜也。从韭，番声。附袁切。

【译文】䪤，小蒜、从韭，番声。

瓜部

瓜 guā

瓜，（ 㼌 ）[蓏] 也①。象形②。凡瓜之属皆从瓜。古华切。

【译文】瓜，瓜蓏。象形。大凡瓜的部属都从瓜。

【注释】①㼌：当依段注作"蓏"。②象形：《段注》："瓜者，縢生布于地者也。"

瓣 bàn

瓣，瓜中实。从瓜，辡声。蒲苋切。

【译文】瓣，瓜中的籽实。从瓜，辡声。

瓠部

瓠 hù

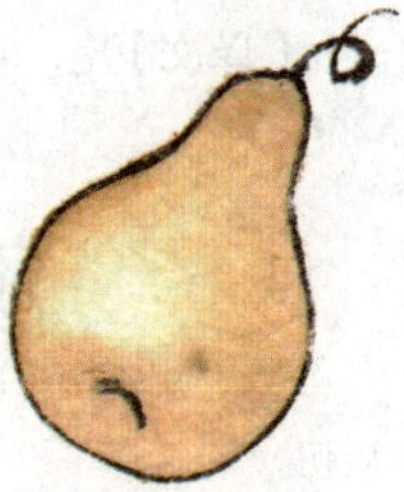

瓠①，匏也。从瓜，夸声。凡瓠之属皆从瓠。胡误切。

【译文】瓠，匏（páo）瓜。从瓜，夸声。大凡瓠的部属都从瓠。

【注释】①瓠：王筠《句读》："今人以细长者为瓠，圆而大者为壶卢，古无此别也。"按：湖湘间称前者为护瓜，后者为瓢瓜。

瓢 piáo

瓢①，蠡也。从瓠省，票声。符宵切。

【译文】瓢，剖瓠瓜作成的瓢。从瓠省，票声。

【注释】①瓢：朱骏声《通训定声》："一瓠劙为二曰瓢。"

宀部

宀 mián

宀，交覆深屋也①。象形。凡宀之属皆从宀。武延切。

【译文】宀，交相覆盖的深邃的屋子。象形。大凡宀的部属都从宀。

【注释】①交覆句：《段注》："古者屋四注（屋檐滴水处），东西与南北，皆交覆也。有堂有室，是为深屋。"

家 jiā

家①，居也。从宀，豭省声②。古牙切。

【译文】家，居处的地方。从宀，豭省声。

【注释】①家：家庭。《诗经·周南·桃夭》：“之子于归，宜其室家。”②豭：公猪。

宅 zhái

宅，所托也。从宀，乇声。场伯切。

【译文】宅，寄托身躯的地方。从宀，乇（zhé）声。

室 shì

室，实也①。从宀，从至。至，所止也。式质切。

【译文】室，内室。由宀、由至会意。至表示止息之地。

【注释】①实：《段注》：“以叠韵为训，古者前堂后室。”《释名》：“室，实也。人物实满其中也。”

向 xiàng

向，北出牖也①。从宀，从口。《诗》曰：“塞向墐户。”许谅切。

【译文】向，朝北开出的窗子。由宀、由口会意。《诗经》说：“塞住朝北的窗子，用泥巴涂住门缝。”

【注释】①牖（yǒu）：徐灏《段注笺》：“古者前堂后室，室之前为牖，后为向，故曰北出牖。”

宣 xuān

宣，天子宣室也①。从宀，亘声。须缘切。

【译文】宣，天子宽大的正室。从宀，亘声。

【注释】①宣室：《段注》：“盖谓大室。”徐锴《系传》引《汉书音义》：“未央（殿）前正室也。”

宛 wǎn

宛，屈草自覆也。从宀，夗声。于阮切。

【译文】宛，把草弯曲用以覆盖自身。从宀，夗声。

宸 chén

宸①，屋宇也。从宀，辰声。植邻切。

【译文】宸，屋檐。从宀，辰声。

【注释】①宸：屋边。《国语·越语》：“君若不忘周室，而为弊邑宸宇。”韦昭注：“宸，屋溜。”

寷 fēng

寷，大屋也。从宀，豐声。《易》：“寷其屋。”敷戎切。

【译文】寷，大屋。从宀，豐声。《易经》说：“扩大他的房屋。”

宇 yǔ

宇①，屋边也。从宀，于声。《易》曰：“上栋下宇。”王榘切。

【译文】宇，屋的边檐。从宀，于声。《易经》说：“上有栋梁下有屋檐。”

【注释】①宇：《周易·系辞下》：“后世圣人易之以宫室，上栋下宇，以待风雨。”

寏 yuàn

寏，周垣也。从宀，奂声。胡官切。又，爰眷切。

【译文】寏，围墙。从宀，奂声。

宏 hóng

宏，屋深响也①。从宀，厷声。户萌切。

【译文】宏，房屋幽深而有回响。从宀，厷声。

【注释】①屋深响：朱骏声《通训定声》：

"深大之屋，凡声如有应响。"

定 dìng

定，安也。从宀，从正。徒径切。

【译文】定，安定。由宀、由正会意。

寔 shí

寔，止也。从宀，是声。常支切。

【译文】寔，止息。从宀，是声。

安 ān

安，（静）[竫]也①。从女在宀下②。乌寒切。

【译文】安，安宁。由"女"在"宀"下会意。

【注释】①静：当依《段注》作"竫"，注："静者审也，非其义。""竫者亭安也，与此为转注。"②从女句：桂馥《义证》引《六书故》："室家之内，女所安也。"

宓 mì

宓，安也。从宀，必声。美毕切。

【译文】宓，安定。从宀，必声。

㝞 yì

㝞，静也。从宀，契声。于计切。

【译文】㝞，安静。从宀，契声。

宴 yàn

宴，安也。从宀，妟声。于甸切。

【译文】宴，安息。从宀，妟（yàn）声。

宋 jì

宋，无人声。从宀，尗声。前历切。

【译文】宋，没有人的声音。从宀，尗声。

察 chá

察，覆也①。从宀，祭[声]②。初八切。

【译文】察，屋檐向下覆盖。从宀，祭声。

【注释】①覆：郑知同《商义》："乃屋宇下覆之名。""覆之义引伸为自上审下，察义亦然。"②祭：当依徐锴《系传》作"祭声"。

完 huán

完，全也。从宀，元声。古文以为宽字。胡官切。

【译文】完，完全。从宀，元声。古文把它假借为"宽"字。

富 fù

富，备也。一曰：厚也。从宀，畐声①。方副切。

【译文】富，完备。另一义说：富是多、厚。从宀，畐声。

【注释】①畐声：桂馥《义证》："本书：'畐，象高厚之形。'"声中有义。

實 shí

實，富也。从宀，从貫①。贯，货贝也。神质切。

【译文】實，富裕。由宀、由貫会意。贯，表示货贝。

【注释】①从宀，从貫：会货贝充满屋内之意。

容 róng

容，盛也。从宀谷。余封切。

【译文】容，盛纳。由宀、谷会意。

宂 rǒng

宂，椒也。从宀，人在屋下，无田事。《周书》曰①："宫中之宂食。"而陇切。

【译文】宂，闲散。从宀，人在屋子底下，没有农田之事。《周书》说："（供给）宫廷中的闲散的臣吏的饮食。"

【注释】①周书：《段注》："'书'当作'礼'。"

寶 bǎo

寶，珍也。从宀，从玉，从貝，缶声[1]。博皓切。

【译文】寶，珍宝。由宀、由玉、由貝会意，缶声。

【注释】①缶声：徐灏《段注笺》："缶，古重唇音，与宝近，故用为声。"缶、宝上古同属幽部。

宭 qún

宭，羣居也。从宀，君声。渠云切。

【译文】宭，羣居。从宀，君声。

宦 huàn

宦，仕也。从宀，从臣。胡惯切。

【译文】宦，学习做官的事。由宀、由臣会意。

宰 zǎi

宰，辠人在屋下执事者。从宀，从辛。辛，辠也。作亥切。

【译文】宰，在屋子底下做事的罪人。由宀、由辛会意。辛，表示罪人。

守 shǒu

守，守官也。从宀，从寸。寺府之事者。从寸；寸，法度也。书九切。

【译文】守，官吏的职守。由宀、由寸会意。(宀，) 表示衙门里的事。从寸，寸表示法度。

寵 chǒng

寵，尊居也。从宀，龍声。丑垄切。

【译文】寵，崇高的位置。从宀，龍声。

宥 yòu

宥，宽也。从宀，有声。于救切。

【译文】宥，宽仁。从宀，有声。

宜 yí

宜，所安也。从宀之下，一之上，多省声。鱼羁切。

【译文】宜，令人心安的地方。由"宀"之下，"一"之上表意，多省去一半为声。

宵 xiāo

宵，夜也。从宀，宀下冥也；肖声。相邀切。

【译文】宵，夜晚。从宀，表示室下窈冥，肖为声。

宿 sù

宿[1]，止也。从宀，佰声。息逐切。

【译文】宿，止宿。从宀，佰声。

【注释】①宿：本义为住宿，过夜。《荀子·儒效》："暮宿于百泉。"引申为住的地方。《周礼·地官·遗人》："三十里有宿，宿有路室。"

寫 xiě

寫[1]，置物也。从宀，舄声。悉也切。

【译文】寫，移置物体。从宀，舄声。

【注释】①寫：徐灏《段注笺》："古谓置物于屋下曰写，故从宀，盖从他处传置于此室也。"

寑 qǐn

寑，卧也。从宀，𣪊声。七荏切。

【译文】寑，躺卧。从宀，𣪊声。

寬 kuān

寬，屋宽大也。从宀，莧声。苦官切。

【译文】寬，房屋宽敞。从宀，莧声。

寡 guǎ

寡，少也。从宀，从頒。頒，分赋也，故为少。古瓦切。

【译文】寡，少。由宀、由頒会意。頒，表示分授（房屋），所以有“少”义。

客 kè

客，寄也[1]。从宀，各声。苦格切。

【译文】客，寄居。从宀，各声。

【注释】①寄：王筠《句读》：“偶寄于是，非久居也。”

寄 jì

寄，讬也。从宀，奇声。居义切。

【译文】寄，托付。从宀，奇声。

寓 yù

寓[1]，寄也。从宀，禺声。牛具切。

【译文】寓，寄居。从宀，禺声。

【注释】①寓：寄托。《庄子·齐物论》：“唯达者知通为一，为是不用而寓诸庸。”

灾 jiù

灾，贫病也。从宀，久声。《诗》曰：“茕茕在灾。”居又切。

【译文】灾，贫穷，疾病。从宀，久声。《诗经》说：“茕茕孤立啊又在害病。”

寒 hán

寒[1]，冻也。从人在宀下，以茻荐覆之，下有仌。胡安切。

【译文】寒，冷冻。由“人”在“宀”下，用“艹”（草）垫着盖着，下面有“仌”来会意。

【注释】①寒：王筠《句读》：“此冻之别义也。”

害 hài

害，伤也。从宀，从口。宀口，言从家起也。丰声。胡盖切。

【译文】害，伤害。由山、由口会意。宀口，是说伤害之言，从家中发起。丰（jiè）为声。

宄 guǐ

宄，奸也[1]。外为盗，内为宄。从宀，九声。读若轨。居洧切。

【译文】宄，奸诈。起自外部，为盗；起自内部，为宄。从宀，九声。音读像“轨”字。

【注释】①奸：《段注》：“奸宄者通偁，内外者析言之也。凡盗起外为奸，中出为宄。”

宕 dàng

宕，过也。一曰：洞屋。从宀，碭省声。汝南项有宕乡。徒浪切。

【译文】宕，放荡不拘。另一义说，石洞如屋。从宀，碭省声。汝南郡项县有宕乡。

宋 sòng

宋，居也。从宀，从木。读若送。苏统切。

【译文】宋，居住。由宀、由木会意。音读像“送”字。

㝷 diàn

㝷，屋倾下也。从宀，執声。都念切。

【译文】㝷，房屋倾斜下陷。从宀，執声。

宗 zōng

宗，尊、祖庙也。从宀，从示。作冬切。

【译文】宗，尊崇的先人；祖庙。由宀、由示会意。

宔 zhǔ

宔，宗庙宔祏。从宀，主声。之庾切。

【译文】宔，宗庙中藏神主的石函。从宀，主声。

宙 zhòu

宙，舟舆所极、覆也。从宀，由声。直又切。

【译文】宙，舟车所到的地方，屋宇覆盖的栋梁。从宀，由声。

宫部

宫 gōng

宫，室也[①]。从宀，躳省声。凡宫之属皆从宫。居戎切。

【译文】宫，宫室。从宀，躳省声。大凡宫的部属都从宫。

【注释】①室：《段注》："宫言其外之围绕，室言其内。析言则殊，统言不别也。"

吕部

吕 lǚ

吕，脊骨也。象形。昔太岳为禹心吕之臣，故封吕侯。凡吕之属皆从吕。力与切。

【译文】吕，脊椎骨。象形。过去太岳官是大禹像心脏和脊骨一样的臣子，所以封为吕侯。大凡吕的部属都从吕。

躳 gōng

躳，身也。从身，从吕。居戎切。

【译文】躳，身体。由身、由吕会意。

穴部

穴 xué

穴，土室也。从宀，八声。凡穴之属皆从穴。胡决切。

【译文】穴，土室。从宀，八声。大凡穴的部属都从穴。

盗 mǐng

盗，北方谓地空，因以为土穴，为盗户。从穴，皿声。读若猛。武永切。

【译文】盗，北方叫作地孔，凭借地孔用作土室，用作洞窟。从穴，皿声。音读像"猛"字。

窨 yìn

窨，地室。从穴，音声。于禁切。

【译文】窨，地室。从穴，音声。

窯 yáo

窯，烧瓦灶也。从穴，羔声。余招切。

【译文】窯，烧制陶器的灶。从穴，羔声。

寝 fù

寝[①]，地室也。从穴，復声。《诗》曰："陶寝陶穴。"芳福切。

【译文】寝，土室。从穴，復声。《诗经》说："横掏出土室，直掏出地穴。"

【注释】①寝：朱骏声《通训定声》："凡直穿曰穴，旁穿曰寝。地覆于上，故曰寝也，"

穿 chuān

穿，通也。从牙在穴中[①]。昌缘切。

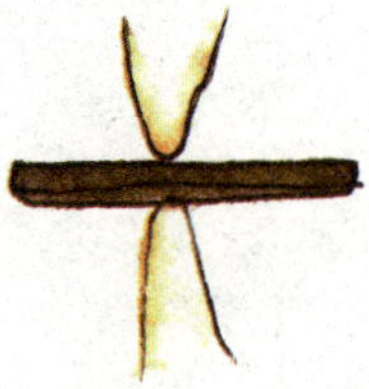

【译文】穿，穿透。由"牙"在"穴"中会意。

【注释】①从牙句：意谓用牙齿啮物成洞穴，使之通透。

窠 kē

窠，空也；穴中曰窠，树上曰巢。从穴，果声。苦禾切。

【译文】窠，孔穴，（鸟类）穴中居住的地方叫窠，树上的叫巢。从穴，果声。

空 kōng

空，窍也。从穴，工声。苦红切。

【译文】空，孔穴。从穴，工声。

窖 jiào

窖，地藏也。从穴，告声。古孝切。

【译文】窖，地下储藏物品的洞穴。从穴，告声。

窥 kuī

窥，小视也。从穴，规声。去隓切。

【译文】窥，从小孔隙中偷看。从穴，规声。

窺 chēng

窺，正视也。从穴中正見也，正亦声。敕贞切。

【译文】窺，直视。由“穴”中“正”“見”会意，正也表声。

突 tū

突[①]，犬从穴中暂出也。从犬在穴中。一曰：滑也。徒骨切。

【译文】突，狗在洞中突然而出。由“犬”在“穴”中会意。另一义说，挑抉。

【注释】①突：徐锴《系传》：“犬匿于穴中伺人，人不意之，突然而出也。”

窘 jiǒng

窘，迫也[①]。从穴，君声。渠陨切。

【译文】窘，困迫。从穴，君声。

【注释】①迫：徐锴《系传》：“入于穴，窘迫也。”因洞穴局促狭隘的缘故。

竄 cuàn

竄，（坠）[匿]也[①]。从鼠在穴中。七乱切。

【译文】竄，隐藏。由“鼠”在“穴”中会意。

【注释】①坠：当依徐锴《段注》作“匿”。

窣 sū

窣，从穴中卒出。从穴，卒声。苏骨切。

【译文】窣，从洞穴中突然出来。从穴，卒声。

窕 tiǎo

窕，深肆极也[①]。从穴，兆声。读若挑。徒了切。

【译文】窕，深邃之极。从穴，兆声。音读像“挑”字。

【注释】①深肆：《尔雅·释言》：“窕，肆也。”王引之《述闻》：“窕、肆，皆谓深之极也。”可见“深肆”是同义复合。王筠《句读》：“深肆，盖即深邃。”

穹 qiōng

穹，穷也。从穴，弓声。去弓切。

【译文】穹，穷尽。从穴，弓声。

究 jiū

究[①]，穷也。从穴，九声。居又切。

【译文】究，穷尽。从穴，九声。

【注释】①究：《汉书·司马迁传》：“当年不能究其礼。”颜师古注：“究，尽也。”

窈 yǎo

窈，深远也。从穴，幼声。乌皎切。

【译文】窈，深远。从穴，幼声。

窀 zhūn

窀，葬之厚夕。从穴，屯声。《春秋传》曰：“窀穸从先君于地下。”陟伦切。

【译文】窀，葬在长夜。从穴，屯声。《春秋左传》说：“追随先君埋葬在地下。”

穸 xī

穸，窀穸也[①]。从穴，夕声。词亦切。

【译文】穸，窀穸。从穴，夕声。

【注释】① 窀穸：长夜。喻埋葬。人埋葬了，好比进入漫漫长夜，因谓窀穸为长夜。

㝱部

㝱 mèng

㝱，寐而有觉也。从宀，从爿，夢声。《周礼》："以日月星辰占六㝱之吉凶：一曰正㝱，二曰咢㝱，三曰思㝱，四曰悟㝱，五曰喜㝱，六曰惧㝱。" 凡㝱之属皆从㝱。莫凤切。

【译文】㝱，梦寐中如有知觉。由宀、由爿(chuáng)会意，夢声。《周礼》说："用日月星辰的变化来预测六种梦的吉和凶。第一种是正常的梦，第二种是因惊愕而梦，第三种是因思念而梦，第四种是因醒时有所见而梦，第五种是因喜悦而梦，第六种是因恐惧而梦。" 大凡㝱的部属都从㝱。

寐 mèi

寐[①]，卧也。从㝱省，未声。蜜二切。

【译文】寐，睡着。㝱省夢为形符，未声。

【注释】① 寐：《段注》："俗所谓睡着也。" 朱骏声《通训定声》："在床曰寝，病寑曰寝，隐几曰卧，合目曰眠，眠而无知曰寐，坐寐曰睡，不脱冠带而眠曰假寐。"

寤 wù

寤，寐觉而有(信)[言]曰寤。从㝱省，吾声。一曰：昼见而夜㝱也。五故切。

【译文】寤，从睡眠中觉醒过来而又有话说，叫寤。㝱省夢为形符，吾声。另一义说，白昼遇见的，夜晚梦见。

疒部

疒 nè

疒[①]，倚也。人有疾病，象倚箸之形。凡疒之属皆从疒。女戹切。

【译文】疒，倚靠。人有疾病，像靠着、挨着的样子。大凡疒的部属都从疒。

【注释】① 疒：徐灏《段注笺》："丬即古床字。" 饶炯《部首订》："而以一象倚箸之形……指其义为疾病。"

痛 tòng

痛，病也。从疒，甬声。他贡切。

【译文】痛，病痛。从疒，甬声。

疾 jí

疾，病也[①]。从疒，矢声[②]。秦悉切。

【译文】疾，疾病。从疒，矢声。

【注释】① 病：《段注》："析言之则病为疾加(重病)，浑言之则疾亦病也。" ② 矢声：上古属脂部，疾属质部。

病 bìng

病，疾加也。从疒，丙声。皮命切。

【译文】病，轻病加重。从疒，丙声。

瘀 yù

瘀，积血。从疒，於声。依倨切。

【译文】瘀，积血。从疒，於声。

府 fǔ

府，俛病也[①]。从疒，付声。方榘切。

【译文】府，俯伏的病。从疒，付声。

【注释】① 俛病：余岩《古代疾病名候疏义》卷四："(府偻)，盖即今之脊椎后弯也，亦名龟背。"

痀 qú

痀，曲脊也。从疒，句声[①]。其俱切[②]。

【译文】痀，驼背。从疒，句声。

【注释】① 句声：声中有义。句部："句，曲也。" ② 今读依《广韵》举朱切。

瘚 jué

瘚，屰气也。从疒，从屰，从欠。居月切。

【译文】瘚，气逆。由疒、由屰、由欠会意。

悸 jì

悸[①]，气不定也。从疒，季声。其季切。

【译文】悸，气喘不定。从疒，季声。

【注释】①悸：《广韵·至韵》："悸，病中恐也。"悸是因心中恐惧而气喘不定。

痱 bèi

痱，风病也。从疒，非声。蒲罪切。

【译文】痱，中风病。从疒，非声。

瘤 liú

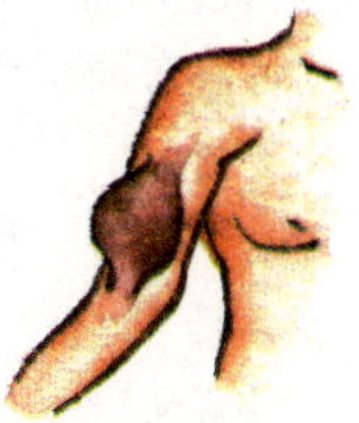

瘤[①]，肿也。从疒，留声。力求切。

【译文】瘤，肿瘤。从疒，留声。

【注释】①瘤：《释名·释疾病》："瘤，流也。血流聚而生瘤肿也。"

痤 cuó

痤，小肿也。从疒，坐声。一曰族絫[①]。昨禾切。

【译文】痤，小的肿疖。从疒，坐声。又叫族絫。

【注释】①族絫：王筠《句读》："谓痤一名族絫也。""《左传》释文：蠡，力果切，絫之音当如是。痤絫叠韵。短言之为痤，长言之为絫。"

疽 jū

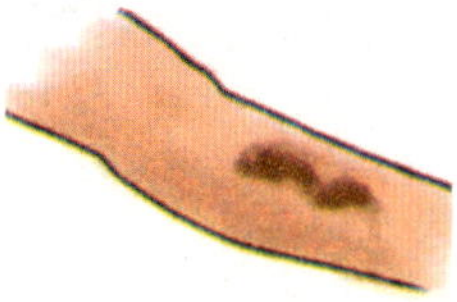

疽[①]，痈也。从疒，且声。七余切。

【译文】疽，痈疽。从疒，且声。

【注释】①疽：深陷的块状恶疮。徐锴《系传》："久痈也。"《正字通·疒部》："痈之深者曰疽，疽深而恶。痈浅而大。"

痁 shān

痁，有热疟。从疒，占声。《春秋传》曰："齐侯疥，遂痁。"失廉切。

【译文】痁，有热的疟疾。从疒，占声。《春秋左传》说："齐侯也患了疥疮，同时又患了热疟。"

痎 jiē

痎[①]，二日一发疟。从疒，亥声。古谐切。

【译文】痎，隔两天发作一次的疟疾。从疒，亥声。

【注释】①痎：《段注》："今人谓间二日一发为大疟。"

痳 lín

痳[①]，疝病。从疒，林声。力寻切。

【译文】痳，小便难下的病。从疒，林声。

【注释】①痳：《释名·释疾病》："痳，懔也。小便难，懔懔然也。"张舜徽《约注》："今俗称尿道内刺痛而小便难下者为淋病。"

痔 zhì

痔，后病也。从疒，寺声。直里切。

【译文】痔，肛门病。从疒，寺声。

痍 yí

痍，伤也。从疒，夷声。以脂切。

【译文】痍，创伤。从疒，夷声。

瘢 pán

瘢，痍也。从疒，般声。薄官切。

【译文】瘢，创伤（愈后的疤痕）。从疒，般声。

痕 hén

痕，胝瘢也[①]。从疒，艮声。户恩切。

【译文】痕，瘢痕。从疒，艮声。

【注释】①胝：手脚掌上的厚皮，俗称茧巴。胝瘢：同义复合。

痙 jìng

痙[1]，强急也。从疒，巠声。其颈切。

【译文】痙，僵硬坚直。从疒，巠声。

【注释】① 痙：徐锴《系传》："中寒体强（jiàng，僵硬）急（坚）也。"

痋 tóng

痋[1]，动（病）[痛]也。从疒，蟲省声。徒冬切。

【译文】痋，因跳动而痛。从疒，蟲省声。

【注释】① 痋：《段注》："即疼字。"

疢 chèn

疢，热病也。从疒，从火。丑刃切。

【译文】疢，热病。由疒、由火会意。

癉 dàn

癉，劳病也[1]。从疒，單声。丁干、丁贺二切。

【译文】癉，因疲劳而出现的病态。从疒，單声。

【注释】① 劳病：王筠《句读》："凡《诗》《书》言癉，未有真是疾病者也。"故译为"病态"。

疸 dàn

疸，黄病也[1]。从疒，旦声。丁干切。

【译文】疸，黄疸病。从疒，旦声。

【注释】① 黄病：张舜徽《约注》："今俗称黄胆病。""凡患是疾者，目黄、面黄、溲溺黄，故总名之曰黄病。"

痰 qiè

痰，病[小]息也[1]。从疒，夾声。苦叶切。

【译文】痰，病人气息微弱。从疒，夾声。

【注释】① 病息：当依徐锴《系传》作"病小息"。王筠《句读》："小息即少气之谓也。"

痞 pǐ

痞[1]，痛也。从疒，否声。符鄙切。

【译文】痞，（因腹内结块而）痛。从疒，否声。

【注释】① 痞：朱骏声《通训定声》："腹内结滞而痛。"

瘍 yì

瘍，脈瘍也[1]。从疒，易声。羊益切。

【译文】瘍，发狂的病。从疒，易声。

【注释】① 脈瘍：王念孙《广雅疏证》："脈瘍，犹辟易也。《吴语》：'称疾辟易。'韦昭注云：'辟易，狂疾。'"

疲 pí

疲，劳也。从疒，皮声。符羁切。

【译文】疲，劳累。从疒，皮声。

疧 qí

疧，病也[1]。从疒，氏声。渠支切。

【译文】疧，病（不止）。从疒，氏声。

【注释】① 病：徐锴《系传》作"病不翅"。徐灏《段注笺》："病不翅犹言病不止。"

疫 yì

疫[1]，民皆疾也。从疒，役省声。营只切。

【译文】疫，人们都传染成疾。从疒，役省声。

【注释】① 疫：急性传染病。王筠《句读》引《字林》："病流行也。"

冖部

冖 mì

冖，覆也。从一下垂也。凡冂之属皆从冂。莫狄切。

【译文】冖，覆盖。由一向两边下垂。大凡冖的部属都从冖。

冠 guān

冠，絭也。所以絭发，弁冕之总名也。从冂，从元，元亦声。冠有法制，从寸。古丸切。

【译文】冠，卷束。是用来卷束头发的东西，是帽子的总名。由冖、由元会意，元也表声。戴帽子有尊卑法制，所以从寸。

冃部

冃 mǎo

冃，重覆也。从冖、一。凡冃之属皆从冃。读若艹苺苺。莫保切。

【译文】冃，重复。由“冖”又重加“一”表示。大凡冃的部属都从冃。音读像草“苺”字。

同 tóng

同，合会也。从冃，从口。徒红切。

【译文】同，会合。由冃、由口会意。

冃部

冃 mào

冃，小儿蛮夷头衣也。从冂；二，其饰也。凡冃之属皆从冃。莫报切。

【译文】冃，小孩、蛮夷等少数民族头上的便帽。从冖，（表示覆盖的帽子）；二，帽子上的装饰物。大凡冃的部属都从冃。

冕 miǎn

冕[①]，大夫以上冠也。邃延、垂瑬、紞纩。从冃，免声。古者黄帝初作冕。亡辡切。

【译文】冕，大夫以上官员的礼帽。覆版长长，垂下玉瑬，又悬着充塞两耳的瑱玉。从冃，免声。古时候黄帝最初制作冕。

【注释】①冕：朱骏声《通训定声》：“冕尊于弁，其制以木为干，广八寸，长倍之，前圆后方，前下后高，差一寸二分，有俛伏之形，故谓之冕。衣以三十升布，上元下纁，前后各十二旒，长六寸，饰以玉。”

胄 zhòu

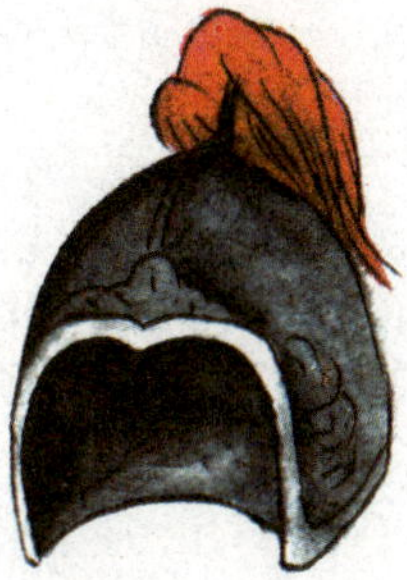

胄，兜鍪也①。从冃，由声。直又切。

【译文】胄，头盔。从冃，由声。

【注释】①兜鍪：《段注》：“兜部兜下曰：‘兜鍪，首铠也。’按：古谓之胄，汉谓之兜鍪，今谓之盔。”

冒 mào

冒，冡而前也。从冃，从目。莫报切。

【译文】冒，蒙覆着前进。由冃、由目会意。

最 zuì

最，犯而取也，从冃，从取。祖外切。

【译文】最，冒犯而取之。由冃、由取会意。

㒳部

㒳 liǎng

㒳，再也。从冂，阙。《易》曰：“参天㒳地。”凡㒳之属皆从㒳。良奖切。

【译文】㒳，两次。从冖，（㐅的构形）阙。《易经》说：“用‘三’一类的奇数为天数，用‘㒳’一类的偶数为地数。”大凡㒳的部属都从㒳。

两 áiǎng

两，二十四铢为一两。从一；㒳，平分，亦声。良奖切。

【译文】两，二十四铢重为一两。从一，㒳，表示从中平分，也表声。

网部

网 wǎng

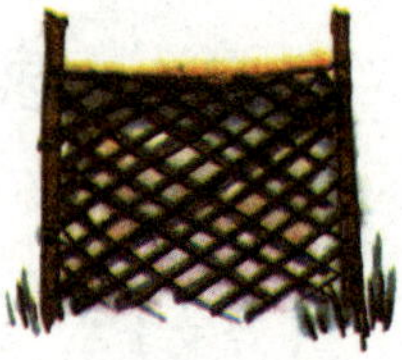

网，庖牺所结绳，以渔。从冂，下象网交文。凡网之属皆从网。文纺切。

【译文】网，庖牺氏结绳编织的工具，用以捕鱼。从冂，（表示蒙覆；）下面的㐅，像绳网交织的花纹。大凡网的部属都从网。

罩 zhào

罩[①]，捕鱼器也。从网，卓声。都教切。

【译文】罩，捕鱼竹笼。从网，卓声。

【注释】①罩：郝懿行《尔雅义疏》："今鱼罩皆以竹，形似鸡罩，渔人以手抑按于水中以取鱼。"

罾 zēng

罾，魚网也。从网，曾声。作腾切。

【译文】罾，渔网。从网，曾声。

罪 zuì

罪，捕鱼竹网。从网、非。秦以罪为辠字。徂贿切。

【译文】罪，捕鱼的竹网。由网、非会意。秦始皇用"罪"字代替"辠"字。

罽 jì

罽，鱼网也。从网，㓹声。居例切。

【译文】罽，渔网。从网，㓹声。

罛 gū

罛，鱼罟也。从网，瓜声。《诗》曰："施罛濊濊。"古胡切。

【译文】罛，渔网。从网，瓜声。《诗经》说："撒下渔网，张目濊濊。"

罟 gǔ

罟[①]，网也。从网，古声。公户切。

【译文】罟，网罟。从网，古声。

【注释】①罟：网的通称。《周易·系辞下》："（庖牺氏）作结绳而为网罟，以佃以渔。"陆德明《经典释文》："取兽曰网，取鱼曰罟。"

罶 liǔ

罶，曲梁寡妇之笱[①]。鱼所留也。从网留，留亦声。力九切。

【译文】罶，弯曲的竹梁（空阙处安放的）连寡妇也能使用的笱。是鱼留滞的地方。由网、留会意，留也表声。

【注释】①寡妇句：萧凤仪说："此笱实竹器，与筐笼相似，口阔颈狭，腹大而长，无底，施之则以索束其尾，喉内编细竹而倒之，谓之曲薄，入则顺，出则逆，故鱼入其中而不能出，谓之罶者。罶从网从留，言能留鱼而不使去也。多就曲梁施之，以承其空。人不必入水，虽妇人亦能用。"

羅 luó

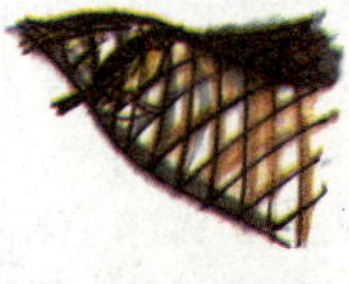

羅，以丝罟鸟也[①]。从网，从維。古者，芒氏初作罗。鲁何切。

【译文】羅，用丝网络缚鸟。由网、由維会意。古时候芒氏开始制作罗网。

【注释】①以丝句：丝指丝网。罟用作动词。

罘 fú

罘，兔罟也。从网，否声。缚牟切。

【译文】罘，捕兔网。从网，否声。

罝 hù

罝，[兔]罟也[①]。从网，互声。胡误切。

【译文】罝，（捕兔）网。从网，互声。

【注释】①罟：王筠《句读》："据上'罟'下'罝'补'兔'字。"《广韵·碁韵》："罟，兔网。"

罝 jū

罝[①]，兔网也。从网，且声。子邪切[②]。

【译文】罝，捕兔网。从网，且声。

【注释】①罝：捕兔网。《诗经·周南·兔罝》："肃肃兔罝，椓之丁丁。"②今读依《集韵》子余切。

䍢 wǔ

䍢，牖中网也。从网，舞声。文甫切。

【译文】䍢，窗牖中的网络。从网，舞声。

署 shǔ

署，部署，有所网属。从网，者声。常恕切。

【译文】署，按部居处，各有系联、分属的地方。从网，者声。

罷 bà

罷，遣有辠也。从网能，言有贤能而入网，而贯遣之。《周礼》曰："议能之辟。"薄蟹切。

【译文】罷，放遣有罪的人。由网、能会意，是说有贤能人进入法网，而赦免放遣他。《周礼》说："商议关于有才能的人的刑法。"

置 zhì

置，赦也。从网直[①]。陟吏切。

【译文】置，赦免。由网、直会意。

【注释】①从网直：直指正直人。网直与网能同。

罯 ǎn

罯，覆也。从网，音声。乌感切。

【译文】罯，覆盖。从网，音声。

詈 lì

詈，骂也。从网，从言。网辠人[①]。力智切。

【译文】詈，骂。由网、由言会意，表示搜罗罪人般的语言（骂人）。

【注释】①网辠人：网取包罗、搜罗义。一说，疑有缺误。

襾部

襾 xià

襾，覆也。从冂，上下覆之。凡襾之属皆从襾[①]。呼讶切。

【译文】襾，包覆。从冂，上（冂）下（凵）互相覆盖着。大凡襾的部属都从襾。

【注释】①襾，王筠《句读》："冂是正冂，自上覆乎下；凵是倒冂，自下覆乎上。"《释例》："上又加一，如包物者重复裹之也。重复裹之，斯反覆矣。故部中字皆取反覆之义。"

覆 fù

覆，覂也。一曰：盖也。从襾，復声。敷救切。

【译文】覆，翻覆。另一义说，是覆盖。从襾，復声。

巾部

巾 jīn

巾，佩巾也[①]。从冂，丨象糸也。凡巾之属皆从巾。居银切。

【译文】巾，佩带的巾帛。从巾形的冂，丨像系佩的绳索。大凡巾的部属都从巾。

【注释】①佩巾：徐灏《段注笺》："巾以覆物……亦用拭物"，"因系于带，谓之佩巾。"

帥 shuài

帥，佩巾也。从巾自［声］[①]。所律切。

【译文】帅，佩带的巾帛。从巾，自声。

【注释】①自：当依徐锴《系传》作"自声"，注："自即堆字。"

⿱執巾 shuì

⿱執巾，礼巾也。从巾，从執。输芮切。

【译文】⿱執巾，行礼所执巾帛。由巾、由执会意。

帗 bō

帗，一幅巾也[①]。从巾，犮声。读若拨。北末切。

【译文】帗，一幅宽的巾帛。从巾，犮声。音读像“拨”字。

【注释】① 一幅巾：王筠《句读》：“帛幅（宽）二尺四寸，比一幅为之，故曰一幅巾。”

⿰巾刃 rèn

⿰巾刃，枕巾也。从巾，刃声。而振切。

【译文】⿰巾刃，枕巾。从巾，刃声。

幋 pán

幋，覆衣大巾。从巾，般声。或以为首鞶。薄官切。

【译文】幋，覆盖在衣上的大巾帛。从巾，般声。有人认为幋是指头巾。

帤 rú

帤，巾帤也。从巾，如声。一曰：（币）[敝]巾[①]。女余切。

【译文】帤，巾帛。从巾，如声。另一义说，破旧的巾帛。

【注释】① 币：当依《段注》作“敝”。

幣 bì

幣[①]，帛也。从巾，敝声。毗祭切。

【译文】幣，帛。从巾，敝声。

【注释】① 幣：徐灏《段注笺》：“币，本缯帛之名。因车马玉帛同为聘享之礼，故浑言之称币，引申之，货帛亦曰币。”

幅 fú

幅[①]，布帛广也。从巾，畐声。方六切。

【译文】幅，布帛的宽度。从巾，畐声。

【注释】① 幅：王筠《句读》引《汉书·食货志》：“布帛广二尺四寸为幅。”

⿰巾巟 huāng

⿰巾巟，设色之工，治丝练者。从巾，巟声。呼光切。

【译文】⿰巾巟，染色的工匠，治丝治帛的人。从巾，巟声。

帶 dài

帶，绅也[①]。男子鞶带，妇人带丝。象系佩之形。佩必有巾，从巾[②]。当盖切。

【译文】帶，大的衣带。男子佩皮革的衣带，妇人以丝为衣带。（卌）像系佩的样子。佩一定有巾，所以从巾。

【注释】① 绅：《段注》：“古有大带，有革带；革带以系佩韨（丝带），而后加之大带，则革带统于大带，故许于绅于鞶，皆曰大带。” ② 从巾：徐锴《系传》作“从重巾”。

幘 zé

幘，发有巾曰幘。从巾，責声。侧革切。

【译文】幘，发有头巾包裹叫幘。从巾，責声。

帔 pèi

帔，弘农谓帬帔也[①]。从巾，皮声。披义切。

【译文】帔，弘农郡叫裙作帔。从巾，皮声。

【注释】① 弘农：汉代郡名。管今河南的一部分和陕西的一部分。

常 cháng

常，下帬也[①]。从巾[②]，尚声。市羊切。

【译文】常，下身的裙子。从巾，尚声。

【注释】①下帬：王筠《句读》：“汉谓裳为帬，而冠之以下者，帬亦为在上者之名，故言下以别之。” ② 从巾：徐锴《系传》：“裳下直而垂，象巾，故从巾。”

帬 qún

帬，下裳也。从巾，君声。渠云切。

【译文】帬，下裳。从巾，君声。

幔 màn

幔[1]，幕也。从巾，曼声。莫半切。

【译文】幔，帐幕。从巾，曼声。

【注释】① 幔：朱骏声《通训定声》："以巾弁蔽在上曰幔，在旁曰帷。"

帷 wéi

帷，在旁曰帷。从巾，隹声。洧悲切。

【译文】帷，围在四旁的帘幕叫帷。从巾，隹声。

帳 zhàng

帳[1]，张也。从巾，長声。知谅切。

【译文】帐，张（在床上）。从巾，長声。

【注释】① 帐：《释名·释床帐》："张也。张施于床上也。"

幕 mù

幕，帷在上曰幕，覆食案亦曰幕。从巾，莫声。慕各切。

【译文】幕，帷幔遮盖在上面叫幕，蒙覆盛食物的几案也叫幕。从巾，莫声。

帖 tiè

帖[1]，帛书署也。从巾，占声。他叶切。

【译文】帖，帛上写的题签。从巾，占声。

【注释】① 帖：《段注》："木部曰：'检，书署也。'木为之，谓之检；帛为之，谓之帖。皆谓标题，今人所谓签也。"

帙 zhì

帙，书衣也[1]。从巾，失声。直质切。

【译文】帙，书的封套。从巾，失声。

【注释】① 书衣：《段注》："谓用裹书者，亦谓之幒，……今人曰函。"

幡 fān

幡，书儿拭觚布也[1]。从巾，番声。甫烦切。

【译文】幡，学习写字时儿童揩拭写字木简的布。从巾，番声。

飾 shì

飾，㕞也[1]。从巾，从人，食声。读若式。一曰：襐饰。赏只切。

【译文】飾，刷拭。由巾、由人会意，食表声。音读像"式"字。另一义说，是首饰。

【注释】① 㕞：《段注》："凡物去其尘垢，即所以增其光采，故㕞者，饰之本义。而凡踵事增华皆谓之饰，则其引申之义也。"

帣 juàn

帣，囊也。今盐官三斛为一帣。从巾，𢍏声。居倦切。

【译文】帣，囊袋。当今汉朝盐官之法，三斛为一帣。从巾，𢍏声。

帚 zhǒu

帚，粪也。从又持巾埽冂内。古者少康初作箕、帚、秫酒。少康，杜康也，葬长垣。支手切。

【译文】帚，扫除。由"又"（手）持握"巾"扫除"冂"界之内会意。古时候少康开始制作箢箕、扫帚和秫酒。少康，就是杜康，葬在长垣。

席 xí

席，籍也。《礼》：天子、诸侯席，有黼绣纯饰。从巾，庶省［声］。祥易切。

【译文】席，铺垫（的席子）。《周礼》说：天子、诸侯的席子，有用黑白斧形图案绣边的装饰物。从巾，庶省声。

布 bù

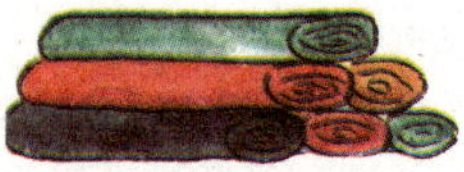

布，枲织也。从巾，父声。博故切。

【译文】布，麻织品。从巾，父声。

帑 nú

帑，金币所藏也。从巾，奴声。乃都切。

【译文】帑，金帛收藏的地方。从巾，奴声。

輒 zhé

輒，领端也。从巾，耴声。陟叶切。

【译文】輒，衣领端。从巾，耴声。

市部

市 fú

市，韠也。上古衣蔽前而已，市以象之。天子朱市，诸侯赤市，大夫葱衡。从巾，象连带之形。凡市之属皆从市。分勿切。

【译文】市，蔽膝。是上古衣裳的遮前面的布韦罢了，用市来描绘它。天子，朱色的蔽膝；诸侯，赤色的蔽膝；大夫，青色的玉衡。从巾，（一）像连系皮革带的样子。大凡市的部属都从市。

帢 jiá

帢，士无市有帢。制如榼，缺四角。爵弁服，其色韎。贱不得与裳同。司农曰："裳，纁色。"从市，合声。古洽切。

【译文】帢，士人的蔽膝没有市而有帢。帢的制作，像酒榼，切削四角（而成八角）。（士人祭祀时）戴着雀形的帽子，穿着礼服，它们的颜色都是赤黄色。由于地位低贱，帢不能与下裳颜色相同。司农说："下裳，浅红色。"从市，合声。

帛部

帛 bó

帛，缯也。从巾，白声。凡帛之属皆从帛。旁陌切。

【译文】帛，缯帛。从巾，白声。大凡帛的部属都从帛。

錦 jǐn

錦，襄（邑）[色]织文。从帛，金声。居饮切。

【译文】錦，用五彩色织出各种花纹。从帛，金声。

白部

白 bái

白，西方色也。阴用事，物色白。从入合二；二，阴数。凡白之属皆从白。旁陌切。

【译文】白，西方的颜色。在阴暗处用事，物体的颜色容易剥落为白色。字形由"入"字包合着"二"字构成；二，表示阴数。大凡白的部属都从白。

皎 jiǎo

皎，月之白也。从白，交声。《诗》曰："月出皎兮。"古了切。

【译文】皎，月光洁白。从白，交声。《诗经》说："月亮出来真皎洁啊。"

皢 xiǎo

皢，日之白也。从白，尧声。呼鸟切。

【译文】皢，阳光的洁白。从白，尧声。

皙 xī

皙，人色白也。从白，析声。无击切。

【译文】皙，人的肤色洁白。从白，析声。

皤 pó

皤，老人白也。从白，番声。《易》曰："贲如皤如。"薄波切。

【译文】皤，老人须发白。从白，番声。《易经》说："(马儿)有斑文，而又洁白。"

皠 hú

皠，鸟之白也。从白，隺声。胡沃切。

【译文】皠，鸟羽的洁白。从白，隺声。

皚 ái

皚，霜雪之白也。从白，豈声。五来切。

【译文】皚，霜雪的洁白。从白，豈声。

皅 pā

皅，艹华之白也。从白，巴声。普巴切。

【译文】皅，草花的洁白。从白，巴声。

皦 jiǎo

皦，玉石之白也。从白，敫声。古了切。

【译文】皦，玉石的洁白。从白，敫声。

𡮉 xì

𡮉，际见之白也。从白，上下小见。起戟切。

【译文】𡮉，隙缝里露现的光线洁白。由"白"字，由"白"字上下的"小"字体现。

皛 yǎo

皛，显也。从三白。读若皎。乌皎切。

【译文】皛，显明。由三个"白"字会意。音读像"皎"字。

㡀部

㡀 bì

㡀，败衣也。从巾，象衣败之形。凡㡀之属皆从㡀。毗祭切。

【译文】㡀，破旧的衣服。从巾，(八)像衣服破败的样子。大凡㡀的部属都从㡀。

敝 bì

敝，帗也①。一曰：败衣。从攴，从㡀，㡀亦声。毗祭切。

【译文】敝，一幅巾。另一义说，破败的衣服。由攴、由㡀会意，㡀也表声。

【注释】①帗也：《段注》："帗者，一幅巾也。"

黹部

黹 zhǐ

黹，箴缕所紩衣。从㡀，丵省。凡黹之属皆从黹。陟几切。

【译文】黹，针线所缝的衣服。由㡀，由丵省而会意。大凡黹的部属都从黹。

黼 chǔ

黼，合五采鲜色。从黹，虘声。《诗》曰："衣裳黼黼。"创举切。

【译文】黼，会合五彩鲜明的颜色。从黹，虘声。《诗经》说："衣裳楚楚鲜明。"

黼 fǔ

黼，白与黑相次文。从黹，甫声。方榘切。

【译文】黼，白色与黑色相间为序的花纹。从黹，甫声。

黻 fú

黻，黑与青相次文。从黹，犮声。分勿切。

【译文】黻，黑色与青色相间为序的花纹。从黹，犮声。

𪓐 zuì

𪓐，会五采缯(色)[也]。从黹，綷省声。子对切。

【译文】𪓐，会集五彩的缯帛。从黹，卒声。

人部

人 rén

人，天地之性最贵者也[①]。此籀文。象臂胫之形。凡人之属皆从人。如邻切。

【译文】人，天地中生物的最可宝贵的东西。这是籀文。像手臂腿胫的样子。

【注释】①性：《段注》："性，古文以为生字。"

保 bǎo

保[①]，养也。从人，从孚省。博褒切。

【译文】保，养育。由人，由孚省会意。

【注释】①保：小儿被，后来写作"褓"。《尚书·召诰》："夫知保抱携持厥妇子。"

僮 tóng

僮[①]，未冠也[②]。从人，童声。徒红切。

【译文】僮，未成年的男子。从人，童声。

【注释】①僮：朱骏声《通训定声》："十九以下、八岁以上也。经传多以童为之。"②冠(guàn)：冠礼、行冠礼，表示已经成人。《礼记·曲礼上》："男子二十冠而字。"

仁 rén

仁，亲也。从人，从二。如邻切。

【译文】仁，亲爱。由"人"、由"二"会意。

企 qǐ

企，举踵也。从人，止声[①]。去智切。

【译文】企，踮起脚跟。从人，止声。

【注释】①止声：声中有义。

仞 rèn

仞，伸臂一寻，八尺。从人，刃声。而震切。

【译文】仞，伸直两臂叫一寻，长八尺。从人，刃声。

仕 shì

仕，学也[①]。从人，从士。鉏里切。

【译文】仕，学习(仕宦的事)。由人、由士会意。

【注释】①学：徐灏《段注笺》："宀部：'宦，仕也。'此云'仕，学也。'是仕宦皆学习之义。学职事为宦。"

佩 pèi

佩，大带佩也[①]。从人，从凡，从巾[②]。佩必有巾，巾谓之饰。蒲妹切。

【译文】佩，系在大衣带上的佩玉之类的装饰品。由人、由凡、由巾会意。佩物一定有巾，巾叫做饰。

【注释】①大带佩：《段注》："谓佩必系于大带也。古者有大带，有革带，佩系于革带。革带统于大带也。"②从人句：《段注》："从人者，人所以利用也。从凡者，所谓无所不佩也。从巾者，其一耑(端)也。"

儒 rú

儒，柔也。术士之偁。从人，需声。人朱切。

【译文】儒，性格柔和的人。又是道术之士的名称。从人，需声。

伉 kàng

伉[①]，人名。从人，亢声。《论语》有陈伉[②]。苦浪切。

【译文】伉，人名。从人，亢声。《论语》中有陈伉这个人。

【注释】①伉：敌对，对抗。《战国策·秦策》："天下莫之能伉。"高诱注："伉，对也。"②陈伉：字子禽。见《学而篇》。今本"伉"作"亢"。

俊 jùn

俊，材千人也。从人，夋声。子峻切。

【译文】俊，才智超过千人。从人，夋声。

伯 bó

伯，长也。从人，白声。博陌切。

【译文】伯，长。从人，白声。

仲 zhòng

仲，中也。从人，从中，中亦声。直众切。

【译文】仲，中。由人，由中会意，中也表声。

伊 yī

伊，殷圣人阿衡，尹治天下者。从人，从尹。于脂切。

【译文】伊，殷朝的圣人阿衡，正确治理天下的人。由人、由尹会意。

偰 xiè

偰，高辛氏之子，尧司徒，殷之先。从人，契声。私列切。

【译文】偰，高辛氏的儿子，尧的司徒官，殷代的祖先。从人，契声。

倩 qiàn

倩，人字。从人，青声。东齐壻谓之倩。仓见切。

【译文】倩，人的“字”。从人，青声。东齐地方婿叫作倩。

伃 yú

伃，妇官也[①]。从人，予声。以诸切。

【译文】伃，妇人的官名。从人，予声。

【注释】①妇官：倢伃。又作婕好。《汉书·外戚传》：“妇官十四等，倢伃视上卿（按上卿对待），比列侯。”

倓 tán

倓，安也。从人，炎声。读若谈。徒甘切。

【译文】倓，安然不疑。从人，炎声。音读像“谈”字。

伀 zhōng

伀，志及众也。从人，公声。职茸切。

【译文】伀，志向顾及众人。从人，公声。

儇 xuān

儇，慧也。从人，睘声。许缘切。

【译文】儇，小聪明。从人，睘声。

侚 xùn

侚，疾也。从人，旬声。辞闰切。

【译文】侚，疾速。从人，旬声。

佳 jiā

佳，善也。从人，圭声。古膎切。

【译文】佳，美好。从人，圭声。

傀 wěi

傀，奇也。从人，韋声。于鬼切。

【译文】傀，奇异。从人，韋声。

份 bīn

份，文质（偕）[备]也[①]。从人，分声。《论语》曰：“文质份份。”府巾切。

【译文】份，形式和内容兼备。从人，分声。《论语》说：“文彩和质地，那么齐备。”

【注释】①偕：钮树玉《校录》：“宋本备作偕，误。”徐锴《系传》：“（文质备），文质相半也。”

倭 wēi

倭，顺皃。从人，委声。《诗》曰[①]：“周道倭迟。”于为切。

【译文】倭，顺从的样子。从人，委声。《诗经》说：“大路总是那么弯弯曲曲。”

【注释】①《诗》：指《诗经·小雅·四牡》。倭迟：联绵词。路迂曲貌。

俟 sì

俟，大也。从人，矣声。《诗》曰："伾伾俟俟。"床史切。

【译文】俟，大。从人，矣声。《诗经》说："有力而且壮大。"

侗 tōng

侗，大皃。从人，同声。《诗》曰："神罔时侗。"他红切。

【译文】侗，大的样子。从人，同声。《诗经》说："神明没有什么时间悲痛。"

健 jiàn

健，伉也。从人，建声。渠建切。

【译文】健，强壮有力。从人，建声。

伴 bàn

伴，大皃。从人，半声。薄满切。

【译文】伴，大的样子。从人，半声。

俺 yè

俺，大也。从人，奄声。于业切。

【译文】俺，大。从人，奄声。

儆 jǐng

儆，戒也。从人，敬声。《春秋传》曰："儆宫。"居影切。

【译文】儆，戒备。从人，敬声。《春秋左传》说："在宫廷内警戒。"

俶 chù

俶，善也。从人，叔声。《诗》曰："令终有俶。"一曰：始也。昌六切。

【译文】俶，美好。从人，叔声。《诗经》说："有善终必有善始。"另一义说，俶是始。

傭 yōng

傭，均直也。从人，庸声。余封切。

【译文】傭，平均，工钱。从人，庸声。

僾 ài

僾，仿佛也。从人，愛声。《诗》曰："僾而不见。"乌代切。

【译文】僾，（所见）依稀不分明。从人，愛声。《诗经》说："（那可爱的人儿）隐蔽起来了，我不能见着。"

仿 fǎng

仿，相似也。从人，方声。妃罔切。

【译文】仿，相似。从人，方声。

佛 fú

佛，见不审也。从人，弗声。敷勿切。

【译文】佛，看不清楚。从人，弗声。

佗 tuó

佗[①]，负何也。从人，它声。徒何切。

【译文】佗，用背负载物体。从人，它声。

【注释】①佗：朱骏声《通讯定声》："本训为人负物，故畜产载负亦曰佗。俗字作驼，作驮。"《段注》："隶变佗为他，用为彼之称。"

何 hé

何，儋也。从人，可声。胡歌切。

【译文】何，担荷。从人，可声。

儋 dān

儋[①]，何也。从人，詹声。都甘切。

【译文】儋，肩荷。从人，詹声。

【注释】①儋：《段注》："儋俗作担。韦昭《齐语》注曰：'背曰负；肩曰儋；任，抱也；何，揭也。'按：统言之，则以肩、以手、以背、以首，皆得云儋也。"

供 gōng

供，设也。从人，共声。一曰：供给。俱

容切。

【译文】供，摆设。从人，共声。另一义说，（供）是供给。

位 wèi

位，列中庭之左右谓之位[①]。从人立。于备切。

【译文】位，排列在朝廷中的左右位置叫作位。由人立会意。

【注释】①庭：《段注》作“廷”。《段注》：“中廷犹言廷中。古者朝不屋，无堂阶，故谓之朝廷。”

倫 lún

倫，輩也。从人，侖声。一曰：道也。（田）[力]屯切[①]。

【译文】倫，輩。从人，侖声。另一义说，伦是道理。

【注释】①田：乃“力”之误。

儕 chái

儕，等輩也。从人，齊声。《春秋传》曰：“吾侪小人。”仕皆切。

【译文】儕，等同之輩。从人，齊声。《春秋左传》说：“我们这輩小人。”

侔 móu

侔，齐等也。从人，牟声。莫浮切。

【译文】侔，均齐等同。从人，牟声。

偕 xié

偕，强也。从人，皆声。《诗》曰：“偕偕士子。”一曰：俱也。古谐切。

【译文】偕，强壮。从人，皆声。《诗经》说：“强壮啊，那些在职的官员。”另一义说，偕是共同。

俱 jù

俱，偕也。从人，具声。举朱切。

【译文】俱，共同。从人，具声。

併 bìng

併[①]，并也。从人，并声。卑正切。

【译文】併，并列。从人，并声。

【注释】①併：并列。《礼记·祭义》：“行肩而不併。”孔颖达注：“谓老少并行，言肩臂不得并行。”併引申为一起。《汉书·贾谊传》：“高皇帝与诸公併起。”颜师古注：“併，骰杂也。”

儹 zǎn

儹，（最）[冣]也[①]。从人，贊声。作管切。

【译文】儹，聚集。从人，贊声。

【注释】①最：当依《段注》作“冣”。《广韵·缓韵》曰：“儹，聚也。”冣、聚，古通用。

傅 fù

傅，相也。从人，尃声。方遇切。

【译文】傅，辅佐。从人，尃声。

侙 chì

侙，惕也。从人，式声。《春秋国语》曰：“于其心侙然。”耻力切。

【译文】侙，惊恐不安。从人，式声。《春秋国语》说：“在他的心里总是惊恐不安的。”

俌 fǔ

俌，辅也[①]。从人，甫声。读若抚。芳武切。

【译文】俌，辅佐。从人，甫声。音读像“抚”字。

【注释】①辅：《段注》：“谓人之俌犹车之辅也。”

倚 yǐ

倚，依也。从人，奇声。于绮切。

【译文】倚，依靠（物体）。从人，奇声。

依 yī

依，倚也。从人，衣声。于稀切。

【译文】依，倚靠。从人，衣声。

仍 réng

仍，因也。从人，乃声。如乘切。

【译文】仍，依旧。从人，乃声。

佽 cì

佽，便利也。从人，次声。《诗》曰[①]："决拾既佽。"一曰：遞也。七四切。

【译文】佽，便利。从人，次声。《诗经》说："右手大拇指上的扳指和左臂上皮制护袖已是十分便利。"另一义说，佽是顺次。

【注释】①《诗》：指《诗经·小雅·车攻》。决：戴在右手大拇指上的骨制套子，射箭时用以钩弦，俗称扳指。拾：射箭时套在左臂上的皮制护袖。

佴 èr

佴，佽也。从人，耳声。仍吏切。

【译文】佴，次第。从人，耳声。

倢 jié

倢，佽也。从人，疌声。子叶切。

【译文】佽，便捷。从人，疌声。

侍 shì

侍，承也。从人，寺声。时吏切。

【译文】侍，承奉。从人，寺声。

傾 qīng

傾，仄也。从人，从頃，頃亦声。去营切。

【译文】傾，偏斜。由人、由頃会意，頃也表声。

側 cè

側，旁也。从人，則声。阻力切。

【译文】側，旁边。从人，則声。

侐 xù

侐，静也。从人，血声。《诗》曰："閟宫有侐。"况逼切。

【译文】侐，清静。从人，血声。《诗经》说："神宫多么清静。"

付 fù

付，与也。从(寸)[又]持物对人[①]。方遇切。

【译文】付，交授。由"又"(手)持握着物对着"人"会意。

【注释】①从寸：依桂馥《义证》："从又"。又持物对人。又是手。又下一画即物。

僤 tán

僤，僤何也[①]。从人，亶声。徒干切。

【译文】僤，僤回。从人，亶声。

【注释】①僤何：《段注》："或当作僤回。"僤回又作僤佪，即徘徊不进。

仰 yǎng

仰，举也。从人，从卬。鱼两切。

【译文】仰，抬头。由人，由卬会意。

伍 wǔ

伍，相参伍也。从人，从五。疑古切。

【译文】伍，或三或五以相错杂交互。由人、由五会意。

什 shí

什，相什保也。从人十。是执切。

【译文】什，以十户或十人为单位，相互担保。由人、十会意。

佸 kuò

佸，会也。从人，昏声。《诗》曰："曷其有佸？"一曰：佸佸，力皃。古活切。

【译文】佸，相会。从人，昏声。《诗经》说："什么时候该有相会之期？"另一义说，佸佸，有力的样子。

佰 bǎi

佰，相什伯也。从人百。博陌切。

【译文】佰，以百户或百人为单位，（相互担保。）由人、百会意。

作 zuò

作[①]，起也。从人，从乍。则洛切。

【译文】作，起立。由人、由乍会意。

【注释】①作：站起来。《论语·先进》："鼓瑟希，铿尔舍瑟而作。"

假 gé

假，非真也。从人，叚声。一曰：至也。《虞书》曰[①]："假于上下。"古頟切。

【译文】假，不真实。从人，叚声。另一义说：假是到。《虞书》说："到达天地。"

【注释】①《虞书》：指《尧典》。

借 jiè

借，假也。从人，昔声。资昔切。

【译文】借，借用（非己真有的物品）。从人，昔声。

儥 yù

儥，卖也。从人，賣声。余六切。

【译文】儥，出卖。从人，賣声。

侵 qīn

侵，渐进也。从人又持帚。若埽之进；又，手也。七林切。

【译文】侵，渐进。由"人""又"（手）持握着"帚"会意。（帚）好像用扫帚清埽而前进；又，表示手。

候 hòu

候，伺望也。从人，侯声。胡遘切。

【译文】候，观察守望。从人，侯声。

償 cháng

償，还也。从人，賞声。食章切。

【译文】償，归还。从人，賞声。

僅 jǐn

僅，材能也。从人，堇声。渠吝切。

【译文】僅，才能够。从人，堇声。

代 dài

代，更也。从人，弋声。徒耐切。

【译文】代，更替。从人，弋声。

儀 yí

儀，度也。从人，義声。鱼羁切。

【译文】儀，法度。从人，義声。

傍 bàng

傍，近也。从人，旁声。步光切。

【译文】傍，靠近。从人，旁声。

佀 sì

佀，象也。从人，目声。详里切。

【译文】佀，相像。从人，目声。

任 rén

任，（符）[保]也[①]。从人，壬声。如林切。

【译文】任，保举。从人，壬声。

【注释】①符：当依徐锴《系传》作"保"。徐注："相保任也。"

便 pián

便，安也。人有不便，更之。从人更。房连切。

【译文】便，安适。人有不安适之处，就变更它。由人、更会意。

俔 qiàn

俔，譬谕也。一曰："间见。"从人，从見。

《诗》曰："俔天之妹。"苦甸切。

【译文】俔，譬喻。另一义说，从空隙中（乍然）看见。由人、由見会意。《诗经》说："（大国有女儿，）好像上天的妹妹。"

優 yōu

優，饶也。从人，憂声。一曰：倡也。于求切。

【译文】優，宽裕。从人，憂声。另一义说，是俳优。

儉 jiǎn

儉，约也。从人，僉声。巨险切。

【译文】儉，行为约束。从人，僉声。

俗 sú

俗，习也。从人，谷声。似足切。

【译文】俗，习惯，从人，谷声。

俾 bǐ

俾，益也。从人，卑声。一曰：俾，门侍人。并弭切。

【译文】俾，增益。从人，卑声。另一义说，俾是守门人。

偭 miàn

偭，乡也。从人，面声。《少仪》曰："尊壶者偭其鼻。"弥箭切。

【译文】偭，面向。从人，面声。《少仪》说："酒尊和酒壶都将它们的巴鼻面向（设尊的人）。"

倪 ní

倪，俾也。从人，兒声。五鸡切。

【译文】倪，裨益。从人，兒声。

億 yì

億，安也。从人，意声。于力切。

【译文】億，安。从人，意声。

使 shǐ

使，伶也。从人，吏声。疏士切。

【译文】使，命令。从人，吏声。

伶 líng

伶，弄也。从人，令声。益州有建伶县。郎丁切。

【译文】伶，戏弄。从人，令声。益州郡有建伶县。

儷 lí

儷，棽俪也。从人，麗声。吕支切。

【译文】儷，棽俪。从人，麗声。

傳 zhuàn

傳，遽也。从人，專声。直恋切。

【译文】傳，传车驿马。从人，專声。

倌 guàn

倌，小臣也。从人，从官。《诗》曰："命彼倌人。"古患切。

【译文】倌，地位低下的臣仆。由人、由官会意。《诗经》说："命令那主管车马的臣仆。"

价 jiè

价，善也。从人，介声。《诗》曰："价人惟藩。"古拜切。

【译文】价，善。从人，介声。《诗经》说："善人就是国家的藩篱。"

仔 zī

仔，克也。从人，子声。子之切。

【译文】仔，肩任。从人，子声。

伸 shēn

伸，屈伸。从人，申声。失人切。

【译文】伸，弯曲和伸展的伸。从人，申声。

僭 jiàn

僭，假也。从人，朁声。子念切。

【译文】僭，（下级）假冒（上级的职权）。从人，朁声。

倍 bèi

倍，反也。从人，咅声。薄亥切。

【译文】倍，违反。从人，咅声。

傿 yàn

傿，引为贾也。从人，焉声。于建切。

【译文】傿，夸大成价。从人，焉声。

偏 piān

偏，颇也。从人，扁声。芳连切。

【译文】偏，偏斜。从人，扁声。

佃 diàn

佃，中也。从人，田声。《春秋传》曰："乘中佃。"一辕车。堂练切。

【译文】佃，中等车乘（shèng）。从人，田声。《春秋左传》说："驾着中等车乘。"（中等车乘）是一辕夹在两马之中的车。

僻 pì

僻，避也。从人，辟声。《诗》曰："宛如左僻。"一曰：从旁牵也。普击切。

【译文】僻，避开。从人，辟声。《诗经》说："宛转地回避。"另一义说，从旁边牵掣。

侈 chǐ

侈，掩胁也。从人，多声。一曰：奢也。尺氏切。

【译文】侈，蒙蔽在上位的，胁迫控制其他人。从人，多声。另一义说，是奢侈。

偽 wèi

偽，诈也。从人，為声。危睡切。

【译文】偽，欺诈。从人，為声。

倡 chàng

倡，乐也。从人，昌声。尺亮切。

【译文】倡，（歌舞）乐人。从人，昌声。

俳 pái

俳，戏也。从人，非声。步皆切。

【译文】俳，杂戏。从人，非声。

俄 é

俄，行顷也。从人，我声。《诗》曰："仄弁之俄。"五何切。

【译文】俄，行步而头倾侧。从人，我声。《诗经》说："歪戴着的帽子是那样地倾斜。"

侮 wǔ

侮，（伤）[傷]也。从人，每声。文甫切。

【译文】侮，轻慢。从人，每声。

僵 jiāng

僵，偾也。从人，畺声。居良切。

【译文】僵，倒地。从人，畺声。

仆 pú

仆，顿也。从人，卜声。芳遇切。

【译文】仆，以头叩地。从人，卜声。

偃 yǎn

偃，僵也。从人，匽声。于幰切。

【译文】偃，仰卧。从人，匽声。

侉 kuā

侉，备词。从人，夸声。苦瓜切。

【译文】侉，表示疲惫的虚词。从人，夸声。

催 cuī

催，相（俦）[擣]也。从人，崔声。《诗》曰："室人交遍催我。"仓回切。

【译文】催，相迫促。从人，崔声。《诗经》

说："家里的人一个接着一个都来讥刺我。"

伏 fú

伏[①]，司也[②]。从人，从犬[③]。房六切。

【译文】伏，伺候。由人、由犬会意。

【注释】①伏：埋伏。《周易·同人》："九三，伏戎于莽，升其高陵。"②司：今伺字。③从人，从犬：《段注》："小徐本有'犬司人'，谓犬伺人而吠之。"

俑 yǒng

俑，痛也。从人，甬声。他红切。又，余陇切。

【译文】俑，痛。从人，甬声。

係 xì

係[①]，絜束也。从人，从系，系亦声。胡计切。

【译文】系，用麻绳围束。由人、由系会意，系也表声。

【注释】①係：捆绑。《左传·僖公二十五年》："秦人过析隈，入而系舆人。"杜预注："系，缚也。"

伐 fá

伐，击也。从人持戈。一曰：败也。房越切。

【译文】伐，击杀。由"人"持握"戈"会意。另一义说，是败坏。

促 cù

促，迫也。从人，足声。七玉切。

【译文】促，急迫。从人，足声。

例 lì

例，比也。从人，列声。力制切。

【译文】例，类。从人，列声。

俘 fū

俘，军所获也。从人，孚声。《春秋传》曰："以为俘聝。"芳无切。

【译文】俘，军队擒获的敌人。从人，孚声。《春秋左传》说："以至成为您的俘虏。"

但 dàn

但，裼也。从人，旦声。徒旱切。

【译文】但，（上身）肉外现，无衣。从人，旦声。

傴 yǔ

傴，偻也。从人，區声。于武切。

【译文】傴，驼背。从人，區声。

僂 lǚ

僂，尪也。从人，婁声。周公韈偻，或言背偻。力主切。

【译文】僂，背脊弯曲。从人，婁声。周公韈偻，或说成"背"脊伛"偻"。

僇 liù

僇，痴行僇僇也。从人，翏声。读若雡。一曰：且也。力救切。

【译文】僇，痴病者行走，僇僇迟缓。从人，翏声。音读像"雡"字。另一义说，僇是聊且。

仇 qiú

仇，雠也。从人，九声。巨鸠切。

【译文】仇，配偶。从人，九声。

儡 léi

儡，相败也。从人，畾声。读若雷。鲁回切。

【译文】儡，容颜败坏。从人，畾声。音读像"雷"字。

咎 jiù

咎，灾也。从人，从各。各者，相违也。其久切。

【译文】咎，灾祸。由人、由各会意。各，表示相违背。

值 zhí

值，措也。从人，直声。直吏切。

【译文】值，措置。从人，直声。

像 xiàng

像，象也。从人，象亦声。读若养。徐两切。

【译文】像，像似。由人、由象会意，象也表声。音读像“养”字。

倦 juàn

倦，罢也。从人，卷声。渠眷切。

【译文】倦，疲劳。从人，卷声。

偶 ǒu

偶，桐人也。从人，禺声。五口切。

【译文】偶，桐木雕的人像。从人，禺声。

弔 diào

弔，问终也。古之葬者，厚衣之以薪。从人持弓，会驱禽。多啸切。

【译文】弔，慰问死丧。古代的安葬，用柴薪厚厚地覆盖着尸体。由“人”持握着“弓”，会合驱赶禽兽之意。

佋 zhāo

佋，庙佋穆。父为佋，南面。子为穆，北面。从人，召声。市招切。

【译文】佋，宗庙排列的佋、穆次序。（始祖庙居中，）父庙为佋，（居左）面向南方。子庙为穆，（居右）面向北方。从人，召声。

匕部

匕 huà

匕，变也。从到人。凡匕之属皆从匕。呼跨切。

【译文】匕，变化。由倒着的人字表示。大凡匕的部属都从匕。

化 huà

化，教行也[①]。从匕，从人，匕亦声。呼跨切。

【译文】化，教化实行。由匕、由人会意，匕也表声。

【注释】① 教行：《段注》：“教行于上则化成于下。”徐灏笺：“教化者。”移风易俗之义。

真 zhēn

真，僊人变形而登天也。从匕，从目，从乚；八，所乘载也。侧邻切。

【译文】真，长生不死的人变化形体而升天。由匕、由目、由乚会意；八，是乘坐的风云之类的工具。

匕部

匕 bǐ

匕，相与比叙也。从反人。匕，亦所以（用比）取饭，一名柶。凡匕之属皆从匕。卑履切。

【译文】匕，一起比较而排列次第。由反向的人字表示。匕，也是用来舀取饭食的勺匙，又叫柶。大凡匕的部属都从匕。

匙 chí

匙，匕也。从匕，是声。是支切。

【译文】匙，匕勺。从匕，是声。

頃 qīng

頃，头不正也。从匕，从頁。去营切。

【译文】頃，头不正。由匕、由頁会意。

卬 áng

卬，望，欲有所庶及也。从匕，从卩。《诗》曰：“高山卬止。”伍冈切。

【译文】卬，仰望，希望有可能达到这种境界。由匕、由卩会意。《诗经》说：“高山，要仰望啊。”

卓 zhuó

卓，高也。早匕为皁，匕卩为卬，皆同义。竹角切。

【译文】卓，高。早、匕成卓字，匕、卩成卬字，从匕都同义。

艮 gèn

艮，很也。从匕目。匕目，犹目相匕，不相下也。《易》曰：“艮其限。”匕目为艮，七目为真也。古恨切。

【译文】艮，互不听从，停滞不前。由匕目会意。“匕目”的意思，好比两人怒目相视，互不相让。《易经》说：“目光停止在腰部的界限上。”匕、目会意成艮字，匕、目会意成真字。

从部

从 cóng

从，相听也[①]。从二人。凡从之属都从从。疾容切。

【译文】从，相听从。由两个人字相随会意。大凡从的部属都从从。

【注释】① 相听也：犹相从。

從 cóng

從，随行也。从辵，从从，从亦声。慈用切。

【译文】從，跟随行走。由辵、由从会意，从也表声。

并 bìng

并，相从也。从从，幵声。一曰：从持二为并[①]。府盈切。

【译文】并，相跟随。从从，幵(jiān)声。另一义说，“从”持握着“二”为并。

【注释】①从持句：《段注》：“二人持二竿，是人持一竿，并合之意。”

比部

比 bǐ

比，密也。二人为从，反从为比。凡比之属皆从比。毗至切。

【译文】比，亲密。两个“人”字相随为“从”，把“从”字反过来成了“比”。大凡比的部属都从比。

毖 bì

毖，慎也。从比，必声。《周书》曰：“无毖于恤。”兵媚切。

【译文】毖，谨慎。从比，必声。《周书》说：“不要被忧患吓倒。”

北部

北 běi

北，乖也[①]。从二人相背。凡北之属皆从北。博墨切。

【译文】北，违背。由两个“人”字背靠背表示。大凡北的部属都从北。

【注释】① 乖：相违背。

冀 jì

冀，北方州也。从北，異声。几利切。

【译文】冀，北方的州名。从北，異声。

丘部

丘 qiū

丘，土之高也，非人所为也。从北，从一。一，地也，人居在丘南，故从北。中邦之居，在昆崘东南。一曰：四方高，中央下为丘。象形，凡丘之属皆从丘。去鸠切。

【译文】丘，高高的土堆，不是人力堆造的。由北、由一会意。一表示地。人们住在丘南面，所以由“北”字表意。中国的集居，在昆崘山的东南。另一说说，四方高而中央低下叫丘。象形。大凡丘的部属都从丘。

虚 xū

虚，大丘也。昆崘丘谓之昆崘虚。古者九夫为井，四井为邑，四邑为丘。丘谓之虚。从丘，虍声。丘如切。又，朽居切。

【译文】虚，大丘。昆崘丘叫作昆崘虚。古时候，九个成年男子成一井，四井成一邑，四邑成一丘。丘又叫作虚。从丘，虍声。

㐺部

㐺 yín

㐺，众立也。从三人。凡㐺之属皆从㐺。读若钦崟。鱼音切。

【译文】㐺众人并立。由三个“人”字并立。大凡㐺的部属都从㐺。音读像“钦崟”的“崟”字。

聚 jù

聚，会也。从㐺，取声。邑落云聚。才句切。

【译文】聚，会合。从㐺，取声。乡邑中村落叫作聚。

眾 zhòng

眾[1]，多也。从㐺目，眾意。之仲切。

【译文】眾，多。由㐺、目会合众多的意思。

【注释】① 眾：许多人。《左传 · 襄公十年》：“众怒难犯。”

𡈼部

𡈼 tǐng

𡈼，善也。从人士；士，事也。一曰：象物出地，挺生也。凡𡈼之属皆从𡈼。他鼎切。

【译文】𡈼，善好。由人、士会意，士就是办事。另一义说，像植物长出地面，挺然而生的样子。大凡𡈼的部属都从𡈼。

徵 zhēng

徵，召也。[从𡈼，]从微省，𡈼為徵。行于微而(文)[闻]达者，即征之。陟陵切。

【译文】徵，征召。由𡈼、由微省会意。𡈼是古征字。行为隐蔽而声望显达挺著于外的人，就征召他。

重部

重 zhòng

重，厚也[1]。从𡈼，東声。凡重之属皆从重。柱用切。

【译文】重，厚重。从𡈼，東声。大凡重的部属都从重。

【注释】① 厚：《段注》：“厚斯重矣。”引申之为郑重、重叠。

量 liáng

量，称轻重也。从重省，曏省声。吕张切。

【译文】量，称轻重。由重省亻为形旁，曏省乡为声旁。

卧部

卧 wò

卧，休也。从人臣，取其伏也。凡卧之属皆从卧。吾货切。

【译文】卧，休息。由人、臣会意，取“臣”字屈伏之意。大凡卧的部属都从卧。

監 jiān

監①，临下也。从卧，峪省声。古衔切。

【译文】監，居上视下。从卧，峪省声。

【注释】①監：《书·酒诰》：“古人有言曰：‘人无于水监，当于民监。’”

臨 lín

臨①，监临也。从卧，品声。力寻切。

【译文】臨，临下监视。从卧，品声。

【注释】①臨：从高处往下看。《诗经·小雅·小旻》：“战战兢兢，如临深渊。”

身部

身 shēn

身①，躳也。象人之身。从人，厂声。凡身之属皆从身。失人切。

【译文】身，全身躯。像人的身躯。从人，厂声。大凡身的部属都从身。

【注释】①身：有了身子。《诗经·大雅·大明》：“大任有身，生此文王。”

軀 qū

軀，体也。从身，區声。岂俱切。

【译文】軀，身体。从身，區声。

㐆部

㐆 yī

㐆，归也。从反身。凡㐆之属皆从㐆。于机切。

【译文】㐆，归依。由身字反向表示。大凡㐆的部属都从㐆。

殷 yīn

殷，作乐之盛称殷。从㐆，从殳。《易》曰：“殷荐之上帝。”于身切。

【译文】殷，制作盛大乐舞叫殷。由㐆、由殳会意。《易经》说：“用这盛大的乐舞奉献给上帝。”

衣部

衣 yī

衣，依也。上曰衣，下曰裳。象覆二人之形。凡衣之属皆从衣。于稀切。

【译文】衣，（人们）依赖（其遮体身体）。上身穿的叫衣，下身穿的叫裳。像（用“人”）覆盖两个“人”字的形状。大凡衣的部属都叫衣。

裁 cái

裁，制衣也。从衣，𢦏声。昨哉切。

【译文】裁，剪裁衣服。从衣，𢦏声。

衮 gǔn

衮，天子享先王，卷龙绣于下幅，一龙蟠阿上乡。从衣，公声。古本切。

【译文】衮，天子用食物供奉先王之灵，卷曲的龙绣在龙衣的下面一幅，一条龙弯弯曲曲昂首向上。从衣，公声。

襁 jiǎng

襁，负儿衣。从衣，强声。居两切。

【译文】襁，背负婴儿的衣物。从衣，强声。

衽 rěn

衽，衣裣也[①]。从衣，壬声。如甚切。

【译文】衽，衣襟。从衣，壬声。

【注释】①裣：后作襟，指衣服胸前交领部分，也指衣的两旁掩盖下裳与上衣交际的地方。

褸 lǚ

褸，衽也。从衣，婁声。力主切。

【译文】褸，衣襟。从衣，婁声。

襲 xí

襲，左衽袍。从衣，龍省声。似入切。

【译文】襲，（死者穿的）衣襟在左边的内衣。从衣，龍省声。

袍 páo

袍[①]，襺也。从衣，包声。《论语》曰："衣弊缊袍。"薄褒切。

【译文】袍，有夹层、中装绵絮的长衣。从衣，包声。《论语》说："穿着破烂的旧丝绵袍子。"

【注释】①袍：徐灏《段注笺》："此云：'袍，茧也。'浑言之。"

袤 mào

袤，衣带以上。从衣，矛声。一曰：南北曰袤，东西曰广。莫候切。

【译文】袤。衣带以上。从衣，矛声。另一义说：南北之间的距离叫袤，东西之间叫广。

袛 dī

袛，袛裯，短衣。从衣，氐声。都兮切。

【译文】袛，袛裯，短衣。从衣，氐声。

裯 dāo

裯，衣袂，袛裯。从衣，周声。都牢切。

【译文】裯，衣袖；短衣。从衣，周声。

襤 lán

襤，裯谓之襤褸。襤，无缘也。从衣，監声。鲁甘切。

【译文】襤，衣被破败叫作襤褸。（又，）襤，无边饰的衣服。从衣，監声。

袂 mèi

袂，袖也。从衣，夬声。弥弊切。

【译文】袂，衣袖。从衣，夬声。

袪 qū

袪，衣袂也。从衣，去声。一曰：袪，褢也；褢者，褢也。袪，尺二寸。《春秋传》曰："披斩其袪。"去鱼切。

【译文】袪，衣袖。从衣，去声。另一义说，袪，怀；怀，怀抱。袖（口直径），长一尺二寸。《春秋左传》说："（宦官）披斩断他的衣袖。"

褍 duò

褍，无袂衣谓之褍。从衣，惰省声。徒卧切。

【译文】褍，无袖衣叫作褍。从衣，惰省声。

裾 jū

裾，衣（袍）[褎]也。从衣，居声。读与居同。九鱼切。

【译文】裾，衣服的前襟。从衣，居声。音读与"居"同。

複 fú

複，重衣皃。从衣，复声。一曰：褚衣。方

六切。

【译文】複，夹衣的样子。从衣，复声。另一义说，夹层里面装铺丝棉的衣服。

褆 tí

褆，衣厚褆褆。从衣，是声。杜兮切。

【译文】褆，衣厚褆褆的样子。从衣，是声。

襛 róng

襛，衣厚皃。从衣，農声。《诗》曰：“何彼襛矣。”汝容切。

【译文】襛，衣服厚的样子。从衣，農声。《诗经》说：“为什么它那么浓艳呢？”

裻 dú

裻，新衣声。一曰：背缝。从衣，叔声。冬毒切。

【译文】裻，穿新衣的声音。另一义说，是衣背缝。从衣，叔声。

裔 yì

裔，衣裾也。从衣，㕯声。余制切。

【译文】裔，衣边。从衣，㕯（nè）声。

襛 diāo

襛，短衣也。从衣，鳥声。《春秋传》曰：“有空襛。”都僚切。

【译文】襛，短衣。从衣，鳥声。《春秋左传》说：“有空襛。”

袳 chǐ

袳，衣张也。从衣，多声。《春秋传》曰：“公会齐侯于袳。”尺氏切。

【译文】袳，衣服（因宽大而）张开。从衣，多声。《春秋左传》说：“鲁桓公在袳地与齐侯会盟。”

袁 yuán

袁，长衣皃。从衣，叀省声。羽元切。

【译文】袁，长衣的样子。从衣，叀省声。

衯 fēn

衯[1]，长衣皃。从衣，分声。抚文切。

【译文】衯，长衣的样子。从衣，分声。

【注释】① 衯：衣服长大的样子。《史记·司马相如列传》：“衯衯裶裶，扬袘恤削。”《类篇》：“衣大谓之衯。”

襦 rú

襦，短衣也[1]。从衣，需声。一曰㬙衣。人朱切。

【译文】襦，短袄。从衣，需声。又叫㬙衣。

【注释】① 短衣：朱骏声《通训定声》：“其长及䣛，若今之短袄。”

襄 xiāng

襄，汉令：解衣耕谓之襄。从衣，㲋声。息良切。

【译文】襄，汉朝的律令说：解脱衣服耕种田地叫作襄。从衣，㲋声。

褊 biǎn

褊，衣小也。从衣，扁声。方沔切。

【译文】褊，衣服狭小。从衣，扁声。

袷 jiā

袷，衣无絮。从衣，合声。古洽切。

【译文】袷，衣中不装铺绵絮。从衣，合声。

被 bèi

被，寝衣，长一身有半。从衣，皮声。平义切。

【译文】被，被子，长度为身体的一又二分之一。从衣，皮声。

衾 qīn

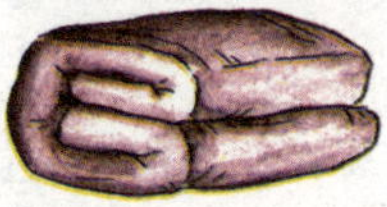

衾，大被。从衣，今声。去音切。

【译文】衾，大被。从衣，今声。

衷 zhōng

衷，里亵衣。从衣，中声。《春秋传》曰："皆衷其衵服。"陟弓切。

【译文】衷，里面贴肉穿的私居之衣。从衣，中声。《春秋左传》说："（陈灵公与孔宁、仪行父）都贴肉穿着夏姬天天常穿的汗衣。"

褻 xiè

褻，私服。从衣，埶声。《诗》曰："是褻袢也。"私列切。

【译文】褻，私居在家的衣服。从衣，埶声。《诗经》说："这贴身的内衣无色泽了。"

雜 zá

雜，五彩相会[①]。从衣，集声。徂合切。

【译文】雜，各种彩色，相互配合（来制作衣服）。从衣，集声。

【注释】①五彩句：《段注》："所谓五采彰施于五色作服也。引伸为凡参错之偁。"

裕 yù

裕，衣物饶也。从衣，谷声。《易》曰："（有）［罔］孚，裕无咎。"羊孺切。

【译文】裕，衣物富余。从衣，谷声。《易经》说："没有见信于人，暂且宽裕待时，就没有祸害。"

裂 liè

裂，缯余也。从衣，列声。良薛切。

【译文】裂，缯帛的残余。从衣，列声。

袈 ná

袈，弊衣。从衣，奴声。女加切。

【译文】袈，破旧的衣服。从衣，奴声。

袒 zhàn

袒，衣缝裂开。从衣，旦声。丈苋切。

【译文】袒，衣缝裂开。从衣，旦声。

襭 xié

襭[①]，以衣衽扱物谓之襭。从衣，頡声。胡结切。

【译文】襭，把衣襟（插在腰带上）收盛东西叫作襭。从衣，頡声。

【注释】①襭：朱骏声《通训定声》："今苏俗谓之衣兜。按：兜而扱（chā，插）于带间曰襭。"

衺 xié

衺，（窶）也。从衣，牙声。似嗟切。

【译文】衺，回邪乖僻。从衣，牙声。

裝 zhuāng

裝，裹也。从衣，壯声。侧羊切。

【译文】裝，包裹。从衣，壯声。

裹 guǒ

裹，缠也。从衣，果声。古火切。

【译文】裹，缠束。从衣，果声。

褐 hè

褐，编枲袜。一曰：粗衣。从衣，曷声。胡葛切。

【译文】褐，编织粗麻而成的袜子。另一义说，用兽毛或粗麻织成的衣服。从衣，曷声。

裺 yǎn

裺，褗谓之裺。从衣，奄声。依检切。

【译文】裺，衣领叫作裺。从衣，奄声。

卒 zú

卒，隶人给事者衣为卒。卒，衣有题识者。臧没切。

【译文】卒，隶役供给差事的人的衣服叫卒。卒，指衣上有标记的符号。

衰 suō

衰[①]，草雨衣。秦谓之萆。从衣，象形。穌禾切。

【译文】衰，草作的避雨衣。秦地叫作萆。从衣，像雨衣之形。

【注释】① 衰：徐灏《段注笺》："衰本象艹雨衣之形，假借为衰绖字。而艹雨衣加艹作蓑。其后衰绖字又加纟作縗。"按衰又借为盛衰字。

褚 chǔ

褚，卒也。从衣，者声。一曰：(制)[装]衣。丑吕切。

【译文】褚，士卒。从衣，者声。另一义说，(用丝绵)装铺衣服。

制 zhì

制，裁也。从衣，从制。征例切。

【译文】制，剪裁。由衣、由制会意。

裘部

裘 qiú

裘，皮衣也。从衣，求声。一曰：象形，与衰同意。凡裘之属皆从裘。巨鸠切。

【译文】裘，皮衣。从衣，求声。另一说，(求)像衣之形，与"衰"字像草雨衣之形，是同一构形原则。大凡裘的部属都从裘。

老部

老 lǎo

老，考也。七十曰老。从人毛匕，言须发变白也。凡老之属皆从老。卢皓切。

【译文】老，老年人。七十岁叫老。由人、毛、匕会意。是说髭须毛发变白。大凡老的部属都从老。

耋 dié

耋，年八十曰耋。从老省，从至[①]。徒结切。

【译文】耋。年岁八十叫耋。由老省、由至会意。

【注释】① 从至：徐锴《繫传》作"至声"。按至是意兼声。

薹 mào

薹，年九十曰薹。从老，从蒿省。莫报切。

【译文】薹，年岁九十叫薹。由老、由蒿省会意。

耆 qí

耆[①]，老也。从老省，旨声。渠脂切。

【译文】耆，老年。由老省匕，旨声。

【注释】① 耆：《释名·释长幼》："六十曰耆。耆，指也，不从力设，指事使人也。"

壽 shòu

壽[①]，久也。从老省，𠷎声。殖酉切。

【译文】壽，长久。从老省，𠷎声。

【注释】① 壽：长命，长寿。《诗经·小雅·天保》："如南山之寿，不骞不崩。"

考 kǎo

考，老也。从老省，丂声。苦浩切。

【译文】考，老年人。从老省，丂声。

孝 xiào

孝，善事父母者。从老省，从子；子承老也。呼教切。

【译文】孝，善于奉侍父母的人。由老省、由子会意，表示子女承奉父老。

毛部

毛 máo

毛，眉发之属及兽毛也。象形。凡毛之属皆从毛。莫袍切。

【译文】毛，眉毛须发之类以及禽兽的毛。像毛之形。大凡毛的部属都从毛。

毴 rǒng

毴，毛盛也。从毛，隼声。《虞书》曰："鸟兽毴髦。"而尹切。又，人勇切。

【译文】毴，毛茂盛。从毛，隼声。《虞书》说："鸟兽长出了茂密的毛。"

毨 xiǎn

毨，仲秋，鸟兽毛盛，可选取以为器用。从毛，先声。读若选。稣典切。

【译文】毨，中秋时，鸟和兽的毛茂盛，可选取制作器具用品。从毛，先声。音读像"选"字。

倝 hàn

倝①，兽豪也。从毛，倝声。侯干切。

【译文】倝，兽的鬃毛。从毛，倝声。

【注释】①倝：古书作翰。

毳部

毳 cuì

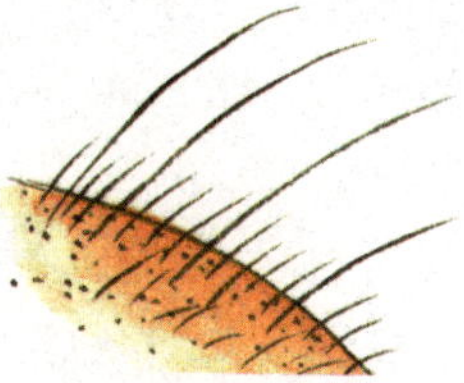

毳，兽细毛也。从三毛①。凡毳之属皆从毳。此芮切。

【译文】毳，鸟兽的细毛。由三个毛字会意。大凡毳的部属都从毳。

【注释】①从三毛：《段注》："毛细则丛密，故从三毛，众意也。"

尸部

尸 shī

尸①，陈也。象卧之形。凡尸之属皆从尸。式脂切。

【译文】尸，陈列。像人卧的样子。大凡尸的部属都从尸。

【注释】①尸：古代祭祀时，代表死者受祭的人。《仪礼·士虞礼》："祝迎尸。"

展 zhǎn

展①，转也。从尸，褎省声。知衍切。

【译文】展，展转。从尸，褎（zhàn）省声。

【注释】①展：朱骏声《通训定声》："单言之曰展，絫言之曰辗转。""辗转者，忽屈忽伸，不适之意态也。"

居 jū

居①，蹲也②。从尸古者，居从古。九鱼切。

【译文】居，蹲踞。由尸、古会意的缘故，是说蹲踞是从古而来的习俗。

【注释】①居：今作踞。②蹲：《段注》："蹲则足底着地而下其臀，耸其厀曰蹲。"

尼 ní

尼，从后近之①。从尸，匕声。女夷切。

【译文】尼，从后面接近他。从尸，匕声。

【注释】①从后句：王筠《句读》："从后者，于字形得之。尸是卧人，匕是反人。匕者，比也。人与人比，是相近也。人在人下，是从后也。"

屆 chā

屆，[屆层，]从后相(臿)[躡]也。从尸，从臿①。楚洽切。

【译文】屆，屆层，从后面相随叠积。由尸、由臿会意。

【注释】①从尸，从臿：《段注》作："臿声。"

层 rǎn

层，屆层也。从尸，乏声。直立切。

【译文】层，屆层。从尸，乏声。

反 rǎn

反，柔皮也。从[叉]申尸之后①。尸或从叉②。人善切。

【译文】反，使皮革柔软。由"叉"伸在"尸"的后面会意。"尸"下有时从"叉"。

【注释】①从申句：当依王筠《句读》"从"后加"叉"。王注："尸，乃皮省也。申者，展之使平也。"按：此字会合的意思是：皮匠用手伸展皮革使之平软。②叉：王筠《句读》："叉、又皆手，乃柔皮之工之手也。"

屒 zhěn

屒，伏皃。从尸①，辰声。一曰：屋宇。珍忍切。

【译文】屒，伏着的样子。从尸，辰声。另一义说，是屋檐。

【注释】①从尸：《段注》："尸象屋形。"

屖 xī

屖，屖遅也①。从尸，辛声。先稽切。

【译文】屖，栖迟。从尸，辛声。

【注释】①屖遅：《段注》："即《陈风》之'栖遅'也。《毛传》曰'栖遅，游息也。'"即滞留不进。

扉 fèi

扉，履也。从尸，非声。扶沸切。

【译文】扉，鞋履。从尸，非声。

屠 tú

屠，刳也。从尸，者声。同都切。

【译文】屠，刳剥。从尸，者声。

屋 wū

屋，居也。从尸①，尸，所主也。一曰：尸，象屋形。从至，至，所至止。室、屋皆从至。乌谷切。

【译文】屋，人们居处的地方。从尸，尸，表示人为屋主。另一说，尸像屋子（上有覆盖，旁有墙壁）的样子。从至，至，表示到了应该休止的地方。室字、屋字都从至。

【注释】①从尸：《段注》："凡尸皆得训主，屋从尸者，人为屋主也。"

屟 xiè

屟，履中荐也。从尸，枼声。稣叶切。

【译文】屟，木制鞋履挖空中间而用以垫脚的底板。从尸，屟声。

屏 bǐng

屏，屏蔽也。从尸，并声。必郢切。

【译文】屏，隐蔽的（屋室）。从尸，并声。

層 céng

層，重屋也①。从尸，曾声。昨棱切。

【译文】層，重叠的楼屋。从尸，曾声。

【注释】①重屋：《段注》："曾之言重也。曾祖、曾孙皆是也。故从曾之层为重屋。"

尺部

尺 chǐ

尺，十寸也。人手却十分动脉为寸口。十寸为尺。尺，所以指标尺榘事也。从尸，从乙。乙，所识也。周制，寸、尺、咫、寻、常、仞诸度量，皆以人之体为法。凡尺之属皆从尺。昌石切。

【译文】尺，十寸。人手后退十分，得动脉之处，就是寸口。十寸是一尺。尺（一类的长度），是用来标明方圆一类事物的标准。由尺、由乙会意。乙，是标志的符号。周朝的制度，寸、尺、咫、寻、常、仞各长度单位，都用人的身体作标准。大凡尺的部属都从尺。

咫 zhǐ

咫，中妇人手长八寸①，谓之咫。周尺也。从尺，只声。诸氏切。

【译文】咫，长短适中的妇人手长八寸，叫作咫。这是周朝的尺度。从尺，只声。

【注释】① 中：王筠《句读》："中者，长短适中也。"

尾部

尾 wěi

尾，微也。从到毛在尸后。古人或饰系尾，西南夷亦然。凡尾之属皆从尾。无斐切。

【译文】尾，微细的（尾巴）。由倒着的"毛"字在"尸"字之后会意。古人有的装饰着尾巴，西南少数民族也是这样。大凡尾的部属都从尾。

屬 zhǔ

屬，连也。从尾，蜀声。之欲切。

【译文】屬，连续。从尾，蜀声。

屈 jué

屈，无尾也。从尾，出声。九勿切。

【译文】屈，（衣服短得好像）没有尾巴。从尾，出声。

尿 niào

尿，人小便也。从尾，从水。奴吊切。

【译文】尿，人的小便。由尾、由水会意。

履部

履 lǐ

履，足所依也。从尸，从彳，从夂，舟象履形。一曰：尸声。凡履之属皆从履。良止切。

【译文】履，脚所依托的用具。由尸、由彳、由夂会意，舟像鞋履的样子。另一说，尸表声。大凡履的部属都从履。

屨 jù

屨，履也。从履省，娄声。一曰：鞮也。九遇切。

【译文】屨，鞋履。由履省作形符，娄声。另一义说，屨是皮鞋。

屐 jī

屐，屩也。从履省，支声。奇逆切。

【译文】屐，木屐。由履省为形符，支声。

舟部

舟 zhōu

舟，船也。古者，共鼓、货狄，刳木为舟，剡木为楫，以济不通。象形。凡舟之属皆从舟。职流切。

【译文】舟，船。古时候，共鼓、货狄两人，把木挖空作船，把木削作桨，来渡过不能通过的水流。像船的形状。大凡舟的部属都从舟。

俞 yú

俞，空中木为舟也。从亼，从舟，从巜。巜，水也。羊朱切。

【译文】俞，用中间空了的树木作船。由亼、由舟、由巜会意。巜，表示水。

船 chuán

船，舟也。从舟，鉛省声。食川切。

【译文】船，舟的今名。从舟，铅省声。

舳 zhú

舳，艫也。从舟，由声。汉律名船方（长）[丈]为舳艫。一曰：舟尾。直六切。

【译文】舳，舳艫。从舟，由声。汉朝的律令叫船只的计量单位每一方丈作舳艫。另一义说，舳是船尾。

朕 zhèn

朕，我也。阙。直禁切。

【译文】朕，我。阙其构形。

舫 fàng

舫[①]，船师也。《明堂月令》曰“舫人”。习水者。从舟，方声。甫妄切。

【译文】舫，船师。《明堂月令》曰“舫人”。（舫人）是熟悉水性的捕鱼的人。从舟，方声。

【注释】①舫：本指相并联的两只船。《尔雅·释言》：“舫，舟也。”郭璞注：“并两船。”

般 bān

般，辟也。象舟之旋，从舟；从殳，殳，所以旋也。北潘切。

【译文】般，盘旋。像船的旋转，所以从舟；从殳，殳是使之旋转的篙类工具。

服 fú

服，用也。一曰：车右騑，所以舟旋。从舟，𠬝声。房六切。

【译文】服，使用。另一义说，车右边的骖马，是用来（向右边）周旋的马。从舟，𠬝（fú）声。

方部

方 fāng

方，并船也。象两舟省、緫头形。凡方之属皆从方。府良切。

【译文】方，相并的两只船。（下）像两个舟字省并为一个的形状，（上）像两个船头用绳索总缆在一起的形状。大凡方的部属都从方。

斻 háng

斻，方舟也。从方，亢声。礼：天子造舟，诸侯维舟，大夫方舟，士特舟。胡郎切。

【译文】斻，两船相并。从方，亢声。礼制规定：天子（渡水），船连着船一直到对岸，诸侯用绳索连着四只船，大夫并连两只船，士人用一只船。

儿部

儿 rén

儿，仁人也。古文奇字人也。象形。孔子曰：“在人下，故诘屈。”凡儿之属皆从儿。如邻切。

【译文】儿，仁爱的人。是古文“人”字的异体。象形。孔子说：“儿在字的下部，所以形体蛮曲。”大凡儿的部属都从儿。

兀 wù

兀，高而上平也。从一在儿上。读若敻。茂陵有兀桑里[①]。五忽切。

【译文】兀，高而上面平坦。由“一”在“儿”上会意。音读像“敻”字。茂陵县有兀桑里。

【注释】①茂陵：《汉书·地理志》：“右扶风有茂陵县。”在今陕西省兴平东北。

兒 ér

兒，孺子也[①]。从儿，象小头囟（xìn）未合。汝移切。

【译文】兒，婴儿。从儿，（臼）像小孩脑盖顶门没有合拢来。

【注释】①孺子：《段注》："子部曰：'孺，乳子也。乳子，乳下子也。'《礼记·杂纪》谓之婴儿。"

允 yǔn

允，信也。从儿，㠯声。乐准切。

【译文】允，诚信。从儿，㠯声。

兑 duì

兑，说也。从儿，㕣声。大外切。

【译文】兑，喜悦。从儿，㕣（yǎn）声。

充 chōng

充，长也；高也。从儿，育省声。昌终切。

【译文】充，长，高。从儿，育省声。

兄部

兄 xiōng

兄，长也[1]。从儿，从口。凡兄之属皆从兄。许荣切。

【译文】兄，滋长。由儿、由口会意。大凡兄的部属都从兄。

【注释】①长：《段注》："兄之本义训益，许所谓长也。许不云'兹'者，许意言长则可晐长幼之义也。"

兢 jīng

兢，竞也。从二兄；二兄，竞意。从丰声。读若矜。一曰：兢，敬也。居陵切。

【译文】兢，强劲。由两个兄字会意，两个兄字，表示竞相滋长的意思。丰表声。音读像"矜"字。另一义说，竞，小心谨慎。

兂部

兂 zēn

兂，首笄也。从人，匕象簪形。凡兂之属皆从兂。侧岑切。

【译文】兂，头上的簪子。从人，匕像簪子的形状。大凡兂的部属都从兂。

皃部

皃 mào

皃，颂仪也。从人，白象人面形。凡皃之属皆从皃。莫教切。

【译文】皃，容貌。从人，白像人的面部的形状。大凡皃的部属都从皃。

兆部

兜 dōu

兜，兜鍪，首铠也。从兆，从皃省。皃像人头也。当侯切。

【译文】兜，兜鍪，头盔。由兆、由皃省会意。皃像人的头部。

先部

先 xiān

先，前进也。从儿，从之[1]。凡先之属皆从先。稣前切。

【译文】先，前进。由儿、由之会意。大凡先的部属都从先。

【注释】①从儿，从之：王筠《句读》："之，出也。出人头地。是先也。"

兟 shēn

兟，进也。从二先。赞从此。阙。所臻切。

【译文】兟，进。由两个先字会意。赞字从这个兟字。阙其音读。

秃部

秃 tū

秃，无发也。从儿，上象禾（粟）[秀]之形，取其声。凡秃之属皆从秃。王育说：苍颉出见秃人伏禾中，因以制字。未知其审。他谷切。

【译文】秃，没有头发。从儿，上面的禾，像谷物开花吐穗的样子，又取秀表声。大凡秃的部属都从秃。王育说：（造字的圣人）仓颉外出看见秃顶的人伏在禾中，于是就用（人、禾会意）制秃字。不知其详细情况如何。

穨 tuí

穨，秃皃。从秃，貴声。杜回切。

【译文】穨，没有头发的样子。从秃，貴声。

見部

見 jiàn

見，视也[①]。从儿，从目。凡见之属皆从见。古甸切。

【译文】見，看见，由儿、由目会意。大凡见的部属都从见。

【注释】①视：《段注》："析言之，有视而不见者。""浑言之，则视与见一也。"

視 shì

視，瞻也。从見，示［声］。神至切。

【译文】視，看。从見，示声。

觀 guàn

觀，谛视也。从見，雚声。古玩切。

【译文】觀，仔细看。从見，雚声。

覽 lǎn

覽，观也。从見監，監亦声。卢敢切。

【译文】覽，观察。由見、監会意，監也表声。

親 lài

親，内视也。从見，來声。洛代切。

【译文】親，（凝神）内顾。从見，來声。

覰 qù

覰，拘覰，未致密也。从見，虘声。七句切。

【译文】覰，拘覰，不细致周密的意思。从見，虘声。

覺 jué

覺，寤也。从見，學省声。一曰：发也。古岳切。

【译文】覺，睡醒。从見，學省声。另一义说，是发觉。

覿 jì

覿，目赤也。从見，𣶒省声。才的切。

【译文】覿，眼睛红赤。从見，𣶒省声。

靚 jìng

靚，召也。从見，青声。疾正切。

【译文】靚，召见。从見，青声。

覲 jìn

覲，诸侯秋朝曰覲，劳王事[①]。从見，堇声。渠吝切。

【译文】覲，诸侯秋天朝见天子叫覲，意思是为天子之事而勤劳。从見，堇声。

【注释】①劳王事：《段注》作"勤劳王事也"，注："郑（玄）曰：'覲之言勤也，欲其勤王之事。'"

親 qīn

親，至也。从見，亲声。七人切。

【译文】親，密切之至。从見，亲声。

覞部

覞 yào

覞，并视也。从二見。凡覞之属皆从覞。弋笑切。

【译文】覞，两人相对而视。由两个見字会意。大凡覞的部属都从覞。

覵 qiān

覵，很视也。从覞，肩声。齐景公之勇臣有成覵者。苦闲切。

【译文】覵，凶狠地注视。从覞，肩声。齐景公的勇敢的臣子有叫成赒的人。

霼 xì

霼，见雨而比息。从覞，从雨。读若欷。虚器切。

【译文】霼，遇雨（急行）而呼吸急促。由覞、由雨会意。音读像“欷”字。

欠部

欠 qiàn

欠，张口气悟也。象气从人上出之形。凡欠之属皆从欠。去剑切。

【译文】欠，张开口，（壅塞、阻滞的）气伸散而出。像“气”从“人”上部出去的样子。大凡欠的部属都从欠。

欽 qīn

欽，欠皃。从欠，金声。去音切。

【译文】欽，打呵欠的样子。从欠，金声。

吹 chuī

吹，出气也。从欠，从口。昌垂切。

【译文】吹，（撮起嘴唇急促地）吐出气流。由欠、由口会意。

歑 hū

歑，温吹也。从欠，虖声。虎乌切。

【译文】歑，（缓缓）呵气使温暖。从欠，虖声。

歇 xiē

歇，息也。一曰：气越泄。从欠，曷声。许谒切。

【译文】歇，休息。另一义说：气散发、泄漏。从欠，曷声。

歡 huān

歡，喜乐也。从欠，雚声。呼官切。

【译文】欢，喜悦欢乐。从欠，雚声。

欣 xīn

欣，笑喜也。从欠，斤声。许斤切。

【译文】欣，欣笑喜悦。从欠，斤声。

弞 shěn

弞，笑不颜曰弞。从欠，引省声。式忍切。

【译文】弞，微笑而不改变面容的常态叫弞。从欠，引省声。

款 kuǎn

款，意有所欲也。从欠，窾省。苦管切。

【译文】款，（内中空空，）思想上有（向外羡慕、追求的）欲望。由欠、由窾省会意。

欲 yù

欲，贪欲也。从欠，谷声。余蜀切。

【译文】欲，贪图得到。从欠，谷声。

歌 gē

歌，咏也。从欠，哥声。古俄切。

【译文】歌，（依旋律）咏唱。从欠，哥声。

歂 chuán

歂，口气引也。从欠，耑声。读若车辁。市缘切。

【译文】歂，张口出气连续不绝。从欠，耑声。音读像车辁的“辁（quán）”字。

歔 xū

歔，欷也。从欠，虚声。一曰：出气也。朽居切。

【译文】歔，抽泣。从欠，虚声。另一义说，戏是出气。

欷 xī

欷，歔也。从欠，稀省声。香衣切。

【译文】欷，抽泣。从欠，稀省声。

歃 shà

歃，歠也。从欠，臿声。《春秋传》曰：“歃而忘。”山洽切。

【译文】歃，饮（血）。从欠，臿声。《春秋左传》说："临近喝血时却忘记了盟誓之辞。"

欶 shuò

欶，吮也。从欠，束声。所角切。

【译文】欶，吮吸。从欠，束声。

欱 hē

欱，歠也。从欠，合声。呼合切。

【译文】欱，饮。从欠，合声。

歉 qiàn

歉，歉食不满。从欠，兼声。苦簟切。

【译文】歉，食物少吃不饱。从欠，兼声。

歁 kǎn

歁，食不满也。从欠，甚声。读若坎。苦感切。

【译文】歁，吃不饱。从欠，甚声。音读像"坎"字。

歙 xī

歙，缩鼻也。从欠，翕声。丹阳有歙县。许及切。

【译文】歙，缩着鼻子（吸气）。从欠，翕声。丹阳郡有歙县。

次 cì

次，不前，不精也。从欠，二声。七四切。

【译文】次，不在前列的；未经精选的。从欠，二声。

㱂 kāng

㱂，饥虚也。从欠，康声。苦冈切。

【译文】㱂，（腹中）饥饿空虚。从欠，康声。

欺 qī

欺，诈欺也。从欠，其声。去其切。

【译文】欺，欺诈。从欠，其声。

歆 xīn

歆，神食气也。从欠，音声。许今切。

【译文】歆，鬼神享食祭品的香气。从欠，音声。

㱃部

㱃 yǐn

㱃[①]，歠也。从欠，酓声。凡㱃之属皆从㱃。于锦切。

【译文】㱃，喝。从欠，酓声。大凡㱃的部属都从㱃。

【注释】① 㱃：《段注》："水流入口为饮，引申之可饮之物谓之饮。"

㳄部

㳄 xián

㳄，慕欲口液也。从欠，从水。凡㳄之属皆从㳄。叙连切。

【译文】㳄，因羡慕、因想要得到而流口水。由欠、由水会意。大凡㳄的部属都从㳄。

羡 xiàn

羡，贪欲也。从㳄，从羑省。羑呼之羑，文王所拘羑里。似面切。

【译文】羡，贪婪，想要得到。由㳄、由羑省会意。（羑，）是羑呼的羑字；或是文王被关押的羑里城的羑字。

㳄 yí

㳄，歠也。从㳄，厂声。读若移。以支切。

【译文】㳄，饮。从㳄，厂声。音读像"移"字。

盗 dào

盗，私利物也。从㳄，㳄欲皿者。徒到切。

【译文】盗，把对他人有利的物体窃为己有。从㳄，表示对别人的器皿羡慕得流着口水，想要得到。

旡部

旡 jì

旡，歙食气屰不得息曰旡。从反欠。凡旡之属皆从旡。居未切。

【译文】旡，吃喝时气向上逆进、不能顺利通过咽喉叫旡。由欠字反过来表示。大凡旡的部属都从旡。

㒺 huò

㒺，屰恶惊词也。从旡，咼声。读若楚人名多伙。乎果切。

【译文】㒺，遇到可恶的或令人惊诧的事物所发出的呼声。从旡，咼声。音读像楚地人多为伙的“伙”字。

㾾 liàng

㾾，事有不善言㾾也。《尔雅》：“㾾，薄也。”从旡，京声。力让切。

【译文】㾾，对不好的事情（表示鄙薄意思）的词叫㾾。《尔雅》说：“㾾，薄。”从旡，京声。

頁部

頁 yè

頁，头也。从𦣻①，从儿②。凡页之属皆从页。胡结切。

【译文】頁，头。由𦣻、由儿会意。大凡页的部属都从页。

【注释】①𦣻（shǒu）：本书𦣻部：“头也，象形。”②儿（rén）：“人”的古文奇字。

頭 tóu

頭，首也。从頁，豆声。度侯切。

【译文】頭，头脑的总称。从頁，豆声。

顏 yán

顏，眉（目）之间也。从頁，彦声。五奸切。

【译文】顏，两眉之间。从頁，彦声。

頌 sòng

頌，皃也。从頁，公声。余封切①。又，似用切②。

【译文】頌，容貌。从頁，公声。

【注释】①余封切当读 yōng，今音 róng。②似用切：今读 sòng，即歌颂之颂。是容（余封切）皃的引申义。

頊 duó

頊，颅也①。从頁，乇声。徒谷切。

【译文】頊，頊颅。从頁，乇声。

【注释】①颅也：即头。按，頊颅本义指头骨。

頂 dǐng

頂①，颠也。从頁，丁声。都挺切。

【译文】頂，头顶。从頁，丁声。

【注释】①頂：头顶。《周易·大过》：“过涉灭顶，凶。”《淮南子·脩务训》：“今不称九天之顶，则言黄泉之底。”

顱 lú

顱，顬颅，首骨也。从頁，盧声。洛乎切。

【译文】顱，顬颅，头骨。从頁，盧声。

顛 diān

顛，顶也。从頁，真声。都年切。

【译文】顛，头顶。从頁，真声。

顙 sǎng

顙，頟也①。从頁，桑声。苏郎切。

【译文】顙，额头。从頁，桑声。

【注释】①頟（é）：今作“额”。

題 tí

題，頟也。从頁，是声。杜兮切。

【译文】題，额头。从頁，是声。

頟 é

頟，顙。从頁，各声。五陌切。

【译文】頟，额头。从頁，各声。

頞 è

頞，鼻茎也。从頁，安声。乌割切。

【译文】頞，鼻梁。从頁，安声。

頯 kuí

頯，权①也。从頁，𢍏声。渠追切。

【译文】頯，顴骨。从頁，𢍏声。

【注释】①权：《段注》："今之顴字。"

頰 jiá

頰①，面旁也②。从頁，夾声。古叶切。

【译文】頰，面部的左右两侧。从頁，夾声。

【注释】①頰：脸颊，腮帮子。《周易·咸》："上六，咸其辅、颊、舌。"②面旁也：脸的两侧从眼到下颌（hàn）的部分。

頜 hàn

頜，顄也。从頁，合声。胡感切。

【译文】頜，下巴。从頁，合声。

頸 jǐng

頸，头茎也。从頁，巠声。居郢切。

【译文】頸，挨近头部像茎的颈项。从頁，巠声。

領 lǐng

領，（项）[颈]也。从頁，令声。良郢切。

【译文】領，颈。从頁，令声。

項 xiàng

項，（头）[颈]后也。从頁，工声。胡讲切。

【译文】項，脖子的后部。从頁，工声。

碩 shuò

碩，头大也。从頁，石声。常只切。

【译文】碩，头大。从頁，石声。

頒 bān

頒，大头也。从頁，分声。一曰：鬢也。《诗》①曰："有颁其首。"布还切。

【译文】頒，大头。从頁，分声。另一义说，鬓发。《诗经》说："多么大啊那脑袋。"

【注释】①《诗》：指《诗经·小雅·鱼藻》。有：语词。

顒 yóng

顒，大头也。从頁，禺声。《诗》曰①："其大有顒。"鱼容切。

【译文】顒，大头。从頁，禺声。《诗经》说："它们的大脑袋多么大。"

【注释】①《诗》：指《诗经·小雅·鱼藻》。顒：毛传："大皃。"

頑 wán

頑，梱头也。从頁，元声。五还切。

【译文】頑，难劈的囫囵木头。从頁，元声。

䫏 guī

䫏，小头䫏䫏也。从頁，枝声。读若规。又，己恚切。

【译文】䫏，头小而圆的样子。从頁，枝声。音读像"规"字。

顆 kě

顆，小头也。从頁，果声。苦惰切。

【译文】顆，小头。从頁，果声。

頢 kuò

頢，短面也。从頁，昏声。五活切。又，下括切。

【译文】頢，短脸型。从頁，昏声。

頲 tǐng

頲，狭头頲也。从頁，廷声。他挺切。

【译文】頲，削狭的头頲頲而长。从頁，廷声。

頠 wěi

頠，头闲习也。从頁，危声。语委切。

【译文】頠，头俯仰自如。从頁，危声。

顉 hàn

顉，面黄也。从頁，含声。胡感切。

【译文】顉，面色黄。从頁，含声。

顧 gù

顧，还视也。从頁，雇声。古慕切。

【译文】顧，回头而视。从頁，雇声。

順 shùn

順，理也。从頁，从巛。食闰切。

【译文】順，梳理头发。由頁、由巛会意。

顓 zhuān

顓，头颛颛谨皃。从頁，耑声。职缘切。

【译文】顓，头颛颛而拘谨的样子。从頁，耑声。

頊 xū

頊，头顼顼谨皃。从頁，玉声。许玉切。

【译文】頊。头顼顼而拘谨的样子。从頁，玉声。

頫 fǔ

頫，低头也。从頁，逃省。太史卜书，俯仰字如此。杨雄曰：人面俯。方矩切。

【译文】頫，低头。由頁、由逃省会意。史官卜筮的字，俯仰字像这个样子。杨雄说：人的面部俯伏。

頓 dùn

頓，(下)[顿]首也。从頁，屯声。都困切。

【译文】頓，以头叩地。从頁，屯声。

頣 shěn

頣，举目视人皃。从頁，臣声。式忍切。

【译文】頣，抬起眼睛看人的样子。从頁，臣声。

顫 zhǎn

顫，倨视人也。从頁，善声。旨善切。

【译文】顫，傲视别人。从頁，善声。

頡 xié

頡，直项也。从頁，吉声。胡结切。

【译文】頡，僵直的颈项。从頁，吉声。

頗 pō

頗，头偏也。从頁，皮声。滂禾切。

【译文】頗，头偏。从頁，皮声。

顫 chàn

顫，头不(正)[定][①]也。从頁，亶声。之缮切。

【译文】顫，头摇动不定。从頁，亶声。

【注释】①正：当依《段注》作"定"。

煩 fán

煩，热头痛也。从頁，从火。一曰：焚省声。附袁切。

【译文】煩，(身)热头痛。由頁、由火会意。另一说，焚省林为声。

百部

百 shǒu

百，头也。象形。凡百之属皆从百。书九切。

【译文】百，头。象形。大凡百的部属都从百。

脜 róu

脜，面和也。从百，从肉。读若柔。耳由切。

【译文】脜，面色温和。由百、由肉会意。音读像“柔”字。

面部

面 miàn

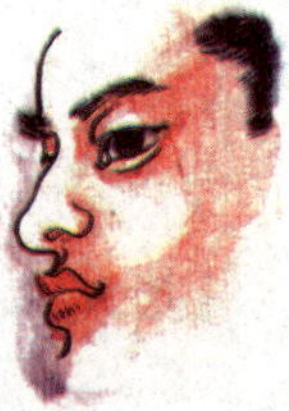

面，颜前也。从百，象人面形。凡面之属皆从面。弥箭切。

【译文】面，颜额前的部分。从百，（口）像人的面孔与脑后分界之形。大凡面的部属都从面。

靦 tiǎn

靦，面见也。从面見，見亦声。《诗》曰：“有靦面目。”他典切。

【译文】靦，面目可见的样子。由面見会意，見也表声。《诗经》说：“是那样（清晰）可见啊，你那面目。”

丏部

丏 miǎn

丏，不见也。象壅蔽之形。凡丏之属皆从丏。弥兖切。

【译文】丏，不能看见。像阻隔蒙蔽的样子。大凡丏的部属都从丏。

𩠐部

首 shǒu

首，百同。古文百也。巛象髪，谓之鬊，鬊即巛也。凡𩠐之属皆从𩠐。书九切。

【译文】首，与百字同。是百的古文。巛象头髪，髮又叫做鬊，鬊就是巛字。大凡首的部属都从首。

𥄉部

𥄉 jiāo

𥄉，到首也。贾侍中说，此断首到县𥄉字。凡𥄉之属皆从𥄉。古尧切。

【译文】𥄉，倒悬首级。贾侍中说，这是断首倒悬的𥄉字。大凡𥄉的部属都从𥄉。

縣 xuán

縣，系也。从系持𥄉①。胡涓切。

【译文】縣，悬挂。由“系”持挂着“𥄉”会意。

【注释】①从系持𥄉：张舜徽《约注》：“犹云从系持倒人耳。”

須部

須 xū

須，面毛也①。从頁，从彡。凡须之属皆从须。相俞切。

【译文】須，脸上的须毛。由頁、由彡会意。大凡须的部属都从须。

【注释】①面毛：徐灏《段注笺》：“许云面毛，

统言之也。”

頿 zī

頿，口上须也。从須，此声。即移切。

【译文】頿，口的上面的胡须。从須。此声。

顮 rán

顮，颊须也。从須，从冄，冄亦声。汝盐切。

【译文】顮，面颊上的胡须。由須、由冄会意。冄也表声。

彡部

彡 shān

彡，毛饰画文也。象形。凡彡之属皆从彡。所銜切。

【译文】彡，毛发、彩饰、笔画、花纹。象形。大凡彡的部属都从彡。

形 xíng

形，象形也。从彡，幵声。户经切。

【译文】形，描画成物体的形状。从彡，幵声。

㐱 zhěn

㐱，稠发也。从彡，从人。《诗》曰：“㐱发如云。”之忍切。

【译文】㐱，稠密的头发。由彡、由人会意。《诗经》说：“稠密的头发像云彩一样。”

修 xiū

修，饰也。从彡，攸声。息流切。

【译文】修，文饰。从彡，攸声。

彰 zhāng

彰，文彰也。从彡，从章，章亦声。诸良切。

【译文】彰，彩色花纹。由彡、由章会意，章也表声。

彫 diāo

彫，琢文也。从彡，周声。都僚切。

【译文】彫，雕琢成文。从彡，周声。

弱 ruò

弱，桡也。上象桡曲，彡像毛牦桡弱也。弱物并[1]，故从二弓。而勺切。

【译文】弱，柔曲。上面的弓，象弯曲的样子；彡，像毛牦柔弱。柔弱的东西并存（而不独立），所以弱字由两个“弓（juàn）”构成。

【注释】① 并：《段注》：“不能独立。”

彣部

彣 wén

彣，䳭也。从彡，从文。凡彣之属皆从彣。无分切。

【译文】彣，彩色的花纹。由彡、由文会意。大凡彣的部属都从彣。

彦 yàn

彦，美士有文，人所言也。从彣，厂声。鱼变切。

【译文】彦，贤能的士人有文彩，是人们歌颂的对象。从文，从彡，厂声。

文部

文 wén

文，错画也[1]。象交文。凡文之属皆从文。无分切。

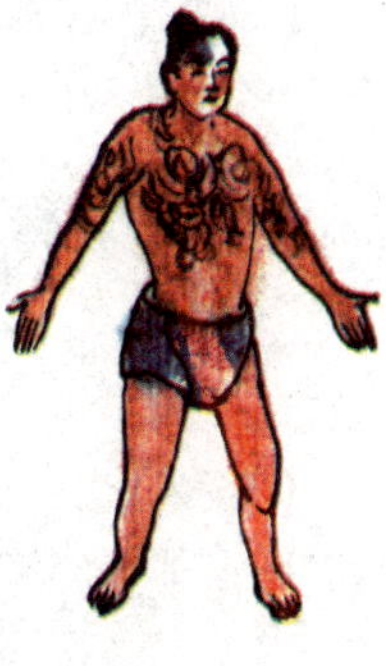

【译文】文，交错刻画（以成花纹）。像交错的花纹的样子。大凡文的部属都从文。

【注释】① 错画：王筠《句读》：“交错而画之，乃成文也。”

斐 fěi

斐，分别文也。从文，非声。《易》曰：“君子豹变，其文斐也。” 敷尾切。

【译文】斐，用以分别的文彩。从文，非声。《易经》说：“君子像豹一样变化，他的文彩分明。”

辬 bān

辬，驳文也。从文，辡声。布还切。

【译文】辬，驳杂的花纹。从文，辡（biàn）声。

嫠 lí

嫠，微画也。从文，𠩺声。里之切。

【译文】嫠，细微笔画的花纹。从文，𠩺声。

髟部

髟 biāo

髟，长发猋猋。从長，从彡。凡髟之属皆从髟。必凋切。又，所衔切。

【译文】髟，长发猋猋下垂的样子。由長、由彡会意。大凡髟的部属都从髟。

髮 fà

髮，根也。从髟，犮声。方伐切。

【译文】髮，（像草木的）根。从髟，犮声。

鬢 bìn

鬢，颊发也。从髟，賓声。必刃切。

【译文】鬢，脸旁（靠近耳朵）的头发。从髟，賓声。

鬈 quán

鬈，发好也。从髟，卷声。《诗》曰：“其人美且鬈。” 衢员切。

【译文】鬈，头发美好。从髟，卷声。《诗经》说：“那个人体态优美而且须发美好。”

髦 máo

髦，发也。从髟，从毛。莫袍切。

【译文】髦，头发。由髟、由毛会意。

后部

后 hòu

后，继体君也。象人之形。施令以告四方，故厂之。从一口，发号者，君后也。凡后之属皆从后。胡口切。

【译文】后，继承王位的君主。（𠂆）像人字的形状。（君王）发布命令来告白四方，所以用厂字来表示发施命令牵引四方的意思。由一、口会意，表示发布号令的人，只是君后一人。大凡后的部属都从后。

㖃 hǒu

㖃，厚怒声。从口后，后亦声。呼后切。

【译文】㖃，盛怒的声音。由口、后会意，后也表声。

司部

司 sī

司，臣司事于外者。从反后。凡司之属皆从司。息兹切。

【译文】司，在外办事的官吏。由“后”字反过来表示。大凡司的部属都从司。

詞 cí

詞，意内而言外也。从司，从言。似兹切。

【译文】詞，意义寄托在语词之内而通过声音表达在外。由司、由言会意。

卮部

卮 zhī

卮，圜器也。一名觛。所以节饮食。象人，

卪在其下也。《易》曰："君子节饮食。"凡卮之属皆从卮。章移切。

【译文】卮，圆形酒器。又叫觛。（同时）也是用来节制饮食的东西。（𠂒）像人字，卪字在它的下面。《易经》说："君子节制饮食。"大凡卮的部属都从卮。

䏿 zhuǎn

䏿，小卮也。从卮，耑声。读若捶击之捶。旨沇切。

【译文】䏿，小而圆的酒器。从卮，耑（zhuān）声。音读像捶击的"捶"字。

卪部

卪 jié

卪，瑞信也。守国者用玉卪，守都鄙者用角卪，使山邦者用虎卪，土邦者用人卪，泽邦者用龙卪，门关者用符卪，货贿用玺卪，道路用旌卪。象相合之形。凡卪之属皆从卪。子结切。

【译文】卪，信验凭证。把守邦园的诸侯（在境内）用玉作的节，把守都城和边界的大夫（在境内）用犀牛角作的节，出使山陵之国用刻有虎形的铜节，出使平土之国用刻有人形的铜节，出使湖泽之国用刻有龙形的铜节，管门守关的用竹作的节，管理货贝和财物交换的用刻有印章的节，管理道路交通的用装饰有五色羽毛的节。（卪）像（中分）而能相互吻合的形状。

令 lìng

令，发号也。从亼卪①。力正切。

【译文】令，发出命令。由亼、卪会意。

【注释】①从亼卪：徐灏《段注笺》："令者，持节以号召于人也。故从卪，从人。亼者，集也。"

厄 è

厄，科厄，木节也。从卪，厂声。贾侍中说以为：厄，裹也。一曰：厄，盖也。五果切。

【译文】厄，科厄，是树木的结巴。从卪，厂（hǎn）声。贾侍中的说法认为：厄，是裹。另一义说，厄是盖。

膝 xī

膝，胫头卪也。从卪，桼声。息七切。

【译文】膝，小腿上头的骨节。从卪，桼声。

卷 juǎn

卷，膝曲也。从卪，𢍏声。居转切。

【译文】卷，膝曲。从卪，𢍏（juàn）声。

卸 xiè

卸，舍车解马也。从卪止，午[声]。读若汝南人写书之写。司夜切。

【译文】卸，停车后解去套在焉身上的东西。由卪、止会意，午声。音读像汝南地方人们说"写书"的"写"字。

卻 què

卻，节（欲）[卻]也。从卪，谷声。去约切。

【译文】卻，节制它并使它退却。从卪，谷（jué）声。

印部

印 yìn

印，执政所持信也①。从爪，从卪。凡印之属皆从印。于刃切。

【译文】印，执政的人所持的印章。由爪、由卪会意。大凡印的部属都从印。

【注释】①执政句：《段注》："凡有官守者，皆曰执政，其所持之卪信曰印，古上下通曰玺。"

归 yì

归，按也。从反印。于棘切。

【译文】归，按压。由“印”字反过来表示。

色部

色 sè

色，颜气也。从人，从卩。凡色之属皆从色。所力切。

【译文】色，脸上的颜色、气色。由人、由卩会意。大凡色的部属都从色。

艴 bó

艴，色艴如也。从色，弗声。《论语》曰：“色艴如也。”蒲没切。

【译文】艴，脸色甚为矜庄的样子。从色，弗声。《论语》说：“脸色矜庄的样子。”

艵 pīng

艵，缥色也。从色，并声。普丁切。

【译文】艵，丝织物的青白色。从色，并声。

卯部

卯 qīng

卯，事之制也。从卩卪。凡卯之属皆从卯。阙。去京切。

【译文】卯，办事的制度。由卩(jié)、卪(zòu)会意。大凡卯的部属都从卯。缺其音读。

卿 qīng

卿，章也。六卿：天官冢宰、地官司徒、春官宗伯、夏官司马、秋官司寇、冬官司空。从卯，皀声。去京切。

【译文】卿，表彰真善、明辨事理(的人)。(《周礼》的)六卿有：天官冢宰、地官司徒、春官宗伯、夏官司马、秋官司寇、冬官司空。从卯，皀声。

辟部

辟 bì

辟，法也。从卩，从辛，节制其辠也；从口，用法者也。凡辟之属皆从辟。必益切。

【译文】辟，法度。由卩、由辛会意，表示节制人们犯罪的意思；由口表示执法的人。大凡辟的部属都从辟。

勹部

勹 bao

勹，裹也。象人曲形，有所包裹。凡勹之属皆从勹。布交切。

【译文】勹，包裹。像人字弯曲的样子，(字中空，)像有所包裹的样子。大凡勹的部属都从勹。

匊 jū

匊，在手曰匊。从勹、米。居六切。

【译文】匊，(满满捧握)在手叫作匊。由勹、米会意。

匐 fú

匐，伏地也。从勹，畐声。蒲北切。

【译文】匐，趴伏在地上。从勹，畐声。

匍 pú

匍，手行也。从勹，甫声。簿乎切。

【译文】匍，用手爬行。从勹，甫声。

匀 yún

匀，少也。从勹、二。羊伦切。

【译文】匀，(物因两分而)少。由勹、二会意。

冢 zhǒng

冢，高坟也。从勹，豖声。知陇切。

【译文】冢，高大的坟墓。从勹，豖(chù)声。

勼 jiū

勼[1]，聚也。从勹，九声。读若鸠。居求切。

【译文】勼，聚集。从勹，九声。音读像“鸠”字。

【注释】①勼：邵瑛《群经正字》：“今经典统借用鸠字。”

旬 xún

旬，徧也。十日为旬。从勹、日。详遵切。

【译文】旬，周遍。十天是一旬。由勹、日会意。

勹 bào

勹，覆也。从勹覆人。薄皓切。

【译文】勹，庇覆。由“勹”字覆盖“人”字会意。

匈 xiōng

匈[1]，(声)[膺]也。从勹，凶声。许容切。

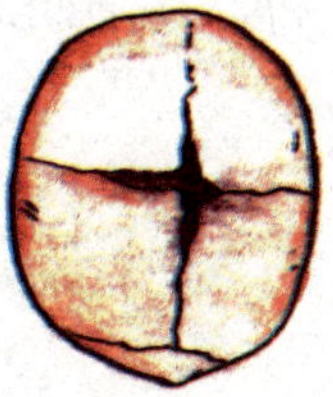

【译文】匈，胸膛。从勹，凶声。

【注释】①匈：《段注》：“今胸行而匈废矣。”

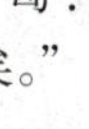

匓 jiù

匓，饱也。从勹，𣪘声。民祭，祝曰：“厌匓。”己又切。又，乙废切。

【译文】匓，吃饱。从勹，𣪘声。臣民祭祀，祝愿说：“(愿鬼神)吃饱。”

复 fù

复，重也。从勹，復声。扶富切。

【译文】复，重复。从勹，復声。

包部

包 bāo

包，象人裹妊，巳在中，象子未成形也。元气起于子。子，人所生也。男左行三十，女右行二十，俱立于巳，为夫妇。裹妊于巳，巳为子，十月而生。男起巳至寅，女起巳至申。故男年始寅，女年始申也。凡包之属皆从包。布交切。

【译文】包，像人怀着孕。“巳”字在“勹”的中间，像胎儿尚未成形的样子。阳气从地支以“子”为代表的夏历十一月滋生。子，是人们生育的婴儿。男子(从“子”位起)，从右往左数三十位，女子从左往右数二十位，都在“巳”位上迄止，(所以，男子三十而娶，女子二十而嫁，)成为夫妇。女人在巳位上怀孕，所以“巳”表示没有成形的胎儿，怀孕十月才能生下。男从巳位起，(从右往左数十位，)到寅位止；女从巳位起，(从左往右数十位，)到申位止。所以算命时，男的小运从寅开始，女的小运从申开始。大凡包的部属都从包。

匏 páo

匏，瓠也。从包，从夸声。包，取其可包藏物也。薄交切。

【译文】匏，葫芦。由包、由瓠省会意。之所以从包，是取它可用来包藏物体的意思。

胞 bāo

胞，儿生裹也。从肉，从包。匹交切。

【译文】胞，胎儿生活时包裹的胎衣。由肉、由包会意。

茍部

茍 jì

茍，自急敕也。从羊省，从包(省)、(从)口。[包]口犹慎言也。从羊，羊与义、善、美同意。凡茍之属皆从茍。己力切。

【译文】苟，自己赶紧警诫自己。由羊省、由包口会意。包口好比说（包封其口），谨慎说话。从羊，羊与义字、善字、美字所从的羊表示吉祥之意相同。大凡苟的部属都从苟。

敬 jìng

敬，肃也。从攴苟。居庆切。

【译文】敬，严肃。由攴、苟会意。

鬼部

鬼 guǐ

鬼，人所归为鬼。从人，象鬼头。鬼阴气贼害，从厶。凡鬼之属皆从鬼。居伟切。

【译文】鬼，人归向天地，变成了鬼。从人，甶像鬼的脑袋。鬼的阴滞之气伤害人们，所以又从厶。大凡鬼的部属都从鬼。

魂 hún

魂，阳气也。从鬼，云声。户昆切。

【译文】魂，阳气。从鬼，云声。

魄 pò

魄，阴神也。从鬼，白声。普百切。

【译文】魄，阴神。从鬼，白声。

魃 bá

魃，旱鬼也。从鬼，犮声。《周礼》有赤魃氏，除墙屋之物也。《诗》曰："旱魃为虐。" 蒲拨切。

【译文】魃，造成干旱的鬼。从鬼，犮声。《周礼》有赤魃氏，（主管）清除墙中、屋内的精怪鬼物。《诗经》说："旱鬼肆行暴虐。"

魖 xū

魖，耗神也。从鬼，虚声。朽居切。

【译文】魖，损耗财物的鬼神。从鬼，虚声。

鬽 mèi

鬽，老精物也①。从鬼彡；彡，鬼毛。密秘切。

【译文】鬽，物老而变成的精怪。由鬼、彡会意。彡，表示鬼毛。

【注释】① 老精物：《段注》作"老物精"，注："《论衡》曰：'鬼者，老物之精也。'"

醜 chǒu

醜，可恶也。从鬼，酉声。昌九切。

【译文】醜，（丑陋）可恶。从鬼，酉声。

甶部

甶 fú

甶①，鬼头也。象形。凡甶之属皆从甶。敷勿切。

【译文】甶，鬼头。象形。大凡甶的部属都从甶。

【注释】① 甶：徐灏《段注笺》："此字不见经传，惟释氏书有之。"

禺 yù

禺①，母猴属②。头似鬼。从甶，从内③。牛具切。

【译文】禺，猕猴一类。脑袋像鬼头。由甶、由内会意。

【注释】① 禺：《段注》引《山海经传》："禺似猕猴而大，赤目长尾。" ② 母猴：犹称沐猴、猕猴。③ 从内：徐锴《系传》："内，禽兽迹也。"

畏 wèi

畏，恶也。从甶，虎省。鬼头而虎爪，可畏也。于胃切。

【译文】畏，（因可怕而）厌恶。由甶，由虎省而会意。鬼的头，虎的爪子，真可怕。

厶部

厶 sī

厶，奸衺也。韩非曰：“苍颉作字，自营为厶。”凡厶之属皆从厶。息夷切。

【译文】厶，奸邪。韩非说：“仓颉造字，自己围绕自己，是厶。”大凡厶的部属都从厶。

篡 cuàn

篡，屰而夺取曰篡[1]。从厶，算声。初官切。

【译文】篡，违背常理而强力夺取叫篡。从厶，算声。

【注释】①屰而句：张舜徽《约注》：“谓于理不应得而强取之也。”

羑 yòu

羑，相訹呼也[1]。从厶，从羑。与久切。

【译文】羑，诱导、招呼别人。由厶、由羑会意。

【注释】①訹呼：訹，诱也。《段注》：“今人以手相招而口言羑，正当作此字。”

嵬部

嵬 wéi

嵬[1]，高不平也。从山，鬼声。凡嵬之属皆从嵬。五灰切。

【译文】嵬，高而不平。从山，鬼声。大凡嵬的部属都从嵬。

【注释】①嵬：《段注》：“此篆可入山部，而必立为部首者，巍从此也。”

巍 wēi

巍[1]，高也。从嵬，委声。牛威切。

【译文】巍，高大。从嵬。委声。

【注释】①巍：《段注》：“后人省山作魏。分别其义与意。”

山部

山 shān

山，宣也。宣气散，生万物，有石而高。象形。凡山之属皆从山。所间切。

【译文】山，宣畅。使地气宣通，散布各方，产生万物，有石构成而又高峻。象形。大凡山的部属都从山。

嶽 yuè

嶽，东，岱；南，靃；西，华；北，恒；中，泰室。王者之所以巡狩所至。从山，獄声。五角切。

【译文】嶽，东岳岱山，南岳衡山，西岳华山，北岳恒山，中岳嵩山。是王者巡视所到的地方。从山，獄声。

岱 dài

岱，太山也。从山，代声。徒耐切。

【译文】岱，泰山。从山，代声。

嵎 yú

嵎，封嵎之山，在吴（楚）［越］之间，汪芒之国。从山，禺声。噳俱切。

【译文】嵎，封嵎山，在吴国、越国之间，是汪芒氏的封地。从山，禺声。

岑 cén

岑，山小而高。从山，今声。鉏箴切。

【译文】岑，山小而又高。从山，今声。

崟 yín

崟，山之岑崟也。从山，金声。鱼音切。

【译文】崟，山势岑崟。从山，金声。

巒 luán

巒。山小而锐。从山，䜌声。洛官切。

【译文】巒。山小而又锐峭。从山，䜌声。

密 mì

密，山如堂者。从山，宓声。美毕切。

【译文】密，形状像堂室的山。从山，宓声。

岫 xiù

岫，山穴也。从山，由声。似又切。

【译文】岫，山的洞穴。从山，由声。

陖 jùn

陖，高也。从山，陖声。私闰切。

【译文】陖，高。从山，陵声。

崒 zú

崒，崒危，高也。从山，卒声。醉绥切。

【译文】崒，崒危，高峻的意思。从山，卒声。

㟞 zhàn

㟞，尤高也。从山，棧声。士限切。

【译文】㟞，山特别高。从山，棧声。

崛 jué

崛，山短高也。从山，屈声。衢勿切。

【译文】崛，山短而又高。从山，屈声。

巖 yán

巖，岸也。从山，嚴声。五缄切。

【译文】巖，崖岸。从山，嚴声。

嵯 cuó

嵯，山皃。从山，差声。昨何切。

【译文】嵯，山的样子。从山，差声。

嶢 yáo

嶢，焦峣，山高皃。从山，堯声。古僚切。

【译文】嶢，焦峣，山高的样子。从山，堯声。

峨 é

峨，嵯峨也。从山，我声。五何切。

【译文】峨，嵯峨。从山，我声。

崝 zhēng

崝，嶸也。从山，青声。七耕切。

【译文】崝，崝嶸。从山，青声。

嶸 róng

嶸，崝嶸也。从山，榮声。户萌切。

【译文】嶸，崝嶸。从山，榮声。

崇 chóng

崇，嵬高也。从山，宗声。鉏弓切。

【译文】崇，山高。从山，宗声。

崔 cuī

崔，大高也。从山，隹声。胙回切。

【译文】崔，山高大。从山，隹声。

岊 jié

岊，陬隅，高山之节。从山，从卪。子结切。

【译文】岊，山的转弯处，是高山的节巴。由山、由卪会意。

屾部

屾 shēn

屾，二山也。凡屾之属皆从屾。所臻切。

【译文】屾，两座山。大凡屾的部属都从屾。

嵞 tú

嵞，会稽山。一曰：九江当嵞也。民以辛壬癸甲之日嫁娶[1]。从屾，余声。《虞书》曰："予娶嵞山。"同都切。

【译文】嵞，会稽山。另一义说，（嵞山）在九江郡当嵞县。百姓在辛、壬、癸、甲这四天内出嫁或婚娶。从屾，余声。《虞书》说："我在嵞山娶了个女人。"

【注释】①嫁娶：《段注》："《水经注》引《吕氏春秋》：禹娶塗山氏女，不以私害公，自辛至甲四日复往治水，故江淮之俗以辛壬癸甲为嫁娶日也。"

屵部

屵 è

屵，岸高也。从山厂，厂亦声。凡屵之属皆从屵。五葛切。

【译文】屵，岸边高。由山厂会意，厂也表声。大凡屵的部属都从屵。

岸 àn

岸，水厓而高者。从屵，干声。五旰切。

【译文】岸，水边而高出的地方。从屵，干声。

崖 yá

崖，高边也。从屵，圭声。五佳切。

【译文】崖，高陗的山边。从屵，圭声。

广部

广 yǎn

广，因（广）[厂] 为屋，象对刺高屋之形。凡广之属皆从广。读若俨然之俨。鱼俭切。

【译文】广，依傍岩岸架屋，像高耸的房屋的样子。大凡广的部属都从广。音读像俨然的"俨"字。

府 fǔ

府，文书藏也。从广，付声。方矩切。

【译文】府，文书储藏的地方。从广，付声。

庠 xiáng

庠，礼官养老。夏曰校，殷曰庠，周曰序。从广，羊声。似阳切。

【译文】庠，掌管礼仪的官敬养老人的地方。夏代叫校，殷代叫庠，周代叫序。从广，羊声。

庭 tíng

庭，宫中也。从广，廷声。特丁切。

【译文】庭，房室之中。从广，廷声。

庖 páo

庖，厨也。从广，包声。薄交切。

【译文】庖，厨房。从广，包声。

廚 chú

廚，庖屋也。从广，尌声。直株切。

【译文】廚，厨屋。从广，尌声。

廦 bì

廦，墙也。从广，辟声。比激切。

【译文】廦，墙壁。从广，辟声。

庫 kù

庫，兵车藏也。从車在广下。苦故切。

【译文】庫，兵甲车马收藏的处所。由"車"字在"广"会意。

序 xù

序，东西墙也。从广，予声。徐吕切。

【译文】序，（堂屋的）东西墙。从广，予声。

廣 guǎng

廣，殿之大屋也。从广，黄声。古晃切。

【译文】廣，四周无壁的大屋。从广，黄声。

厠 cì

厠，清也。从广，則声。初吏切。

【译文】厠，清除不洁的处所。从广，則声。

庾 yǔ

庾，水槽仓也。从广，臾声。一曰：仓无屋者。以主切。

【译文】庾，储存水路转运粮食的仓库。从广，臾声。另一义说，上面没有覆盖物的粮舍。

廛 chán

廛，(一)[二]亩半，一家之居。从广里八土。直连切。

【译文】廛，两亩半土地，一家居住的房地。由广、里、八、土会意。

廉 lián

廉，仄也。从广，兼声。力兼切。

【译文】廉，(堂屋的)侧边。从广，兼声。

底 dǐ

底，(山)[止]居也。一曰：下也。从广，氐声。都礼切。

【译文】底，止息、居住的地方。另一义说，是下面。从广，氐声。

庶 shù

庶，屋下众也[①]。从广、炗；炗，古文光字。商署切。

【译文】庶，屋下光彩众多。由广、炗会意，炗是古文光字。

【注释】① 屋下众：朱骏声《通训定声》："屋下光多也。"按：引申为泛指众多。

庤 zhì

庤，储置屋下也。从广，寺声。直里切。

【译文】庤，储藏放置在屋下。从广，寺声。

庇 bì

庇，荫也。从广，比声。必至切。

【译文】庇，遮蔽。从广，比声。

廢 fèi

廢，屋顿也。从广，發声。方肺切。

【译文】廢，房屋倒塌。从广，發声。

厂部

厂 hǎn

厂，山石之厓岩，人可居。象形。凡厂之属皆从厂。呼旱切。

【译文】厂，山上石头形成的边岸，(它们下面的洞穴是)人们可以居住的地方。象形。大凡厂的部属都从厂。

厓 yá

厓，山边也。从厂，圭声。五佳切。

【译文】厓，山边。从厂，圭声。

厥 jué

厥，发石也。从厂，欮声。俱月切。

【译文】厥，发射石块。从厂，欮声。

厝 cù

厝，厉石也。从厂，昔声。《诗》曰："他山之石，可以为厝。"仓各切。

【译文】厝，磨刀石。从厂，昔声。《诗经》说："别的山上的石头，可以用来做磨刀石。"

丸部

丸 wán

丸，圜，倾侧而转者。从反仄。凡丸之属皆从丸。胡官切。

【译文】丸，圆体，倾侧而圆转无碍的东西。由仄字反过来表示。大凡丸的部属都从丸。

危部

危 wēi

危，在高而惧也。从产，自卪止之。凡危之属皆从危。鱼为切。

【译文】危，人在高处，心情恐惧。由产、（由卪）表示自己节制、抑止这种临危而惧的心情。大凡产的部属都从产。

石部

石 shí

石，山石也。在厂之下；口，象形。凡石之属皆从石。常只切。

【译文】石，山上的石头。在“厂”之下；口（wéi）像方、圆的石头的形状。大凡石的部属都从石。

磺 kuàng

磺，铜铁朴石也。从石，黄声。读若穬。古猛切。

【译文】磺，铜铁之类的金属矿石。从石，黄声。音读像“穬”字。

碭 dàng

碭，文石也。从石，昜声。徒浪切。

【译文】碭，有花纹的石头。从石。昜声。

碝 ruǎn

碝，石次玉者。从石，耎声。而沇切。

【译文】碝，比玉次一等的石头。从石，耎声。

砮 nú

砮，可以为矢镞。从石，奴声。《夏书》曰：“梁州贡砮丹。”《春秋国语》曰：“肃慎氏贡楛矢石砮。”乃都切。

【译文】砮，石名，可用来做箭锋。从石，奴声。《夏书》说：“梁州地方贡献造箭镞的砮石和丹砂。”《春秋国语》说：“肃慎国贡献楛木箭和造箭镞的砮石。”

碣 jié

碣，特立之石。东海有碣石山。从石，曷声。渠列切。

【译文】碣，高耸独立的石头。东海郡有碣石山。从石，曷声。

磏 lián

磏，厉石也。一曰：赤色。从石，兼声。读若鎌。力盐切。

【译文】磏，磨刀石。另一义说，是红色。从石，兼声。音读像“鎌”字。

碬 xiá

碬，厉石也。从石，叚声。《春秋传》曰：“郑公孙碬字子石。”乎加切。

【译文】碬，磨刀石。从石，叚声。《春秋左传》说：“郑国公孙碬的字叫子石。”

礫 lì

礫，小石也。从石，樂声。郎击切。

【译文】礫，细小的石头。从石，樂声。

磧 qì

磧，水陼有石者。从石，責声。七迹切。

【译文】磧，水边滩头中有石头的地方。从

石，責声。

碧 gǒng

碧，水边石。从石，巩声。《春秋传》曰：“阙碧之甲。”居竦切。

【译文】碧，水边的石头。从石，巩声。《春秋左传》说：“阙碧国出产的铠甲。”

碩 yǔn

碩，落也。从石，員声。《春秋传》曰：“碩石于宋五。”于敏切。

【译文】碩，坠落。从石，員声。《春秋传》说：“从天上坠落陨石到宋国，共五颗。”

碑 bēi

碑，竖石也。从石，卑声。府眉切。

【译文】碑，竖立的石头。从石，卑声。

磕 kài

磕，石声。从石，盍声。口太切。又，苦盖切。

【译文】磕，石声。从石，盍声。

硻 kēng

硻，余坚者。从石，坚省。口茎切。

【译文】硻，（除石头之外的）其余坚固的物体。由石，由坚省会意。

磿 lì

磿，石声也。从石，厤声。郎击切。

【译文】磿，石声。从石，厤声。

磛 chán

磛，礹，石（也）［皃］。从石，斬声。巨衔切。

【译文】磛，磛礹，是石头的样子。从石，斬声。

礹 yán

礹，石山也。从石，嚴声。五衔切。

【译文】礹，石山。扶石，嚴声。

磬 kè

磬，坚也。从石，殸声。楷革切。

【译文】磬，坚硬。从石，殸声。

确 què

确，磬石也。从石，角声。胡角切。

【译文】确，坚硬的石头。从石，角声。

磽 qiāo

磽，磬石也。从石，堯声。口交切。

【译文】磽，坚硬的百头。从石，堯声。

碞 yán

碞，磛（嵒）［碞］也。从石、品。《周书》曰：“畏于民碞。”读与岩同。五衔切。

【译文】碞，磛碞。由石、品会意。《周书》说：“对于民心的险恶十分畏惧。”音读与“岩”字同。

磬 qìng

磬，乐石也。从石、殸。象县虡之形。殳，击之也。古者毋句氏作磬。苦定切。

【译文】磬，可奏打击乐的石器。由石、殸会意。（声）像悬挂石磬的架子的样子。殳，表示用器具敲击石磬。古时候毋句氏制作石磬。

硩 chè

硩，上摘岩空青、珊瑚堕之。从石，折声。《周礼》有硩蔟氏。丑列切。

【译文】硩，上山摘采山岩上的空青石、珊瑚石，让它坠落下来。从石，折声。《周礼》有硩蔟氏。

硪 é

硪，石岩也。从石，我声。五何切。

【译文】硪，石头形成的山的边岸。从石，我声。

礙 ài

礙，止也。从石，疑声。五溉切。

【译文】礙，阻止。厌石，疑声。

碰 chàn

碰，以石扞缯也。从石，延声。尺战切。

【译文】碰，用石器碾压缯帛（使平展）。从石，延声。

碎 suì

碎，礦也。从石，卒声。苏对切。

【译文】碎，破碎。从石，卒声。

破 pò

破，石碎也。从石，皮声。普过切。

【译文】破，石头碎裂。从石，皮声。

研 yán

研，礦也。从石，幵声。五坚切。

【译文】研，磨。从石。幵声。

硯 yàn

硯，石滑也。从石，見声。五甸切。

【译文】硯，石性光滑。从石，見声。

砭 biān

砭，以石刺病也。从石，乏声。方彫切。又，方验切。

【译文】砭，用石针刺破皮肉治病。从石，乏声。

砢 luǒ

砢，磊砢也[①]。从石，可声。来可切。

【译文】砢，磊砢。从石，可声。

【注释】① 磊砢：《玉篇·石部》："磊砢，众小石皃。"

碣 hé

碣，石（也）［地］恶也。从石，鬲声。下革切。

【译文】碣，石质土地十分贫瘠。从石，鬲声。

磊 lěi

磊，众石也。从三石。落猥切。

【译文】磊，众多的石头（累积在一起。）由三个石字会意。

長部

長 cháng

長，久远也。从兀，从匕。兀者，高远意也。久则变化。亾声。𠆢者，倒亾也。凡长之属皆从长。直良切。

【译文】長，长久；长远。由兀、由匕（huà）含意。兀是高而又远的意思。（匕）表示长久就变化。亡声。长字上部的𠆢，是倒写着的亡字。大凡长的部属都从长。

肆 sì

肆，极、陈也。从長，隶声。息利切。

【译文】肆，穷极，陈列。从長，隶声。

镻 dié

镻，蛇恶毒长。从長，失声。徒结切。

【译文】镻，蝁蛇，蛇毒深长。从長，失声。

勿部

勿 wù

勿，州里所建旗。象其柄，有三游。杂帛，

幅半异。所以趣民，故遽，称勿勿。凡勿之属皆从勿。文弗切。

【译文】勿，大夫、士所树立的旗帜。(丂)像旗的竿子，(彡)表示有三条缀在旗帜边缘上飘悬的游。游帛上颜色杂驳不纯，正幅上半赤半白而不同。是用以催促百姓集合的信号，所以有表示急遽的意思，(急遽)又称作勿勿。

昜 yáng

昜，开也。从日一勿。一曰：飞扬。一曰：长也。一曰：强者众皃。与章切。

【译文】昜，光明。由日、一、勿会意。另一义说，是飞举。又另一义说，是生长。又另一义说，是有很多强大的东西的样子。

冄部

冄 rǎn

冄，毛冄冄也。象形。凡冄之属皆从冄。而琰切。

【译文】冄，毛冉冉下垂的样子。象形。大凡冄的部属都从冄。

而部

而 ér

而，颊毛也。象毛之形。《周礼》曰："作其鳞之而。"凡而之属皆从而。如之切。

【译文】而，脸两旁的毛。像毛的样子。《周礼》说："振作起它的鳞和面颊的毛。"大凡而的部属都从而。

耏 nài

耏，罪不至髡也。从而，从彡。奴代切。

【译文】耏，判刑(只剃除颊须，)而不到剃除头发的地步。由而、由彡会意。

豕部

豕 shǐ

豕，彘也。竭其尾，故谓之豕。象(毛)[头四]足而后有尾。读与豨同。按：今世字，误以豕为(彘)[豕]，以(彘)[彖]为豕。何以明之？为(啄)[啄](琢)[琢]从(豕)[豕]，蠡从(彘)[豕]。皆取其声，以是明之。凡豕之属皆从豕。式视切。

【译文】豕，猪。(猪发怒时)直竖着它的尾巴，所以叫作豕。像头、四只脚，而身后有尾巴的样子。音读与"豨"字同。按：当今的字，错误地把豕当作豕，把彖当作豕。怎么知道的呢？因为啄、琢本从豕(而常写作啄、琢)，蠡本从豕(而常写作蠡)。(本来)都(分别)取用豕、豕作声，所以明白这个错误。大凡豕的部属都从豕。

豬 zhū

豬，豕而三毛丛居者。从豕，者声。陟鱼切。

【译文】豬，又叫豕，是三根毛丛生在同一毛孔的动物。从豕，者声。

豰 bó

豰，小豚也。从豕，㱿声。步角切。

【译文】豰，小猪。从豕，㱿声。

豯 xī

豯，生三月豚，腹豯豯皃也。从豕，奚声，胡鸡切。

【译文】豯，出生三个月的猪，肚子豯豯而大的样子。从豕，奚声。

豵 zōng

豵，生六月豚。从豕，從声。一曰：一岁豵，尚丛聚也。子红切。

【译文】豵，出生六个月的小猪。从豕，從声。另一义说，一岁的猪，喜爱成群地聚居。

豝 bā

豝，牝豕也。从豕，巴声。一曰：一岁，能相把拏也。《诗》曰："一发五豝。"伯加切。

【译文】豝，母猪。从豕，巴声。另一义说，一岁的猪，能持握、牵引。《诗经》说："一支箭发射出去，射中了五只母猪。"

豭 jiā

豭，牡豕也。从豕，叚声。古牙切。

【译文】豭，公猪。从豕，叚声。

豶 fén

豶，羠豕也。从豕，賁声。符分声（fén）。

【译文】豶，阉了的猪。从豕，賁声。

豜 jiān

豜，三岁豕，肩相及者。从豕，幵声。《诗》曰："并驱从两豜兮。"古贤切。

【译文】豜，三岁的猪，肥肩赶得上它的母猪。从豕，幵声。《诗经》说："我和您并驾齐驱追赶两只大野猪啊。"

豛 yì

豛，上谷名猪（豭）［豛］。从豕，役省声。营只切。

【译文】豛，上谷郡叫猪作豛。从豕，役省声。

豤 kěn

豤，啮也。从豕，皀声。康很切。

【译文】豤，猪啃物。从豕，皀声。

豷 yì

豷，豕息也。从豕，壹声。《春秋传》曰："生敖及豷。"许利切。

【译文】豷，猪喘息。从豕，壹声。《春秋左传》说："（寒浞就占有帝羿的妻妾，）生下了浇和豷两个儿子。"

豧 fū

豧，豕息也。从豕，甫声。芳无切。

【译文】豧，猪喘息。从豕，甫声。

豢 huàn

豢，以谷圈养豕也。从豕，关声。胡惯切。

【译文】豢，用谷在围栏中喂养猪。从豕，关声。

豠 chú

豠，豕属。从豕，且声。疾余切。

【译文】豠，猪一类。从豕，且声。

豨 xī

豨，豕走豨豨。从豕，希声。古有封豨修虵之害。虚岂切。

【译文】豨，猪边跑边嬉戏的样子。从豕，希声。又一义为猪。上古有大野猪长毒蛇的危害。

豲 huán

豲，（逸）［豕属］也。从豕，原声。《周书》曰："豲有爪而不敢以撅。"读若桓。胡官切。

【译文】豲，猪一类。从豕，原声。《周书》说："豲有爪子却不敢用来爬掘。"音读像"桓"字。

豖 chù

豖，豕绊足行豖豖。从豕系二足。丑六切。

【译文】豖，猪被绳子绊着脚而行走艰难的样子。由"豕"字捆系着两只脚表示。

豦 jù

豦，斗相丮不解也。从豕、虍。豕、虍之斗，不解也。读若蘮蒘草之蘮。司马相如说："豦，封豕之属。"一曰：虎两足举。强鱼切。

【译文】豦，像野猪老虎互相搏斗，持久不能分解。由豕、虍会意。野猪、老虎的搏斗，是不能分解的。音读像蘮蒘草的“蘮”字。(又一义如)司马相如说：“豦，是大猪之类。”又一义说，(豦是)虎的两只脚高举起来。

豙 yì

豙，豕怒毛竖。一曰：残艾也。从豕辛。鱼既切。

【译文】豙，猪发怒而毛竖起。另一义说，是芟夷。由豕辛会意。

豩 huān

豩，二豕也。豳从此。阙。伯贫切。又，呼关切。

【译文】豩，两个“豕”字。豳字从豩。阙其音义。

㣇部

㣇 yì

㣇，修豪兽。一曰：河内名豕也。从彑，下象毛足。凡㣇之属皆从㣇。读若弟。羊至切。

【译文】㣇，长毛野兽。另一义说，河内郡叫猪(作㣇)。从彑，下面的彑像毛和脚。大凡㣇的部属都从㣇。音读像“弟”字。

⿱曶㣇 hū

⿱曶㣇，豕属。从㣇，曶声。呼骨切。

【译文】⿱曶㣇，猪一类。从㣇，曶声。

彙 wèi

彙，虫，似豪猪者。从㣇，胃省声。于贵切。

【译文】彙，蟲名，像豪猪的野兽。从㣇，胃省声。

彑部

彑 jì

彑，豕之头。象其锐，而上见也。凡彑之属皆从彑。读若罽。居例切。

【译文】彑，猪的头。像猪嘴长锐，而彑字的上画乚能体现这一特点。大凡彑的部属都从彑。音读像“罽”字。

彘 zhì

彘，豕也。后蹏(发)[废]谓之彘。从彑，矢声；从二匕，彘足与鹿足同。直例切。

【译文】彘，猪。后脚废退叫做彘。从彑，矢声；又从二匕，彘的脚和鹿的脚都同用二匕表示。

彖 chǐ

彖①，豕也。从彑，从豕。读若弛。式视切。

【译文】彖，猪。由彑、由豕会意。音读像“弛”字。

【注释】①彖：当依徐锴《系传》作“彖”。王筠《释例》：“彑字，疑即豕字重文，音义皆同。”

⿱彑叉 xiá

⿱彑叉，豕也。从彑，下象其足。读若瑕。乎加切。

【译文】⿱彑叉，猪。(上)从彑，下面的交象猪的脚。音读像“瑕”字。

豚部

豚 tún

豚，小豕也。从彖省，象形。从又持肉，以给祠祀。凡豚之属皆从豚。徒魂切。

【译文】豚，小猪。从彖省，彖像猪形。又由“又”(手)持握着“肉”，表示供给祭祀之用。大凡豚的部属都从豚。

豸部

豸 zhì

豸，兽长脊，行豸豸然，欲有所司杀形。凡

豸之属皆从豸。池尔切。

【译文】豸，有着长长脊骨的猛兽，行走时突然豸豸地伸直脊背，像有所窥伺而加以格杀的形状。大凡豸的部属都从豸。

豹 bào

豹，似虎，圜文。从豸，勺声。北教切。

【译文】豹，像老虎，有圆形花纹。从豸，勺声。

貔 pí

貔[①]，豹属，出貉国。从豸，毘声。《诗》曰："献其貔皮。"《周书》曰："如虎如貔。"貔，猛兽。房脂切。

【译文】貔，豹一类，出产在北方的貉国。从豸，毘声。《诗经》说："贡献那貔兽的皮。"《周书》说："象虎象貔。"貔是凶猛的野兽。

【注释】① 貔：似虎，毛灰白色。又叫白熊、白狐、执夷。

豺 chái

豺，狼属，狗声[①]。从豸，才声。士皆切。

【译文】豺，狼一类，有像狗一样的叫声。从豸，才声。

【注释】① 狗声：《段注》："其声如犬。俗呼豺狼。"

貉 mò

貉，北方豸种。从豸，各声。孔子曰："貉之为言恶也。"莫白切。

【译文】貉，北方与豸兽共处的种族。从豸，各声。孔子说："貉作为言辞，是丑恶的意思。"

貆 huán

貆，貉之类。从豸，亘声。胡官切。

【译文】貆，貉兽一类。从豸，亘声。

貍 lí

貍，伏兽[①]，似貙。从豸，里声。里之切。

【译文】貍，善于藏伏的野兽，样子像貙。从豸，里声。

【注释】① 伏兽：《段注》："伏兽谓善伏之兽。""即俗所谓野猫。"

貛 huān

貛，野豕也。从豸，雚声。呼官切。

【译文】貛，野生小兽样子像猪。从豸，雚声。

貁 yòu

貁，鼠属。善旋。从豸，穴声。余救切。

【译文】貁，鼬鼠一类。善于旋转。从豸，穴声。

貒 tuān

貒，兽也。从豸，耑声。读若湍。他端切。

【译文】貒，貒兽。从豸，耑声。音读像"湍"字。

豻 àn

豻，胡地野狗[①]。从豸，干声。《诗》曰："宜豻宜狱。"五旰切。

【译文】豻，北方少数民族地区的野狗。从豸，干声。《诗经》说："(可悲啊，我们这些穷苦少钱的人，)大概将要陷入地方的牢狱，或将陷入朝廷的牢狱。"

【注释】① 胡地：北方少数民族地区。

貂 diāo

貂，鼠属。大而黄黑，出胡丁零国[①]。从豸，召声。都僚切。

【译文】貂，鼠一类。躯体大，色黄黑，出产在北方少数民族地区的丁零国。从豸，召声。

【注释】① 胡：王筠《句读》："胡，其总名。丁零，其一国之名也。"张舜徽《约注》："古丁零国，在今西伯利亚叶尼塞河上游，至贝加尔湖以南诸地。"

㒸部

㒸 sì

㒸[①]，如野牛而青[②]。象形[③]。与禽、离头同。凡㒸之属皆从㒸。徐姊切。

【译文】㒸，样子像水牛而毛色青。象形。（㒸字的头部凹）与禽字、离字的头部有相同的地方。大凡㒸的部属都从㒸。

【注释】①㒸：犀牛一类。《尔雅·释兽》："兕，似牛。"郭璞注："一角，青色，重千斤。"②野牛：《段注》："即今水牛。"③象形：《段注》："上象其头，下象其足尾也。"

易部

易 yì

易，蜥易[①]，蝘蜓，守官也。象形。《秘书》说，日月为易，象阴阳也。一曰：从勿。凡易之属皆从易。羊益切。

【译文】易，蜥易，又叫蝘蜓、守官。象形。《秘书》说，日、月二字会合成易字，象征着阴阳的变易。另一义说，（易）从旗勿的勿。大凡易的部属都从易。

【注释】①蜥易：《尔雅·释鱼》："蝾螈，蜥蜴；蜥蜴，蝘蜓；蝘蜓，守宫也。"郭璞注："转相解，博异语，别四名也。"朱骏声《通训定声》："在壁为蝘蜓、守宫也，苏俗谓之壁虎；在草为蜥易、荣蚖也，苏俗谓之四脚蛇。"徐灏《段注笺》："蜥蜴连名。单呼之，或谓之蜥，或谓之蜴。"

象部

象 xiàng

象，长鼻牙[①]，南越大兽[②]，三年一乳[③]，象耳牙四足之形。凡象之属皆从象。徐两切。

【译文】象，长鼻长牙，南越一带的大野兽，每三年产子一次，像耳朵、牙齿、四只脚的样子。大凡象的部属都从象。

【注释】①长鼻牙：《段注》："有长鼻长牙。"②南越：今广东广西一带。③三年：王筠《句读》："《太平广记》引古训云：'象孕五岁始产。'"

豫 yù

豫，象之大者。贾侍中说[①]："不害于物。"从象，予声。羊茹切。

【译文】豫，大象。贾侍中说："（豫象虽大但）对别的物体没有害处。"从象，予声。

【注释】①贾侍中：《段注》："贾侍中名逵，许所从受古学者也。侍中说：豫虽大，而不害于物。故宽大舒缓之义取此字。"

馬部

馬 mǎ

馬，怒也；武也。象马头髦尾四足之形。凡馬之属皆从馬。莫下切。

【译文】馬，是昂首怒目的动物，是勇武的动物。像马的头部、鬃毛、尾巴、四只脚的样子。大凡马的部属都从马。

騭 zhì

騭，牡马也。从馬，陟声。读若郅。之日切。

【译文】騭，公马。从馬，陟声。音读像"郅"（zhì）字。

馵 huán

馵，马一岁也。从馬；一，绊其足。读若弦；一曰：若环。户关切。

【译文】馵，马一岁。从馬，一，表示用绳子系绊马脚。音读像"弦"字，一说，音读像

“环”字。

駒 jū

駒，马二岁曰驹[①]，三岁曰駣。从馬，句声。举朱切。

【译文】駒，马两岁叫作驹，三岁叫作駣。从馬，句声。

【注释】①二岁：徐锴《段注笺》：驹为二岁马，浑言之则为儿马方壮之偁。”

馴 bā

馴，马八岁也。从馬，从八。博拔切。

【译文】馴，马八岁。由馬、由八会意。

驪 xián

驪，马一目白曰驪，二目白曰鱼。从馬，閒声。户闲切。

【译文】驪，马一只眼睛（病得）发白叫作驪，两只眼睛（病得）发白叫做鱼目。从馬，閒声。

騏 qí

騏，马青骊，文如博棊也。从馬，其声。渠之切。

【译文】騏，马青黑色，花纹像棋盘一样。从馬，其声。

驪 lí

驪，马深黑色。从馬，麗声。吕支切。

【译文】驪，马深黑色。从馬，麗声。

駽 xuān

駽，青骊马。从馬，肙声。《诗》曰：“駜彼乘駽。”火玄切。

【译文】駽，青黑色的马。从馬，肙声。《诗经》说：“多么肥壮而又力量强大啊，那一车驾的四匹青黑色的马。”

騩 guī

騩，馬淺黑色。从馬，鬼声。俱位切。

【译文】騩，马浅黑色。从馬，鬼声。

騢 xiá

騢，马赤白杂毛。从馬，叚声。谓色似鰕鱼也。乎加切。

【译文】騢，马（有着）红色、白色杂乱相间的毛。从馬，叚声。是说马的毛色像蝦鱼。

騅 zhuī

騅，马苍黑杂毛。从馬，隹声。职追切。

【译文】騅，马（有着）青苍色与黑色杂乱相间的毛。从馬，隹声。

騮 liú

騮，赤马黑（毛）[髦]尾也。从馬，留声。力求切。

【译文】騮，红色的马身，黑色的鬃毛和尾巴。从馬，留声。

駱 luò

駱，马白色黑鬣尾也。从馬，各声。卢各切。

【译文】駱，马白色的身子，黑色的鬃毛和尾巴。从馬，各声。

駰 yīn

駰，马阴白杂毛。黑。从馬，因声。《诗》曰：“有骃有騢。”于真切。

【译文】駰，马（有着）浅黑色和白色相间的毛。从馬，因声。《诗经》说：“有毛色黑白相间的骃马，有毛色红白相间的騢马。”

驄 cōng

驄，马青白杂毛也。从馬，悤声。仓红切。

【译文】驄，马（有着）青色、白色杂乱相间的毛。从馬，悤声。

驈 yù

驈，骊马白胯也。从馬，矞声。《诗》曰："有驈有騜。"食聿切。

【译文】驈，深黑色的马，大腿之间是白色。从馬，矞声。《诗经》说："有黑身白胯的驈马，有荧白色的騜马。"

驃 piào

驃，黄马发白色[①]。一曰：白髦尾也。从馬，票声。毗召切。

【译文】驃，黄色的马，起着白色点状花纹。另一义说，（黄色的马有）白色的鬃毛和尾巴。从馬，票声。

【注释】①发白色：《段注》："起白点斑驳也。"

駹 máng

駹，马面颡皆白也。从馬，尨声。莫江切。

【译文】駹，马（只有）面部、额部都是白色。从馬，尨声。

騧 guā

騧，黄马，黑喙。从馬，咼声。古华切。

【译文】騧，黄色的马，黑色的嘴。从馬，咼声。

駓 pī

駓，黄马白毛也。从馬，丕声。敷悲切。

【译文】駓，马有着黄色、白色杂乱相间的毛。从馬，丕声。

驖 tiě

驖，马赤黑色。从馬，戴声。《诗》曰："四驖孔阜。"他结切。

【译文】驖，马（有着）黑中带红的颜色。从馬，戴声。《诗经》说："四匹黑中带红的马非常肥大。"

騝 àn

騝，马头有发赤色者。从馬，岸声。五旰切。

【译文】騝，马有起着红色斑纹的头。从馬，岸声。

馰 dí

馰，马白頟也。从馬，的省声。一曰：骏也。《易》曰："为的颡。"都历切。

【译文】馰，马（有着）白色的额头。从馬，的省声。另一义说，馰是骏马。《易经》说："（震卦对于马来说，）是白色额头（的象征）。"

驔 diàn

驔，骊马黄脊。从馬，覃声。读若簟。徒玷切。

【译文】驔，深黑色的馬，黄色的脊梁。从馬，覃声。音读像"簟"字。

驠 yàn

驠，马白州也。从馬，燕声。于甸切。

【译文】驠，马（有着）白色的臀部。从馬，燕声。

駁 bó

駁，马色不纯。从馬，爻声。北角切。

【译文】駁，马的毛色不纯。从馬，爻声。

騽 xí

騽，马豪骭也。从馬，習声。似入切。

【译文】騽，马的膝头和小腿之间有长毛。从馬，習声。

駿 jùn

駿，马之良材者。从馬，夋声。子峻切。

【译文】駿，马中间有良好素质的马。从馬，夋声。

騛 fēi

騛，马逸足也。从馬，从飛。《司马法》："飞卫斯舆。"甫微切。

【译文】騛，马跑得飞快。由馬、由飛会意。《司马法》说："飞卫斯舆。"

騎 qí

騎，跨马也①。从馬，奇声。渠羁切。

【译文】騎，（两腿分张）跨在马上。从馬，奇声。

【注释】①跨马：《段注》："两髀跨马谓之骑，因之人在马上谓之骑。"

駫 jiōng

駫，马盛肥也。从馬，光声。《诗》曰："四牡駫駫。"古荧切。

【译文】駫，马十分肥壮。从馬，光声。《诗经》说："四匹公马多么肥壮。"

駕 jià

駕，马在轭中。从馬，加声。古讶切。

【译文】駕，马套在车轭之中。从馬，加声。

⿰馬卬 àng

⿰馬卬，⿰馬卬⿰馬卬，马怒皃。从馬，印声。吾浪切。

【译文】⿰馬卬，⿰馬卬⿰馬卬，马发怒的样子。从馬，印声。

騑 fēi

騑，骖，旁马。从馬，非声。甫微切。

【译文】騑，又叫骖马，驾在车辕两旁的马。从馬，非声。

駢 pián

駢，驾二马也。从馬，并声。部田切。

【译文】駢，（一辆车并排）驾两匹马。从馬，并声。

驂 cān

驂，驾三马也。从馬，参声。仓含切。

【译文】驂，（独辕车）驾的三匹马。从馬，参声。

駟 sì

駟，一乘也。从馬，四声。息利切。

【译文】駟，一辆车所驾的四匹马。从馬，四声。

駙 fù

駙，副马也。从马，付声。一曰：近也。一曰：疾也。符遇切。

【译文】駙，驾副车的马。从馬，付声。另一义说，是附近。另一义说，是迅速（奔赴）。

⿰馬皆 xié

⿰馬皆，马和也。从馬，皆声。户皆切。

【译文】⿰馬皆，马性和善。从馬，皆声。

騀 ě

騀，马摇头也。从馬，我声。五可切。

【译文】騀，马摇头。从馬，我声。

篤 dǔ

篤，马行顿迟。从馬，竹声。冬毒切。

【译文】篤，马行走，头低下如触地，较为迟缓。从馬，竹声。

馮 píng

馮，马行疾也。从馬，仌声。房戎切。

【译文】馮，马行走迅疾。从馬，仌(bīng)声。

驅 qū

驅，马驰也[①]。从馬，區声。岂俱切。

【译文】驅，(用棰策鞭马)使马奔驰。从馬，區声。

【注释】①马驰：王筠《句读》："当作驰马。""言人御之使速也。"

馳 chí

馳，大驱也。从馬，也声。直离切。

【译文】馳，使马长驱。从馬，也声。

騁 chěng

騁，直驰也。从馬，甹声。丑郢切。

【译文】騁，径直奔驰。从馬，甹声。

駻 hàn

駻，马突也。从馬，旱声。侯旰切。

【译文】駻，马凶悍奔突。从馬，旱声。

騫 qiān

騫，马腹(縶)［热］也。从馬，寒省声。去虔切。

【译文】騫，马腹部因热病而亏损低陷。从馬，寒省声。

駉 jiōng

駉，牧马苑也。从馬，冋声。《诗》曰："在駉之野。"古荧切。

【译文】駉，牧马的苑囿。从馬，冋声。《诗经》说："(高大肥壮的公马，)在可供牧马的野外。"

駃 jué

駃，駃騠，马父骡子也。从馬，夬声。古穴切。

【译文】駃，駃騠，以马为父，(以驴为母，杂交所生的)骡崽。从馬，夬声。

騠 tí

騠，駃騠也。从焉，是声。杜兮切。

【译文】騠，駃騠。从馬，是声。

蠃 luó

蠃[①]，驴父马母。从馬，𦝠声。洛戈切。

【译文】蠃，以驴为父，以马为母，(杂交所生的骡崽。)从馬，𦝠声。

【注释】①蠃：骡子(公驴和母马杂交所生)。今作"骡"。《楚辞·九叹·忧苦》："同驽蠃与乘駔兮。"

驢 lǘ

驢，似马，长耳。从馬，盧声。力居切。

【译文】驢，像马，长长的耳朵。从馬，盧声。

廌部

廌 zhì

廌，解廌兽也，似山牛，一角。古者决讼，令触不直。象形，从豸省。凡廌之属皆从廌。宅买切。

【译文】廌，獬豸兽，像野牛，一只角。古时候判决官司，叫廌去抵触那不正直的一方。[illegible]像其头和角的形状，[illegible]是豸的省略。大凡荐的部属都从荐。

薦 jiàn

薦，兽之所食艹。从廌，从艸。古者神人以廌遗黄帝。帝曰："何食？何处？"曰："食荐；夏处水泽，冬处松柏。"作甸切。

【译文】薦，兽畜吃的草。由廌、由艸会意。古时候神仙把廌兽送给黄帝。黄帝说："它吃什么？住在什么地方？"回答说："吃荐草。夏天住在水泽之中，冬天住在松柏之下。"

鹿部

鹿 lù

鹿，兽也。象头角四足之形。鸟鹿足相似，从匕。凡鹿之属皆从鹿。卢谷切。

【译文】鹿，兽名。像头、角和四只脚的样子。鸟、鹿的脚相像，所以都从匕。大凡鹿的部属都从鹿。

麟 lín

麟，大牝鹿也。从鹿，粦声。力珍切。

【译文】麟，大母鹿。从鹿，粦声。

麋 mí

麋，鹿属。从鹿，米声。麋冬至解其角。武悲切。

【译文】麋，鹿一类。从鹿，米声。麋，冬至左右脱落它的角。

麈 zhǔ

麈，麋属。从鹿，主声。之庾切。

【译文】麈，麋鹿一类。从鹿，主声。

麗 lì

麗，旅行也。鹿之性，见食急则必旅行。从鹿，丽声。礼：丽皮纳聘。盖鹿皮也。郎计切。

【译文】麗，结伴而行。鹿的特性是，发现食物虽情势紧急却也一定结伴而行。从鹿，丽声。礼制规定，把两张鹿皮交纳订婚。（丽）大概是鹿皮。

麀 yōu

麀，牝鹿也。从鹿，从牝省。于虯切。

【译文】麀，母鹿。由鹿、由牝省会意。

麤部

麤 cū

麤，行超远也。从三鹿。凡麤之属皆从麤。仓胡切。

【译文】麤，鹿行走时跳跃很远。由三个鹿字会意。大凡麤的部属都从麤。

塵 chén

塵，鹿行扬土也①。从麤，从土。直珍切。

【译文】塵，群鹿疾行使尘土飞扬。由麤、由土会意。

【注释】① 扬土：《段注》："群行则扬土甚。"

㲋部

㲋 chuò

㲋，兽也。似兔，青色而大。象形。头与兔同，足与鹿同。凡㲋之属皆从㲋。丑略切。

【译文】㲋，兽名。像兔子，全身青色，却比兔子大。象形。表示头的⺈与兔字的头部相同，表示足的"比"与"鹿"字的足部相同。大凡㲋的部属都从㲋。

㕡 chán

㕡，狡兔也，兔之骏者。从㲋、兔。士咸切。

【译文】㕡，少壮的兔子，兔中的良才。由㲋、兔会意。

兔部

兔 tù

兔，兽名。象踞，后其尾形。兔头与㲋头同。凡兔之属皆从兔。汤故切。

【译文】兔，兽名。像蹲坐的样子，后面的是它的尾巴的形状。兔字的头部⺈与㲋字的头部相同。大凡兔的部属都从兔。

逸 yì

逸，失也。从辵、兔。兔谩訑善逃也。夷质切。

【译文】逸，逃跑。由辵、兔会意。兔性欺诈、善于逃逸。

冤 yuān

冤，屈也。从兔，从冂。兔在冂下，不得走，益屈折也。于袁切。

【译文】冤，屈缩不伸。由兔、由冖会意。兔字在冖字下，表示兔在覆罩之下不能跑，多屈折不伸。

娩 fàn

娩，兔子也。娩，疾也。从女兔。芳万切。

【译文】娩，兔崽。娩，迅疾。由女、兔会意。

萈部

萈 huán

萈，山羊细角者。从兔足，苜声。凡萈之属皆从萈。读若丸。宽字从此。胡官切。

【译文】萈，细角的山羊。从兔足，苜声。大凡萈的部属都从萈。音读像“丸”字。宽字从萈。

犬部

犬 quǎn

犬，狗之有县蹏者也。象形。孔子曰：“视犬之字如画狗也。”凡犬之属皆从犬。苦泫切。

【译文】犬，狗中有悬空而不着地的蹄趾的一种。象形。孔子说：“看犬字像画狗的样子。”大凡犬的部属都从犬。

狗 gǒu

狗，孔子曰：“狗，叩也。叩气吠以守。”从犬，句声。古厚切。

【译文】狗，孔子说：“狗，扣击。狗声砼砼如扣击，出气而吠叫，用以守御。”从犬，句声。

尨 máng

尨，犬之多毛者。从犬，从彡。《诗》曰：“无使尨也吠。”莫江切。

【译文】尨，多毛的狗。由犬、由彡会意。《诗经》说：“不要让那狮毛狗啊叫起来。”

狡 jiǎo

狡，少狗也。从犬，交声。匈奴地有狡犬，巨口而黑身。古巧切。

【译文】狡，少壮的狗。从犬，交声。（又，）匈奴地方有一种大狗，巨大的嘴巴，黑色的身子。

猲 xiē

猲，短喙犬也。从犬，曷声。《诗》曰：“载猃猲獢。”《尔雅》曰：“短喙犬谓之猲獢。”许谒切。

【译文】猲，短嘴巴狗。从犬，曷声。《诗经》说：“装载着长嘴（猎）犬和短嘴（猎）犬。”

《尔雅》说："短嘴巴狗叫作猲獢。"

獫 xiǎn

獫，长喙犬。一曰：黑犬，黄头。从犬，僉声。虚检切。

【译文】獫，長嘴巴狗。另一义说，是黑色的狗，黄色的头。从犬，僉声。

猈 bài

猈[①]，短胫狗。从犬，卑声。薄蟹切。

【译文】猈，短脚狗。从犬，卑声。

【注释】①猈：王筠《句读》："即今之（哈）巴狗也。"

猗 yī

猗[①]，犗犬也。从犬，奇声。于离切。

【译文】猗，阉狗。从犬，奇声。

【注释】①猗：《段注》："犬曰猗，如马曰騬，牛曰犗，羊曰羠，言之不妨通互耳。"桂馥《义证》引赵宧光曰："猗、犗，并列势异名。"

猎 ān

猎，窦中犬声。从犬，从音，音亦声。乙咸切。

【译文】猎，洞中狗叫的声音。由犬、由音会意，音也表声。

默 mò

默，犬（暂）［潜］逐人也。从犬，黑声。读若墨。莫北切。

【译文】默，狗偷偷地追逐人。从犬，黑声。音读像"墨"字。

猝 cù

猝，犬从艹暴出逐人也。从犬，卒声。麤没切。

【译文】猝，狗从草丛中突然窜出追逐人。从犬，卒声。

猩 xīng

猩，猩猩，犬吠声。从犬，星声。桑经切。

【译文】猩，猩猩然，是狗叫的声音。从犬，星声。

奬 jiǎng

奬，嗾犬厉之也。从犬，將省声。即两切。

【译文】奬，使唤狗而勉励它。从犬，将省声。

狠 yán

狠[①]，吠斗声。从犬，艮声。五还切。

【译文】狠，狗边叫边斗的声音。从犬，艮声。

【注释】①狠：《段注》："今俗用狠为很（凶狠）。"

奘 zàng

奘，妄强犬也。从犬，从壯，壯亦声。徂朗切。

【译文】奘，狂妄强猛的狗。由犬、由壯会意，壯也表声。

獒 áo

獒，犬如人心可使者。从犬，敖声。《春秋传》曰："公嗾夫獒。"五牢切。

【译文】獒，狗中能如人意可以使唤的一种。从犬，敖声。《春秋左传》说："晋灵公唆使那猛狗。"

狀 zhuàng

狀，犬形也。从犬，爿声。盈亮切。

【译文】狀，狗的形状。从犬，爿声。

狎 xiá

狎，犬可习也。从犬，甲声。胡甲切。

【译文】狎，狗可训练。扶犬，甲声。

狃 niǔ

狃[1]，犬性骄也[2]。从犬，丑声。女久切。

【译文】狃，狗性骄横。从犬，丑声。

【注释】①狃：本义为狗爱亲近人。②骄：《段注》作“忕”。徐锴《系传》：“忕，惯习也。”存参。

犯 fàn

犯，侵也。从犬，㔾声。防险切。

【译文】犯，侵犯。从犬，㔾声。

猛 měng

猛，健犬也。从犬，孟声。莫杏切。

【译文】猛，健壮的狗。从犬，孟声。

犺 kàng

犺，健犬也。从犬，亢声。苦浪切。

【译文】犺，健壮的狗。从犬，亢声。

猜 cāi

猜[1]，恨贼也。从犬，青声。仓才切。

【译文】猜，嫉恨以至残害别人。从犬，青声。

【注释】①猜：徐锴《系传》：“犬性多猜。”

倏 shū

倏，走也。从犬，攸声。读若叔。式竹切。

【译文】倏，（狗）奔跑。从犬，攸声。音读像“叔”字。

戾 lì

戾，曲也。从犬出户下。戾者，身曲戾也。郎计切。

【译文】戾，弯曲。由“犬”出于门“户”之下会意。戾，身体弯曲的意思。

獨 dú

獨，犬相得而斗也。从犬，蜀声。羊为群，犬为独也。一曰：北嚻山有独狢兽，如虎，白身，豕鬣，尾如马。徒谷切。

【译文】獨，狗相遇就争斗。从犬，蜀声。羊喜群居，狗爱独处。另一义说，北嚻山上有名叫独狢的野兽，样子像虎，白色的身子，像猪一样的鬃毛，尾巴像马一样。

狢 yù

狢，独狢兽也。从犬，谷声。余蜀切。

【译文】狢，名叫独狢的野兽。从犬，谷声。

狩 shòu

狩，犬田也。从犬，守声。《易》曰：“明夷于南狩。”书究切。

【译文】狩，用狗田猎。从犬，守声。《易经》说：“叫着的鹈鹕鸟在（人们）南去打猎的时候（受伤）。”

獵 liè

獵，（放）［畋］猎逐禽也。从犬，巤声。良涉切。

【译文】獵，打猎追逐禽兽。从犬，巤声。

獠 liáo

獠，獵也。从犬，尞声。力昭切。

【译文】獠，打猎。从犬，尞声。

臭 xiù

臭，禽走，臭而知其迹者，犬也。从犬，从自。尺救切。

【译文】臭，禽兽跑了，嗅其气味而知道其逃

跑的踪迹的，是狗。由犬、由自会意。

獟 yào

獟，狃犬也。从犬，堯声。五吊切。

【译文】獟，骁勇的狗。从犬，堯声。

獲 huò

獲，猎所获也。从犬，蒦声。胡伯切。

【译文】獲，打猎时捕获的禽兽。从犬，蒦声。

獻 xiàn

獻，宗庙犬名羹献。犬肥者以献之。从犬，鬳声。许建切。

【译文】獻，宗庙祭祀所用的狗叫作“羹献”。狗肥大的用以作为敬献的礼品。从犬，鬳声。

狾 zhì

狾，狂犬也。从犬，折声。《春秋传》曰：“狾犬入华臣氏之门。”征例切。

【译文】狾，疯狗。从犬，折声。《春秋左传》说：“疯狗进入华臣家的门。”

狂 kuáng

狂，狾犬也。从犬，㞷声。巨王切。

【译文】狂，疯狗。从犬，㞷声。

類 lèi

類，种类相似，唯犬为甚。从犬，頪声。力遂切。

【译文】類，同一种属、类别的事物相像，只有狗体现得最分明。从犬，頪声。

狄 dí

狄，赤狄，本犬种。狄之为言淫辟也。从犬，亦省声。徒历切。

【译文】狄，赤狄族，本与犬戎族同种。狄作为词语是表示邪恶乖僻的意思。从犬，亦省声。

狻 suān

狻，狻麑，如虦猫，食虎豹者。从犬，夋声。见《尔雅》。素官切。

【译文】狻，狻麑，像浅毛虎，是吃虎豹的野兽。从犬，夋声。

狙 jū

狙，玃属。从犬，且声。一曰：狙，犬也，暂啮人者。一曰：犬不啮人也。亲去切。

【译文】狙，猕猴一类。从犬，且声。另一义说，狙，是狗，是伺机突然出来咬人的狗。另一义说，狗不咬人叫狙。

玃 jué

玃，母猴也。从犬，瞿声。《尔雅》云：“玃父善顾。”攫持人也。俱缚切。

【译文】玃，大猕猴。从犬，瞿声。《尔雅》说：“大弥猴善于左右顾盼。”又喜欢用爪抓取、把持人。

猴 hóu

猴①，夒也。从犬，侯声。乎沟切。

【译文】猴，一种长臂猿。从犬，侯声。

【注释】①猴：朱骏声《通训定声》：“一名为，一名母猴，声转曰沐猴，曰猕猴，其大者曰玃，其愚者曰禺，其静者曰蝯，亦作猨，作猿。”

猶 yóu

猶，玃属。从犬，酋声。一曰：陇西谓犬子

为猷。以周切。

【译文】猶，猕猴一类。从犬，酋声。另一义说，陇西郡叫狗崽子作猷。

狛 bó

狛，如狼，善驱赶羊。从犬，白声。读若蘖。宁严读之若浅泊。匹各切。

【译文】狛，像狼，善于驱赶羊群。从犬，白声。音读像黄蘖的“蘖”字。宁严读它，像浅泊的泊字。

狼 láng

狼，似犬，锐头，白颊，高前，广后。从犬，良声。鲁当切。

【译文】狼，像狗，尖锐的头，白色的脸颊，身子前部高，后部宽。从犬，良声。

獌 màn

獌，狼属。从犬，曼声。《尔雅》曰[①]：“貙、獌，似狸。”舞贩切。

【译文】獌，狼一类。从犬，曼声。《尔雅》说：“貙和獌，都像野猫。”

【注释】①《尔雅》：指《释兽》。

狐 hú

狐，祆兽也。鬼所乘之。有三德：其色中和[①]，小前大后，死则丘首[②]。从犬，瓜声。户吴切。

【译文】狐，妖异的野兽。是鬼所凭借的东西。（它）有三种德行：它的毛色是中和的黄色，前面（的鼻尖）小，后面（的尾巴）大；临死的时候对着出生的山丘摆正自己的脑袋。从犬，瓜声。

【注释】①中和二句：桂馥《义证》：“其色黄，故曰‘中和’；鼻尖尾大，故曰‘小前大后’。”②丘首：承培元《引经证例》：狐将死则正其首，以向所窟宅之丘，不忘本也。

猋 biāo

猋，犬走皃。从三犬。甫遥切。

【译文】猋，狗跑的样子。由三个“犬”字会意。

獺 tǎ

獺，如小狗也。水居食鱼。从犬，賴声。他达切。

【译文】獺，像小狗。在水里生活，吃鱼。从犬，賴声。

猵 biān

猵，獺属。从犬，扁声。布（兹）[玄]切。

【译文】猵，獺一类。从犬，扁声。

㹜部

㹜 yín

㹜，两犬相啮也。从二犬。凡㹜之属皆从㹜。语斤切。

【译文】㹜，两只狗相互咬。由两个犬字会意。大凡㹜的部属都从㹜。

獄 yù

獄，确也。从㹜，从言。二犬，所以守也。鱼欲切。

【译文】獄，（监狱）坚牢。由㹜、由言会意。两个犬字，表示用以守备的警犬。

鼠部

鼠 shǔ

鼠，穴虫之总名也。象形。凡鼠之属皆从鼠。书吕切。

【译文】鼠，住在洞穴里的虫兽的总名。象形。大凡鼠的部属都从鼠。

鼢 fén

鼢，地［中］行鼠，伯劳所（作）［化］也。一曰偃鼠。从鼠，分声。芳吻切。

【译文】鼢，在地中穿行的老鼠，是伯劳鸟化成的。一名偃鼠。从鼠，分声。

鼬 yòu

鼬，如鼠，赤黄而大，食鼠者。从鼠，由声。余救切。

【译文】鼬，像老鼠，红黄色，比老鼠大，是吃老鼠的野兽。从鼠，由声。

能部

能 néng

能。熊属。足似鹿。从肉，㠯声。能兽坚中，故称贤能；而强壮，称能杰也。凡能之属皆从能。奴登切。

【译文】能。熊一類。能字表示足的⺦像鹿字表示足的比。从肉，㠯声。能兽里面的骨节坚实，所以引伸作贤能；能兽强壮，所以引伸作能杰。大凡能的部属都从能。

熊 xióng

熊，兽。似豕，山居，冬蛰。从能，炎省声。凡熊之属皆从熊。羽弓切。

【译文】熊，兽名。像猪，在山中生活，冬天不吃不动。从能，炎省声。大凡熊的部属都从熊。

羆 pí

羆，如熊[①]，黄白文。从熊，罷省声。彼为切。

【译文】羆，像熊，黄白色的花纹。从熊，罷省声。

【注释】① 如熊二句：系《尔雅 · 释兽》文。郭璞注："似熊而长头高脚，猛憨多力，能拨树木。"俗俑人熊或马熊。

火部

火 huǒ

火，毁也。南方之行，炎而上[①]。象形。凡火之属皆从火。呼果切。

【译文】火，（齐人叫）毁。表示南方的一种物质，火光旺盛而向上。象形。大凡火的部属都从火。

【注释】① 炎而上：王筠《句读》："炎者，火光盛也。上者，其性上行，不能下也。"

炟 dá

炟，上讳。当割切。

【译文】炟，已故孝章皇帝之名。

然 rán

然[①]，烧也。从火，肰声。如延切。

【译文】然，燃烧。从火，肰声。

【注释】① 然：今作"燃"。

燒 shāo

燒，爇也。从火，堯声。式昭切。

【译文】燒，焚燒。从火，堯声。

烈 liè

烈，火猛也。从火，列声。良辥切。

【译文】烈，火势猛烈。从火，列声。

烝 zhēng

烝，火气上行也。从火，丞声。煑仍切。

【译文】烝，火气向上升。从火，丞声。

熯 hàn

熯，干皃。从火，漢省声。《诗》曰："我孔熯矣。"人善切。

【译文】熯，干燥的样子。从火，漢省声。《诗经》说："我是非常恭敬的了。"

煦 xù

煦，烝也。一曰：赤皃。一曰：温润也。从火，昫声。香句切。

【译文】煦，（日出）地气向上升。另一义说，是（日出时）红色的样子。又另一义说，是温暖湿润。从火，昫声。

烄 jiǎo

烄，交木然也。从火，交声。古巧切。

【译文】烄，架起木头燃烧。从火，交声。

燋 jiāo

燋，所以然持火也。从火，焦声。《周礼》曰："以明火爇燋也。"即消切。

【译文】燋，用来引燃手中持握的火炬的火种。从火，焦声。《周礼》说："利用借日光热度所取的火来燃引火柴。"

炭 tàn

炭，烧木余也。从火，岸省声。他案切。

【译文】炭，烧木不尽之余。从火，岸省声。

灰 huī

灰，死火余烬也。从火，从又；又，手也。火既灭，可以执持。呼恢切。

【译文】灰，已熄灭的火剩下的灰烬。由火、由又会意。又，就是手。火已经熄灭，可以拿着，握着。

炱 tái

炱，灰，炱煤也。从火，台声。徒哀切。

【译文】炱，灰；烟尘。从火，台声。

煨 wēi

煨，盆中火。从火，畏声。乌灰切。

【译文】煨，盆中的火。从火，畏声。

熄 xī

熄，畜火也。从火，息声。亦曰灭火[1]。相即切。

【译文】熄，蓄留的火种。从火，息声。也指灭火。

【注释】① 灭火：畜火义的反训。

烓 wēi

烓，行灶也。从火，圭声。读若同。口迥切。

【译文】烓，可以移行的灶。从火，圭声。音读像"同"字。

煁 chén

煁，烓也。从火，甚声。氏任切。

【译文】煁，烓灶。从火，甚声。

燀 chǎn

燀，炊也。从火，單声。《春秋传》曰："燀之以薪。"充善切。

【译文】燀，烧火煮熟食物。从火，單声。《春秋左传》说："用柴薪烧火煮熟它。"

炊 chuī

炊，爨也。从火，吹省声。昌垂切。

【译文】炊，烧火煮熟食物。从火，吹省声。

烘 hōng

烘，尞也。从火，共声。《诗》曰："卬烘于煁。"呼东切。

【译文】烘，烧。从火，共声。《诗经》说：

"我在可以移动的小火炉上烘烤东西。"

熹 xī

熹[1]，炙也。从火，喜声。许其切。

【译文】熹，用火烤（肉）。从火，喜声。

【注释】①熹：本义为烤肉。引申义为光明。《归去来辞》："问征夫以前路，恨晨光之熹微。"

煎 jiān

煎，熬也。从火，前声。子仙切。

【译文】煎，（有汁而）熬干。从火，前声。

熬 áo

熬，干煎也。从火，敖声。五牢切。

【译文】熬，用火煎炒致干。从火，敖声。

炮 páo

炮，毛炙肉也。从火，包声。薄交切。

【译文】炮，连毛在一起烧烤肉。从火，包声。

灸 jiǔ

灸，灼也。从火，久声。举友切。

【译文】灸，烧灼（龟甲）。从火，久声。

灼 zhuó

灼，（炙）[灸]也。从火，勺声。之若切。

【译文】灼，（点燃荆条，）灸烧（龟甲）。从火，勺声。

煉 liàn

煉，铄治金也。从火，柬声。郎电切。

【译文】煉，销熔并纯净金属。从火，柬声。

燭 zhú

燭，庭燎，（火）[大]烛也。从火，蜀声。之欲切。

【译文】燭，指插在斗内庭院中的火炬，也指插在门外的火炬。从火，蜀声。

熜 zǒng

熜，然麻蒸也。从火，悤声。作孔切。

【译文】熜，点燃麻秆捆扎而成的火炬。从火，悤声。

灺 xiè

灺，烛妻也。从火，也声。徐野切。

【译文】灺，灯烛烧过后的灰烬。从火，也声。

焠 cuì

焠，坚刀刃也。从火，卒声。七内切。

【译文】焠，（从火中取出后又浸入水中），使刀刃坚硬。从火，卒声。

樊 fán

樊，烧田也。从火楙，楙亦声。附袁切。

【译文】樊，用火烧（山林宿草）而田猎。由火、楙会意，楙也表声。

㶳 jìn

㶳，火余也[1]。从火，聿声。一曰：薪也。徐刃切。

【译文】㶳，（物体）燃烧后的剩余部分。从火，聿声。另一义说：㶳是柴薪。

【注释】①火：用作动词。

煣 rǒu

煣，屈申木也。从火、柔，柔亦声。人久切。

【译文】煣，（用火烘烤）使木条弯曲或伸直。由火、柔会意，柔也表声。

熑 lián

熑，火煣车网绝也。从火，兼声。《周礼》曰："煣牙，外不熑。"力盐切。

【译文】熑，用火曲煣即将作为车轮外周的木条，（因火太燥烈，而木纹）断裂。从火，兼声。《周礼》说："用火把即将作为车轮外周的木条烘烤，并使它弯曲，木的外侧纹理不断绝。"

燎 liǎo

燎，放火也。从火，尞声。力小切。

【译文】燎，放火（烧）。从火，尞声。

烖 zāi

烖[①]，天火曰烖。从火，𢦏声。祖才切。

【译文】烖，天地自然发生的火灾叫烖。从火，𢦏声。

【注释】①烖：火灾。《左传·宣公十六年》："凡火，人火曰火，天火曰灾。"

煙 yān

煙，火气也。从火，垔声。乌前切。

【译文】煙，燃烧时产生的气状物。人火，垔声。

炳 bǐng

炳，明也。从火，丙声。兵永切。

【译文】炳，光明。从火，丙声。

照 zhào

照[①]，明也。从火，昭声。之少切。

【译文】照，光明照耀。从火，昭声。

【注释】①照：照耀。《周易·恒》："日月得天而能久照。"

熠 yì

熠，盛光也。从火，習声。《诗》曰："熠熠宵行。"羊入切。

【译文】熠，盛大的光亮。从火，習声。《诗经》说："熠熠发光啊，那萤火虫。"

煜 yù

煜，熠也。从火，昱声。余六切。

【译文】煜，炽盛的光亮。从火，昱声。

焯 zhuó

焯，明也。从火，卓声。《周书》曰："焯见三有俊心。"之若切。

【译文】焯，光明。从火，卓声。《周书》说："明显地看到宅事、宅牧、宅准的下属的思想。"

燿 yào

燿，照也。从火，翟声。弋笑切。

【译文】燿，照耀。从火，翟声。

煌 huáng

煌，煌，辉也。从火，皇声。胡光切。

【译文】煌，煌煌，光辉。从火，皇声。

焜 kūn

焜，煌也。从火，昆声。孤本切。

【译文】焜，辉煌。从火，昆声。

威 miè

威，灭也。从火戌。火死于戌，阳气至戌而尽。《诗》曰："赫赫宗周，褒似威之。"许劣切。

【译文】威，火熄灭。由火、戌会意。五行中的火死在夏历的戌月，即九月，因为阳气到了戌月就穷尽了。《诗经》说："十分显赫啊，被天下奉为主心骨的镐京，褒国姓似的女人将灭亡它。"

光 guāng

光①，明也。从火在人上，光明意也。古皇切。

【译文】光，光明。由“火”字在“人”字之上，会合光明的意义。

【注释】①光：光明，明亮。《周易·大畜》：“刚健笃实辉光。”

炯 jiǒng

炯，光也。从火，冋声。古迥切。

【译文】炯，光明。从火，冋声。

炫 xuàn

炫，（耀）［燿］耀也。从火，玄声。胡畎切。

【译文】炫，光耀。从火，玄声。

熾 chì

熾，盛也。从火；戠声。昌志切。

【译文】熾，火旺盛。从火，戠声。

炅 jiǒng

炅，见也。从火日。古迥切。

【译文】炅，光芒外现。由火、日会意。

熱 rè

熱，温也。从火，埶声。如列切。

【译文】熱，温暖。从火，埶声。

炕 kàng

炕，干也①。从火，亢声。苦浪切。

【译文】炕，用火烘烤干。从火，亢声。

【注释】①干：《段注》：“谓以火干之也。”

燥 zào

燥，干也。从火，喿声。稣到切。

【译文】燥，用火烘烤干。从火，喿声。

熙 xī

熙，燥也。从火，巸声。许其切。

【译文】熙，曝晒并使干燥。从火，巸声。

炎部

炎 yán

炎，火光上也。从重火。凡炎之属皆从炎。于廉切。

【译文】炎，火光向上升腾。由重叠的两个火字构成。大凡炎的部属都从炎。

燄 yàn

燄，火行微焰焰也。从炎，臽声。以冉切。

【译文】燄，火（刚）点燃、火苗微弱却愈燃愈旺的样子。从火，名声。

棪 yǎn

棪①，火光也。从炎，舌声。以冉切。

【译文】棪，火光。从炎，舌声。

【注释】①棪：徐灏《斠诠》：“些后人光棪万丈字。”

煔 shǎn

煔①，火行也。从炎，占声。舒赡切。

【译文】煔，火燃烧闪烁的样子。从炎，占声。

【注释】①煔：徐灏《段注笺》：“此即今之闪字。”

粦 lín

粦①，兵死及牛马之血为粦②。粦，鬼火

也。从炎舛[③]。良刃切。

【译文】粦，因刀兵而死的人血以及牛马的血演化成粦。粦，就是鬼火。由炎、舛会意。

【注释】①粦：徐锴《系传》："《博物志》：战门死亡之处，其人马血积年化为粦。粦着地及草木，皆如霜露不可见。不触者，着人体便光，拂拭便散无数；又有吒声如爒豆。"邵瑛《群经正字》："今经典作燐。后人以炎变作米，故又加火也。"②兵死：王筠《句读》："兵死者，死于刀兵也。"③舛：徐锴《系传》："舛者，人足也。言光行着人也。"

燅 xián

燅，于汤中爚肉。从炎，从熱省。徐盐切。

【译文】燅，在热水中把肉温热。由炎、由熱省会意。

燮 xiè

燮，大熟也。从又持炎辛；辛者，物熟味也。苏侠切。

【译文】燮，十分成熟。由"又"（手）持握着"炎""辛"会意；"辛"这个构件，表示食物成熟的味道。

黑部

黑 hēi

黑[①]，火所熏之色也。从炎上出囪。凡黑之属皆从黑。呼北切。

【译文】黑，被火熏成的颜色。由"炎"向上从"囪"中冒出会意。大凡黑的部属都从黑。

【注释】①黑：火熏之色。《庄子·天运》："夫鹄不日浴而白，乌不日黔而黑。"

黯 àn

黯，深黑色。从黑，音声。乙减切。

【译文】黯，深黑色。从黑，音声。

黝 yǒu

黝，微青黑色[①]。从黑，幼声。《尔雅》曰："地谓之黝。"于纠切。

【译文】黝，微青黑色。从黑，幼声。《尔雅》说："（用黑色涂饰）地面叫作黝。"

【注释】①微青黑色：《段注》："谓微青之黑也，微轻于浅矣。"

點 diǎn

點，小黑也。从黑，占声。多忝切。

【译文】點，细小的黑点。从黑，占声。

黔 qián

黔，黎也。从黑，今声。秦谓民为黔首，谓黑色也。周谓之黎民。《易》曰[①]："为黔喙。"巨淹切。

【译文】黔，黧黑。从黑，今声。秦朝叫民众作"黔首"，是说黑色的肌肤。周朝叫民众作"黎民"。《易经》说："（艮）代表黑色的鸟嘴（一类的猛禽）。"

【注释】①《易》：指《说卦》。原文："为黔喙之属。"

黠 xiá

黠，坚黑也[①]。从黑，吉声[②]。胡八切。

【译文】黠，坚牢的黑色。从黑，吉声。

【注释】①坚黑：《段注》："黑之坚者也。"②吉声：王筠《句读》："从吉声之字有坚义也。字在黑部，故谓之黑。实则古籍用黠字，只有坚义也。"

黕 dǎn

黕，滓垢也[①]。从黑，冘声。都感切。

【译文】黕，渣滓和污垢。从黑，冘声。

【注释】①滓垢：《段注》："滓者，淀也；垢者，浊也。"

黨 dǎng

黨，不鲜也。从黑，尚声。多朗切。

【译文】黨，不鲜明。从黑，尚声。

黜 chù

黜，贬下也。从黑，出声。丑律切。

【译文】黜，贬摈下等（的色彩）。从黑，出声。

囱部

囱 chuāng

囱[1]，在墙曰牖，在屋曰囱[2]。象形。凡囱之属皆从囱。楚江切。

【译文】囱，在墙壁上的叫牖，在屋顶上的叫囱。象形。大凡囱的部属都从囱。

【注释】① 囱：潘鸿《窗牖考》："（囱、牖）对文则别，散文亦或通用也。" ② 屋：《段注》："屋在上者也。"

悤 cōng

悤，多遽悤悤也。从心囱，囱亦声。仓红切。

【译文】悤，繁多急速，匆匆忙忙。由心、囱会意，囱亦表声。

焱部

焱 yàn

焱，火华也。从三火。凡焱之属皆从焱。以冄切。

【译文】焱，火花。由三个火字会意。大凡焱的部属都从焱。

熒 yìng

熒，屋下灯烛之光。从焱冂。户扃切。

【译文】熒，屋子底下灯烛的光亮。由焱、冂会意。

桑 shēn

桑，盛皃。从焱在木上。读若《诗》"莘莘征夫"。一曰：役也。所臻切。

【译文】桑，旺盛的样子。由"焱"在"木"上会意。音读像"莘莘众多啊使者随从"的"莘"字。另一义说，焱是服役的意思。

炙部

炙 zhì

炙，炮肉也。从肉在火上。凡炙之属皆从炙。之石切。

【译文】炙，（把肉串在火上）烧烤。由"肉"（夕）在"火"上会意。大凡炙的部属都从炙。

赤部

赤 chì

赤，南方色也。从大，从火。凡赤之属皆从赤。昌石切。

【译文】赤，南方的颜色。由大、由火会意。大凡赤的部属都从赤。

赧 nǎn

赧，面惭赤也。从赤，𠬝声。周失天下于赧王。女版切。

【译文】赧，脸因羞惭而发红。从赤，𠬝（niǎn）声。周朝在周赧王时代失去天下。

赭 zhě

赭，赤土也。从赤，者声。之也切。

【译文】赭，红土。从赤，者声。

赫 hè

赫，火赤皃。从二赤。呼格切。

【译文】赫，火红的样子。由两个赤字会意。

大部

大 dà

大，天大，地大，人亦大。故大象人形。古文大（他达切）也。凡大之属皆从大。徒盖切。

【译文】大，天大，地大，人也大。所以大字像人的形状。大是古文大字。大凡大的部属都从大。

奄 yǎn

奄，覆也。大有余也。又，欠也。从大，从申；申，展也。依检切。

【译文】奄，覆盖。（又，）大有余盈。又，哈欠。由大、由申会意，申是舒展的意思。

奎 kuí

奎，两体之间。从大，圭声。苦圭切。

【译文】奎，两条大腿之间。从大，圭声。

夾 jiā

夾，持也。从大俠二人[①]。古狎切。

【译文】夾，（左右）相扶持。由“大”字被左右两个“人”字挟持着会意。

【注释】①从大句：王筠《句读》：“大，受持者也；二人，持之者也。”

夸 kuā

夸，奢也。从大，于声。苦瓜切。

【译文】夸，张开两大腿。从大，于声。

契 qì

契，大约也。从大，从㓞。《易》曰：“后（代）［世］圣人易之以书契。”苦计切。

【译文】契，邦国之间的契约。由大、由㓞含意。《易经》说：“后代的圣人用契券来更替它。”

夷 yí

夷，平也。从大，从弓。东方之人也。以脂切。

【译文】夷，平。由大、由弓会意。夷又指东方各族的人。

亦部

亦 yì

亦，人之臂亦也[①]。从大，象两亦之形。凡亦之属皆从亦。羊益切。

【译文】亦，人的腋窝。从大，八像两个腋窝位于臂下的形状。大凡亦的部属都从亦。

【注释】①臂亦：由“亦”连类而及“臂”。

夨部

夨 zè

夨，倾头也。从大，象形。凡夨之属皆从夨。阻力切。

【译文】夨，倾侧着头。从夨，ㄣ像头部倾侧的样子。大凡夨的部属都从夨。

吳 wú

吳，姓也[①]。亦郡也。一曰：吳，大言也。从夨口。五乎切。

【译文】吳，姓，也是郡名。另一义说，吳是大声喧哗。由夨、口会意。

【注释】①姓：《姓解·口部》：“周太伯始封于吳，因以命氏姓。”

夭部

夭 yāo

夭，屈也。从大，象形。凡夭之属皆从夭。于兆切。

【译文】夭，弯曲。从大，（厂）像头弯曲的样子。大凡夭的部属都从夭。

喬 qiáo

喬，高而曲也。从夭，从高省。《诗》曰：“南有乔木。”巨娇切。

【译文】喬，高而（上部）弯曲。由夭、由高省会意。《诗经》说：“南方有高而上部弯曲的树木。”

奔 bēn

奔，走也。从夭，賁省声。与走同意，俱从夭。博昆切。

【译文】奔，快跑。从夭，賁省声。与走（尜）构形原则相同，都从夭字。

交部

交 jiāo

交，交胫也。从大[①]，象交形。凡交之属皆从交。古爻切。

【译文】交，交互着小腿。从大，又像两腿相交的样子。大凡交的部属都从交。

【注释】①从大：王筠《句读》：“夨、夭变大字之首，交、尣变大字之足。”

尣部

尣 wāng

尣，尳，曲胫也。从大，象偏曲之形。凡尣之属皆从尣。

【译文】尣，就是跛，就是一腿屈曲的意思。从大，右笔像一腿偏跛屈曲的样子。大凡尣的部属都从尣。

壺部

壺 hú

壺，昆吾[①]，圜器也。象形。从大，象其盖也。凡壶之属皆从壶。户吴切。

【译文】壶，又叫昆吾，一种圆形器皿。像壶的形状。上部从大，像壶的盖。大凡壶的部属都从壶。

【注释】①昆吾：王筠《句读》：“昆吾者，壶之别名也。昆读入浑，与壶双声；吾与壶叠韵。”张舜徽《约注》：“盖急言曰壶，缓言则曰昆吾耳。”

壹 yūn

壹，壹壺。从凶，从壶。不得泄，凶也。《易》曰[①]：“天地壹壺。”于云切。

【译文】壹，絪缊。由凶、由壶会意。（气在壶中，》不能泄露出去，向上升腾的样子。《易经）说：“天地的元气絪缊凝聚。”

【注释】①《易》：《周易·系辞下》。

壹部

懿 yì

懿，专久而美也。从壹，从恣省声。乙冀切。

【译文】懿，专一而长久，因而美好。从壹，由恣省表声。

心部

心 xīn

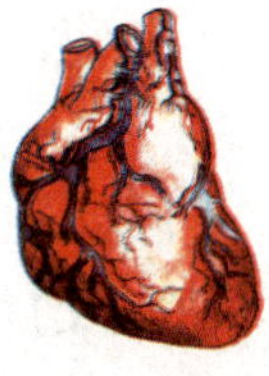

心，人心，土藏，在身之中。象形。博士说，以为火藏。凡心之属皆从心。息林切。

【译文】心，人的心脏。属土的脏器，在身躯的中部。象形。依博士的学说，把心当作属火的脏器。大凡心的部属都从心。

息 xī

息，喘也。从心，从自，自亦声。相即切。

【译文】息，气息。由心、由自会意，自也表声。

情 qíng

情，人之阴气有欲者。从心，青声。疾盈切。

【译文】情，人们有所欲求的从属于阴的心气。从心，青声。

性 xìng

性，人之阳气性善者也。从心，生声。息正切。

【译文】性，人的本性善良的从属于阳的心气。从心，生声。

志 zhì

志，意也。从心，之声。职吏切。

【译文】志，意念。从心，之声。

意 yì

意，志也。(从)[以]心察言而知意也①。从心，从音。于记切。

【译文】意，意向。用心去考察别人的言语就知道他的意向。由心、由音会意。

【注释】①从心句：王筠《句读》："'从'者，'以'之讹。'以心'者，说字之从心也。'察言'者，说字之从音也。'知意'者，又出全字也。纯是以形解义。"

恉 zhǐ

恉，意也。从心，旨声。职雉切。

【译文】恉，意旨。从心，旨声。

應 yīng

應，当也。从心，雁声。于陵切。

【译文】應，应当。从心，雁声。

慎 shèn

慎，谨也。从心，真声。时刃切。

【译文】慎，谨慎。从心，真声。

忠 zhōng

忠，敬也。从心，中声。陟弓切。

【译文】忠，肃敬（而尽心尽意）。从心，中声。

快 kuài

快，喜也。从心，夬声。苦夬切。

【译文】快，喜悦。从心，夬声。

愷 kǎi

愷，乐也。从心，豈声。苦亥切。

【译文】愷，安乐。从心，豈声。

㥦 qiè

㥦，快心。从心，匧声。苦叶切。

【译文】㥦，快意。从心，匧声。

念 niàn

念，常思也。从心，今声。奴店切。

【译文】念，长久思念。从心，今声。

怤 fū

怤，思也。从心，付声。甫无切。

【译文】怤，思。从心，付声。

憕 chéng

憕，平也。从心，登声。直陵切。

【译文】憕，心平。从心，登声。

忻 xīn

忻，闿也。从心，斤声。《司马法》曰：“善者，忻民之善，闭民之恶。”许斤切。

【译文】忻，开启。从心，斤声。《司马法》说：“最好的事，是开启百姓的善心，杜绝百姓的恶心。”

憅 zhòng

憅，遲也。从心，重声。直陇切。

【译文】憅，遲重。从心，重声。

惲 yùn

惲，重厚也。从心，軍声。于粉切。

【译文】惲，稳重浑厚。从心，軍声。

惇 dūn

惇，厚也。从心，享声。都昆切。

【译文】惇，敦厚。从心，享（chún）声。

忼 kàng

忼，慨也。从心，亢声。一曰：《易》：“忼龙有悔。”苦浪切。又，口朗切。

【译文】忼，慷慨愤懑。从心，亢声。另一义说，如《易经》说的“处于高亢位置的龙（危险）有悔恨”的高亢。

悃 kǔn

悃，愊也。从心，困声。苦本切。

【译文】悃，诚心。从心，困声。

愊 bì

愊，诚志也。从心，畐声。芳逼切。

【译文】愊，诚心。从心，畐声。

慨 kǎi

慨，忼慨，壮士不得志也。从心，既声。古溉切。

【译文】慨，慷慨愤激，壮士不得志。从心，既声。

愿 yuàn

愿，谨也。从心，原声。鱼怨切。

【译文】愿，恭谨。从心，原声。

慧 huì

慧，儇也[1]。从心，彗声。胡桂切。

【译文】慧，聪明。从心，彗声。

【注释】① 儇：徐锴《系传》：“儇，敏也。”

悊 zhé

悊，敬也。从心，折声。陟列切。

【译文】悊，敬重。从心，折声。

悰 cóng

悰，乐也。从心，宗声。藏宗切。

【译文】悰，快乐。从心，宗声。

恬 tián

恬，安也。从心，甛省声。徒兼切。

【译文】恬，安静。从心，甛（甜）省声。

恢 huī

恢，大也。从心，灰声。苦回切。

【译文】恢，（心志）宏大。从心，灰声。

恭 gōng

恭，肃也。从心，共声。俱容切。

【译文】恭，肃敬。从心，共声。

恕 shù

恕，仁也。从心，如声。商署切。

【译文】恕，推己及人。从心，如声。

怡 yí

怡，和也。从心，台声。与之切。

【译文】怡，和悦。从心，台（yí）声。

惢部

惢 suǒ

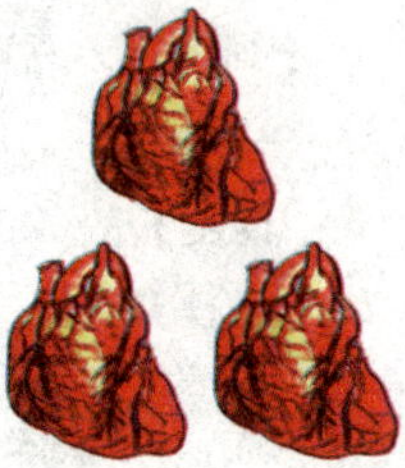

惢，心疑也。从三心。凡惢之属皆从惢。讀若《易》“旅琐琐”。又，才规、才累二切。

【译文】惢，心疑。由三个心字会意。大凡惢的部属都从惢。音读像《易经》“旅琐琐”的“琐”字。

繠 ruǐ

繠，垂也。从惢，糸声。如垒切。

【译文】繠，下垂。从惢，糸声。

水部

水 shuǐ

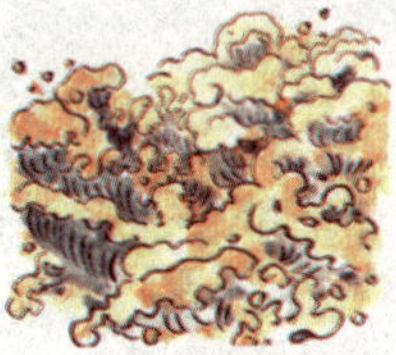

水，准也。北方之行。象众水并流，中有微阳之气也。凡水之属皆从水。式轨切。

【译文】水，平。代表北方的一种物质。巛像许多水一同流去；中间的⺅，表示有深隐在内的阳气。大凡水的部属都从水。

汃 bīn

汃，西极之水也。从水，八声。《尔雅》曰：“西至汃国，谓四极。”府巾切。

【译文】汃，西方极速的地方的水流。从水，八声。《尔雅》说：“西边到汃国，叫作（西东南北）四方极速的地方（之一）。”

河 hé

河，水。出（焞）［敦］煌塞外昆仑山，发原注海。从水，可声。乎哥切。

【译文】河，水名。出自敦煌、边塞之外的昆仑山，从水源出发，注入渤海。从水，可声。

涷 dōng

涷，水。出发鸠山，入于河。从水，東声。德红切。

【译文】涷，水名。从发鸠山流出，注入黄河。从水，東声。

潼 tóng

潼，水。出广汉梓潼北界，南入垫江。从水，童声。徒红切。

【译文】潼，水名。从广汉郡梓潼北面边界流出，向南注入垫江。从水，童声。

涪 fú

涪，水。出广汉刚（邑）［氐］道徼外，南入汉。从水，音声。缚牟切。

【译文】涪，水名。从广汉郡刚氐道边塞之外流出，向南注入汉水。从水，音声。

江 jiāng

江，水。出蜀湔氐徼外崏山，入海。从水，工声。古双切。

【译文】江，水名。从蜀郡湔氐道边塞之外的岷山流出，注入大海。从水，工声。

沱 tuó

沱，江别流也。出崏山，东，别为沱。从水，它声。徒何切。

【译文】沱，长江的支流。从岷山流出，向东流去，另外成为沱水。从水，它声。

浙 zhè

浙，江。水东至会稽山阴为浙江。从水，折声。旨热切。

【译文】浙，江名。水向东流到会稽郡山阴县叫浙江。从水，折声。

涐 é

涐，水。出蜀汶江徼外，东南入江。从水，我声。五何切。

【译文】涐，水名。从蜀郡汶江县边塞之外流出，向东南注入长江（的支流岷江）。从水，我声。

湔 jiān

湔，水。出蜀郡绵虒玉垒山，东南入江。从水，前声。一曰：手瀚之。子仙切。

【译文】湔，水名。从蜀郡县虒县玉垒山流出，向东南注入长江。从水，前声。另一义说，是用手洗物。

沫 mò

沫，水。出蜀西徼外，东南入江。从水，末声。莫割切。

【译文】沫，水名。从蜀郡西部边塞之外流出，向东南注入长江。从水，末声。

温 wēn

温，水。出犍为（涪）[符]，南入黔水。从水，𥁕声。乌魂切。

【译文】温，水名。从犍为郡符县流出，向南注入黔水。从水，𥁕声。

沮 jū

沮，水。出汉中房陵，东入江。从水，且声。子余切。

【译文】沮，水名。从汉中郡房陵县流出，向东注入长江。从水，且声。

涂 tú

涂，水。出益州牧靡南出，西北入（渑）[绳]。从水，余声。同都切。

【译文】涂，水名。从益州郡牧靡县南山流出，向西北注入金沙江。从水，余声。

沅 yuán

沅，水。出牂牁故且兰，东北入江。从水，元声。愚袁切。

【译文】沅，水名。从牂牁郡故且兰县流出，向东北（经洞庭湖）注入长江。从水，元声。

溺 ruò

溺，水。自张掖删丹西，至酒泉合黎，余波入于流沙。从水，弱声。桑钦所说。而灼切。

【译文】溺，水名。从张掖郡删丹县西，至酒泉的合黎山，下游流到居延泽一带的沙漠。从水，弱声。这是桑钦的说法。

淹 yān

淹，水。出越嶲徼外，东入若水。从水，奄声。英廉切。

【译文】淹，水名。从越嶲郡边塞之外流出，向东注入若水。从水，奄声。

滇 diān

滇，益州池名。从水，真声。都年切。

【译文】滇，益州郡池泽之名。从水，真声。

洮 táo

洮，水。出陇西临洮，东北入河。从水，兆声。土刀切。

【译文】洮，水名。从陇西郡临洮县流出，向东北注入黄河。从水，兆声。

涇 jīng

涇，水。出安定泾阳幵头山，东南入渭。雝州之川也。从水，巠声。古灵切。

【译文】涇，水名。从安定郡泾阳县幵头山流出，向东南注入渭河。是雍州的河流。从水，巠声。

渭 wèi

渭，水。出陇西首阳渭首亭南谷，东入河。从水，胃声。杜林说。《夏书》以为出鸟鼠山。雝州浸也。云贵切。

【译文】渭，水名。从陇西郡首阳县渭首亭的南谷流出，向东注入黄河。从水，胃声。这是杜林的说法。《夏书》认为从鸟鼠山流出。是雝州地方的河泽。

漾 yàng

漾，水。出陇西（相）［氐］道，东至武都为汉。从水，羕声。余亮切。

【译文】漾，水名。从陇西郡氐道县流出，向东到武都郡就是汉水。从水，羕声。

漢 hàn

漢，漾也。东为沧浪水。从水，難省声。呼旰切。

【译文】漢，漾水。向东（流到湖北省均县以下）叫沧浪水。从水，難省声。

浪 làng

浪，沧浪水也。南入江。从水，良声。来宕切。

【译文】浪，沧浪水。向南注入长江。从水，良声。

沔 miǎn

沔，水。出武都沮县东狼谷，东南入江。或曰：入夏水。从水，丏声。弥兖切。

【译文】沔，水名。从武都郡沮县的东狼谷流出，向东南注入长江。另一说，注入夏水。从水，丏声。

洛 luò

洛，水。出左冯翊（归）［褱］德北夷界中，东南入渭。从水，各声。卢各切。

【译文】洛，水名。从左冯翊郡怀德县北面少数民族边界之中流出，向东南注入渭河。从水，各声。

沁 qìn

沁，水。出上党羊头山，东南入河。从水，心声。七鸩切。

【译文】沁，水名。从上党郡羊头山流出，向东南注入黄河。从水，心声。

沾 tiān

沾，水。出壶关，东入淇。一曰：沾，益也。从水，占声。他兼切。

【译文】沾（zhān），水名。从壶关县流出，向东注入淇水。另一义说，沾（tiān）是增添的意思。

潞 lù

潞，冀州浸也。上党有潞县。从水，路声。洛故切。

【译文】潞，冀州地方的川泽。上党郡有潞县。从水，路声。

漳 zhāng

漳，浊漳，出上党长子鹿谷山，东入清漳；清漳，出沾山大要谷，北入河。南漳，出南郡临沮。从水，章声。诸良切。

【译文】漳，（漳河有两个源头：）浊漳水，从上党郡长子县鹿谷山流出，向东注入清漳水；清漳水，从（上党郡）沾县山地大要谷流出，向北注入黄河。漳又指南漳水，从南郡临沮县流出。从水，章声。

淇 qí

淇，水。出河内共北山，东入河。或曰：出隆虑西山。从水，其声。渠之切。

【译文】淇，水名。从河内郡共县北山流出，向东注入黄河。另一义说，从隆虑县西山流出。从水，其声。

蕩 tāng

蕩，水。出河内荡阴，东入黄泽。从水，募声。徒朗切。

【译文】蕩，水名。从河内郡荡阴县流出，向东注入内黄地方的川泽。从水，募声。

沇 yǎn

沇，水。出河东（东）垣王屋山，东为泲。从水，允声。以转切。

【译文】沇，水名。从河东郡垣县王屋山流出，向东流去叫泲（jǐ）水。从水，允声。

溾 guǐ

溾，水。出南郡高城溾山，东入繇。从水，危声。过委切。

【译文】溾，水名。从南郡高城县溾山流出，向东注入繇水。从水，危声。

泲 jǐ

泲，沇也。东入于海。从水，𠂔声。子礼切。

【译文】泲，沇水。向东流入大海。从水，𠂔声。

溠 zhā

溠，水。在汉（南）[东]。从水，差声。荆州浸也。《春秋传》曰："修涂梁溠。"侧驾切。

【译文】溠，水名。在汉水的东部。从水，差声。是荆州地方的川泽。《春秋左传》说："修好的路途，在溠水上筑桥梁。"

洭 kuāng

洭，水。出桂阳县卢聚，（山）[南出]洭浦关为桂水。从水，匡声。去王切。

【译文】洭，水名。从桂阳县卢聚山流出，向南过了洭浦关叫桂水。从水，匡声。

潓 huì

潓，水。出卢江，入淮。从水，惠声。胡计切。

【译文】潓，水名。从卢江郡流出，注入淮河。从水，惠声。

灌 guàn

灌，水。出庐江雩娄，北入淮。从水，雚声。古玩切。

【译文】灌，水名。从庐江郡雩娄县流出，向北注入淮河。从水，雚声。

漸 jiàn

漸，水。出丹阳黟南蛮中，东入海。从水，斬声。兹冉切。

【译文】漸，水名。从丹阳郡黟县南方少数民族地域中流出，向东注入大海。从水，斬声。

泠 líng

泠，水。出丹阳宛陵，西北入江。从水，令声。郎丁切。

【译文】泠，水名。从丹阳郡宛陵县流出，向西北注入长江。从水，令声。

溧 lì

溧，水。出丹阳溧阳县。从水，栗声。力质切。

【译文】溧，水名。从丹阳郡溧阳县流出。从水，栗声。

湘 xiāng

湘，水。出零陵阳海山，北入江。从水，相声。息良切。

【译文】湘，水名。从零陵县阳海山流出，向北（经洞庭湖）注入长江。从水，相声。

汨 mì

汨，长沙汨罗渊，屈原所沉之水。从水，冥省声。莫狄切。

【译文】汨，长沙国汨罗江，是屈原自沉的江水。从水，冥省声。

深 shēn

深，水。出桂阳南平，西入营道。从水，𥥍声。式针切。

【译文】深，水名。从桂阳郡南平县流出，向西进入营道县境。从水，𥥍声。

潭 tán

潭，水。出武陵镡成玉山，东入郁（林）。从水，覃声。徒含切。

【译文】潭，水名。从武陵郡镡成县玉山流出，向东注入郁水。从水，覃声。

雨部

雨 yǔ

雨，水从云下也。一象天，冂象云，水霝其间也。凡雨之属皆从雨。王矩切。

【译文】雨，水从云中降下。一像天，冂像云，(丰)像水从天空云彩间滴落下来。大凡雨的部属都从雨。

霆 tíng

霆，雷余声也铃铃。所以挺出万物。从雨，廷声。特丁切。

【译文】霆，雷的余声铃铃地响。是用以使万物挺生而出的东西。从雨，廷声。

震 zhèn

震，劈历，振物者。从雨，辰声。《春秋传》曰："震夷伯之庙。" 章刃切。

【译文】震，霹雳，使万物振动的疾雷。从雨，辰声。《春秋左传》说："疾雷击中(鲁国臣子)夷伯的庙宇。"

雪 zhá

雪，雪雪。震电皃。一曰：众言也。从雨，嚞省声。丈甲切。

【译文】雪，雪雪。疾雷闪电(交作)的样子。另一义说，雪是众多的言语。从雨，嚞省声。

電 diàn

電，阴阳激耀也[1]。从雨，从申。堂练切。

【译文】電，阴气和阳气彼此冲击而飞溅出来的光耀。由雨、由申会意。

【注释】① 阴阳句：王筠《句读》："谓阴阳相激而有耀也。"

霄 xiāo

霄，雨霓为霄。从雨，肖声。齐语也。相邀切。

【译文】霄，下雪珠儿叫作霄。从雨，肖声。是齐地方言。

霰 xiàn

霰，稷雪也。从雨，散声。稣甸切。

【译文】霰，像小米颗粒一般的雪。从雨，散声。

雹 báo

雹，雨冰也。从雨，包声。蒲角切。

【译文】雹，(从天空)降下的冰圈。从雨，包声。

零 líng

零，余雨也。从雨，令声。郎丁切。

【译文】零，徐徐而下的雨。从雨，令声。

霖 lín

霖，雨三日已往。从雨，林声。力寻切。

【译文】霖，下雨三天以上。从雨，林声。

屚 lòu

屚，屋穿水下也。从雨在尸下。尸者，屋也。卢后切。

【译文】屚，屋穿孔雨水由孔而下。由"雨"在"尸"下会意。尸，表示屋。

霩 kuò

霩，雨止云罢皃。从雨，郭声。苦郭切。

【译文】霩，雨停止云散去的样子。从雨，郭声。

露 lù

露，润泽也[1]。从雨，路声。洛故切。

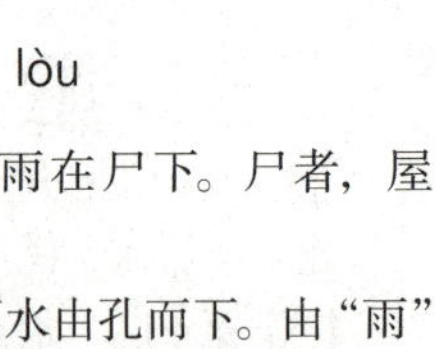

【译文】露，(用来)滋润(万物的东西)。从雨，路声。

【注释】① 润泽：王筠《句读》："当云'所以润泽万物者也。" 润泽：同义连用。

霜 shuāng

霜，丧也。成物者。从雨，相声。所庄切。

【译文】霜，（使万物）丧失的东西。也是成就万物的东西。从雨，相声。

霚 wù

霚，地气发，天不应。从雨，敄声。亡遇切。

【译文】霚，地气蒸发，天不应和。从雨，敄声。

霾 mái

霾，风雨土也。从雨，貍声。《诗》曰："终风且霾。"莫皆切。

【译文】霾，刮着风而又像下雨一样落下尘土。从雨，貍声。《诗经》说："既刮着风又落下尘土。"

霓 ní

霓，屈虹，青赤，或白色，阴气也。从雨，兒声。五鸡切。

【译文】霓，弯曲的虹，青赤色，有的是白色。是阴气形成的。从雨。兒声。

需 xū

需，䇓也[①]。遇雨不进，止䇓也。从雨，而声。《易》曰："云上于天，需。"相俞切。

【译文】需，等待。遇着雨，不前进，停在那里等待。从雨，而声。《易经》说："云上升到天顶，是需卦卦象的含义。"

【注释】①䇓（xū）：《段注》："䇓者，待也。以叠韵为训。"

雩 yú

雩，夏祭，乐于赤帝，以祈甘雨也。从雨，于声。羽俱切。

【译文】雩，夏天的祭祀，对着赤帝跳舞。用来祈求甜美的雨。从雨，于声。

雲部

雲 yún

雲，山川气也。从雨，云象云回转形。凡云之属皆从云。王分切。

【译文】雲，山河升腾之气。从雨，云象云彩回旋转动的形状。大凡云的部属都从云。

魚部

魚 yú

魚，水虫也。象形。鱼尾与燕尾相似。凡鱼之属从鱼。语居切。

【译文】魚，水中的动物。像鱼的形状。篆文鱼字的尾形与燕字的尾形相像。大凡鱼的部属都从鱼。

鰥 guān

鰥，鱼也。从魚，眔声。古玩切。

【译文】鰥，鱼名。从魚，眔声。

鯉 lǐ

鯉，鱣也。从魚，里声。良止切。

【译文】鯉，鲤鱼。从魚，里声。

鯈 tiáo

鯈，鱼名。从魚，攸声。直由切[①]。

【译文】鯈，鱼名。从魚，攸声。

【注释】①直由切：《段注》："其音旧直由切。今音迢。"今读依《集韵》田聊切。

鮮 xiān

鮮[①]，鱼名。出貉国。从魚，羴省声。相然切。

【**译文**】鲜，鱼名。出产在貉国。从魚，羴省声。

【**注释**】①鲜：《段注》：“经传乃叚为新鱻字。又叚为尟字，而本义废矣。”

鯁 gěng

鯁，鱼骨也。从魚，更声。古杏切。

【**译文**】鯁，鱼的骨头。从魚，更声。

鮫 jiāo

鮫，海鱼，皮可饰刀。从魚，交声。古肴切。

【**译文**】鮫，海里的鱼，皮可以装饰刀剑。从魚，交声。

鱗 lín

鱗，鱼甲也。从魚，粦声。力珍切。

【**译文**】鱗，鱼身上像铠甲的表层薄片。从魚，粦声。

鮚 jí

鮚[1]，蚌也。从魚，吉声。汉律：会稽郡献鮚酱。巨乙切。

【**译文**】鮚，蚌蛤。从魚，吉声。汉朝的律令规定，会稽郡贡献鮚蚌作成的酱。

【**注释**】①鮚：《段注》引颜师古说：“鮚，蚌也。长一寸，广二分，有小蟹在其腹中。”

門部

門 mén

門，闻也。从二户。象形。凡门之属皆从门。莫奔切。

【**译文**】門，内外相互闻听得到。由两个户字会意。象形。大凡门的部属都从门。

閭 lǘ

閭，里门也。从門，吕声。《周礼》：“五家为比，五比为闾。”闾，侣也，二十五家相群侣也。力居切。

【**译文**】閭，里巷的门。从門，吕声。《周礼》说：“五家成为一比，五比成为一闾。”闾，伴侣，二十五家相互群居成为伴侣。

闉 yīn

闉，城（内）[曲]重门也。从門，垔声。《诗》曰：“出其闉阇。”于真切。

【**译文**】闉，保护城门的月城的门。从門，垔声。《诗经》说：“走出那月城的门。”

闕 què

闕，门观也。从門，欮声。去月切。

【**译文**】闕，官门外两边的楼台。从門，欮声。

闢 pì

闢[1]，开也。从門，辟声。房益切。

【**译文**】闢，开启。从門，辟声。

【**注释**】①闢：今作“辟”。打开。《左传·宣公二年》：“晨往，寝门辟矣。”

開 kāi

開，张也[1]。从門，从开。苦衷切。

【**译文**】開，开门。由門、由开会意。

【**注释**】①张：《段注》：“张者施弓弦也。门之开如弓之张，门之闭如弓之驰。”

閒 jiàn

閒，隙也。从門，从月[1]。古闲切。

【**译文**】閒，空隙。由門、由月会意。

【**注释**】①从門，从月：徐锴《系传》：“夫门当夜闭，闭而见月光，是有间隙也。”

閣 gé

閣，所以止扉也。从門，各声。古洛切。

【译文】閣，用来固定门扇的东西。从門，各声。

閑 xián

閑[1]，阑也。从门中有木。卢闲切。

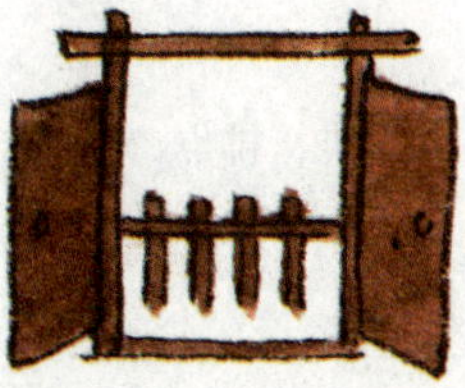

【译文】閑，木栏。由“門”中有“木”会意。

【注释】①閑：《段注》：“引申为防闲。古多借为清闲字，又借为娴习字。”

閉 bì

閉，阖门也。从門；才，所以歫门也。博计切。

【译文】閉，开门。从門，才，是用来支撑门的木棒之类。

闇 àn

闇，闭门也。从門，音声。乌绀切。

【译文】闇，闭门。从門，音声。

關 guān

關，以木横持门户也。从門，𢍰声。古还切。

【译文】關，用木横着支撑门扇。从門，𢍰（guān）声。

閃 shǎn

閃[1]，窥头门中也。从人在门中。失冉切。

【译文】閃，把头伸在门中偷看。由“人”在“門”中会意。

【注释】①閃：偷看。《三国志·魏书·梁习传》：“白日常自于墙壁间窥闪，夜使干廉察诸曹。”

閱 yuè

閱，具数于门中也。从門，說省声。弋雪切。

【译文】閱，在门中逐一清点计算。从門，說省声。

闋 què

闋，事已，闭门也。从門，癸声。倾雪切。

【译文】闋，事情终止了，已经关门了。从門，癸声。

闊 kuò

闊，疏也。从門，活声。苦括切。

【译文】闊，疏远。从門，活声。

閔 mǐn

閔，吊者在门也。从門，文声。眉殒切。

【译文】閔，吊唁的人在门口。从門，文声。

手部

手 shǒu

手，拳。象形[1]。凡手之属皆从手。书九切。

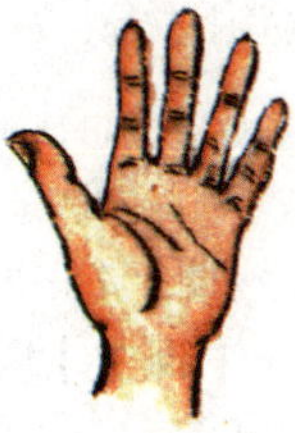

【译文】手，握拳的部分。象形。大凡手的部属都从手。

【注释】①象形：徐灏《段注笺》：“象指、掌之形。小篆中画微曲，书势取茂美也。”

掌 zhǎng

掌，手中也。从手，尚声。诸两切。

【译文】掌，手心。从手，尚聲。

拇 mǔ

拇，将指也。从手，母声。莫厚切。

【译文】拇，大指。从手，母声。

指 zhǐ

指，手指也。从手，旨声。职雉切。

【译文】指，手指。从手，旨声。

拳 quán

拳，手也。从手，𢍏声。巨员切。

【译文】拳，（屈指卷握的）手。从手，𢍏声。

攕 xiān

攕，好手皃。《诗》曰：“攕攕女手。”从手，韱声。所咸切。

【译文】攕，美好的手的样子。《诗经》说：“多么纤细美好啊这女人的手。”从手，韱声。

摳 kōu

摳，繑也。一曰：抠衣升堂。从手，區声。口侯切。

【译文】摳，扣结裤纽。另一义说，提起衣裳登上堂屋。从手，區声。

拱 gǒng

拱，敛手也。从手，共声。居竦切。

【译文】拱，收敛其手（而抱拳）。从手，共声。

撿 liǎn

撿，拱手也。从手，僉声。良冉切。

【译文】撿，敛手抱拳。从手，僉声。

揖 yī

揖，攘也。从手，咠声。一曰：手箸胷曰揖。伊入切。

【译文】揖，（拱手）推（至胸前）。从手，咠声。另一义说，拱手引附胸前叫揖。

排 pái

排，挤也。从手，非声。步皆切。

【译文】排，用手推挤物体（使离开）。从手，非声。

推 tuī

推，排也。从手，隹声。他回切。

【译文】推，用手排物（使移动）。从手，隹声。

擠 jǐ

擠，排也。从手，齊声。子计切。

【译文】擠，推排（使坠落）。从手，齊声。

抵 dǐ

抵，挤也。从手，氐声。丁礼切。

【译文】抵，排挤（而相抗拒）。从手，氐声。

扶 fú

扶①，左也②。从手，夫声。防无切。

【译文】扶，佐助。扶手，夫声。

【注释】①扶：搀扶，扶持。《战国策·齐策》：“扶老携幼。”②左：《段注》：“‘左’下曰：‘手相助也。’”

摧 cuī

摧，挤也。从手，崔声。一曰：挏也。一曰：折也。昨回切。

【译文】摧，推挤。从手，崔声。另一义说，摧是推动的意思。又另一义说，摧是折断的意思。

拉 lā

拉，摧也。从手，立声。卢合切。

【译文】拉，摧折。从手，立声。

挫 cuò

挫，摧也。从手，坐声。则卧切。

【译文】挫，摧折。从手，坐声。

持 chí

持，握也。从手，寺声。直之切。

【译文】持，握住。从手，寺声。

挈 qiè

挈，县持也。从手，㓞声。苦结切。

【译文】挈，物似倒悬而手提握。从手，㓞声。

拑 qián

拑，胁持也。从手，甘声。巨淹切。

【译文】拑，用肘拑制于胁下而夹持。从手，甘声。

揲 shé

揲，阅持也。从手，枼声。食折切。

【译文】揲，按定数等分而轮番握取。从手，枼声。

摯 zhì

摯，握持也。从手，从執。脂利切。

【译文】摯，握持。由手、由執会意。

操 cāo

操，把持也。从手，喿声。七刀切。

【译文】操，握持。从手，喿声。

搏 bó

搏，索持也。一曰：至也。从手，尃声。补各切。

【译文】搏，用搜索的方式捕捉。另一义说，搏是至的意思。从手，尃声。

據 jù

據，杖持也[①]。从手，豦声。居御切。

【译文】據，用手杖扶持。从手，豦声。

【注释】①杖持：《段注》："谓倚杖而持之。杖者，人所据，凡所据皆曰杖。"

握 wò

握，搤持也。从手，屋声。于角切。

【译文】握，捉扼而持。从手，屋声。

把 bǎ

把，握也。从手，巴声。搏下切。

【译文】把，握持。从手，巴声。

按 àn

按，下也。从手，安声。乌旰切。

【译文】按，用手压、使向下。从手，安声。

控 kòng

控，引也。从手，空声。《诗》曰："控于大邦。"匈奴名引弓控弦。苦贡切。

【译文】控，拉开（弓弦）。从手，空声。《诗经》说："像拉开弓弦一样向大国申明心曲。"

匈奴人叫拉开弓弦作控弦。

揗 shùn

揗，摩也。从手，盾声。食尹切。

【**译文**】揗，用手顺摩。从手，盾声。

女部

女 nǚ

女，妇人也。象形。王育说。凡女之属皆从女。尼吕切。

【**译文**】女，女人。象形。是王育的说法。大凡女的部属都从女。

姓 xìng

姓，人所生也。古之神圣母，感天而生子，故称天子。从女，从生，生亦声。《春秋传》曰："天子因生以赐姓。"息正切。

【**译文**】姓，人出生的那个家族的姓氏。古代的神圣的母亲，由于上天的感动而生育子女，所以叫作"天子"。由女、由生会意，生也表声。《春秋左传》说："天子凭借出生的由来而赐给诸侯姓氏。"

姜 jiāng

姜，神农居姜水①，以为姓。从女，羊声。居良切。

【**译文**】姜，神农氏居住在姜水边，用姜作为姓氏。从女，羊声。

【**注释**】①神农：王筠《句读》："炎帝即神农氏。炎帝，身号；神农，代号也。"姜水：即岐水。

姬 jī

姬，黄帝居姬水，以为姓。从女，𦣞声。居之切。

【**译文**】姬，黄帝族居住在姬水边，用姬作为姓氏。从女，𦣞声。

嬴 yíng

嬴，少昊氏之姓。从女，羸省声。以成切。

【**译文**】嬴，少昊族的姓。从女，羸省声。

姚 yáo

姚，虞舜居姚虚，因以为姓。从女，兆声。或为：姚，娆也。《史篇》以为：姚，易也。余招切。

【**译文**】姚，虞舜居住在姚山，于是用姚作姓。从女，兆声。另一义说，姚是美好的意思。《史篇》认为，姚是轻易的意思。

媒 méi

媒，谋也，谋合二姓。从女，某声。莫桮切。

【**译文**】媒，谋划，谋划使两个不同姓氏的男女结合。从女，某声。

妁 shuò

妁，酌也，斟酌二姓也。从女，勺声。市勺切。

【**译文**】妁，斟酌，斟酌两个不同姓氏的男女（可否结合）。从女，勺声。

嫁 jià

嫁，女适人也。从女，家声。古讶切。

【**译文**】嫁，女子（从自家出来）到男人家里（为妻）。从女，家声。

娶 qǔ

娶，取妇也。从女，从取，取亦声。七句切。

【**译文**】娶，选取（女人做）妻子。由女、由取会意，取也表声。

婚 hūn

婚，妇家也。礼：娶妇以昏时，妇人阴也，故曰婚。从女，从昏，昏亦声。呼昆切。

【**译文**】婚，妻子的家。礼规定：娶妻子应在黄昏的时候，因为女人属阴，所以叫作婚。由女、由昏会意，昏也表声。

姻 yīn

姻，壻家也。女之所因，故曰姻。从女，从因，因亦声。于真切。

【译文】姻，女壻的家。是女人依就的对象，所以叫作姻。由女、由因会意，因也表声。

妻 qī

妻，妇，与夫齐者也。从女，从屮，从又。又，持事，妻职也。七稽切。

【译文】妻，又叫妇人，与丈夫一致的人。由女、由屮、由又会意。又，表示操持事务的意思，是妻子的职责。

婦 fù

婦，服也[①]。从女持帚，洒扫也。房九切。

【译文】婦，服侍（家事）的人。由“女”持握着扫“帚”，表示洒扫庭除的意思。

【注释】①服：《释名·释亲属》：“妇，服也，服家事也。”《段注》：“亦以叠韵为训。妇，主服事人者。”

妃 fēi

妃，匹也。从女，己声。芳非切。

【译文】妃，匹偶。从女，己声。

媲 pì

媲，妃也。从女，㮚声。匹计切。

【译文】媲，配偶。从女，㮚声。

妊 rèn

妊，孕也。从女，从壬，壬亦声。如甚切。

【译文】妊，怀孕。由女、由壬会意，壬也表声。

娠 shēn

娠，女妊身动也。从女，辰声。《春秋传》曰：“后缗方娠。”一曰：宫婢女隶谓之娠。失人切。

【译文】娠，女人怀孕后身孕在动。从女，辰声。《春秋左传》说：“后缗正怀了孕。”另一义说，宫中的奴婢、女差役叫作娠。

母 mǔ

母，牧也[①]。从女，象裹子形。一曰：象乳子也。莫后切。

【译文】母，像养牛一样哺育子女。从女，像怀抱子女的样子。另一说说，母像给子女喂奶的样子。

【注释】①牧：《段注》：“以叠韵为训。牧者，养牛人也。以譬人之乳子。”

姑 gū

姑，夫母也。从女，古声。古胡切。

【译文】姑，丈夫的母亲。从女，古声。

嫗 yù

嫗，母也。从女，區声。衣遇切。

【译文】嫗，母亲。从女，區声。

媪 ǎo

媪，女老偁也。从女，昷声。读若奥。乌皓切。

【译文】媪，妇女年老的尊称。从女，昷声。音读像“奥”字。

姁 xǔ

姁[①]，妪也[②]。从女，句声。况羽切。

【译文】姁，母亲。从女，句声。

【译文】①姁：徐灏《段注笺》：“姁盖即妪之异文。”②妪：《段注》：“然则妪亦母偁也。”

姐 jiě

姐，蜀谓母曰姐，淮南谓之社。从女，且声。兹也切。

【译文】姐，蜀地叫母亲作姐，淮南地方叫作社。从女，且声。

威 wēi

威，姑也[1]。从女，从戌。汉律曰："妇告威姑。"於非切。

【译文】威，丈夫的母亲。从女、由戌含意。汉朝的律令说："妇人告发丈夫的母亲。"

【注释】①姑：《段注》："（威姑义）引申为有威可畏。"

妣 bǐ

妣，殁母也。从女，比声。卑履切。

【译文】妣，死去的母亲。从女，比声。

姊 zǐ

姊，女兄也。从女，𠂔声。将几切。

【译文】姊，女人中（同父母）而又比自己大的。从女，𠂔声。

妹 mèi

妹，女弟也。从女，未声。莫佩切。

【译文】妹，女人中（同父母）而又比自己小的。从女，未声。

娣 dì

娣，女弟也。从女，从弟，弟亦声。徒礼切。

【译文】娣，（同嫁一夫的）女子年幼者。由女、由弟会意，弟也表声。

姪 zhí

姪，兄之女也。从女，至声。徒结切。

【译文】姪，（女人称呼）哥哥的子女。从女，至声。

姨 yí

姨，妻之女弟同出为姨。从女，夷声。以脂切。

【译文】姨，妻子的姊妹都已出嫁的叫姨。从女，夷声。

系部

系 xì

系[1]，系也。从糸，丿声。凡系之属皆从系。胡计切。

【译文】系，相联系。从糸，丿声。大凡系的部属都从系。

【注释】①系：朱骏声《通训定声》："垂统于上而连属于下，谓之系，犹连缀也。经传多以系为之。"

孫 sūn

孫，子之子曰孙。从子，从系。系，续也。思魂切。

【译文】孫，儿子的儿子叫孙子。由子、由系会意。系，是连续的意思。

緜 mián

緜，联微也。从系，从帛[1]。武延切。

【译文】緜，将微小的丝连续起来，（绵绵不绝。）由系、由帛会意。

【注释】①从系，从帛：《段注》："谓帛之所系也。系取细丝。系取细丝，而积细丝可以成帛。"

中国第一部字典，中国文字学的首创之书，开启中国上古文化之谜的钥匙，包罗万象的中国古代文化百科全书。